高职高专示范专业课程改革规划教材

二手车鉴定评估与交易

主　编　邓　璘　张俊峰

副主编　罗永前　陈　强　饶建伟

参　编　罗　宏　黄云力　逯海燕　张晓旭　史玉红

机械工业出版社

《二手车鉴定评估与交易》是根据《二手车鉴定评估技术规范》及《二手车鉴定评估师职业标准》编写而成的。本书的主要内容来自于二手车鉴定评估师工作岗位实践，由行业和企业专家以及课程专家对二手车鉴定评估师岗位工作任务进行分析，制订出各岗位能力标准，并进行分解细化，提取典型工作任务。

本书主要内容包括前期准备、现场鉴定、评估二手车价值、撰写二手车鉴定评估报告、二手车交易五大学习情景，每个学习情景又分为了一个或者多个任务单元，并且在附录中收录了二手车鉴定评估师题库。

本书定位为中职和高职院校汽车专业教材以及职业培训学校的教材，也可以作为二手车鉴定评估专业人员和二手车经纪人员的培训教材，并可以作为普通读者学习二手车知识的参考用书。

图书在版编目(CIP)数据

二手车鉴定评估与交易/邓璘，张俊峰主编. —北京：机械工业出版社，2015.3(2016.7重印)
高职高专示范专业课程改革规划教材
ISBN 978-7-111-49241-2

Ⅰ.①二… Ⅱ.①邓…②张… Ⅲ.①汽车—鉴定—高等职业教育—教材②汽车—价格评估—高等职业教育—教材 Ⅳ.①U472.9②F766

中国版本图书馆CIP数据核字(2015)第041333号

机械工业出版社(北京市百万庄大街22号 邮政编码100037)
策划编辑：李 军 责任编辑：李 军 何士娟 孙 鹏
责任校对：高 华 封面设计：路恩中
责任印制：乔 宇
北京铭成印刷有限公司印刷
2016年7月第1版第2次印刷
184mm×260mm·21.5印张·530千字
3001—6000册
标准书号：ISBN 978-7-111-49241-2
定价：39.90元

凡购本书，如有缺页、倒页、脱页，由本社发行部调换

电话服务
服务咨询热线：010-88379833
读者购书热线：010-88379649

网络服务
机工官网：www.cmpbook.com
机工官博：weibo.com/cmp1952
教育服务网：www.cmpedu.com
金书网：www.golden-book.com

前　言

随着汽车工业发展以及全民经济水平的提高，私家车逐渐成为汽车消费主体，1998 年后，汽车开始进入家庭并快速增长，汽车市场保有量提高。而家庭消费的特点千差万别，尤其是一些人在经济能力发生变化以后可能就会考虑更换车辆，二手车市场应需求而生，二手车交易量不断增加，二手车鉴定评估师需求量也不断增加。但是，目前市场担任鉴定评估的人员大多数是二手车买卖行、汽车维修公司和汽车销售公司的从业人员，此外还有少数汽车拍卖行、典当行和保险公司的从业人员，并不具备鉴定评估能力，从而使得整个二手车鉴定评估水平下降。一名合格的专业评估师不但要对各种品牌的不同车型了如指掌，还要对汽车的基本构造知根知底，包括新车市场价、车辆年限折旧、里程折旧、车况折旧、价格波动、当地牌照费用及其他因素等。要练就好的眼力，同时还要对新车市场的一举一动保持高度敏感。按照规定评估鉴定师必须获得相应资格，才能持证上岗。

2014 年 6 月 1 日起，《二手车鉴定评估技术规范》国家标准正式实施。为实时跟踪二手车鉴定评估政策法规与市场形势的最新变化，在充分参考借鉴国内以往优秀二手车评估教材的基础上，联合二手车行业评估行职业经理人共同编写了本教材。每个学习情景都以真实的职业岗位工作任务为载体，由若干个任务组成，每个任务包括能力标准、任务分析、相关知识、任务实施及知识拓展。通过内容的合理选取与配置，本书可以作为基于工作过程的理论与实践一体化课程教材，能够很好地配合基于工作过程的课程教学。本书还配备了二手车鉴定评估师理论题库，为学生学习课程之后考取二手车鉴定评估师提供帮助。

本书由长期从事高等职业院校汽车专业教学的重庆电子工程职业学院汽车专业教学一线骨干教师与二手车鉴定评估行业企业骨干技术人员通力合作编写而成。全书共 5 个学习情景，其中学习情景一由重庆电子工程职业学院罗永前、张晓旭编写；学习情景二由重庆电子工程职业学院邓璘编写；学习情景三由重庆电子工程职业学院张俊峰编写；学习情景四由山东理工职业学院陈强编写；学习情景五由重庆电讯职业学院饶建伟、史玉红，甘肃交通职业技术学院逯海燕编写，附录由重庆能源职业学院黄云力、重庆交通职业学院罗宏编写。在编写过程中得到了其他众多行业专家的帮助和指导，参考和采用了许多相关专业文献和专家的建议，在此一并表示感谢。

由于编者水平所限，加之时间仓促，书中不妥和错误之处在所难免，恳请读者提出宝贵意见，以便再版时更正。

编　者

目　　录

学习情景一　前 期 准 备

学习情景描述

车主王小姐准备卖掉自用的 POLO 1.4 两厢手动舒适型车辆，由于她不了解市场行情，所以先找到某二手车鉴定评估机构，请二手车鉴定评估师对该车辆进行鉴定评估。

任务 1.1　二手车市场分析

能力标准

学完这一单元，你应获得以下能力：

- 掌握二手车概念，了解欧美发达国家二手车市场情况。
- 了解我国二手车市场现状、特征以及存在的主要问题。
- 了解二手车市场相关法律法规。

任务分析

请以以下任务为指导，完成对相关知识的学习并进行练习：

- 了解其他发达国家二手车市场情况，二手车交易方式及交易特点。
- 了解国内二手车市场情况，二手车交易方式及交易特点。

相关知识

一、二手车

二手车标准术语为旧机动车。商务部、公安部、国家工商行政管理总局、国家税务总局令 2005 年第 2 号《二手车流通管理办法》第二条给出了二手车的定义。所谓二手车，是指从办理完注册登记手续到达到国家强制报废标准之前进行交易并转移所有权的汽车(包括三轮汽车、低速载货汽车,即原农用运输车,下同)、挂车和摩托车。

《二手车流通管理办法》取代了 1998 年出台的《机动车交易管理办法》。在以往的国家正式文件上，一直没有出现过“二手车”一词，有的只是“旧机动车”。在《二手车流通管理办法》中，首次明确地将“二手车”的内涵与“旧机动车”等同。尽管这只是提法上的不同，但是“旧机动车”会让人感觉车辆很破旧，几乎是没什么好车，在一定程度上影响人们的消费情绪。其实二手车并不等于旧车，我们认为只要上了牌照的车就是二手车。而实际上有很多七八成新的车流入二手车市场。“二手车”一词通俗易懂，提法上也更中性，同时与国际惯例接轨。

在国外，二手车确实不等于旧车，这一点在我国目前体现得还不充分。不少国家对新车销售年限有严格的规定。比如国外年生产500万辆新车，在规定的一两年新车销售时间内卖掉400万辆，而剩下的100万辆就不能再进入新车的渠道销售，这些车就进入拍卖场，也就归入二手车市场了。

二、国外二手车市场

一些发达国家的经验表明，随着人均汽车保有量的增长和大众汽车消费观念的成熟，二手车交易量会逐渐增加，进而形成一个供需两旺的巨大市场。近年来，随着我国汽车消费的普及，我国的二手车市场日趋活跃，呈现出迅速发展的势头。但由于我国二手车市场起步较晚，与国外规范运营、良性发展的情形相比，在行业管理、交易规则、售后服务等许多方面还存在不小的差距。国外二手车市场相对于国内来说比较成熟，从美国、德国、日本等二手车市场情况来看，越是经济发达国家，汽车保有量越多，二手车市场越活跃。我们就美国二手车市场进行了解，学习借鉴他们的经验。

（一）美国二手车市场

美国作为全球第一大汽车强国，也是全球最大的汽车市场，最大的二手车市场，汽车平均更新周期仅4年，在美国马路上跑的汽车中，一大半是二手车。发达的二手车市场给购买者提供了多种选择，又反过来促进了新车的销售。近年来，美国新车销售量一直在1500万辆以上，即使在困难重重的2009年新车销售量也在1000万辆以上。但实际上，与二手车市场的销售量相比，新车销售量并不是其汽车销售的主力军。据统计，美国二手车销售量是新车销售量的3.5倍左右。所以，起源于新车市场的美国二手汽车市场，如今已逐步发展成熟，成为一个综合的、竞争激烈的市场。

1. 美国二手车流通途径

美国二手车市场格局是以经销商为主，二手车连锁店为辅。美国二手车销售主要由经销商、二手车连锁店和私人交易渠道构成。各渠道销量占比分别为60%、25%和15%。经销商在二手车市场中占的比重最大。二手车利润率高于新车并且相对稳定，在经济波动时受到影响较小。在2008年经济危机中，二手车销量缩减速度小于新车销量，更具有防御性。

（1）二手车汽车经销商　多数的汽车经销商同时经营新车和二手车业务，由于这些经销商的信誉比较好，规模也够大，对本品牌车辆的车型、性能更熟悉，有零部件储备和维修售后的优势，虽然这类二手车的价格略高于其他形式销售的二手车，但由于经销商的专业经营和高诚信度，消费者对此表示普遍接受并认可，有不少二手车客户愿意到这里买就是觉得放心。

（2）二手车连锁店　规模比较大的二手车连锁店也是二手车销售的一个重要途径，此类连锁店通常对出售的二手车做一些外部整修，对部分二手车提供一定时间的保修服务，出售的价格比汽车经销商稍低。此外，还有一些规模很小的二手车出售点，一般只有20~30辆车，通常不会提供任何保修服务，消费对象多为附近收入较低的群体。Carmax(卡迈什)是美国最大的二手车连锁店企业，在美国已有103个店面，年销售二手车数量约40万辆。在已经开设了店面的地区，Carmax的二手车市场份额通常可达到接近10%的水平。

(3) 私人　私人出售二手车多以在报纸上刊登广告为主，但由于良莠不齐，鱼龙混杂，又缺乏相应的保障，私人二手车的流通量相对比较小。

(4) 拍卖　拍卖的二手车多为车龄比较长、车况相对比较差的旧车，甚至还有接近报废的车辆，一般不提供任何保障，但价格非常低廉，主要针对社会低收入群体。

2. 美国二手车市场的法规比较完善

美国的二手车市场总体上是一个具有很强自我规范能力的主体，政府在市场运作、车辆流通等环节的参与和干预力度都非常有限。在政策层面，美国联邦贸易委员会实行的《二手车法规》(Used Car Rule)是针对美国国内二手车流通管理的一部最重要的规定，主要内容包括以下两方面：

(1) 执照申领　《二手车法规》规定，在一个年度(12个月)之内出售5辆二手车以上的经销商必须申领二手车销售执照，执照的发放由各个州自行管理。

(2)《买车指南》(Buyers Guide)　《二手车法规》提供了统一格式的《买车指南》，规定二手车经销商在出售二手车的同时，必须填写完整的《买车指南》，并张贴在车内的明显位置，以供买方参考。《买车指南》的主要内容包括车辆的基本信息、质量状况、维修历史、厂家或经销商的质保承诺等重要信息，并且成为购车合同的一个重要组成部分，从而在法律上确保经销商提供的二手车信息的准确性，同时将消费者关心的保修承诺合同化，保证了消费者的权益。

3. 二手车质量

质量和品质在汽车消费领域居于至关重要的地位，不仅对新车如此，对二手车则更突显出其重要性。《二手车法规》中规定的《买车指南》就是政府强制规定二手车经销商增加透明度，解决买卖双方的信息不对称问题，以保护消费者的合法权益。另外，在实际流通过程中，美国的二手车市场也形成了以下两条非常有效的做法，对于保证二手车质量起到了非常重要的作用。

(1) 推广认证制度　从20世纪80年代开始，美国开始出现“认证(Certified)”二手车，起初是由一些规模较大的经销商对自己出售的二手车进行认证，目前这项制度已经推广到几乎所有品牌的汽车生产商。

所谓二手车质量的认证制度就是由汽车生产商或者大型经销商对二手车进行全方位的质量检测，以确保汽车的品质达到一定的出售标准，同时，经过认证的二手车还可以在一定时期内享受与新车同样的售后保障。

尽管认证二手车要比没经过认证的二手车平均售价高出1000~1500美元，但由于认证二手车的质量得到了保证，并可享受保修服务，消费者对二手车质量存在的顾虑便得以解决，从而极大地激发了消费者购买认证二手车的热情。

(2) 建立历史档案　美国有专业、独立的汽车评估公司，利用车辆识别代码(VIN)的唯一性，为每辆车建立档案，撰写“车辆历史报告”。报告的内容包括：所有权及变更、里程数、尾气排放检验结果、使用、维修、抵押、事故等众多重要信息。这些信息来源于生产商、车辆使用者、管理检验部门、消防与警察部门以及租赁拍卖公司等多个途径，一方面确保了车辆历史报告的全面性，另一方面保证了信息的准确性和公正性。

消费者在购买二手车的时候，可以通过支付少许费用获得此类报告，从而对二手车的使用历史及质量情况做到心中有数，避免了由于信息不全而造成的购车盲目性。

4. 二手车价格

除了质量以外，价格则是消费者最为关注的另一个重要因素。二手车价格的高低直接关系到消费者的切身利益，同时无法获取一个客观和公正的二手车估价，则成为消费者止步于二手车门前的一个“拦路虎”。

在美国，二手车价格不是由原车价格通过折旧来确定，而是决定于二手车的市场残值，即该车目前在市场上还能卖多少钱。美国没有专门的二手车鉴定评估师，消费者通常参考汽车经销商和二手车连锁店发行的二手车价格参考书。其中，美国汽车经销商协会(NADA)从1933年开始发行的“二手车价格指南”是较为权威的一种。该指南按东南西北把美国分为九个区，各地有不同的版本，每月发行一本。

指南中的价格分为：置换价格(Trade-in)和零售价格(Retail Price)两大类别。置换价格是消费者在车行进行以旧换新时二手车的折价，通常也是经销商回收二手车的批发价，相对较低；零售价格则是车行单独出售的二手车价格，一般比置换价格高20%左右。

(二) 德国二手车市场

德国每年二手车销量均维持在600万辆以上，是新车销量的两倍以上，SUV车型是近年来二手车市场最受欢迎的车型，其保值率位于私家车之首。

获得汽车制造商授权的品牌二手车经销商和具备二手车销售资格的新车经销商是二手车市场的销售主体，政府为了引导健康消费，积极鼓励消费者购买经过认证的二手车。

二手车民间机构的繁荣是德国二手车市场发展的一大特征，政府将二手车购前指导、鉴定评估、性能检测、销售认证、业务咨询等工作放权给民间机构。社会力量的全面介入，对于推动二手车市场的健康发展起到了非常重要的作用。

德国二手车市场自20世纪60年代发展至今，已有50多年的历史，在经历了多年不断发展、不断完善、规范的过程后，德国二手车市场无论是流通渠道、交易规模还是相关立法，都步入良性轨道。二手车在整个汽车产业链中，占据的位置也越来越重要。对于正处于发展早期的中国二手车市场而言，德国在二手车市场治理和管理方面的不少经验值得我们借鉴学习。

1. 二手车销量是新车销量的两倍

作为世界上最富有的国家之一，德国的汽车消费一大特征就是较高的更新换代频率，尽管政府没有强制规定车辆报废的年限或者公里数，但是规定五年以上便算旧车，所以往往人们使用一辆汽车5~6年时便会换新车，一些有钱人或者追求车辆款式新颖的个人和家庭，甚至两年左右就会换新车。这样一来，市场上就出现了大量的二手车，为德国二手车市场的发展壮大提供了基本条件。而历史悠久的汽车文化，也培养了德国人成熟的汽车消费观念，对二手车消费并无面子上的偏见，为二手车消费提供了良好的社会环境。

在过去几年，德国每年二手车销量均维持在600万辆以上，是新车销量的两倍以上。德国汽车经销商及维修商联合会(ZDK)此前公布的一份预测数据称，2013年，德国二手车销量有望达到690万~700万辆，该机构对2013年德国的新车销量则预测为290万辆。

在德国，首次购车的人群更倾向于购买一辆价廉物美的二手车。一辆原价上万欧元的新车，在使用5年或行驶里程超过10万km后，售价只剩下原来的一半，而车龄超过10年的二手车，售价则低至几百欧元，所以一名大学生暑期工作一个月的收入即可购买一辆代步二手车。据统计，德国过半家庭会选择一辆实用的二手车用做家庭代步，即便是经济状况较好的中产阶级，不少在拥有一辆新车的同时，也会购买一辆实用的二手车供日常使用。

近年来，SUV 二手车在德国走俏，成为最畅销的二手车型，而这也带动了 SUV 新车的销售。在旺盛的需求下，SUV 的保值率也位于私家车之首。一辆行驶 3 年、行驶里程为 6 万 km 的 SUV，其平均保值率为 55.2%，德系 SUV 保值率则更高。

2. 经销商成为二手车销售主体

在德国购买二手车，人们有三种渠道可以选择：一是私人与私人之间直接交易；二是通过制造商授权的品牌二手车经销商购买；三是通过获得授权的新车销售经销商。由于私人交易缺乏监督，质量得不到有效保证，近些年这种渠道的交易量逐渐降低。目前，德国二手车市场销售主体为获得授权的品牌二手车经销商和新车经销商，其中又以品牌二手车的发展最为引人注目。

由于新车销售利润渐薄，汽车制造商和经销商都非常注重二手车业务的发展，宝马、大众等汽车制造商均推出了自己的认证二手车业务，大众汽车集团称将继续努力扩大大众在德国的二手车销售。

置换是经销商获得二手车源的主要渠道，其次是来自汽车租赁市场的更新换代和企业回购。但并不是所有回收车型最后都能通过认证，不少企业为了保证品牌认证二手车的质量，会设置一些准入门槛，比如大众规定里程超过 12 万 km、整备翻新超过 2000 欧元、使用超过 8 年的二手车不能进入认证二手车销售，像宝马等豪华品牌则对认证二手车的要求更为严格。

德国经销商销售二手车也分为零售和批发两种，不过与国内经销商多以批发为主的销售构成不同，德国经销商回收的二手车大部分最后是通过认证、零售的方式出售，这大约也与德国私家车车龄普遍较短有关。以一家位于杜塞尔多夫机场附近的大众 Das WeltAuto 二手车经销商为例，这家由某大型汽车经销商集团投资的二手车卖场，每天接受来自不同渠道的二手车，部分达到大众 Das WeltAuto 认证标准的二手车，在经过整备翻新后进场销售，这部分约占所有回收二手车数量的四分之三，而剩余大约四分之一的不符合认证二手车标准的车源则通过其他渠道批发销售出去。

为了引导二手车市场健康发展，德国政府出台措施，鼓励消费者购买通过认证的二手车，并规定凡是经过认证的二手车可享受一定时间与新车相同的售后服务，另外，经过认证的二手车普遍还可以享受 1 ~2 年的质量担保，以消除消费者对质量的担忧。

3. 民间机构繁荣促进二手车市场走向规范化

一个市场的健康有序发展，离不开法律、法规的引导和保护，德国二手车市场也经历过混乱的早期发展，后政府制定了两部与二手车相关的法律来规范市场，一部是二手商品交易法律，规定了包括二手车在内的二手商品交易原则，对于什么状态的二手车才可以进入市场交易做了非常具体的规定；另外一部是针对二手车交易规范化的法律，对二手车交易、置换、评估、付款等各个交易环节提出了详细要求，使得交易的每一步都有法可依。

政府在法律法规层面上对二手车市场做出了要求和规范，不过具体的执行工作，主要是由一些民间机构来完成，包括二手车的购前指导、鉴定评估、性能检测、销售认证、业务咨询等，政府部门全面认可这些机构的监督、管理结果。民间机构的繁荣以及对二手车业务的深度介入，是德国二手车市场的重要特点之一。

按照政府要求，德国品牌二手车经销商和具备二手车销售资格的新车经销商，销售的均是通过认证的二手车。但是和国内有汽车制造商自己检测、认证的流程不同，德国经销商销售的认证二手车是由第三方机构介入进行检测、认证并评估价格，ADAC（全德汽车俱乐部）、AVD（德国汽车俱乐部）、TÜV（德国技术检测监督协会）和DEKRA（德国机动车监督协会）等民间机构是其中最为活跃的几家。来自第三方的工作人员会进驻到各个二手车经销商处，像卖场工作人员一样上下班，负责卖场日常的评估和定价工作。

以TÜV为例，该机构研发出一套电子化的TIM二手车管理系统，目前已被超过50家大型经销商集团引入，TÜV机构的工作人员在检测后，在该系统中录入被检测车辆的保养记录、车损情况、部件损坏等所有信息，一般情况下，检测时买卖双方都会在场，检测信息录入完成后，由检测师和车主本人签字认可。

经销商是这些民间检测机构最主要的客户群体，它们通过为经销商提供有偿服务来获取利润，具体价格则与认证内容多少密切相关。部分机构也接受消费者个人的认证、评估申请。

（三）日本二手车市场

日本也是一个二手车交易大国。早在1966年，日本就成立了财团法人“日本汽车评估协会”，该协会对规范二手车的评估行为起到了重要作用。二手车经销商要想获得二手车的评估资格，必须通过日本汽车评估协会的审查。二手车销售店内要有通过评估协会组织的技能考试专业评估师。评估师的资格有效期为3年，通过进修可以获得资格晋升。

USS二手车交易市场是世界上最大的二手车市场。为了迎合市场需要，日本还在全国建立了20个大型二手车交易市场，另设有大大小小186多个二手车拍卖场。交易中的汽车均停在巨大的露天停车场上，停车场分为本土车区、进口车区和跑车区、大型车区等，可停放两万多辆汽车。交易过程很简单，车主先付1万日元的入市交易费，专门的评级机构对车况进行评级，然后车主开出底价进入市场拍卖。通常，拍卖场的车辆价格相当便宜，二手车商在那里买车，然后再拉回自己的二手车店销售，不少国外商家也选择来此购车，直接装船运出日本。

据统计，日本近年来新车年销售一直在800万辆上下，二手车登记量保持在1300万辆左右，在新车销售市场萎缩的2009年，二手车交易量与新车销售量之比达到7∶4。

1. 独特格局——一手谈销售，一手办拍卖

在日本，二手车交易具有多种多样的形式：有大型市场交易活动，也有遍布各地的拍卖场。形式多样的交易形式构成了日本二手车市场的独特格局。

USS是日本最大的二手车交易公司，拥有总资产156亿美元，平均每20秒就能成交一辆二手车，每年的成交量接近300万辆。USS凭借自己的卫星系统将各个二手车市场连接起来，并在每个市场设置2~4个大屏幕，把待交易的二手车信息反映在大屏幕上，完成整个交易只需短短几秒钟。有了这样一个卫星系统，不同市场的人员就像在同一个市场中进行交易一样便捷。

拍卖会是日本二手车流通的一个重要方式，国内有大大小小150家拍卖场，包括现场、网络等多种渠道，旧车经销商以会员身份参与旧车拍卖。在这里，每年有1600万辆车参拍，几乎每天都有拍卖会，日成拍量在200~18000辆，平均每5秒成拍一辆。

成熟规范的拍卖管理秩序使日本的二手车市场始终保持平稳快捷的运行状态，同时，频繁的交易使成拍价格及时客观地反映了市场供求关系，旧车经营的行情走势完全可以用拍卖价格作为参照依据。

可以说，拍卖行业本身不仅成为旧车交易的重要途径，拍卖价格还为旧车经营提供了价格工具，进而为竞争激烈的汽车产业实行统一价格提供了市场基础。

2. 连锁经营——延伸金牌服务

为在激烈的竞争中盈利，日本旧车经营一方面积极拓展海外市场，一方面在国内建立连锁经营新模式。连锁经营的重点在于通过大量收购和快速营销，发挥“供应链”的强大功能，实现各个分店的资源、信息共享，为客户提供个性化服务。

3. 信息透明——售后服务有保障

日本每辆二手车可以在全国享受 1 年或 2.5 万 km 的售后维修服务；买车人如果不满意，可以在车辆售出的 10 天或 500km 以内退车。

日本的二手车市场也已经实现全国信息互联，来自不同区域的人们可以不受地域限制地互相交易。日本二手车交易公司规模普遍较大，可同一时间通过卫星将所有待售二手车信息传递到各地交易市场的大屏幕上。信息共享的高度透明化令日本二手车市场交易颇为活跃。日本汽车评估协会每月发行一本《价格指导手册》，在书中刊登各地区的车辆零售价格。此外，在东京横滨地区还发行一本黄皮书，刊登零售价和批发价。根据规定，旧车的一切修复历史都要如实告知买主。在日本，新车展厅比较小，按照制造商的标识和要求布置。但在二手车经销商中，每个二手车展场都是彩旗飘扬，经营企业的自身品牌形象鲜明，虽然展场中各种品牌车辆都有，但用户感觉到的更多的是经营者的形象，体验到的是经营者的服务能力，对产品品牌反倒淡化了。经营者即便是品牌经销商，他们对自己经营新车品牌之外的其他品牌二手车也给予一样的重视，并因此而扩大获益空间。

在一系列连锁经营店中，品牌服务发挥了巨大作用。加盟店实行统一店面标识、统一服务规范、统一业务管理，并由此制定出规范化操作规程，提高劳动效率。

苹果汽车网络株式会社是日本三大二手车连锁企业之一，也是日本第一家从事二手车连锁经营的专业公司，在国内拥有 424 家连锁店。针对车辆清洗服务，苹果经过多年研究，发现两个人同时洗车最有效率，从而对每个人站姿、站位，配合动作及操作顺序都规定得很细致。

连锁经营强大力量的发挥，最终还是要通过员工的服务来实现。“通过与顾客的充分沟通，发现并满足客户需求，甚至引导客户，培养和激发客户潜在需求，当客户知道自己的需求以后，价格就不是主要的问题了。”因此，苹果在旧车经营中形成了这样的理念：车子没有贵与不贵，只有适合不适合。

4. 业务扩展——综合打造汽车休闲中心

除了拍卖，很多汽车企业还建立了自己的汽车生活店，为二手车市场的壮大打下基础。例如，日产建立了兼备新车、二手车销售，以及零部件采购的综合汽车中心 Carest，店名由 Car 和 Rest 组成，表示顾客可以在充满创意的环境里享受休闲的汽车生活。位于东京城以东的 Carest，室内外总面积超过 6 万 m^2，有超过 50 辆新车、1000 辆二手车以及约 40000 件汽车精品供顾客挑选。另外，一条长达 700m 的跑道用以供顾客试乘各款新车及二手车。除了以上提到的项目，Carest 还备有购物中心、儿童游戏区及咖啡茶座。维修车间拥有 38 个维修位置，同时提供方便的自助洗车服务。专业的评估区域安排了专业评估师，便于顾客以合理的价格购入车辆。

5. 务实的日本

日本是全球汽车制造业强国和大国，同时也是汽车消费大国。日本汽车消费市场的发展，是伴随着该国汽车工业的发展逐渐进入成熟阶段的。目前，除完善的新车销售市场外，汽车租赁以及二手车市场业已非常完善和规范。消费者的购车理念务实、理性。

此外，二手车交易有健全的法律制度保证。在销售合同方面有民法、商法、分期付款法、旧物营业法、汽车抵押法等；在汽车税制方面有消费税法、汽车重量税法、地方税法；在汽车保险方面有汽车损害赔偿法；在促进平等竞争和支持中小企业方面，有反垄断法、大店法等。除法律保障外，公正的二手车评估制度也是促进日本二手车市场健康发展的主要因素。在二手车拍卖中，评估师不对车价进行评说，只对二手车车况的各种相关信息作出评估，其评估报告成为业内公认的标准，也为二手车交易提供了最基本的信任保证。一旦车辆成交，其车况评估与成交价格，即成为指导日本二手车市场交易价格的最权威数据。

在一系列健全的制度保障下，日本二手车市场各环节的利润空间基本固定，收购、拍卖、销售之间虽然有竞争，但没有人打破游戏规则。

三、我国二手车市场

汽车产业是一个完整的产业链条，它涵盖了汽车的制造、营销、后市场、环保、能源、交通等领域。在一个成熟的汽车市场中，汽车整车销售利润大约只占整个汽车行业利润的20%，而其余约80%的利润是来自于汽车后市场。

1）二手车经营主体由单一模式向多元化转变。经营主体的演变是市场的自然选择，当单一的交易模式已经不再适应千变万化的市场，市场就会孕育出新的交易模式，自然产生出新生力量。

2）新车市场与二手车市场的联动效应更加明显，两个市场的互动性进一步增强。2002~2003年新车市场出现“井喷”行情以来，新车市场活跃，二手车市场相对发展滞后的格局在2004年开始出现转机。

3）新车经销商、汽车供应商与二手车交易市场的联系更加紧密。新车经销商、汽车供应商与二手车交易市场互利合作的发展态势得到进一步延续和深化。新车市场和二手车市场天然的互动关系使得汽车供应商、新车经销商与二手车交易市场的合作成为必然。

4）二手车经营内涵得到进一步的拓展和深化。随着经营规模的扩大和市场竞争的加剧，苦练内功、拓宽经营思路、增加服务内容与功能成为众多二手经营机构的共同取向。

5）二手车市场的巨大增长空间显示了良好行业发展前景。据国家有关部门统计数据显示，2008年，全国31个省市自治区（不包括香港、澳门、台湾地区）共交易二手机动车（含摩托车）273.73万辆，绝对数量较2007年增加7.97万辆，同比增长3.0%；二手车交易额达到1182.65亿元，同比增长10.56%。

6）各地自发成立二手车行业组织是行业日渐成熟的标志。随着二手车市场的不断壮大与发展，二手车流通业态的不断成熟，二手车流通企业自律意识和维权意识不断增强。

四、我国二手车流通行业的现实状况

1）二手车交易的税收标准不统一。据调查，各地对二手车交易的税收基本上都按当地有关政策执行，因此各地税收的种类和标准都不一样，有的按增值税征收，有的按营业税征收，最高的税率17%，最低的税率2%，税率高低相差悬殊。这些因素造成了一些地区二手车的成本过高，经营二手车的企业利润微薄，一些地区采用交易不过户来逃税，场外交易、私下交易及非法交易都扰乱了二手车交易秩序。可以说二手车交易税收问题制约着二手车市场的发展，成为二手车市场发展的瓶颈。

2）评估体系不健全。我国二手车交易起步较晚，改革开放后，一方面，人民生活水平提高，汽车进入家庭的步伐加快，更新换代的步伐也在加快，二手车市场的发展伴随着我国市场经济的发展。另一方面，国家机关、企业、事业用车制度的改革，进口车、新车、缉私罚没车、抵债车等不断增加，人们的消费观念、市场需求结构发生了变化，从而刺激了二手车交易市场的形成和发展。在二手车交易中，价格的评估是很重要的环节。为了做好二手车的评估工作，1999年原国内贸易部生产资料流通司与武汉工业大学编写了旧机动车鉴定评估师培训教材，与劳动和社会保障部培训就业司联合下发关于开展旧机动车鉴定评估师资格鉴定工作的通知，对机动车鉴定评估从业人员进行了资格鉴定，目前经过培训并取得资格的评估师约2000人，但是人员的培训仅仅是二手车价格评估的一个方面，现在面临的主要问题是评估的标准全国不统一，在交易中存在着定价不合理、随意性较大的问题。有的地方为了抢二手车生意，故意低估价格，竞相压价。甚至还出现“私卖公高估价，公卖私低估价”的现象。由于价格压低，使国有资产流失，国家的税收减少。因此如何建立科学、可操作的二手车评估系统是亟待解决的问题。

3）二手车售后服务问题多。服务方式单一是目前许多二手车交易市场的通病，许多交易市场并不代为办理工商验证和转籍过户手续，缺乏必要的服务功能、服务设施和服务手段。目前我国新车品牌的销售基本上建立了信息咨询、配件供应、维修、汽车保险等一条龙服务。而二手车的售后服务还没有建立，特别是与发达国家相比差距较大。如美国在二手车售出之后，还提供一段时间的质量保证，通用公司就规定车龄7年以内的二手车有1~2年的质量保证，这与新车的服务一样，而且所有车行出售的二手车都必须持有政府颁发的技术合格证书才能上路行驶。

4）开展汽车置换步履艰难。随着经济的发展，人们对购买汽车的需求发生了变化，据北京一些汽车品牌专卖店反映，经常有人开着以前在这里购买的汽车来询问我这辆旧车你们能否以旧换新？这说明汽车置换有需求，能不能把旧车买卖引入实力强、信誉好的汽车专卖店来呢？从国外情况看，通常是一家品牌专卖店，除了卖新车还负责买卖本公司品牌的二手车。这种做法有利于企业降低成本，保证企业的形象。首先在二手车的价格评估上，一般是不同品牌的车辆编制一本价格评估目录，这是二手车价格评估的主要依据。其次在二手车的销售，还要考虑车况的履历和保养的程度进行价格浮动。

5）二手车技术检测不到位。2000年颁布的《关于调整汽车报废标准的若干规定的通知》在两个方面有较大的突破：一是重点调整了非营运客车，私人、机关、旅游及外事接待的使用用车，即9座以下非营运载客汽车（包括轿车、越野车）使用期。二是以技术检验为延长汽车使用年限的依据，即达到使用年限需继续使用的，必须依据国家机动车安全、污染物排放有关规定进行严格检验，检验合格后可延长使用年限。这项政策的调整在全社会引起强烈的反响，一方面体现了我们国家政策的调整符合国情；另一方面在技术检测上逐步与国际接轨，促进了二手车的市场的发展。但是从目前情况看，国家并没有要求所有二手车在交易前必须经过有关的技术检测，这样就很难保证二手车的行驶安全和购车者的利益。

6）二手车的更新补贴未能完全发挥作用。1995 年为了加速老旧车报废更新工作，促进我国汽车工业的发展和交通运输事业的发展，经国务院批准，每年从征收的车辆购置附加费中拿出 3 亿元，对全民和储运运输企业更新的国产客车、货车进行定额补贴，每辆车补贴 3500 元。但是 1999 年由于等待国家对车辆购置附加费进行税费改革，汽车更新补贴没有落实，给全国汽车更新工作带来了一定的难度，反映十分强烈。2000 年全国汽车更新领导小组办公室取得财政部、交通部同意，向国家争取了 4.66 亿元，对 1999 年和 2000 年更新的 13.3 万辆更新车辆进行优惠补贴。财政部、商务部于 2005 年发布了对报废汽车的资金补贴政策，补贴标准为人民币 4000 元。补贴标准虽然比前几年稍有提高，这是件好事，但目前仍然有相当部分已经到报废时间的车辆没有更新，仍在继续使用，这些车或流向不发达地区，或经非法改装继续使用。

7）买卖双方信息不对称。卖方往往对自己的二手车有比较充分的信息，而买方往往缺少这方面的信息，再加上目前我国信用体系不健全，卖方故意隐瞒某些瑕疵，甚至提供虚假信息欺骗买方。这都在很大程度上制约了二手车市场的发展。

五、我国二手车市场的健康发展方向

我国二手车市场有着广阔的发展前景，但是我国的二手车经营的潜在效益还远没有挖掘出来，其原因主要在于我国目前尚没有一套完整的二手车交易管理办法，没有二手车价值评估国家标准，缺乏二手车价格信息管理系统，另外车源状况也存在问题，也缺少相应的法规。所以，建立和完善二手车服务体系，培育和发展二手车市场势在必行。

1）加强二手车市场管理的力度。1998 年发布了《旧机动车交易管理办法》，在当时为规范二手车交易行为，保障购车者合法权益，促进二手车流通起到了很重要的作用。但随着我国经济的发展，该办法有些方面已经不大适应二手车市流通的现状，特别是品牌汽车新旧置换问题，不但影响了二手车的流通，也影响了新车的销售。因此应按照市场经济的规律和发达国家二手车市场的成熟经验，结合我国国情的现状，尽快调整、完善、充实、修订原《旧机动车交易管理办法》。

2）制定统一合理的税赋。尽快解决二手车交易中不合理的税收政策，统一二手车交易税费标准。包括几个方面：

① 统一规范交易凭证，使用税务部门监制的二手车交易发票。

② 确定所收的税种，如按增值税收取，应考虑到二手车无进项税抵扣，实际操作有困难。

③ 考虑到国情，所收税率不宜过高。

3）尽快建立科学的二手车价格评估体系。鉴于我国在二手车的价格评估还不规范，一方面我们要加强二手车鉴定评估师的培训和再培训的提高；另一方面有关行业组织应研究制定全国统一的价格评估标准。

4）尽快建立二手车售后服务体系。服务方式单一是目前许多二手车交易市场的通病，缺乏必要的服务功能、服务设施和服务手段。因此二手车经营企业不但要能销售，而且应对二手车进行跟踪式的定期检验，帮助维修等售后服务形成“一条龙”服务到家的完整市场，还应根据各地的实际情况不断增加售后服务内容迎接新的挑战。

5）政府应进一步整顿、改善二手车消费市场环境。随着经济市场化的加速，二手车流通领域的软环境建设应提到更重要的位置上，把汽车、环境、社会作为一个系统来考虑，实现协调发展。在市场经济条件下，法律法规的制定和实施还应采用更多的经济手段。

6）建立健全旧车交易诚信体系。中国整个社会诚信体系还不完善，汽车交易中的交易信息、车辆的维护保养信息、车辆的产权转移信息、车主信息等都难以确保真实统一。企业对客户的信息要建立好完善的保护措施，防止外泄，政府要加强诚信建设，要严厉打击虚假。

7）大力发展二手车信息网络。大力发展二手车信息网络工作的目的，一是为国家商品流通主管部门掌握和分析；二是要充分利用行业社团组织开展国内外信息交流；三是为委托交易中心提供信息服务和信息沟通，创立二手车信息平台，建立进入市场的局域网和数据库。政府应当在建立各类数据库上发挥其应有的组织作用。数据库包括贷款车欠款状态登记库、车辆事故库、个人和企业信用档案库。并且发展诚信会员。政府牵头组织社会力量招标，并组织各个有关部门对中标公司提供资源。

六、二手车交易市场及其行政管理

二手车交易中，由于每一辆二手车在技术状况、使用经历和交易条件上千差万别，交易信息难以完备，使交易过程复杂、交易风险大。为了保护交易双方的合法权益，防止道德风险的发生，国家有关部门制定了一系列的法律法规，以规范二手车交易市场和交易双方的行为。其中一个十分重要的内容就是所有的二手车交易必须在依法设立的二手车交易市场中进行。根据《二手车流通管理办法》规定，二手车交易市场是指依法设立、为买卖双方提供二手车集中交易和相关服务的场所，是二手车信息和资源的集散地，是买、卖双方进行二手车商品交换和产权交易的场所。二手车交易市场经营者应当为二手车经营主体(从事二手车经销、拍卖、经纪、鉴定评估的企业)提供固定场所和设施，并为客户提供办理二手车鉴定评估、转移登记、保险、纳税等手续的条件。二手车经销企业、经纪机构应当根据客户要求，代办二手车鉴定评估、转移登记、保险、纳税等手续。

国务院商务主管部门、工商行政管理部门、税务部门在各自的职责范围内负责二手车流通的有关监督管理工作。省、自治区、直辖市和计划单列市商务主管部门(以下简称省级商务主管部门)、工商行政管理部门、税务部门在各自的职责范围内负责辖区内二手车流通的有关监督管理工作。

二手车交易市场经营者和二手车经营主体应建立备案制度。凡经工商行政管理部门依法登记，取得营业执照的二手车交易市场经营者和二手车经营主体，应当自取得营业执照之日起 2 个月内向省级商务主管部门备案。省级商务主管部门应当将二手车交易市场经营者和二手车经营主体有关备案情况定期报送国务院商务主管部门。

二手车交易市场经营者和二手车经营主体应当定期将二手车交易量、交易额等信息通过所在地商务主管部门报送省级商务主管部门。省级商务主管部门将上述信息汇总后报送国务院商务主管部门。国务院商务主管部门定期向社会公布全国二手车流通信息。国务院工商行政管理部门会同商务主管部门建立二手车交易市场经营者和二手车经营主体信用档案，定期公布违规企业名单。

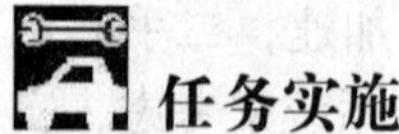

任务实施

☞ 任务目标与要求

• 小组成员分工协作，利用网络、图书馆资料，依据任务工作单分析制定工作计划，并通过小组自评或互评检查工作计划。

• 了解其他发达国家二手车市场情况，二手车交易方式，交易特点。

• 了解国内二手车市场情况，并针对国内二手车市场现状，提出合理建议，促进二手车市场健康有序发展。

☞ 准备工作

• 小组接受工作任务，组长带领组内成员阅读任务工单，查阅相关资料，合理分工，制定任务计算，并检查计划有效性；

<table>
<tr><td>项目</td><td colspan="5">前期准备</td></tr>
<tr><td>任务</td><td colspan="3">● 二手车市场分析</td><td>姓名</td><td></td></tr>
<tr><td>班级</td><td></td><td>组号</td><td></td><td>日期</td><td></td></tr>
<tr><td>任务目的</td><td colspan="5">● 了解其他发达国家二手车市场情况，二手车交易方式，交易特点。
● 了解国内二手车市场情况，并针对国内二手车市场现状，提出合理建议，促进二手车市场健康有序发展。</td></tr>
<tr><td>任务描述</td><td colspan="5">按照学习领域课程安排，通过机房上网查阅资料、教师提供参考书，视频资料等教学资源，在教师指导下完成二手车市场分析这一教学任务。请分组查阅相关资料，了解发达国家二手车市场交易模式、交易特点等；了解国内二手车市场交易模式、交易特点。并针对国内二手车市场现状，请提出合理建议，促进二手车市场健康有序发展。</td></tr>
<tr><td>任务要求</td><td colspan="5">通过教师的引导、自学和查找资料等方式，按照工作过程的完整性和连贯性(资讯—决策—计划—实施—检查)评估要求，逐步养成就业岗位的隐性工作方法，最终以小组协作形式完成二手车市场分析资料收集、记录，分析处理。</td></tr>
<tr><td>资讯</td><td colspan="5">掌握二手车含义，了解美国二手车市场和国内二手车市场。</td></tr>
<tr><td>决策</td><td colspan="5">每6人一组，每组选出一名负责人，负责人对小组任务进行分配，组员按负责人要求完成相关任务内容。
<table>
<tr><td>序号</td><td>个人职责(任务)</td><td>负责人</td></tr>
<tr><td>1</td><td></td><td></td></tr>
<tr><td>2</td><td></td><td></td></tr>
<tr><td>3</td><td></td><td></td></tr>
<tr><td>4</td><td></td><td></td></tr>
<tr><td>5</td><td></td><td></td></tr>
<tr><td>6</td><td></td><td></td></tr>
</table></td></tr>
<tr><td>制定计划</td><td colspan="5">根据任务内容制定任务计划，并反复修改、讨论工作方案。</td></tr>
<tr><td>任务实施</td><td colspan="5">各小组成员按照制定的工作计划查阅相关资料，并进行总结。</td></tr>
<tr><td>检查评估</td><td colspan="5">成果展示，小组自评与互评，并讨论、总结、反思学习过程中的不足，撰写工作报告并交流。</td></tr>
</table>

任务1.2　受理鉴定评估

能力标准

学完这一单元，你应获得以下能力：

- 掌握二手车相关业务的理论知识。
- 掌握二手车业务洽谈的基本常识。
- 能够填写二手车鉴定评估作业表中部分内容。

任务分析

请以以下任务为指导，完成对相关知识的学习并进行练习：

- 掌握二手车相关业务理论知识及二手车业务洽谈基本常识。
- 填写二手车鉴定评估作业表中斜体部分内容。

相关知识

一、汽车报废标准与报废汽车

（一）汽车报废标准

汽车在使用和存放一定年限后，由于自然的、人为的物理与化学作用，各总成及零件过度磨损、线路老化，使汽车的技术状况和性能指标劣化，导致汽车的行驶安全性和操纵性变差，燃油消耗量和污染物排放增加。为了确保机动车辆驾驶人员和乘员及其他交通参与者(包括行人等)的安全，节省能源，保护环境，鼓励技术进步和公平竞争，以适当的、必要的强制更新措施，抑制低效率、高成本的老旧车辆继续使用，提高安全和环保技术更优良的新车的保有量，促进汽车产业的发展，国家颁布了《机动车强制报废标准规定》。

《机动车强制报废标准规定》从累计行驶里程数和(或)使用年限两个方面，对各类汽车的报废年限(里程)作了具体规定。表1-1列举了各类汽车的报废标准，是2012年8月24日商务部第68次部务会议审议通过，自2013年5月1日起施行。

表1-1　汽车报废标准

项目	各类汽车报废标准	
按使用年限计	8年	小、微型出租客运汽车
	9年	三轮汽车、装用单缸发动机的低速货车
	10年	中型出租客运汽车
		小型教练载客汽车
		其他小、微型营运载客汽车
		危险品运输载货汽车
		全挂车、危险品运输半挂车
	12年	中型教练载客汽车
		大型出租客运汽车
		装用多缸发动机的低速货车以及微型载货汽车
		正三轮摩托车

（续）

<table>
<tr><th>项目</th><th colspan="2">各类汽车报废标准</th></tr>
<tr><td rowspan="15">按使用年限计</td><td rowspan="2">13 年</td><td>公交客运汽车</td></tr>
<tr><td>其他摩托车</td></tr>
<tr><td rowspan="7">15 年</td><td>租赁载客汽车</td></tr>
<tr><td>大型教练载客汽车</td></tr>
<tr><td>大、中型营运载客汽车</td></tr>
<tr><td>专用校车</td></tr>
<tr><td>其他载货汽车（包括半挂牵引车和全挂牵引车）</td></tr>
<tr><td>有载货功能的专项作业车</td></tr>
<tr><td>其他半挂车</td></tr>
<tr><td rowspan="2">20 年</td><td>大、中型非营运载客汽车（大型轿车除外）</td></tr>
<tr><td>集装箱半挂车</td></tr>
<tr><td>30 年</td><td>无载货功能的专项作业车</td></tr>
<tr><td rowspan="21">按行驶里程计</td><td>10 万 km</td><td>正三轮摩托车</td></tr>
<tr><td>12 万 km</td><td>其他摩托车</td></tr>
<tr><td>30 万 km</td><td>装用多缸发动机的低速货车</td></tr>
<tr><td rowspan="3">40 万 km</td><td>公交客运汽车</td></tr>
<tr><td>专用校车</td></tr>
<tr><td>危险品运输载货汽车</td></tr>
<tr><td rowspan="4">50 万 km</td><td>中型出租客运汽车</td></tr>
<tr><td>中型非营运载客汽车</td></tr>
<tr><td>微型载货汽车</td></tr>
<tr><td>专项作业车、轮式专用机械车</td></tr>
<tr><td rowspan="8">60 万 km</td><td>小、微型出租客运汽车</td></tr>
<tr><td>大型出租客运汽车</td></tr>
<tr><td>租赁载客汽车</td></tr>
<tr><td>大型教练载客汽车</td></tr>
<tr><td>其他小、微型营运载客汽车</td></tr>
<tr><td>小、微型非营运载客汽车和大型非营运轿车</td></tr>
<tr><td>大型非营运载客汽车</td></tr>
<tr><td>中、轻型载货汽车</td></tr>
<tr><td>70 万 km</td><td>重型载货汽车（包括半挂牵引车和全挂牵引车）</td></tr>
<tr><td>80 万 km</td><td>大型营运载客汽车</td></tr>
</table>

注：1. 已注册机动车强制报废，其所有人应当将机动车交售给报废机动车回收拆解企业，由报废机动车回收拆解企业按规定进行登记、拆解、销毁等处理，并将报废机动车登记证书、号牌、行驶证交公安机关交通管理部门注销。

2. 经修理和调整仍不符合机动车安全技术国家标准对在用车有关要求的，向大气排放污染物或者噪声仍不符合国家标准对在用车有关要求的；在检验有效期届满后连续 3 个机动车检验周期内未取得机动车检验合格标志的，强制报废。

3. 机动车使用年限起始日期按照注册登记日期计算，但自出厂之日起超过 2 年未办理注册登记手续的，按照出厂日期计算。

4. 营运载客汽车与非营运载客汽车相互转换的，按照营运载客汽车的规定报废，但小、微型非营运载客汽车和大型非营运轿车转为营运载客汽车的，应按照本规定附件 1 所列公式核算累计使用年限，且不得超过 15 年。

5. 不同类型的营运载客汽车相互转换，按照使用年限较严的规定报废。

6. 小、微型出租客运汽车和摩托车需要转出登记所属地省、自治区、直辖市范围的，按照使用年限较严的规定报废。

7. 危险品运输载货汽车、半挂车与其他载货汽车、半挂车相互转换的，按照危险品运输载货车、半挂车的规定报废。

8. 距本规定要求使用年限 1 年以内（含 1 年）的机动车，不得变更使用性质、转移所有权或者转出登记地所属地市级行政区域。

（二）报废汽车

报废汽车（Scrapped Vehicle）是指已经达到国家《汽车报废标准》以及各地制定的有关报道规定、报废标准的；或虽未达到报废年限，但因交通事故或车辆超负荷使用造成发动机和底盘严重损坏，经检验不符合国家《机动车运行安全技术条件》规定的有关汽车安全、尾气排放要求的各种汽车、摩托车、农用运输车、拖拉机、轮式专用机械车等机动车辆。

国家实施汽车强制报废制度，依照《报废汽车回收管理办法》和《汽车贸易政策》的规定，报废汽车是一种特殊商品，报废汽车所有人应当将报废汽车及时交售给具有合法资格的报废汽车回收拆解企业，任何单位或者个人不得将报废汽车出售、赠予或者以其他方式转让给非报废机动车回收企业的单位或者个人。国家鼓励老旧汽车报废更新，并制定了老旧汽车报废更新补贴资金管理办法，符合有关规定的报废汽车所有人可申请相应的资金补贴。

报废机动车回收企业严禁从事下列活动：明知是盗窃、抢劫所得机动车而予以拆解、改装、拼装、倒卖；回收没有公安交通管理部门出具的《机动车报废证明》的机动车；利用报废机动车拼装整车。报废汽车的五大总成是指从报废汽车上拆解下的发动机，前、后桥，变速器，转向器和车架等，国家禁止报废汽车整车及其五大总成流入社会。报废汽车的五大总成应当作为废钢铁，交售给钢铁企业作为冶炼原料。报废机动车回收企业对按有关规定拆解的可出售的配件，必须在配件的醒目位置标明其为报废汽车回收件。

报废机动车回收企业凭公安机关交通管理部门出具的《机动车报废证明》收购报废汽车，并向报废汽车拥有单位或者个人出具《报废汽车回收证明》，依据《机动车修理业、报废机动车回收业治安管理办法》，报废机动车回收企业回收报废机动车应如实登记下列项目：报废机动车车主名称或姓名、送车人姓名、居民身份证号码，按照《机动车报废证明》登记报废车车牌号码、车型代码、发动机号码、车架号、车身颜色及收车人姓名等。报废汽车拥有单位或者个人凭《报废汽车回收证明》，向汽车注册登记地的公安机关办理注销登记。

二、二手车鉴定评估的主体和客体

二手车鉴定评估是指二手车鉴定评估机构对二手车技术状况及其价值进行鉴定评估的经营活动。

二手车评估属于资产评估，因此汽车鉴定评估理论和方法以资产评估学为基础。评估主要由六个要素构成，包括评估的主体、评估的客体、评估的目的、评估的程序、评估的标准和评估的方法。

二手车鉴定评估的主体是指二手车鉴定评估业务的承担者；二手车鉴定评估的客体是指被评估的车辆；二手车鉴定评估的目的是指二手车发生经济行为的性质；评估程序是指二手车鉴定评估工作从开始到结束的工作程序；二手车鉴定评估标准是对鉴定评估采用的计价标准；二手车鉴定评估的方法是指确定二手车评估值的手段和途径。

（一）二手车鉴定评估的主体

二手车评估的主体是指二手车评估业务的承担者，即从事二手车鉴定评估的机构及专业评估人员。由于二手车评估直接涉及当事人双方的权益，是一项政策性和专业性都很强的工作，所以无论是对专业评估机构，还是对专业评估人员都有较高的要求。

1. 对二手车鉴定评估机构要求

按照我国 1991 年 11 月颁布的《国有资产评估管理办法》第九条的规定，资产评估公司、会计师事务所、审计事务所、财务咨询公司，必须获有省级以上国有资产评估资格证书，才能从事国有资产评估业务。依照原国家计委颁布的《价格评估机构管理办法》设立的价格评估机构，有资格对流通中的二手车商品与事故车辆进行鉴定和评估。

依据我国保险监督管理委员会公布的《保险公估机构管理规定》设立的保险公估机构，也可经营汽车承保前的估价与出险后的估损等相关业务。

2. 对专业二手车评估人员的要求

1）二手车专业评估人员必须掌握一定的资产评估业务理论，熟悉并掌握国家颁布的与二手车交易有关的政策、法规、行业管理制度及有关的技术标准。

2）具有一定的二手车专业知识和实际的检测技能，能够借助必要的检测工具，对二手车的技术状况进行准确的判断和鉴定。

3）具有较高的收集、分析和运用信息资料的能力及一定的评估技巧。

4）具备经济预测、财务会计、市场、金融、物价、法律等多方面的知识。

5）具有良好的职业道德，遵纪守法、公正廉明，保证二手车评估质量。

此外，二手车评估的从业人员还需要经过严格的职业资格考试或考核，从事二手车评估定价的从业人员必须取得人力资源和社会保障部颁发的《二手车鉴定评估师职业资格证书》，从事二手车保险评估的从业人员必须取得保监会颁发的《保险公估从业人员资格证书》。

（二）二手车鉴定评估的客体

二手车鉴定评估的客体是指被评估的车辆。二手车鉴定评估的一个主要目的，就是在二手车的交易过程中准确地确定二手车价格，并以此作为买卖成交的参考底价。根据《二手车流通管理办法》的规定，下列车辆禁止经销、买卖、拍卖和经纪。

1）已报废或者达到国家强制报废标准的车辆。

2）在抵押期间或者未经海关批准交易的海关监管车辆。

3）在人民法院、人民检察院、行政执法部门依法查封、扣押期间的车辆。

4）通过盗窃、抢劫、诈骗等违法犯罪手段获得的车辆。

5）发动机号码、车辆识别代号或者车架号码与登记号码不相符，或者有凿改迹象的车辆。

6）走私、非法拼(组)装的车辆。

7）不具有《二手车流通管理办法》所列证明、凭证的车辆。

8）在本行政辖区以外的公安机关交通管理部门注册登记的车辆。

9）国家法律、行政法规禁止经营的车辆。

二手车交易市场经营者和二手车经营主体发现车辆具有4)、5)、6)情形之一，应当及时报告公安机关、工商行政管理部门等执法机关。

对交易违法车辆的，二手车交易市场经营者和二手车经营主体应当承担连带赔偿责任和其他相应的法律责任。

此外，车辆上市交易前，必须先到公安机关交通管理部门申请临时检验，经检验合格，在其行驶证上签注检验合格记录后，方可进行交易。

三、二手车鉴定评估目的

二手车鉴定评估的目的是为了正确反映二手车的价值量及其波动情况，为将要发生的经济行为提供公平的价格尺度，具体而言，二手车鉴定评估的目的有以下几点。

1）车辆交易。车辆交易即二手车的买卖，是二手车业务中最常见的一种经济行为。在二手车的交易过程中，买卖双方对交易价格的期望值是不同的。而二手车鉴定评估人员对交易的二手车进行的鉴定评估是第三方评估，可以作为双方议价的基础，从而起到协助确定二手车交易成交额的作用，进而协助二手车交易的达成。评估师必须站在公正、独立的立场对交易车辆进行评估，提供一个评估值，作为买卖双方成交的参考价格。

2）车辆置换。随着2005年《汽车贸易政策》的颁布，越来越多的品牌专卖店（如4S店）展开以旧换新的置换业务，为使车辆置换顺利进行，必须对待置换的二手车进行鉴定评估并提供评估值。

3）企业资产变更。在公司合作、合资、联营、分设、合并、兼并等经济活动中，牵涉资产所有权的转移，车辆作为固定资产的一部分，自然也存在产权变更的问题，在产权变更时，必须对其价值进行评估。

4）车辆拍卖。法院罚没车辆、企业清算车辆、海关获得的抵税和放弃车辆、个人或单位的抵债车辆、公车改革的公务用车均须经过拍卖市场公开拍卖变现，拍卖前必须对车辆进行评估，为拍卖师提供拍卖的底价。

5）抵押贷款。银行为了确保放贷安全，要求贷款人以一定的资产作为抵押。如果以在用汽车为抵押物，给予贷款人与汽车价格相适应的贷款，那么，这个抵押物到底值多少钱，也只有经过评估才能确定。因此，需要专业评估人员对汽车的价格进行评估，二手车价格评估值的高低，对贷款人则决定其可申请贷款的额度；对放贷者而言，评估的准确性一定程度上影响着贷款回收的安全性。

6）保险。出险车主因车辆损坏从保险公司所获得的赔付额最大不得超出出险前的车辆价值，故有时必须对出险前车辆进行评估。

7）司法鉴定。当事人遇到涉及车辆的讼诉时，委托鉴定评估师对车辆进行评估，有助于把握事实真相；同时，法院判决时，可以依据评估结果进行宣判，这种评估亦可由法院委托评估机构进行。此外评估机构亦接受法院等司法部门或个人的委托鉴定和识别走私车、盗抢车、非法拼装车等非法车辆。

8）修复价格评估。汽车修理厂应根据评估提供的查勘定损清单资料，确定更换部件的名称、数量、金额和修理部件的范围、工时定额费用及附加费，从而控制事故车辆总的修理费用，防止修理范围任意扩大。

四、二手车鉴定评估业务类型

按鉴定评估服务对象的不同，把鉴定评估的业务类型分为交易类业务和咨询服务类业务。

交易类业务是服务于交易市场内部的二手车交易，主要目的是判定二手车的来历、确定收购价格、为交易双方提供交易的参考价格等。

咨询服务类业务是服务于交易市场外部的非交易业务，如资产评估（涉及车辆部分）、抵押贷款、法院咨询等。

交易类业务和咨询服务类业务一般都是有偿服务，其评估的程序和作业内容并没有太大的差别，但依评估的特定目的不同，其评估作业的侧重点有所不同。例如，交易类评估的侧重点是二手车的来历、能否进入二手车市场流通及二手车的估价；而咨询服务类牵涉识伪判定、交易程序解答、市场价格询问、国家相关法规咨询等方面的内容多些，当然也有一些要求提供正式的车辆评估价。

五、二手车鉴定评估的特点

机动车作为固定资产，有别于其他类型的资产而有其自身的特点，其主要特点一是单位价值较大，使用时间较长；二是工程技术性强，使用范围广；三是使用强度、使用条件、维护水平差异很大；四是使用管理严，税费附加值高。车辆本身的这些特点决定了二手车鉴定评估具有以下特点。

1. 二手车鉴定评估以技术鉴定为基础

机动车辆本身具有较强的工程技术特点，其技术含量较高。机动车在长期的使用过程中，由于机件的摩擦和自然力的作用，使它处于不断磨损的过程中。随着使用里程和使用年数的增加，车辆实体的有形损耗和无形损耗加剧；其损耗程度的大小，因使用强度、使用条件、维修水平等差异很大。因此，评定车辆实物和价值状况，往往需要通过技术检测等手段来鉴定其损耗程度。

2. 二手车鉴定评估都以单台为评估对象

二手车单位价值相差大、规格型号多、车辆结构差异很大。为了保证评估质量，对于单位价值大的车辆，一般都是分整车、分部件地进行鉴定评估。为了简化鉴定评估工作程序，节省时间，对于以产权转让为目的，单位价值小的车辆，也不排除采取“提篮作价”的评估方式。

3. 二手车鉴定评估要考虑其附加价值

由于国家对车辆实行“户籍”管理，使用税费附加值高。因此，对二手车进行鉴定评估时，除了估算其实体价值以外，还要考虑由“户籍”管理手续和各种使用税费构成的附加价值。

六、二手车鉴定评估的依据和原则

1. 二手车鉴定评估的依据

二手车鉴定评估实质上属于资产评估的范畴，因此其理论依据必然是资产评估学的有关理论和方法，在操作中应遵守我国有关资产评估和管理的有关政策法规，具体涉及二手车价格评估的主要有：《国有资产评估管理办法》《国有资产评估管理办法实施细则》《汽车报废标准》及其他有关的政策法规。另外，二手车价格评估中的价格依据主要有历史依据和现实依据。前者主要是二手车的账面原值、净值等资料，它具有一定的客观性，但不能作为评估的直接依据；后者在评评估值时以评估基准，即以现时价格、现时车辆功能状态等为准。

2. 二手车鉴定评估的原则

二手车鉴定评估工作的原则是对二手车鉴定评估行为的规范。为了保证鉴定评估结果的真实、准确，做到公平合理，被社会承认，二手车的鉴定评估必须遵循一定的原则。

1）公平性原则。评估人员必须处于中立的立场上对车辆进行评估。这是鉴定评估人员应遵守的一项最基本的道德规范。目前在不规范的二手车市场中，时有鉴定评估人员和二手车经销经纪人员互相勾结损害消费者利益或私卖公高估而公卖私则低估的现象，这是严重违反职业道德的行为。

2）独立性原则。要求二手车评估师依据国家的有关法律和规章制度及可靠的资料数据对被评估的车辆独立地作出评定。坚持独立性原则，是保证评定结果具有客观性的基础。要坚持独立性原则，首先评估机构必须具有独立性，评估机构不应从属于和交易结果有利益关系的二手车市场，目前已不允许二手车市场建立自己的评估机构。

3）客观性原则。客观性原则是指评估结果应有充分的事实为依据。评估工作应尊重客观实际，反映被评估车辆的真实情况，所收集的与被评估车辆相关的统计数据准确；它要求车辆技术状况的鉴定结果必须翔实可靠，只有这样才能达到对被评估车辆现值的客观评估。

4）科学性原则。科学性原则是指在二手车的评估过程中，必须依据评估的目的，选用合理的评估标准和评估方法，使评估结果准确合理。如以拍卖、抵押等适用清算价格标准计算；而一般的车辆交易则选用重置成本标准或现行市价标准。

5）专业性原则。专业性原则要求鉴定评估人员，接受国家专门的职业培训，获得国家颁发的统一职业资格证书，如注册旧机动车鉴定评估师证、注册旧机动车高级鉴定评估师证，才能上岗。

6）可行性原则。可行性原则也称有效性原则，要求评估人员有国家注册的评估师证；有可资利用的汽车检测设备；能获得评估所需的数据资料，而且这些数据资料是真实可靠的；评估的程序和方法是合法的、科学的。

任务实施

☞ 任务目标与要求

• 情景模拟业务洽谈场景，小组成员分工协作，利用网络、图书馆资料，依据任务工单分析制定工作计划，并通过小组自评或互评检查工作计划。

• 了解车主基本情况、车主要求评估目的、评估对象基本情况。

• 填写评估作业表中部分内容。

☞ 准备工作

• 小组接受工作任务，准备实训车辆、工具、维修手册等配套器材，清理场地、做好实施准备工作。

• 组长带领组内成员阅读任务工单，查阅相关资料，合理分工，制定任务计划，并检查计划有效性。

☞ 实施指导

1. 了解车主基本情况

车主即二手车所有人，指车辆所有权的单位或个人。接受委托前应了解委托者是否是车主，是车主的即有车辆处置权，否则，无车辆处置权；同时还应了解车主单位(或个人)名称、隶属关系和所在地等。

2. 了解车主要求评估的目的

评估目的是评估所服务的经济行为的具体类型，根据评估目的，选择计价标准和评估方法。一般来说，委托二手车交易市场评估的大多数是属于交易类业务，车主要求评评估格的目的大都是作为买卖双方成交的参考底价。

3. 了解评估对象及其基本情况

1）二手车类别，是乘用车，还是商用车等。

2）二手车名称、型号、生产厂家和出厂日期。

3）二手车初次注册登记日期和行驶里程。

4）新车来历，是市场上购买，还是走私罚没处理，或是捐赠免税车。

5）车籍，指车辆牌证发放地。

6）使用性质，是公务用车、商用车，还是专业运输车或是出租营运车。

7）手续是否齐全，是否年检。

对上述基本情况了解清楚以后，就可以作出是否接受委托的决定。如果接受委托，就要签订二手车鉴定评估委托书。

对于评估数量较多的业务，在签订二手车鉴定评估委托书之前，应安排到实地考察评估对象的情况。实地考察的目的是了解鉴定评估的工作量、工作难易程度和车辆现时状态(在用、已停放很久不用、在修或停驶待修)。

4. 填写评估作业表

当确定接受委托后，接待人员将完成《二手车鉴定评估作业表》部分内容的填写工作，具体应填写的内容见《二手车鉴定评估作业表》中的斜体字。如果洽谈时，委托方携带了相关证件并将二手车同时开到了评估机构，则可根据证件的内容及对车辆的核查结果，补充填写更多的内容。

<table>
<tr><td>项目</td><td colspan="5">前期准备</td></tr>
<tr><td>任务</td><td colspan="3">● 受理鉴定评估</td><td>姓名</td><td></td></tr>
<tr><td>班级</td><td></td><td>组号</td><td></td><td>日期</td><td></td></tr>
<tr><td>任务目的</td><td colspan="5">● 交易情景模拟业务洽谈场景特点，了解车主基本情况、车主要求评估目的、评估对象基本情况。
● 填写评估作业表中部分内容。</td></tr>
<tr><td>任务描述</td><td colspan="5">按照学习领域课程安排，通过机房上网查阅资料，教师提供参考书、视频资料等教学资源，在教师指导下完成业务洽谈这一任务。请各组情景模拟业务洽谈场景，了解车主基本情况、车主要求评估目的、评估对象基本情况，并填写评估作业表中斜体字部分内容。</td></tr>
<tr><td>任务要求</td><td colspan="5">通过教师的引导、自学和查找资料等方式，按照工作过程的完整性和连贯性(资讯—决策—计划—实施—检查)评估要求，逐步养成就业岗位的隐性工作方法，最终以小组协作形式完成二手车市场分析资料收集、记录，分析处理。</td></tr>
<tr><td>资讯</td><td colspan="5">了解汽车报废标准以及报废汽车处置，掌握二手车鉴定评估的主体与客体、目的、业务类型、特点、依据和原则。</td></tr>
<tr><td>决策</td><td colspan="5">每6人一组，每组选出一名负责人，负责人对小组任务进行分配，组员按负责人要求完成相关任务内容。
<table><tr><td>序号</td><td>个人职责(任务)</td><td>负责人</td></tr><tr><td>1</td><td></td><td></td></tr><tr><td>2</td><td></td><td></td></tr><tr><td>3</td><td></td><td></td></tr><tr><td>4</td><td></td><td></td></tr><tr><td>5</td><td></td><td></td></tr><tr><td>6</td><td></td><td></td></tr></table></td></tr>
</table>

（续）

<table>
<tr><td>项目</td><td>前期准备</td></tr>
<tr><td>制定计划</td><td>根据任务内容制定任务计划，并反复修改、讨论工作方案。</td></tr>
<tr><td>任务实施</td><td>各小组成员按照制定的工作计划查阅相关资料，并进行总结，针对这一工作任务，各小组情景模拟洽谈场景，并填写二手车鉴定评估作业表中斜体字内容。

二手车鉴定评估作业表
<table>
<tr><td>流水号：</td><td></td><td>鉴定评估日</td><td colspan="2">年　月　日</td></tr>
<tr><td>厂牌型号</td><td></td><td rowspan="2">行驶里程</td><td>仪表</td><td>km</td></tr>
<tr><td>牌照号码</td><td></td><td>推定</td><td>km</td></tr>
<tr><td>VIN 码</td><td></td><td>车身颜色</td><td colspan="2"></td></tr>
<tr><td>发动机号</td><td></td><td>车主姓名/名称</td><td colspan="2"></td></tr>
<tr><td>企业法人/证书代码</td><td></td><td colspan="3">使用性质</td></tr>
<tr><td>身份证号码</td><td></td><td colspan="3" rowspan="2">☐营运　☐出租车　☐公务用　☐家庭用　☐其他</td></tr>
<tr><td>首次登记日期</td><td>年　月　日</td></tr>
<tr><td>年检证明</td><td>☐有（至____年____月）☐无</td><td>车船税证明</td><td colspan="2">☐有（至____年____月）☐无</td></tr>
<tr><td>交强险</td><td>☐有（至____年____月）☐无</td><td>购置税证书</td><td colspan="2">☐有　☐无</td></tr>
<tr><td>其他法定凭证、证明</td><td colspan="4">☐号牌　☐行驶证　☐登记证书　☐保险单　☐其他</td></tr>
<tr><td>是否为事故车</td><td colspan="4">☐否　　　☐是</td></tr>
<tr><td>损伤位置及损伤状况</td><td colspan="4"></td></tr>
<tr><td>车辆主要技术缺陷描述</td><td colspan="4"></td></tr>
</table></td></tr>
<tr><td>检查评估</td><td>成果展示，小组自评与互评，并讨论、总结、反思学习过程中的不足，撰写工作报告并交流。</td></tr>
</table>

任务1.3　查验可交易车辆

能力标准

学完这一单元，你应获得以下能力：

- 了解二手车法定证件及相关税费单据类型。
- 对二手车法定证件及相关税费单据进行检查并辨别真伪。
- 查验盗抢、走私、非法拼装等车辆。

任务分析

二手车鉴定评估标准规定，签订二手车鉴定评估委托书之前要对车辆法定证件和税费进行检查，如果证件不齐，不能进行鉴定，并对证件真伪进行识别，如对这些证件资料有疑问，应向委托方提出，由委托方向发证机关(单位)索取证明材料，或自行向发证机关(单位)查询核实。

相关知识

一、机动车法定证件

法定证件主要有机动车来历证明、机动车行驶证、机动车登记证书、机动车号牌、道路运输证、机动车安全技术检验合格标志等。

(一) 机动车来历证明

机动车来历证明是二手车来源的合法证明。机动车来历证明主要包括以下几个方面。

1) 国内购买机动车的来历凭证，可分为新车来历证明和二手车来历证明。在国外购买的机动车，其来历凭证是该车销售单位开具的销售发票及其翻译文本。

① 新车来历证明。是指经国家工商行政管理机关验证(加盖工商验证章)的机动车销售发票(即原始购车发票)。通常在购买新车时，可在当地的工商行政管理局机动车市场管理分局办理工商验证手续。

② 二手车来历证明。是指经国家工商行政管理机关验证(加盖工商验证章)的二手车交易发票。二手车交易发票反映了即将交易的车辆曾是一辆已经交易过的合法使用的二手车。2005年10月，《二手车流通管理办法》颁布施行，全国统一了二手车销售发票，目前国内大部分地区都使用了新版的“二手车销售统一发票”。而在统一发票之前，各地的旧车交易发票样式繁多，也造成管理上的难度。

2) 人民法院调解、裁定或者判决转移的机动车，其来历凭证是人民法院出具的已经生效的《调解书》《裁定书》或者《判决书》以及相应的《协助执行通知书》。

3) 仲裁机构仲裁裁决转移的机动车，其来历凭证是《仲裁裁决书》和人民法院出具的《协助执行通知书》。

4) 继承、赠予、中奖和协议抵偿债务的机动车，其来历凭证是继承、赠予、中奖和协议抵偿债务的相关文书和公证机关出具的《公证书》。

5）资产重组或者资产整体买卖中包含的机动车，其来历凭证是资产主管部门的批准文件。

6）国家机关统一采购并调拨到下属单位未注册登记的机动车，其来历凭证是全国统一的机动车销售发票和该部门出具的调拨证明。

7）国家机关已注册登记并调拨到下属单位的机动车，其来历凭证是该部门出具的调拨证明。

8）经公安机关破案发还的被盗抢且已向原机动车所有人理赔完毕的机动车，其来历凭证是保险公司出具的《权益转让证明书》。

9）更换发动机、车身、车架的来历凭证，是销售单位开具的发票或者修理单位开具的发票。

（二）机动车行驶证

《机动车行驶证》是由公安车辆管理机关依法对车辆进行注册登记核发的证件。它是机动车取得合法行驶权的凭证。《中华人民共和国道路交通安全法》第十一条规定，《机动车行驶证》是车辆上路行驶必需的证件。

（三）机动车登记证书

《机动车登记证书》是由公安车辆管理部门核发和管理的，是机动车的“户口本”和所有权证明，具有产权证明的性质。所有机动车的详细信息及机动车所有人的资料都记载在上面。当证书上所记载的原始信息发生变动时，机动车所有人应当及时到车辆管理所办理变更登记；当机动车所有权转移时，原机动车所有人应当将《机动车登记证书》作变更登记后随车交给现机动车所有人。因此，《机动车登记证书》是机动车从“生”到“死”的完整记录。

（四）机动车号牌

机动车号牌是由公安局车辆管理机关依法对机动车进行注册登记核发的号牌。它和机动车行驶证一同核发，其号码与行驶证一致。它是机动车取得合法行驶权的标志。

（五）道路运输证

道路运输证是县级以上人民政府交通主管部门设置的道路运输管理机构对从事旅客运输（包括城市出租客运）、货物运输的单位和个人核发的随车携带的证件。营运车辆转籍过户时，应到运管机构及相关部门办理客运过户有关手续。道路运输证只有运营车辆才有，非运营车辆没有此证。

（六）机动车安全技术检验合格标志

机动车必须进行安全技术检验，检验合格后，公安机关发放合格标志。根据《中华人民共和国道路交通安全法实施管理条例》第十三条的规定，机动车检验合格标志应贴在机动车前窗右上角。

二、二手车各种税费单据

二手车的税费单据包括车辆购置税完税凭证、车船使用税凭证和机动车保险单等。

（一）车辆购置税

车辆购置税是国家向所有购置车辆的单位和个人，包括国家机关和单位以纳税形式征收的一项费用。其目的是为解决发展公路运输事业与国家财力紧张的突出矛盾，筹集交通基础建设资金。车辆购置税的征收标准，是按车辆计税价的10%计征，由车辆登记注册地的主管税务机关征收。它是购买车辆后支出的最大一项费用。

1. 车辆购置税征收范围

车辆购置税的具体征收范围依照《中华人民共和国车辆购置税暂行条例》所附《车辆购置税征收范围表》执行(表1-2)。

表1-2 车辆购置税征收范围表

应税车辆	具体范围	注　释
汽车	各类汽车	
摩托车	轻便摩托车	最高设计车速不大于50km/h，发动机气缸总排量不大于50mL的两个或者三个车轮的机动车
	二轮摩托车	最高设计车速大于50km/h，或者发动机气缸总排量大于50mL的两个车轮的机动车
	三轮摩托车	最高设计车速大于50km/h，或者发动机气缸总排量大于50mL，空车质量不大于400kg的三个车轮的机动车
电车	无轨电车	以电能为动力，由专用输电电缆线供电的轮式公共车辆
	有轨电车	以电能为动力，在轨道上行驶的公共车辆
挂车	全挂车	无动力设备，独立承载，由牵引车辆牵引行驶的车辆
	半挂车	无动力设备，与牵引车辆共同承载，由牵引车辆牵引行驶的车辆
农用运输车	三轮农用运输车	柴油发动机，功率不大于7.4kW，载质量不大于500kg，最高车速不大于40km/h的三个车轮的机动车
	四轮农用运输车	柴油发动机，功率不大于28kW，载质量不大1500kg，最高车速不大于50km/h的四个车轮的机动车

2. 车辆购置税的免税、减税范围

车辆购置税的免税、减税范围按下列规定执行：

1）外国驻华使馆、领事馆和国际组织驻华机构及其外交人员自用的车辆，免税。

2）中国人民解放军和中国人民武装警察部队列入军队武器装备订货计划的车辆，免税。

3）有固定装置的非运输车辆，免税。

4）有国务院规定予以免税或者减税的其他情形的，按照规定免税或者减税。

5）挖掘机、平地机、叉车、装载车(铲车)、起重机(吊车)、推土机5种车辆，免税。

(二) 车船税

车船税征收依据是2007年1月1日起实施的《中华人民共和国车船税暂行条例》[国务院令第482号]。根据规定，凡在中华人民共和国境内，车辆、船舶(以下简称车船)的所有人或者管理人为车船税的纳税人，应当依照本条例的规定缴纳车船税。车船税由地方税务机关负责征收。车船税征收标准见表1-3。

表 1-3 车船税税目税额表

项目	计税单位	每年税额/元	备注
载客汽车	每辆	60 ~ 660	包括电车
载货汽车	按自重每吨	16 ~ 120	包括半挂牵引车、挂车
三轮汽车、低速货车	按自重每吨	24 ~ 120	—
摩托车	辆	36 ~ 180	—
船舶	按净吨位每吨	3 ~ 6	拖船和非机动船分别按船舶税额的 50% 计算

（三）机动车保险单

机动车保险是各种机动车在使用过程中发生肇事车辆造成车辆本身以及第三者人身伤亡和财产损失后的一种经济补偿制度。机动车保险费是为了防止机动车发生意外事故，为转嫁风险，避免用户发生较大损失而向保险公司所交付的与保险责任相适应的费用。机动车保险实际上是一种运用社会集体的力量，共同建立规避风险基金进行补偿或给付的经济保障。我国机动车保险险种分为基本险和附加险两大类。所谓基本险是指可以单独投保和承保的险别。所谓附加险是指不能单独投保和承保的险别，投保人只能在投保基本险的基础上，根据自己的需要选择加以投保。基本险和附加险又分别有不同险种：基本险（又称为主险）分为车辆损失险、第三者责任险和车辆盗抢险（其中，车辆盗抢险是从 2007 年 4 月 1 日起由附加险升级为主险的）。机动车附加险又分为车上责任险、无过失责任险、车载货物掉落责任险、玻璃单独破碎险、车辆停驶损失险、自燃损失险、新增设备损失险和不计免赔特约险。基本险与附加险有这样的关系：如果附加险的条款和基本险条款发生抵触，抵触之处的解释以附加险条款为准；如果附加险条款未作规定，则以基本险条款为准。保险人按照承保险种分别承担保险责任。

（四）客货运附加费单据

客货运附加费是国家本着取之于民、用之于民的原则，向从事客、货营运的单位或个人征收的专项基金。它属于地方建设专项基金，各地征收的名称不一，收取的标准也不相同。

任务实施

☞ 任务目标与要求

• 小组成员分工协作，利用网络、图书馆资料，依据任务工单分析制定工作计划，并通过小组自评或互评检查工作计划。

• 对二手车法定证件及相关税费单据进行检查并辨别真伪。

• 查验盗抢、走私、非法拼装等车辆。

☞ 实施指导

1. 鉴别走私车辆

二手车的识伪检查就是判别二手车是正品汽车还是走私汽车。走私汽车有的是整车，有的是散件境内组装，甚至有些是旧车拼装。

正品汽车，都是经过改造并符合中国市场法规和使用条件的汽车，由中国官方渠道直接从汽车制造商处进口。因此，正品车的风窗玻璃上有黄色商检标志。按中国产品质量法，正品车都附有中文车主手册和维修手册各一本，而走私汽车、拼装车则没有。

对于“水货”汽车还可以从以下几个方面进行识别。

1）查勘汽车型号，看其是否在我国进口汽车产品目录上。多年从事评估工作的业内人士，对大多数汽车从外观就能看出是否是我国进口汽车产品目录上的车型。

2）看外观是否有重新做过油漆的痕迹，尤其是顶部下风窗玻璃框处要特别注意，因为有一种最常见的走私车就是所谓的“割顶”车。走私者在境外通过将轿车的车顶从车顶下风窗玻璃框处将汽车切成两部分，分别作为汽车配件走私或进口，然后在境内再将两部分焊接起来，通过这种方法来达到走私整车的目的。要注意曲线部分的线条是否流畅，大面是否平整，在现有的技术条件下，“割顶”车要想做得天衣无缝还不可能，一般用肉眼仔细观察，用手从车顶部向下触摸，还是能够发现走私者留下的痕迹。

3）打开发动机盖，观察发动机室内线路、管路布置是否有条理，是否有重新装配和改装的痕迹。

4）我国现有“水货”车以日本车较多，右驾改左驾的较多，自动变速器的多。根据经验，自动变速器的车右驾改左驾是很容易识别的。为了适应我国的交通管理，走私者将右驾改为左驾，而为了降低改装成本，走私者不可能更换变速器。自动变速器的车右驾改左驾通过变速杆就可以识别——自动变速器变速杆的保险按钮仍在右侧，通过这一点可识别不少“水货”车。

严禁非法车辆进入二手车市场。盗抢车、非法拼装车、报废车、手续不全的车、证照不全的车不得进入二手车市场参与二手车交易业务。

车辆的识伪检查应辨认车辆与证照的真伪，发现有伪，及时报告相关执法部门给予查处。

2. 鉴别盗抢车辆

盗抢车辆一般是指公安车管部门已登记上牌的，在使用期内丢失的或被不法分子盗窃的，并在公安部门已报案的车辆。由于这类车辆的被盗窃方式多种多样，它们被盗窃后所遗留下来的痕迹会不同。如撬开门锁、砸车窗玻璃和撬转向盘锁等，一般都会留下痕迹。同时，这些被盗赃车大部分经过一定修饰后，再将赃车卖出。这些车辆很可能会流入二手车交易市场。这类车辆的鉴别方法一般有：

1）根据公安车辆管理部门的档案资料，及时掌握车辆状态情况，防止盗抢车辆进入市场交易。这些车辆从车辆主人报案起到追寻找到为止这段时期内，公安车管部门将这部分车辆档案材料锁定，不允许进行车辆过户、转籍等一切交易活动。

2）根据盗窃一般手段，主要检查汽车门锁是否过于新，锁芯有无被更换过的痕迹，门窗玻璃是否为原配正品，窗框四周的防水胶是否有插入玻璃升降器开门的痕迹，转向盘锁或点火开关是否有破坏或调换的痕迹。

3）不法分子急于对有些盗抢车辆销赃，它们会对车辆、有关证件进行篡改和伪造，使被盗赃车面目全非。检查重点是核对发动机号码和车辆识别代码，钢印周围是否变形或有褶皱现象，钢印正反面是否有焊接的痕迹。

4）查看车辆外观是否全身重新做过油漆，或者改变原车辆颜色。

打开发动机盖察看线或管布置是否有条理，发动机和其他零部件是否正常、有无杂音，空调是否制冷、有无暖风，发动机及其他相关部件有无漏油现象。

内装饰材料是否平整，表面是否干净。尤其是压条边沿部分要特别仔细检查，经过再装配过的车辆内装饰压条边沿部分会有明显手指印或其他工具碾压过后留下的痕迹。车顶装饰材料或多或少要留下弄脏过的印迹。

3. 检查 VIN 码是否有改动的迹象

认真检查 VIN 码是否有改动的迹象，是否有打磨的迹象，是否有新喷涂的迹象。

4. 牌证的真假判别

检查车牌可以通过“望、摸、问、查”四种方法来识别真假牌。

1）“望”是观察车牌外形，从形、色、字的角度进行基本判断。正规的车牌经过高科技的处理，并采用一次成型技术，给人的视觉感受很好。而伪造的“套牌”在正常阳光下存在颜色偏红或者偏黄，字体较瘦等，只要细加端详就能发现。

2）“摸”是用手触摸车牌，尤其是看周边棱角处是否光滑，这是判断一辆车是否存在套牌的重要标志。由于并非一次性成型，“套牌”上的字体会有棱角，即使打磨过也难以掩盖痕迹。拆下车牌，背面会有敲打过的痕迹。

3）“问”是判断是否套牌的重压方法。目前二手车市场上一些“黄牛”喜欢把二手车牌卖掉，从中牟取暴利。遇上这种情况，购车人只要提出能否过户，“黄牛党”一般会包年检，这时就要立即警觉。

4）“查”是最有效的一招：记下车牌号码后，到车辆管理部门上网查询车辆登记档案。挪用牌照的套牌车有的是“套”不同车型牌照，有的是“套”同种车型牌照，有的还涂改车型号和相关标志。

☞ **准备工作**

• 小组接受工作任务，组长带领组内成员阅读任务工单，查阅相关资料，合理分工，制定任务计划，并检查计划有效性。

<table>
<tr><td>项目</td><td colspan="5">评估准备</td></tr>
<tr><td>任务</td><td colspan="3">查验可交易车辆</td><td>姓名</td><td></td></tr>
<tr><td>班级</td><td></td><td>组号</td><td></td><td>日期</td><td></td></tr>
<tr><td>任务目的</td><td colspan="5">● 了解二手车法定证件及相关税费单据类型。
● 对二手车法定证件及相关税费单据进行检查并辨别真伪。</td></tr>
<tr><td>任务描述</td><td colspan="5">按照学习领域课程安排，通过机房上网查阅资料，教师提供参考书、视频资料等教学资源，在教师指导下完成查验可交易车辆这一教学任务。请各组情景模拟证件检查场景，对教师提供的车辆证件进行检查，并辨别真伪，判别车辆是否能够进行鉴定评估，是否能够接受这一委托。</td></tr>
<tr><td>任务要求</td><td colspan="5">通过教师的引导、自学和查找资料等方式，按照工作过程的完整性和连贯性（资讯—决策—计划—实施—检查）评估要求，逐步养成就业岗位的隐性工作方法，最终以小组协作形式查验可交易车辆。</td></tr>
<tr><td>资讯</td><td colspan="5">了解不同类型二手车法定证件和税费单据种类。</td></tr>
<tr><td>决策</td><td colspan="5">每6人一组，每组选出一名负责人，负责人对小组任务进行分配，组员按负责人要求完成相关任务内容。
<table>
<tr><td>序号</td><td>个人职责（任务）</td><td>负责人</td></tr>
<tr><td>1</td><td></td><td></td></tr>
<tr><td>2</td><td></td><td></td></tr>
<tr><td>3</td><td></td><td></td></tr>
<tr><td>4</td><td></td><td></td></tr>
<tr><td>5</td><td></td><td></td></tr>
<tr><td>6</td><td></td><td></td></tr>
</table></td></tr>
</table>

（续）

<table>
<tr><th>项目</th><th>评估准备</th></tr>
<tr><td>制定计划</td><td>根据任务内容制定任务计划，并反复修改、讨论工作方案。</td></tr>
<tr><td>任务实施</td><td>
各小组成员按照制定的工作计划查阅相关资料，查验机动车登记证书、行驶证、有效机动车安全技术检验合格标志、车辆购置税完税证明、车船使用税缴付凭证、车辆保险单等法定证明、凭证是否齐全，辨别真伪，并按照表一检查所列项目是否全部判定为“Y”。
可交易车辆判别表
<table>
<tr><th>序号</th><th>检 查 项 目</th><th>判　别</th></tr>
<tr><td>1</td><td>是否达到国家强制报废标准</td><td>Y否　N是</td></tr>
<tr><td>2</td><td>是否为抵押期间或海关监管期间</td><td>Y否　N是</td></tr>
<tr><td>3</td><td>是否为人民法院、检察院、行政执法等部门依法查封、扣押期间的车辆</td><td>Y否　N是</td></tr>
<tr><td>4</td><td>是否为通过盗窃、抢劫、诈骗等违法犯罪手段获得的车辆</td><td>Y否　N是</td></tr>
<tr><td>5</td><td>发动机号与机动车登记证书登记号码是否一致，且无凿改痕迹</td><td>Y是　N否</td></tr>
<tr><td>6</td><td>车辆识别代号或车架号码与机动车登记证书登记号码是否一致，且无凿改痕迹</td><td>Y是　N否</td></tr>
<tr><td>7</td><td>是否走私、非法拼组装车辆</td><td>Y否　N是</td></tr>
<tr><td>8</td><td>是否法律法规禁止经营的车辆</td><td>Y否　N是</td></tr>
</table>
如发现上述法定证明、凭证不全，或表中任一检查项目任何一项判别为“N”的车辆，应告知委托方，不需继续进行技术鉴定和价值评估(司法机关委托等特殊要求的除外)。发现法定证明、凭证不全，或者表中第1项、4项至8项任意一项判断为“N”的车辆应及时报告公安机关等执法部门。
对相关证照齐全、表中检查项目全部判别为“Y”的，或者司法机关委托等特殊要求的车辆，签署二手车鉴定评估委托书。
</td></tr>
<tr><td>检查评估</td><td>成果展示，小组自评与互评，并讨论、总结、反思学习过程中的不足，撰写工作报告并交流。</td></tr>
</table>

任务1.4　签订二手车鉴定评估委托书

能力标准

学完这一单元，你应获得以下能力：

- 掌握二手车鉴定评估机构的职能和特征。
- 了解设立二手车鉴定评估机构应具备的条件和程序。
- 了解二手车鉴定评估师的职业准入和资格认证。

任务分析

请以以下任务为指导，完成对相关知识的学习并进行练习：

- 了解二手车鉴定评估委托书内容，对二手车鉴定评估委托书进行填写。
- 对相关证照齐全、检查项目全部合格的车辆，或者司法机关委托等特殊要求的车辆，与委托方签署二手车鉴定评估委托书。

相关知识

一、二手车鉴定评估机构的职能

1. 评估职能

评估即评价、估算，指对某一事物或物质进行评判和预估。评估职能是评估所应具有的作用。二手车鉴定评估机构与其他公估人一样具有一种广义的评估职能，包括评价职能、勘验职能、鉴定职能、评估职能等。二手车鉴定评估机构对二手车进行评估，得出评估结论，并说明得出结论的充分依据和推理过程，体现出其评估职能。评估职能是二手车鉴定评估机构的关键职能。

2. 公证职能

二手车鉴定评估机构对二手车评估结论作出符合实际、可以信赖的证明。二手车鉴定评估机构之所以具有公证职能，是因为以下两点。

1）二手车鉴定评估机构有丰富的二手车评估知识和技能，在判断二手车评估结论准确与否的问题上最具资格和权威性。

2）作为当事人之外的第三方，二手车鉴定评估机构完全站在中立、公正的立场上就事论事、科学办事。

3. 中介职能

二手车鉴定评估机构作为中介人，从事评估经济活动，并参与相关利益的分配，为当事人提供服务，具有鲜明的中介职能。

1）二手车鉴定评估机构可以受托于双方当事人的任何一方。

2）二手车鉴定评估机构以当事人之外的第三方身份从事二手车评估经营活动，从当事人一方获得委托，以中间人立场执行二手车评估，并收取合理费用。这样，二手车鉴定评估机构以中间人的身份，独立地开展二手车评估，从而得出评估结论，促成双方当事人接受该结论，为当事人提供中介服务，从而发挥其中介职能作用。

二、二手车鉴定评估机构的特征

1. 经济性

二手车鉴定评估机构通常需通过相关的专业技术人员，接受诸多当事人(如保险公司、车主等)的委托，处理不同类型的二手车评估业务，积累二手车评估经验，提高二手车评估水平，从而帮助当事人降低成本，提高经济效益。

2. 专业性

二手车鉴定评估机构的市场定位是向众多当事人提供专业的评估业务。由于其对特定的对象(二手车)进行评估，而汽车种类繁多，当事人的要求又千差万别，所以，二手车鉴定评估机构比一般的资产评估机构在评估技术方面更专业，经验更丰富。

3. 中介性

二手车鉴定评估机构作为汽车保险市场、二手车交易市场、汽车碰撞事故双方的中介，易被双方当事人所接受，因而可以缓解当事人双方的矛盾并增大回旋余地。可以说，二手车鉴定评估机构是减少当事人之间摩擦的润滑剂。然而，二手车鉴定评估机构毕竟是以获取利润为目标的中介组织，因此，无论评估人本身是否出于商业目的，公众及媒体不应过于强调其公正性，特别是在现阶段，二手车鉴定评估机构的法律地位完全不同于我国司法系统中的公证部门。

需要说明的是，如果二手车鉴定评估机构的工作使委托人不满意，当事人可以要求改进甚至推倒重来，毕竟结果最终还是涉及当事人的利益。由此可见，二手车鉴定评估机构因工作失误而给当事人造成的损失是极为有限的。它与其他中介人的作用有很大不同。

除了上述三个特征之外，在有些具体业务领域，对从业人员的要求还具有严格性。二手车鉴定评估人员除应具有汽车专业技术知识外，还需具有财务、会计、法律、经济、金融、保险等知识。如需从事汽车保险公估业务，其从业人员必须通过保险公估资格考试，获得《保险公估人职业资格证书》，持证上岗。

三、设立二手车鉴定评估机构应具备的条件和程序

1. 二手车鉴定评估机构应具备的条件

根据《二手车流通管理办法》以及二手车鉴定评估技术规范规定，二手车鉴定评估机构应具备的条件如下：

1）经营者必须是独立的中介机构，现在已经不允许二手车交易市场成立自己的二手车鉴定评估机构。

2）有固定的经营场所（经营面积不少于200m^2）和从事经营活动的必要设施。设施设备主要包括汽车举升设备、车辆故障信息读取设备、车辆结构尺寸检测工具或设备、车辆外观缺陷测量工具、漆面厚度检测设备以及照明工具、照相机、螺钉旋具、扳手等常用操作工具。

3）具有3名以上二手车鉴定评估师，1名以上高级二手车鉴定评估师。

4）具备电脑等办公设施。

5）具备符合国家有关规定的消防设施。

2. 设立二手车鉴定评估机构的程序

根据《手车流通管理办法》第十条规定，设立二手车鉴定评估机构，应当按下列程序办理。

1）申请人向拟设立二手车鉴定评估机构所在地省级商务主管部门提出书面申请，并提交符合本办法第九条规定的相关材料。

2）省级商务主管部门自收到全部申请材料之日起20个工作日内作出是否予以核准的决定，对予以核准的，颁发《二手车鉴定评估机构核准证书》，不予核准的，应当说明理由。

3）申请人持《二手车鉴定评估机构核准证书》到工商行政管理部门办理登记手续。

四、二手车鉴定评估师的执业准入和资格认证

1. 二手车鉴定评估师职业简介

（1）二手车鉴定评估师概念　二手车鉴定评估师是一种职业称谓，指专业从事二手机动车辆的鉴定与评估工作的专业汽车评估人员，是国务院设置的6类评估专业之一，所从事的工作范围是围绕二手车的车况鉴定与价格评估。二手车有狭义和广义之分，狭义是指经公

安部门注册登记并在报废期内服役，通过二手车市场流通转让，发生产权变动的车辆；广义是指经汽车经销商开具发票，到报废拆解之前，发生产权变动的以及没有发生产权变动的一切车辆，包括汽车厂商库存积压商品车辆、司法机关涉案的车辆、海关罚没的车辆等，都属于二手车鉴定评估师的执业范围。二手车鉴定评估师并非纯粹从事二手车鉴定评估业务，

多半在从事二手车置换、收购、拍卖、经纪等。

（2）二手车鉴定评估师在二手车交易中的作用

1）二手车鉴定评估师在交易中起着承前启后的作用。在车辆交易中，买卖双方由于无法对车价有一个一致的认同，必须要借助评估师的评估能力，对交易车辆的价值作出一个较为客观的评估。

2）二手车鉴定评估师在交易中起着引导的作用。当交易双方对车辆的车况等各种状况不甚了解的情况下，往往要参考二手车鉴定评估师等专业人士的意见，特别是买车者会较为注重评估师的意见。评估师的专业意见会对车辆的成交与否起到引导的作用。

3）二手车鉴定评估师在交易中起着平衡双方利益的作用。由于车辆能否成交与车辆的价格有着直接的关系，买方希望买入的价格低，卖方希望卖出的价格高，两者间存在着矛盾，这时，要求评估师能够起到一个协调双方利益的作用。

4）二手车鉴定评估师评估的质量起着促进二手车交易量的作用。判断一个评评估的质量好坏，它应该做到合理、合适，对被评估车辆的状况反映出合适的价格。只要评评估做到公正、合理，会使买卖双方尽快成交，从而促进交易量的提高。

5）产权转移时发挥作用。就狭义的产权转移而言，是指车辆的过户转籍。二手车在二手车交易市场成交以后须办理过户转籍。由于过户时要缴纳相关的过户交易费，车辆要进行评估，按评估值的比例收取相关费用。

6）为二手车抵押贷款的评估发挥作用。二手车抵押贷款是近年新兴起的一种二手车交易方式，指的是买车者在二手车交易市场购买二手车，并提供有效的抵押担保，向可以提供贷款的商业银行提出贷款申请，用以支付购买二手车所需部分款项的交易方式。因为银行的贷款额是按车辆的价值来发放的，所以评估师要对交易车辆进行评估，使得该项交易得以顺利进行。

7）为企业的车辆评估发挥作用。随着我国经济体制改革力度的加大，国有车辆大量进入民间，为了避免国有资产的流失，评估师在这里的评估值至关重要，要起到确保国有资产不致流失的作用。

8）为防止二手车的非法交易发挥作用。二手车属特殊商品，二手车的流通涉及车辆管理、交通管理、环保管理、资产管理等各方面，属特殊商品流通。目前我国对进入二手车市场再流通的二手车有严格的规定，鉴定评估环节正是防止非法交易发生的重要手段。二手车鉴定评估的一个重要任务就是要通过鉴定，识别走私、盗抢、报废、拼装等非法车辆，以防重新流入社会。

（3）二手车鉴定评估师资格认证　鉴定评估是二手车流通的重要环节，直接关系到能否保证二手车公平、公正交易，维护消费者权益，防止税收和国有资产流失。自1999年推行二手车鉴定评估师职业资格证书以来，我国已有数千人取得了二手车鉴定评估师资格。大多数鉴定评估师能遵纪守法，遵守职业道德，依照法律、法规及有关文件的规定，做好二手车的鉴定评估工作。根据《关于规范旧机动车鉴定评估工作的通知》，对二手车鉴定评估有

如下规定。

1）从事二手车鉴定评估工作的人员，必须取得二手车鉴定评估师职业资格证书。没有取得职业资格证书的人员，不得从事二手车鉴定评估工作。各地人力资源和社会保障部门要加强对二手车鉴定评估师就业准入管理工作，与相关部门密切配合，积极推进二手车鉴定评估从业人员持证上岗制度。

2）二手车鉴定评估师职业资格分为中级二手车鉴定评估师（四级）和高级二手车鉴定评估师（三级）两个等级。其考核颁证工作实行全国统一标准，即统一教材、统一命题、统一考核和统一证书。人力资源和社会保障部与商务部共同负责全国二手车鉴定评估师职业资格制度的政策制定、组织协调和监督管理，并委托人力资源和社会保障部职业技能鉴定中心和中国汽车流通协会具体组织实施。

二手车鉴定评估师要担负的使命将是为二手车交易双方展开公正和公平的车辆鉴定和价格评估，并逐渐覆盖到二手车交易过程中的各个相关环节，成为一种涵盖汽车产品的技术评定、产品评估、交易代理等一体的专业人员。

近年来，伴随新车市场的快速发展及国家《二手车流通管理办法》等政策的出台，我国的二手车交易日趋活跃，据统计，国家每年要对约100万辆二手车进行鉴定评估，总价值逾200亿元，而且这个数量还在以20%左右的速度逐年递增。二手车市场交易呈现出高速发展的繁荣景象：在这个背景下，二手车鉴定评估师已成为市场稀缺的热门职业之一。

2. 二手车鉴定评估师申报条件

（1）二手车鉴定评估师申报条件

1）文化程度具备以下条件之一。

① 从事本行业工作5年以上。

② 具有中等专科学校非机动车专业和非评估类专业毕业证书，连续从事本职业工作4年以上。

③ 具有中等专科学校机动车专业或评估类专业毕业证书，连续从事本职业工作3年以上。

④ 具有大专以上非机动车专业毕业证书，连续从事本职业工作2年以上。

⑤ 具有大专以上机动车专业毕业证书，连续从事本职业工作1年以上。

2）驾驶汽车并持有《中华人民共和国机动车驾驶证》C1照以上。

① 有一定的车辆性能判断能力。

② 有一定的汽车营销知识。

（2）二手车高级鉴定评估师申报条件

1）文化程度具备以下条件之一。

① 连续从事本职业工作8年以上。

② 取得二手车鉴定评估师职业资格证书后，连续从事本职工作4年以上。

③ 具有大专以上学历证书，取得二手车鉴定评估师职业资格证书后，连续从事本职工作2年以上。

2）熟练驾驶汽车并持有《中华人民共和国机动车驾驶证》C1照以上。

3）有较强的车辆性能判别能力。

4）有丰富的汽车营销知识和经验。

3. 二手车鉴定评估师的要求

（1）基本要求

1）职业道德要求。热爱本职工作，遵守职业道德，具有较高的政治素质和法制观念，从事业务要保证公平、公开，不得利用职业之便损害国家、集体和个人利益。

2）基础知识要求。二手车鉴定评估师应具备以下基础知识。

① 机动车结构和原理知识。

② 二手车价格及营销知识。

③ 机动车驾驶技术。

④ 国家关于二手车管理的政策及法规。

（2）二手车鉴定评估师的技能要求

1）二手车鉴定评估师的技能要求。二手车鉴定评估师的技能要求见表 1-4。

表 1-4　二手车鉴定评估师技能要求

职业功能	工作内容	技能要求	相关知识
一、评估准备	（一）接受委托	1. 能介绍二手车鉴定评估程序 2. 能介绍二手车鉴定评估方法 3. 能签订二手车鉴定评估委托合同	1. 社交礼仪 2. 二手车鉴定评估委托合同使用方法
	（二）核查证件、税费	1. 能确认被评估车辆及评估委托人的机动车来历凭证、机动车行驶证、机动车登记证书等是否合法有效 2. 能核实被评估车辆税费缴纳情况 3. 能按要求对被评估车辆进行拍照	1. 机动车证件类型 2. 机动车证件识别方式 3. 车辆税费种类 4. 车辆税费凭证识别方法 5. 拍照技巧
二、技术状况鉴定	（一）静态检查	1. 能根据资料核对车辆基本情况 2. 能检查发动机技术状况 3. 能检查底盘技术状况 4. 能检查车身技术状况 5. 能检查电器电子技术状况 6. 能识别事故车辆	1. 机动车识伪检查方法 2. 发动机静态检查方法 3. 底盘静态检查方法 4. 车身静态检查方法 5. 电器电子静态检查方法 6. 事故车静态检查方法
	（二）动态路试检查	1. 能进行路试前的准备工作 2. 能动态检查机动车性能 3. 能进行路试后的检查工作	1. 机动车制动性能检查方法 2. 机动车动力性能检查方法 3. 机动车操纵性能检查方法 4. 机动车滑行性能检查方法 5. 机动车噪声和废气检查方法
	（三）技术状况综合评定	1. 能分析二手车的技术状况 2. 能提出机动车检测建议 3. 能识读机动车综合性能检测报告	1. 机动车技术等级标准 2. 机动车技术状况分析方法 3. 机动车技术状况检测项目和内容

（续）

职业功能	工作内容	技能要求	相关知识
三、价值评估	（一）选择评估方法	1. 能区分评估类型 2. 能根据评估目的选定评估方法	1. 评估类型分类 2. 评估方法分类
	（二）评估计算	1. 能用重置成本法评估二手车价值 2. 能用现行市价法评估二手车价值 3. 能用收益现值法评估二手车价值 4. 能用清算价格法评估二手车价值	1. 重置成本法的计算模型和估算方法 2. 二手车贬值及其估算 3. 成新率确定方法 4. 现行市价法的评估流程和计算方法 5. 收益现值法的评估流程和计算方法 6. 清算价格法的基本方法
	（三）撰写二手车鉴定评估报告	1. 能与委托方交流，确认鉴定评估结论 2. 能编写二手车鉴定评估报告 3. 能归档二手车鉴定评估报告	1. 撰写二手车鉴定评估报告要求 2. 二手车鉴定评估报告要素 3. 二手车鉴定评估报告内容

2）高级二手车鉴定评估师技能要求。高级二手车鉴定评估师技能要求见表1-5。

表1-5 高级二手车鉴定评估师技能要求

职业功能	工作内容	技能要求	相关知识
一、故障判断	（一）判断发动机常见故障	能判断发动机起动困难、怠速不良、动力不足、排烟异常、机油消耗异常、异响等故障原因	1. 发动车故障表现形式 2. 发动机故障诊断方法 3. 发动机传感器、执行器、电子控制器(ECU)检测方法
	（二）判断底盘常见故障	能判断传动系、转向系、行驶系、制动系等故障原因	1. 传动系、转向系、行驶系、制动系等故障表现形式 2. 传动系、转向系、行驶系、制动系等故障诊断方法
	（三）判断电器电子常见故障	1. 能判断蓄电池、发电机、起动机、空调、电子元件等故障原因 2. 能判断汽车起火自燃原因	1. 汽车电路常见故障 2. 汽车常见电器电子元件 3. 汽车电器电子故障诊断程序 4. 汽车电器电子检修常用仪表
	（四）判断对车价影响较大的故障	1. 能分析汽车故障与车价的关系 2. 能判断对车价影响较大的故障	1. 汽车维修配件价格相关标准 2. 汽车修理成本核算方法

（续）

职业功能	工作内容	技能要求	相关知识
二、高配置装置识别与技术状况鉴定	（一）发动机技术状况鉴定	1. 能识别和鉴定涡轮增压发动机 2. 能识别和鉴定多气门发动机	1. 电控燃油喷射结构原理 2. 涡轮增压装置结构原理 3. 多气门发动机结构原理
	（二）底盘高配置装置识别与技术状况鉴定	1. 能识别和鉴定动力转向装置 2. 能识别和鉴定防抱死制动系统（ABS） 3. 能识别和鉴定巡航控制装置	1. 自动变速器（AT）、无级变速器（CVT）结构原理 2. 动力转向装置结构原理 3. 防抱死制动系统（ABS）结构原理 4. 巡航控制装置结构原理
	（三）车身高配置装置识别与技术状况鉴定	1. 能识别和鉴定倒车雷达装置 2. 能识别和鉴定防盗装置 3. 能识别和鉴定汽车音响	1. 安全气囊结构原理 2. 倒车雷达装置结构原理 3. 防盗装置结构原理 4. 汽车音响结构原理 5. 电动天窗结构原理
三、专项作业车和大型客车鉴定评估	（一）专项作业车鉴定评估	1. 能判别专项作业车技术状况好坏 2. 能静态、动态检查专项作业车 3. 能评估专项作业车价值	1. 专项作业车分类、型号和技术指标 2. 专项作业车基本结构和技术参数
	（二）大型客车鉴定评估	1. 能判别大型客车技术状况好坏 2. 能静态、动态检查大型客车 3. 能评估大型客车价值	1. 大型客车分类、型号和技术指标 2. 大型客车基本结构和技术参数
四、二手车营销	（一）二手车收购、销售、置换	1. 能确定二手车收购价格 2. 能确定二手车销售定价方法 3. 能制订二手车销售定价目标 4. 能确定二手车销售最终价格 5. 能制订二手车置换流程	1. 二手车收购评估方法 2. 二手车收购评估与鉴定评估的区别 3. 二手车销售定价应考虑的因素 4. 二手车营销实务 5. 二手车置换方式
	（二）二手车质量认证	能制订二手车质量认证流程	二手车质量认证内容
	（三）二手车拍卖	能确定二手车拍卖底价	1. 二手车拍卖方式 2. 拍卖相关法规 3. 二手车拍卖的运作过程
五、事故车辆鉴定评估	（一）事故车辆的鉴定	1. 能检查事故车技术状况 2. 能鉴定事故车辆的损伤程度	车辆损伤类型
	（二）事故车辆的评估	1. 能对碰撞车辆进行评估 2. 能对泡水车辆进行评估 3. 能对火烧车辆进行评估	1. 损失项目的确定 2. 损失费用的确定
六、培训指导	（一）指导操作	能指导二手车鉴定评估师及鉴定评估从业人员进行实际操作	二手车鉴定评估实际操作流程
	（二）理论培训	能指导二手车鉴定评估师及鉴定评估从业人员进行理论培训	二手车鉴定评估师培训讲义编写方法

(3) 二手车鉴定评估人员的岗位职责　二手车鉴定评估人员的岗位职责如下。

1）遵守《二手车鉴定评估从业人员工作守则》，认真履行岗位职责。

2）接待二手车交易客户，受理客户鉴定评估的委托。

3）接受客户对二手车交易的咨询，引导客户合法交易。

4）负责检查二手车交易的各项证件。

5）负责收集二手车鉴定评估的政策法规资料、车辆技术资料和市场价格信息资料。

6）负责收集二手车的技术鉴定，估算价格。

7）不准盗抢、走私、非法拼装、报废车辆进场交易。

8）负责报告鉴定评估结果，与客户商定确认评评估格。

9）填写鉴定评估报告，指导资料员存档。

10）协助领导做好有关鉴定评估的其他工作。

(4) 二手车鉴定评估人员的素质要求　随着二手车市场的迅猛发展，二手车市场存在的许多重要问题日益突出，要求加强“鉴定评估”“行业管理”的呼声越来越高。其中比较突出的问题就是规范二手车定价。我国二手车市场从业人员技术素质参差不齐，缺乏统一标准，缺乏经验，缺乏职业道德。特别是在二手车评估这一中心环节上，有的二手车交易市场缺少合格的专业鉴定评估师，评估随意性较大，定价不太合理，广大消费者的合法权益不能得到保障，企业权益和国家利益常常受到不同的侵害。这就要求充分认识、提高二手车鉴定评估师素质的重要性和迫切性，使其发挥更大作用。

二手车鉴定评估人员的素质直接影响着二手车价格评估工作的质量。一名合格的二手车鉴定评估人员应具备的素质主要体现在政策理论素质、业务素质和思想品德素质三个方面。

1）政策理论素质。

① 掌握马克思主义的基本理论，能运用马克思主义的立场、观点和方法分析和解决问题。

② 有一定的资产评估业务理论，熟悉资产评估基本原理和基本方法。

③ 有一定的政策水平，熟知国家有关二手车交易的政策法规和国家在各个时期的路线、方针和政策。

2）业务素质。具有一定的知识面。二手车鉴定评估涉及知识面广，它不仅要求鉴定评估人员具备财会、经济管理、市场、金融、物价等经济学科方面的知识，同时还要求鉴定评估人员具有工程技术、计算机操作方面的知识。鉴定评估人员具有较全面的知识结构，才能胜任二手车的鉴定评估工作。

① 具有娴熟的评估技巧和计算技术。

② 具有较高的收集、分析和运用信息资料的能力。

③ 具有准确的判断能力。二手车鉴定评估的过程，就是一个对二手车技术状况进行判断、鉴定，从而对其价格进行评估的过程。

3）思想品德素质。思想品德素质包括以下内容：热爱祖国，遵纪守法，公正廉洁。鉴定评估人员只有具备较高的思想品德素质，才能在评估工作中自觉履行自己的职责和义务，恪守职业道德，全心全意为客户服务。

4. 二手车鉴定评估师注册登记管理办法

根据《关于规范二手车鉴定评估工作的通知》的规定，二手车鉴定评估师实行注册登记管理制度。中国汽车流通协会负责对二手车鉴定评估师职业资格的注册登记，并制定《二手车鉴定评估师注册登记管理办法》。其具体内容如下：

1）本办法中所称二手车鉴定评估师是指经全国统一考核合格，取得人力资源和社会保障部颁发的、由人力资源和社会保障部培训就业司和人力资源和社会保障部职业技能鉴定中心用印的二手车鉴定评估师职业资格证书的人员。

2）中国汽车流通协会是二手车鉴定评估师职业资格的注册管理机构。商务部、人力资源和社会保障部对二手车鉴定评估师职业资格的注册和使用情况有检查、监督的责任。

3）已取得二手车鉴定评估师职业资格的人员，每两年应接受继续教育或业务培训，不断更新知识，以保持较高的专业水平。

4）二手车车鉴定评估师职业资格注册有效期为一年。有效期满前一个月，持证人将人力资源和社会保障部统一颁发的“二手车鉴定评估师职业资格证书”和中国汽车流通协会统一颁发的“二手车鉴定评估师注册登记证”及由单位领导签字并加盖公章的“二手车鉴定评估师注册登记表”（表 1-6）寄到中国汽车流通协会或协会委托的地方行业协会，办理注册登记手续。

对有争议或群众反映强烈的持证者，中国汽车流通协会将调查核实并征求地方人民政府负责管理二手车鉴定评估业的部门的意见，再决定是否对其办理注册登记手续。

表 1-6　二手车鉴定评估师注册申请表

<table>
<tr><td>姓　名</td><td></td><td>性别</td><td></td><td>出生年月</td><td></td><td rowspan="4">近期二寸
免冠照片</td></tr>
<tr><td>民　族</td><td></td><td>学历</td><td></td><td>从事本专业时间</td><td></td></tr>
<tr><td>现工作单位</td><td colspan="3"></td><td>职　务</td><td></td></tr>
<tr><td>详细地址</td><td colspan="3"></td><td>邮　编</td><td></td></tr>
<tr><td>联系电话</td><td colspan="6">（区号）　（电话）　（手机）</td></tr>
<tr><td>传　真</td><td colspan="3"></td><td>身份证号</td><td colspan="2"></td></tr>
<tr><td>注册情况</td><td colspan="6">□　首次注册　□　年度审核</td></tr>
<tr><td>二手车鉴定评估师职业
资格证书号</td><td colspan="3"></td><td colspan="2">高级二手车鉴定评估师职业
资格证书号</td><td></td></tr>
<tr><td>本年度
工作业绩</td><td colspan="6"></td></tr>
<tr><td>单位鉴定意见</td><td colspan="6">领导签字　（公章）
年　月　日</td></tr>
<tr><td>初审单位意见</td><td colspan="6">领导签字　（公章）
年　月　日</td></tr>
<tr><td>中国汽车流通
协会意见</td><td colspan="6">领导签字　（公章）
年　月　日</td></tr>
</table>

5）二手车鉴定评估师只能在一个评估机构或相关企业执业，不得以其鉴定评估师身份

在其他企业兼职。二手车鉴定评估师调离原单位，仍继续从事二手车鉴定评估工作者，须在一个月内凭调入、调出单位有关证明到中国汽车流通协会或协会委托的地方行业协会重新办理注册登记手续。

6）二手车鉴定评估师职业资格注册后，有下列情形之一的，应由所在单位向中国汽车流通协会提出注销注册申请，并将“二手车鉴定评估师注册登记证”寄回中国汽车流通协会。

① 完全丧失民事行为能力者。

② 死亡或失踪者。

③ 受刑事处罚者。

④ 因严重违反职业道德或其他原因不宜继续从事旧机动车鉴定评估工作者。

7）二手车鉴定评估师有下列情形之一的，由中国汽车流通协会视其情节轻重，给予警告、暂停从业、注销注册的处分：

① 在执业期间，因违反法律法规规定对国家、委托人所造成的经济损失有直接责任者。

② 利用执行业务之便，索取、收受委托人不正当的酬金或其他财物，或者谋取不正当的利益。

③ 允许他人以本人名义执行业务。

④ 同时在两个或者两个以上的二手车鉴定评估机构执行业务。

⑤ 二手车鉴定评估师工作变动，未在规定期限到中国汽车流通协会办理变更或注销手续。

⑥ 二手车鉴定评估师职业资格未按规定注册。

⑦ 违反法律、法规的其他行为。

8）申请人对其不予注册、警告、暂停从业、注销注册的处分如有异议，可在收到通知二十天内向中国汽车流通协会申请复议。

二手车鉴定评估师所在注册单位凡经改制更名的，应提交《二手车鉴定评估师变更注册单位审批表》，见表1-7。

表1-7　二手车鉴定评估师变更注册单位审批表

姓　名		性　别		出生年月	
民　族		学　历		从事本专业时间	
注册证编号					
二手车鉴定评估师职业资格证书号				高级二手车鉴定评估师职业资格证书号	
调出企业				职　务	
地　址				邮　编	
电　话	（区号）　（电话）　（传真）				
调入企业				职　务	
地　址				邮　编	
电　话	（区号）　（电话）　（传真）　（手机）				
从业简历					

（续）

工作调动原因	
调出企业意见	领导签字 （公章） 年 月 日
调入企业意见	领导签字 （公章） 年 月 日
初审单位意见	领导签字 （公章） 年 月 日
中国汽车流通意见	领导签字 （公章） 年 月 日

任务实施

☞ 任务目标与要求

- 小组成员分工协作，利用网络、图书馆资料，依据任务工单分析制定工作计划，并通过小组自评或互评检查工作计划。
- 了解二手车鉴定评估机构职能、特征以及设立二手车鉴定评估机构的条件和程序。
- 了解二手车鉴定评估师的职业准入和资格认证。
- 与委托方签订二手车鉴定评估委托书。

☞ 准备工作

- 小组接受工作任务，组长带领组内成员阅读任务工单，查阅相关资料，合理分工，制定任务计划，并检查计划有效性；

☞ 实施指导

1）接待人员通过询问委托人（或车主）以及委托人携带的车辆资料（如登记证书、行驶证、购车发票等），认真填写二手车鉴定评估委托书，并经双方签字后，将其中一份给委托人，一份由评估机构保存。

2）对于评估成批量车辆时，应该先实地考察评估对象、评估工作难易程度，再决定是否接受委托。

<table>
<tr><td>项目</td><td colspan="5">前期准备</td></tr>
<tr><td>任务</td><td colspan="3">签订二手车鉴定评估委托书</td><td>姓名</td><td></td></tr>
<tr><td>班级</td><td></td><td>组号</td><td></td><td>日期</td><td></td></tr>
<tr><td>任务目的</td><td colspan="5">● 了解待鉴定评估车辆基本情况。
● 正确填写二手车鉴定评估委托书，并与委托方一起签订评估委托书。</td></tr>
<tr><td>任务描述</td><td colspan="5">按照学习领域课程安排，通过情景模拟，教师提供待鉴定评估车辆，参考资料、视频资料等教学资源，在教师指导下完成签订二手车鉴定评估委托书这一教学任务。请各组情景模拟签订二手车鉴定评估委托书场景，对教师提供车辆简单检查，填写二手车鉴定评估委托书，并进行签订。</td></tr>
</table>

（续）

<table>
<tr><td>项目</td><td>前期准备</td></tr>
<tr><td>任务要求</td><td>通过教师的引导、自学和查找资料等方式，按照工作过程的完整性和连贯性（资讯—决策—计划—实施—检查）评估要求，逐步养成就业岗位的隐性工作方法，最终以小组协作形式完成二手车市场分析资料收集、记录，分析处理。</td></tr>
<tr><td>资讯</td><td>掌握二手车鉴定评估机构职能、特征，了解二手车鉴定评估机构设立的条件和程序，了解二手车鉴定评估师的执业准入和资格认证。</td></tr>
<tr><td>决策</td><td>每6人一组，每组选出一名负责人，负责人对小组任务进行分配，组员按负责人要求完成相关任务内容。
<table>
<tr><th>序号</th><th>个人职责（任务）</th><th>负责人</th></tr>
<tr><td>1</td><td></td><td></td></tr>
<tr><td>2</td><td></td><td></td></tr>
<tr><td>3</td><td></td><td></td></tr>
<tr><td>4</td><td></td><td></td></tr>
<tr><td>5</td><td></td><td></td></tr>
<tr><td>6</td><td></td><td></td></tr>
</table></td></tr>
<tr><td>制定计划</td><td>根据任务内容制定任务计划，并反复修改、讨论工作方案。</td></tr>
<tr><td>任务实施</td><td>各小组成员按照制定的工作计划查阅相关资料，对签订二手车鉴定评估委托书情景模拟，了解二手车基本情况，并对车辆简单检查，填写并签订二手车鉴定评估委托书。

二手车鉴定评估委托书（示范文本）
委托书编号：__________

委托方名称（姓名）：　　　　法人代码证（身份证）号：
鉴定评估机构名称：　　　　法人代码证：
委托方地址：　　　　鉴定评估机构地址：
联系人：　　　　电话：
因□交易 □典当 □拍卖 □置换 □抵押 □担保 □咨询 □司法裁决需要，委托人与受托人达成委托关系，号牌号码为______________，车辆类型为____________，车架号（VIN 码）为______________的车辆进行技术状况鉴定并出具评估报告书，　年　月　日前完成。
委托评估车辆基本信息
<table>
<tr><td rowspan="8">车辆情况</td><td colspan="2">厂牌型号</td><td></td><td>使用用途</td><td colspan="2">营运 □　非营运 □</td></tr>
<tr><td colspan="2">总质量/座位/排量</td><td></td><td>燃料种类</td><td colspan="2"></td></tr>
<tr><td colspan="2">初次登记日期</td><td>年　月　日</td><td>车身颜色</td><td colspan="2"></td></tr>
<tr><td colspan="2">已使用年限</td><td>年　个月</td><td>累计行驶里程（万公里）</td><td colspan="2"></td></tr>
<tr><td colspan="2">大修次数</td><td>发动机（次）</td><td></td><td>整车（次）</td><td></td></tr>
<tr><td colspan="2">维修情况</td><td colspan="4"></td></tr>
<tr><td colspan="2">事故情况</td><td colspan="4"></td></tr>
<tr><td>价值反映</td><td>购置日期</td><td>年　月　日</td><td>原始价格（元）</td><td colspan="2"></td></tr>
<tr><td colspan="7">备注：</td></tr>
</table>
委托方：（签字、盖章）　　　　受托方：（签字、盖章）
（二手车鉴定评估机构盖章）
年　月　日　　　　年　月　日</td></tr>
</table>

（续）

项目	前期准备
任务实施	填表说明： 1. 委托方保证所提供的资料客观真实，并负法律责任。 3. 仅对车辆进行鉴定评估。 4. 评估依据：《机动车运行安全技术条件》《二手车鉴定评估技术规范》等。 5. 评估结论仅对本次委托有效，不做它用。 6. 鉴定评估人员与有关当事人没有利害关系。 7. 委托方如对评估结论有异议，可于收到《二手车鉴定评估报告》之日起 10 日内向受托方提出，受托方应给予解释。
检查评估	成果展示，小组自评与互评，并讨论、总结、反思学习过程中的不足，撰写工作报告并交流。

任务 1.5 拟定鉴定评估工作计划

能力标准

学完这一单元，你应获得以下能力：

- 掌握二手车价格评估的几种计价标准。
- 掌握二手车价格评估的几种基本方法。
- 能够制定二手车鉴定评估工作计划。

任务分析

请以以下任务为指导，完成对相关知识的学习并进行练习：

- 掌握不同类型二手车使用的评估方法。
- 能够制定二手车鉴定评估工作计划。

相关知识

鉴定评估方案是二手车鉴定评估机构根据二手车鉴定评估委托书的要求而制定的规划和安排。其主要内容包括：评估目的、评估对象、鉴定评估基准日、安排具有鉴定评估资格的评估人员及协助评估人员工作的其他人员、现场工作计划、评估程序、评估具体工作和时间安排、拟采用的评估方法及其具体步骤等。

一、二手车价格评估的前提条件

二手车的价格评估运用资产评估的理论和方法，是建立在一定的假设条件之上的。二手车价格评估的假设前提有继续使用假设、公开市场假设和破产清算（清偿）假设。

1. 继续使用假设

继续使用假设是指二手车将按现行用途继续使用，或转换用途继续使用。对这些车辆的评估，就要从继续使用的假设出发，而不能按车辆拆零出售零部件所得收入之和进行评估。比如一辆汽车用于营运，其评估可能是 4 万元；而将其拆成发动机、底盘等零部件分别出售时也可能仅值3万元。可见同一车辆按不同的假设用于不同的目的，其价格是不一样的。

在确定二手车能否继续使用时，必须充分考虑如下的条件。

1）车辆具有显著的剩余使用寿命，而且能以其提供的服务或用途，满足所有者经营上或工作上期望的收益。

2）车辆所有权明确，并保持完好。

3）车辆从经济上和法律上允许转作他用。

4）充分地考虑了车辆的使用功能。

2. 公开市场假设

公开市场是指充分发达与完善的市场条件。公开市场假设，是假定在市场上交易的二手车辆，交易双方彼此地位平等，彼此双方都有获取足够市场信息的机会和时间，以便对车辆的功能、用途及其交易价格等作出理智的判断。

公开市场假设是基于市场客观存在的现实，即二手车辆在市场上可以公开买卖。不同类型的二手车，其性能、用途不同，市场程度也不一样，用途广泛的车辆一般比用途狭窄的车辆市场活跃，但不论车辆的买者或卖者都希望得到车辆的最大最佳效用。所谓最大最佳效用是指车辆在可能的范围内，用于最有利又可行和法律上允许的用途。在进行二手车评估时，按照公开市场假设处理或做适当地调整，才有可能使车辆获得的收益最大。最大、最佳效用，由车辆所在地区、具体特定条件以及市场供求规律所决定。

3. 清算(清偿)假设

清算(清偿)假设是指二手车所有者在某种压力下被强制进行整体或拆零，经协商或以拍卖方式在公开市场上出售。这种情况下的二手车价格评估具有一定的特殊性，出售中市场均衡被打破，二手车的评评估大大低于继续使用或公开市场条件下的评评估值。

上述三种不同假设，形成三种不同的评估结果。在继续使用假设前提下要求评估二手车的继续使用价格；在公开市场假设前提下要求评估二手车的市场价格；在清算假设前提下要求评估二手车的清算价格。因此，二手车鉴定评估人员在业务活动中要充分分析了解和判断认定被评估二手车最可能效用，以便得出二手车的公平价格。

二、二手车价格评估的计价标准

我国资产评估中有四种价格计量标准，即重置成本标准、现行市价标准、收益现值标准和清算价格标准。二手车评估属于资产评估，因此二手车评估亦遵守这四种价格计量标准。对同一辆二手车，采用不同的价格计量标准评估，会产生不同的价格。这些价格不仅在质上不同，在量上也存在较大差异。因此，必须根据评估的目的，选择与二手车评估业务相匹配的价格计量标准。

1. 价格计量标准

（1）重置成本标准　重置成本是指在现时条件下，按功能重置车辆并使其处于在用状态所耗费的成本。重置成本的构成与历史成本一样，都是反映车辆在购置、运输、注册登记等过程中所支出的全部费用，但重置成本是按现有技术条件和价格水平计算的。

重置成本标准适用的前提是车辆处于在用状态，一方面反映车辆已经投入使用；另一方面反映车辆能够继续使用，对所有者具有使用价值。决定重置成本的两个因素是重置完全成本及其损耗(或称贬值)。

（2）现行市价标准　现行市价是指车辆在公平市场上的销售价格。所谓公平市场，是指充分竞争的市场，买卖双方没有垄断和强制，双方的交易行为都是自愿的，都有足够的时间与能力了解市场行情。

现行市价标准适用的前提条件有以下两个。

1）需要存在一个充分发育、活跃、公平的二手车交易市场。

2）与被评估车辆相同或类似的车辆在市场上有一定的交易量，能够形成市场行情。

（3）收益现值标准　收益现值是指根据车辆未来的预期获利能力大小，以适当的折现率将未来收益折成现值。从“以利索本”的角度看，收益现值就是为获得车辆取得预期收益的权利所支付的货币总额。在折现率相同的情况下，车辆未来的效用越大，获利能力越强，其评估值就越大。投资者购买车辆时，一般要进行可行性分析，只有在预期回报率超过评估时的折现率时，才可能支付货币购买车辆。

收益现值标准适用的前提条件是车辆投入使用后可连续获利。

（4）清算价格标准　清算价格是指在非正常市场上限制拍卖的价格。它与现行市价相比，两者的根本区别在于：现行市价是公平市场价格；而清算价格是非正常市场上的拍卖价格，这种价格由于受到期限限制和买主限制，一般大大低于现行市价。

清算价格标准适用于企业破产清算，以及因抵押、典当等不能按期偿债而导致的车辆变现清偿等汽车评估业务。

三、二手车价格评估的基本方法

根据二手车价格估算目的不同，二手车价格评估可分为鉴定评估服务和收购评估两种。二手车鉴定评估服务是一种第三方中介资产评估，其价格评估方法和资产评估的方法一样，按照国家规定的重置成本法、收益现值法、现行市价法和清算价格法四种方法进行，评评估格具有约束性。二手车收购评估是二手车经营企业为了自身发展需要开展的业务，收购估算价格由买卖双方自由确定，具有灵活性。

任务实施

☞ 任务目标与要求

• 小组成员分工协作，利用网络、图书馆资料，依据任务工单分析制定工作计划，并通过小组自评或互评检查工作计划。

• 了解二手车价格评估的四种计价标准以及评估方法，它们分别适用于哪种类型二手车的评估。

• 制定二手车鉴定评估工作计划。

☞ 准备工作

• 小组接受工作任务，组长带领组内成员阅读任务工单，查阅相关资料，合理分工，制定任务计划，并检查计划的有效性。

☞ 实施指导

1）二手车评估机构与委托人签订委托书之后，即编制二手车鉴定评估作业方案。

2）二手车鉴定评估作业方案包括评估目的、评估对象、鉴定评估基准日、具有鉴定评估资格的评估人员及协助评估人员工作的其他人员安排、现场工作计划、评估程序、评估具体工作和时间安排、拟采用的评估方法及其具体步骤。

<table>
<tr><td>项目</td><td colspan="4">前期准备</td></tr>
<tr><td>任务</td><td colspan="2">拟定二手车鉴定评估工作计划</td><td>姓名</td><td></td></tr>
<tr><td>班级</td><td></td><td>组号</td><td>日期</td><td></td></tr>
<tr><td>任务目的</td><td colspan="4">● 了解二手车价格评估的四种计价标准以及评估方法，以及分别适用于哪种类型二手车的评估。
● 制定二手车鉴定评估工作计划。</td></tr>
<tr><td>任务描述</td><td colspan="4">按照学习领域课程安排，通过情景模拟，教师提供待鉴定评估车辆、参考资料、视频资料等教学资源，在教师指导下完成拟定二手车鉴定评估计划这一教学任务。请各组针对老师提供的车辆，拟定鉴定评估工作计划。</td></tr>
<tr><td>任务要求</td><td colspan="4">通过教师的引导、自学和查找资料等方式，按照工作过程的完整性和连贯性(资讯—决策—计划—实施—检查)评估要求，逐步养成就业岗位的隐性工作方法，最终以小组协作形式完成二手车市场分析资料收集、记录，分析处理。</td></tr>
<tr><td>资讯</td><td colspan="4">掌握二手车价格评估计价标准以及二手车评估方法。</td></tr>
<tr><td>决策</td><td colspan="4">每6人一组，每组选出一名负责人，负责人对小组任务进行分配，组员按负责人要求完成相关任务内容。
<table>
<tr><th>序号</th><th>个人职责(任务)</th><th>负责人</th></tr>
<tr><td>1</td><td></td><td></td></tr>
<tr><td>2</td><td></td><td></td></tr>
<tr><td>3</td><td></td><td></td></tr>
<tr><td>4</td><td></td><td></td></tr>
<tr><td>5</td><td></td><td></td></tr>
<tr><td>6</td><td></td><td></td></tr>
</table></td></tr>
<tr><td>制定计划</td><td colspan="4">根据任务内容制定任务计划，并反复修改、讨论工作方案。</td></tr>
<tr><td>任务实施</td><td colspan="4">各小组成员按照制定的工作计划查阅相关资料，制定二手车鉴定评估工作计划。

二手车鉴定评估作业方案

一、委托方与车辆所有方简介
委托方 ________
委托方联系人 ________，联系电话 ________
二、评估目的
根据委托方的要求，本项目评估目的(在口处填√)：
口交易 口转籍 口拍卖 口置换 口抵押 口担保 口咨询 口司法裁决
三、评估对象
评估车辆的厂牌型号：( )；号牌号码：( )。</td></tr>
</table>

（续）

项目	前期准备
任务实施	四、鉴定评估基准日 鉴定评估基准日：_____年_____月_____日。 五、拟定评估方法(在口处填√) □重置成本法　□现行市价法　□收益现值法　□其他 六、拟定评估人员 负责评估师：__________ 协助评估人员：__________ 七、现场工作计划 负责评估师组织相关人员，于___年___月___日___时前，参照各项工作的参考时间，完成下列工作。 （1）证件核对：20 分钟。 （2）鉴定二手车现时技术状况。静态检查与动态检查：30 分钟；仪器设备检查：送__________检测站：2 小时。 （3）车辆拍照：10 分钟。 （4）评定估算：2 小时。 （5）撰写评估报告：2 小时。 八、评估作业程 按照接受委托、验证、现场查勘、评定估算和提交报告的程序进行。 九、拟定提交评估报告时间 __________年__________月__________日
检查评估	成果展示，小组自评与互评，并讨论、总结、反思学习过程中的不足，撰写工作报告并交流。

知识拓展一

一、车辆识别代码(VIN 码)

1. VIN 码的定义、功用及安装部位

（1）VIN 码的定义　车辆识别代号(Vehicle Identification Number)简称“VIN 码”，是国际上通行的标识汽车的代码。它由 17 位字母和阿拉伯数字组成，故也称为“17 位编码”。它可保证每个制造厂在 30 年内生产的每辆汽车识别代号的唯一性，就像身份证号码一样不会发生重号或者错认，故又称为“汽车身份证”。

（2）VIN 码的功用　VIN 码是识别汽车不可缺少的工具。在汽车营销、进出口贸易、办理汽车牌照、处理交通事故、保险索赔、查获被盗车辆、侦破刑事案件、车辆维修与检测以及评估等方面，都具有十分重要的作用。例如在车管部门、汽车配件经营部门、汽车修理厂，均将 VIN 码输入到计算机中，可随时调用查取其中的各种信息。

在汽车评估中，通过 VIN 码，不仅可获取汽车类型、品牌名称、车型年款、发动机型号、车身形式、安全防护装置型号、检验数字、装配工厂名称和出厂顺序号等信息，而且利用 VIN 码还可以鉴别出车辆是否为拼装车或走私车，并可以查询其故障维修记录等。

(3) VIN 码的位置　VIN 码一般均位于汽车前半部易于看到且能防止磨损或替换的部位。如下列位置:

1) 汽车仪表台与风窗玻璃交界处。

2) 发动机前横梁上。

3) 左前门边或立柱上。

4) 驾驶人左腿前方。

5) 前排左侧座椅下部。

6) 风窗玻璃下车身处等。

VIN 码的所处位置如图 1-1 所示。

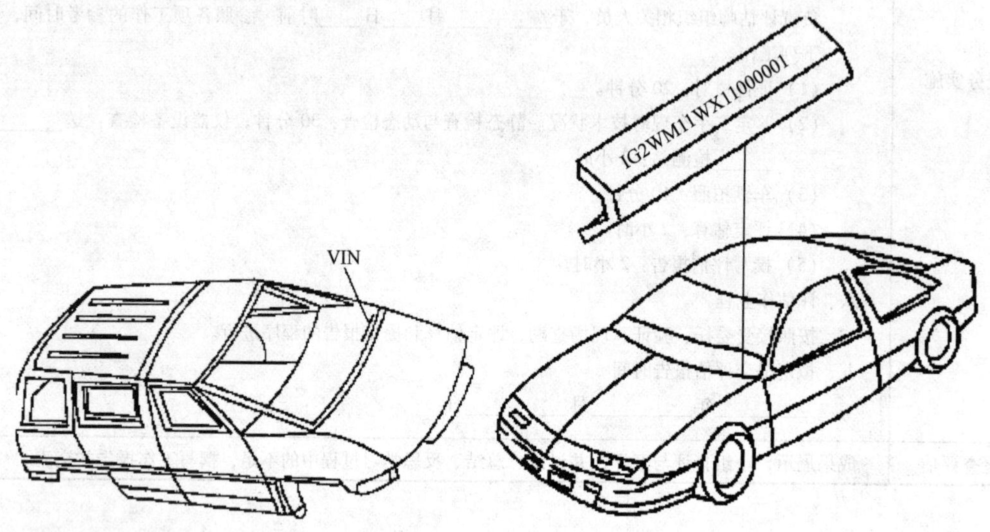

图 1-1　VIN 码的所处位置示意图

2. 汽车识别代码的组成

VTN 码由三部分共 17 位数码组成。第一部分为制造厂识别代号(WMI), 第二部分为车辆说明部分(VDS), 第三部分为车辆指示部分(VIS), 如图 1-2 所示。

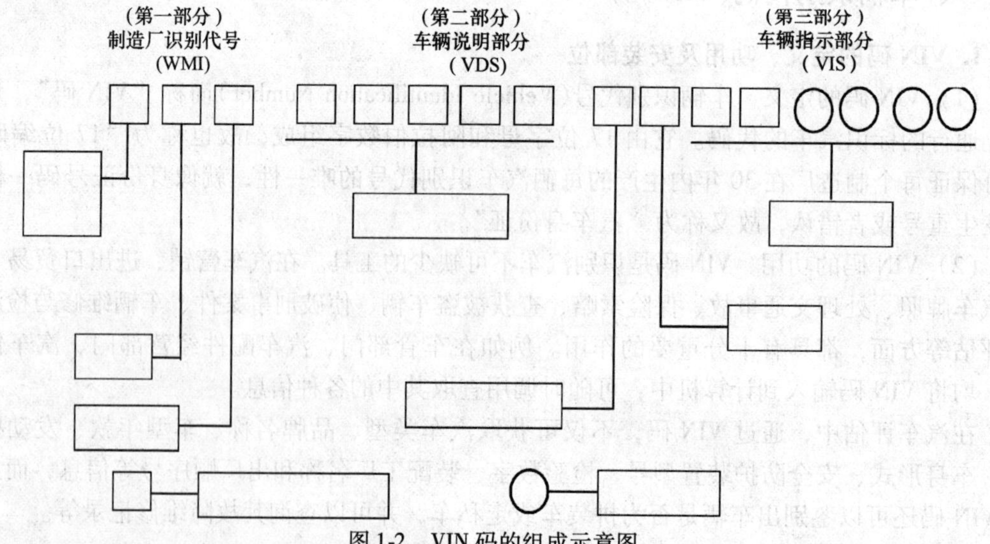

图 1-2　VIN 码的组成示意图

3. VIN码实例

现以我国一汽 VTN 码为例，说明其内容构成。详见表 1-8。

表 1-8　我国一汽 VIN 码内容构成

部分	1. 世界制造厂识别码(WMI)			2. 车辆说明部分(包括车辆品牌、形式、种类、系列、车身类型、发动机或底盘类型及其他参数)(VDS)						3. 车辆指示部分(包括生产年份、汽车装配厂及生产顺序号)(VIS)							
码位	1	2	3	4	5	6	7	8	9	10	11	12	13	14	15	16	17
一汽VIN码含义	L	F	P	H	5	A	B	A	2	W	8	0	0	4	3	2	1
	生产国别代码(zL代表中国)	制造厂商代码(F代表一汽)	车辆类型代码(P代表轿车)	车辆品牌代码(H代表红旗)	发动机排量代码(5表示2.1～2.5L)	发动机类型及驱动形式(A表示汽油机、前置、前轮驱动)	车身形式代码(B表示四门折背式)	安全保护装置代码(A表示手动安全带)	工厂检验代码(用数字0～9或x表示)	生产年份代码(W表示生产年份为1998年)	生产装配工厂代码(8表示第一轿车厂)	第12位～第17位表示：工厂产顺序号代码					

二、内燃机型号规定

1. 关于型号组成采用文字符号的规定

由阿拉伯数字、汉语拼音字母和 GB/T 1883.1—2005 以及 GB/T 1883.2—2005 中关于气缸布置所规定的象形字符号[如 V 形、P(平卧形)]组成。

2. 关于型号内容的规定

内燃机型号由以下四部分组成，如图 1-3 所示。

三、汽车标牌

国家标准 CB/T 18411—2001《道路车辆产品标牌》对于汽车标牌的形式、尺寸、位置、内容等作了明确的规定。图 1-4 为某汽车标牌的形式，上部为规定区，虚线下部为自由区。

1. 标牌的位置

标牌应位于汽车右侧，应位于不易磨损、替换和遮盖，并且易于观察处，且须在产品说明书中标明。

如果受汽车结构限制无法放置，亦可放在便于接近和观察的其他位置，例如：

1）半承载式车身及非承载式车身汽车可置于右纵梁上。

2）一厢式车身汽车可置于车身内部右侧。

3）两厢式车身汽车或三厢式车身汽车可置于发动机室内右侧。

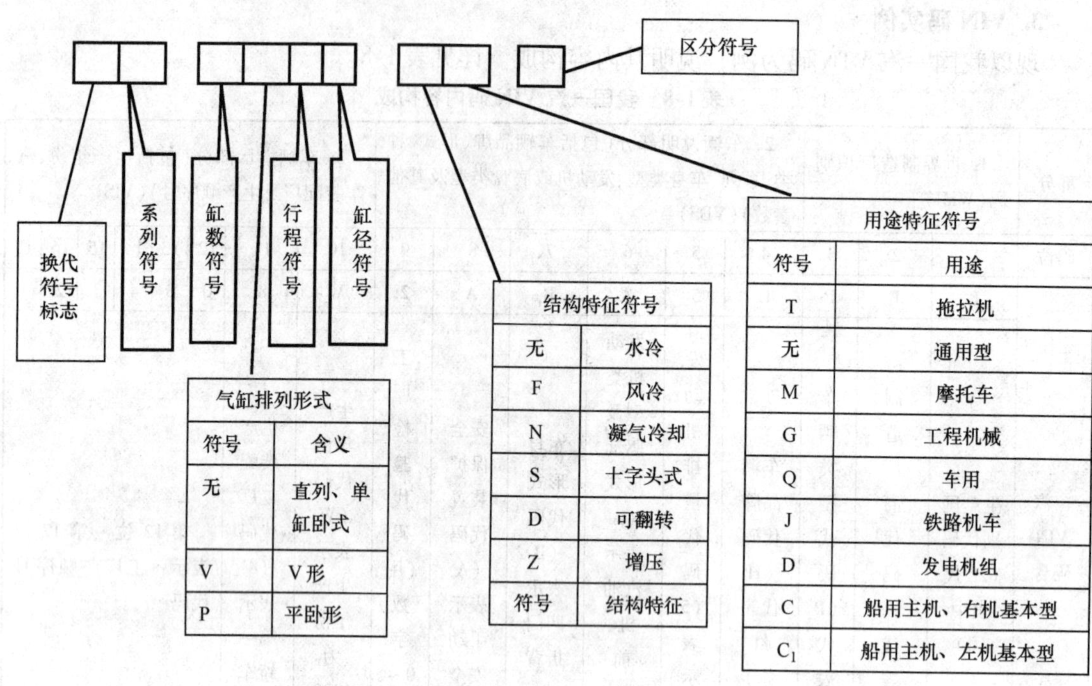

图 1-3　内燃机型号规定

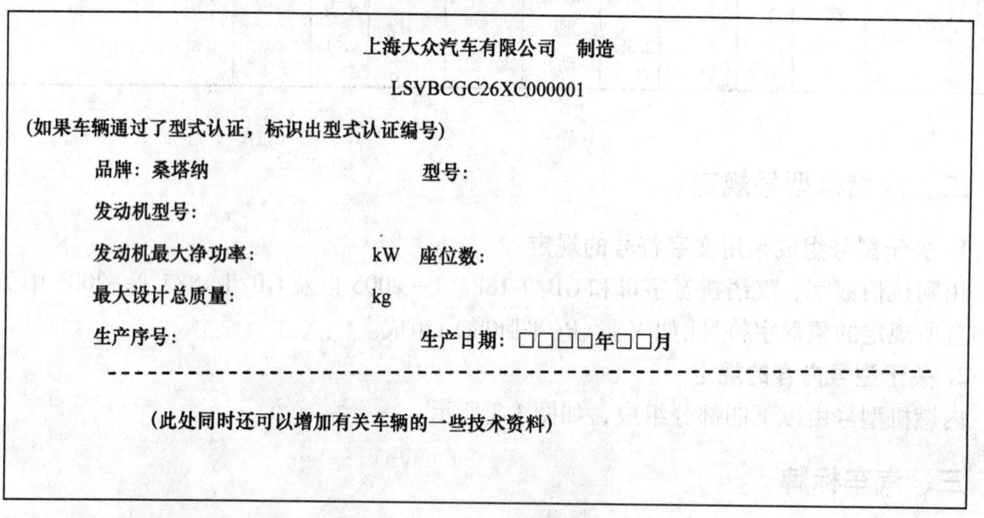

图 1-4　汽车标牌形式

4）客车标牌应置于车内前乘客门的前方。

2. 标牌的固定

1）标牌应永久地固定在不易拆除或更换的汽车结构件上。如车架、底盘或其他类似的结构件上。

2）标牌应牢固、永久地固定，不损坏，不能拆卸，应保证标牌不能完整地被拆下移作他处使用。

3. 标牌的内容

标牌在规定区应标识出的内容要求如下：

1）汽车制造厂厂标、商标或品牌的文字或图案。

2）汽车制造厂合法的名称全称及备案的世界制造厂识别代号(WMI)。

3）如果车辆通过了型式认证，则应标识出型式认证编号。

4）备案了的车辆识别代号(VIN 码)。

5）汽车产品型号。

6）发动机型号、最大净功率或排量。

7）汽车的主要参数。

8）汽车产品的生产序号。

9）汽车产品的生产年月。

学习情境一习题

一、单项选择题

1. 按照汽车报废标准规定，出租车使用年限为(　　)年。

A. 7　　B. 8　　C. 9　　D. 10

2. 汽车经济使用寿命的量标有(　　)。

A. 规定使用年限、行驶里程、使用年限、使用强度

B. 行驶里程、使用年限、大修次数、使用强度

C. 使用年限、行驶里程、运行时间、大修次数

D. 规定使用年限、行驶里程、使用年限、大修次数

3. 达到使用年限的单位员工大型班车，安全排放性能符合国家规定的，延缓报废年限最长为(　　)。

A. 8 年　　B. 6 年　　C. 10 年　　D. 5 年

4. 依照相关法规，二手车评估中为确认卖方的身份及车辆的合法性，应根据合法有效的(　　)。

A. 卖方身份证、车辆号牌、机动车登记证书、机动车行驶证

B. 卖方身份证、机动车安全技术检验合格标志、机动车行驶证、机动车登记证书

C. 卖方身份证、车辆号牌、机动车安全技术检验合格标志、机动车行驶证

D. 卖方身份证、车辆号牌、机动车登记证书、机动车安全技术检验合格标志

5. 依照相关法规，下列哪个机构不能开具二手车销售统一发票：(　　)

A. 二手车经纪公司　　B. 二手车拍卖公司

C. 二手车交易市场　　D. 二手车经销企业

6. 机动车号牌是准予机动车上路行驶的法定标志，其号码要与(　　)上的号牌号码完全一致。

A. 机动车行驶证　　B. 车架号　　C. 发动机编号　　D. 车辆识别码

7. 对依法没收的走私汽车，经批准可办理注册登记，其初次注册登记的年份，一律按照车辆的(　　)。

A. 投入使用年份　　B. 没收年份　　C. 出厂年份　　D. 购买年份

8. 按照国家有关法规，由华侨、港澳同胞捐赠的免税进口的汽车(　　)。

A. 可以转卖　　B. 不准转卖　　C. 可以抵押　　D. 可以转让

9. 根据我国对汽车大修的规定，货车大修的送修标准为(　　)，结合车架或其他两个总成符合大修条件的，就可送大修。

A. 以车架为主　　B. 以发动机为主

C. 以电气设备为主　　D. 以底盘为主

10. 按照《关于调整汽车报废标准若干规定的通知》的规定，9座(含9座)以下非营运载客汽车(包括轿车、含越野型)使用寿命为(　　)年。

A. 12　　B. 13　　C. 14　　D. 15

11. 按照公安交通管理机关对机动车辆的管理办法，机动车可分为(　　)。

A. 小型车、大型车两大类

B. 汽车、拖拉机、农用运输车、轮式专用机械、摩托车、电车、挂车七大类

C. 汽车、拖拉机、农用运输车、摩托车四大类

D. 汽车、拖拉机、农用运输车、轮式专用机械、摩托车、电车六大类

12. 二手车鉴定评估过程主要包括(　　)等。

A. 接受委托、验证、现场勘察、评定估算、提交报告等

B. 接受委托、验证、双方交谈、评定估算、提交报告等

C. 接受邀请、验证、现场勘察、评定估算、提交报告等

D. 接受委托、现场勘察、评定估算、提交报告等

13. 9座以下的旅行车属于(　　)。

A. 乘用车　　B. 货车　　C. 吊车　　D. 商用车

14. 二手车评估师遵守(　　)，应该提出回避为亲属朋友鉴定评估相关车辆。

A. 客观性原则　　B. 可行性原则　　C. 独立性原则　　D. 科学性原则

15. 在二手车评估时，查验税费缴纳凭证，主要是指车辆在(　　)征收的税、费凭证。

A. 销售环节　　B. 维修环节　　C. 生产环节　　D. 使用环节

16. 某鉴定评估师接受法院的委托对一辆公务用车进行鉴定评估，当他发现该车辆是他原工作单位的车辆时，他回避了这次鉴定评估工作。我们说，这位鉴定评估师遵守的工作原则是(　　)。

A. 科学性原则　　B. 可行性原则　　C. 客观性原则　　D. 独立性原则

17. 我国严禁二手车进口，但从海外回国的人，按规定可免费携带(　　)入境。

A. 二辆私家车　　B. 四辆私家车

C. 一辆私家车　　D. 三辆私家车

18. 汽车虽然属于机器设备一类的固定资产，但汽车有其自身特点，即(　　)。

A. 技术含量高，单价高，政策性不强，使用范围小

B. 技术含量高，单价低，政策性强，使用范围广

C. 技术水平一般，单价高，政策性强，使用范围广

D. 技术含量高，单价高，政策性强，使用范围广

二、判断题

1. 二手车上路行驶的手续是指：机动车上路行驶，按照国家有关规定必须办理的相关

证件和必须缴纳的税、费。机动车凭这些有效证件及所缴纳税、费的凭证上路行驶。( )

2. 二手车的价值包括车辆实体本身的有形价值及各项手续构成的无形价值。( )

3. 国家税务机关监制的全国统一的二手车交易专用发票是唯一有效的二手车来历凭证。( )

4. 人民法院出具的发生法律效力的判决书、裁定书、调解书可以作为二手车来历凭证。( )

5. 二手车购买人取得二手车交易发票，机动车行驶证和机动车登记证书，就完成了车辆的所有权转移。( )

6. 机动车行驶证是由公安车辆管理机关依法对机动车辆注册登记核发的证件，是机动车取得合法行驶资格的法定证件。( )

7. 二手车交易评估完全采取自愿原则，但属于国有资产的车辆，应当按照国家有关规定进行鉴定评估。( )

8. 根据我国相关法规，所有在道路上行驶的车辆都必须缴纳机动车交通事故责任强制保险。( )

9. 按照相关法规，机动车交通事故责任强制保险实行全国统一保险保单条款、全国统一基础保险费率、全国统一责任限额。( )

10. 按照相关法规，没有办理机动车交通事故责任强制险的二手车也可以交易。( )

11. 处在抵押登记期内的车辆可以进入二手车市场交易。( )

12. 二手车评估的业务类型分为两类，即交易类和咨询类。( )

13. 二手车评估的依据政策法规主要：《国有资产评估管理办法》《国有资产评估管理办法施行细则》《汽车报废标准》《二手车流通管理办法》《汽车贸易政策》等。( )

三、简答题

1. 按国家有关法规，在二手车交易中，哪些是属于严禁进入流通领域、不得进行交易的车辆？

2. 简述二手车评估的目的与任务。

3. 什么是报废汽车？在我国，对于报废汽车应如何处理？

4. 对从事二手车鉴定评估的人员有哪些要求？

5. 二手车鉴定评估有什么意义？

6. 说明二手车评估的一般操作程序？

7. 二手车鉴定评估的原则有哪些？

能力鉴定表一

<table>
<tr><td>项目</td><td colspan="5"></td></tr>
<tr><td>班级</td><td></td><td>姓名</td><td></td><td>组长</td><td></td></tr>
<tr><td>学号</td><td></td><td>组号</td><td></td><td>日期</td><td></td></tr>
</table>

（续）

序号	能力目标	鉴定内容	鉴定结果	
			合格	不合格
1	专业技能	二手车市场分析	□	□
2		受理二手车鉴定评估	□	□
3		查验可交易车辆	□	□
4		签订二手车鉴定评估委托书	□	□
		拟定二手车鉴定评估工作计划	□	□
5	学习方法	是否主动进行任务实施	□	□
6		能否使用各种媒介完成任务	□	□
7		是否具备相应的信息收集能力	□	□
8	能力拓展	团队是否配合	□	□
9		调试方法是否具有创新	□	□
10		是否具有责任意识	□	□
11		是否具有沟通能力	□	□
12		总结与建议	□	□
鉴定结果	□合格	教师意见	教师签字	
	□不合格		日期	

备注：

① 请根据结果在相关的□内画√。

② 请指导教师重点对相关鉴定结果不合格的同学给予指导意见。

信息反馈表一

项　　目：__________　　组号：__________

姓　　名：__________　　日期：__________

请你在相应栏内打勾	非常同意	同意	没有意见	不同意	非常不同意
1. 这一学习情景充分提供了关于二手车市场、二手车、资产评估相关知识及拓展阅读？					
2. 这一学习情景为我提供了关于查验二手车、签订二手车鉴定评估委托书、拟定评估工作计划等大量的实践操作机会？					
3. 我现在对二手车、二手车法规、资产评估方面的理论知识已经掌握？					

（续）

请你在相应栏内打勾	非常同意	同意	没有意见	不同意	非常不同意
4. 这个学习情景配套的实验设备和器材充分齐全，能满足学习需要？					
5. 该学习情景的内容选取合理，教学组织和安排有序？					
6. 该学习情景的内容适合我的需求？					
7. 该学习情景中组织了各种活动？					
8. 该学习情景的不同单元融合得很好？					
9. 学习中教师待人友善愿意提供帮助？					
10. 通过该情景学习让我做好了参加鉴定的准备？					
11. 该学习情景中所有的教学方法对我学习起到了帮助的作用？					
12. 该学习情景提供的信息量适当？					
13. 该学习情景鉴定是公平、适当的？					
你对改善本科目的教学建议：					

学习情景二　现 场 鉴 定

学习情景描述

王先生想要转让家庭自用的北京现代途胜2.7L车，登记日期为2009年11月，新车历史价格为24.18万元，目前价格为23.4万元。该车行驶里程为4.8万km，行驶证年检有效期至2009年12月，保险保至2009年12月，养路费缴至2009年12月。王先生找到某鉴定评估机构，请鉴定评估机构为该车辆进行鉴定。

任务2.1　事故车鉴定

能力标准

学完这一单元，你应获得以下能力：

- 熟悉汽车火灾损失评估方法、汽车水灾损失评估方法以及汽车盗抢损失评估方法。
- 掌握车身碰撞损伤初步确定方法。
- 了解车身变形尺寸测量的具体方法。

任务分析

请以以下任务为指导，完成对相关知识的学习并进行练习：

二手车鉴定评估的一个首要任务就是鉴别车辆是否属于事故车辆，如果为事故车辆，二手车价格要大大低于正常车辆价格。事故车辆包括发生过水灾、火灾、碰撞的车辆，通过这个任务学习，要求能够鉴别车辆是否发生过这些事故。

相关知识

一、汽车质量参数

1. 整车装备质量

整车装备质量，又称为整车整备质量或汽车总质量，是指汽车全装备好时的质量(kg)，包括燃油(燃油箱至少要加注至制造厂家设计容量的90%)、润滑剂、冷却液(如果需要时)、清洗液、备胎、灭火器、标准备件、标准工具箱和三角垫木等。

2. 最大装载质量

最大装载质量，又称为满载质量，是指汽车在硬质良好路面上行驶时的额定装载质量(kg)。最大装载质量又分为最大设计装载质量和最大允许装载质量。当汽车在碎石路面上行驶时，最大装载质量应有所减少(约为良好路面时的75%~80%)。轿车的装载质量用座位数表示。城市客车的装载质量以座位数与站立乘客（员）数之和表示，其中站立乘客（员）数按每平方米 8～10 人计算。

3. 最大总质量

最大总质量是指汽车满载时的总质量（kg），等于整车装备质量与最大装载质量之和。最大总质量又分为最大设计总质量和最大允许总质量。最大设计总质量是指汽车制造厂家规定的最大汽车总质量，最大允许总质量是指行政主管部门根据道路运行条件规定的允许运行的最大汽车总质量，最大允许总质量一般比最大设计总质量稍小。乘用车的最大允许总质量不得大于 4500kg，二轴货车的最大允许总质量不得大于 16000kg。

4. 最大轴荷质量

最大轴荷质量是指汽车满载时各车轴所承受的最大垂直载荷质量（kg）。最大轴荷质量又分为最大设计轴荷质量和最大允许轴荷质量，最大允许轴荷质量一般比最大设计轴荷质量稍小。单个车轴最大轴荷质量除应满足轴荷分配的技术要求外，还应遵循国家对公路运输车辆及其总质量的法规限制。轴荷分配不当，会导致各轴车轮轮胎磨损不均匀，并对汽车的操纵稳定性产生不利影响。

二、汽车尺寸参数

1. 汽车长

汽车长是指垂直于车辆纵向对称平面并分别抵靠在汽车前、后最外端突出部位的两垂面之间的距离，如图 2-1 所示。

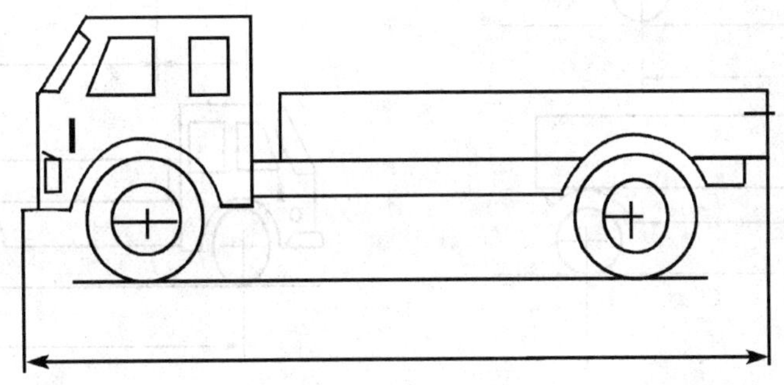

图 2-1　汽车长

我国公路车辆的极限尺寸规定的汽车总长为，货车（包括越野车）不大于 12m，一般客车不大于 12m，铰接式客车不大于 18m，牵引车拖带半挂车时不大于 16.5m，汽车拖带挂车时不大于 20m。

2. 车辆宽

车辆宽是指平行于车辆纵向对称平面并分别抵靠车辆两侧固定突出部位（除后视镜、侧面标志灯、转向指示灯、挠性挡泥板、折叠式踏板、防滑链及轮胎与地面接触部分的变形外）的两平面之间的距离，如图 2-2 所示。我国公路车辆的极限尺寸规定，车辆总宽不大于 2.5m。

3. 车辆高

车辆高是指车辆没有装载且处于可运行状态时，车辆支撑平面与车辆最高突出部位相抵靠的水平面之间的距离，如图 2-3 所示。我国公路车辆的极限尺寸规定，车辆总高不大于 4m。

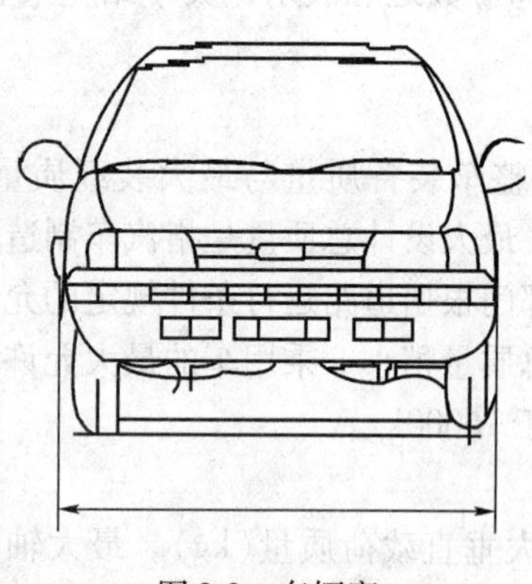
图 2-2　车辆宽

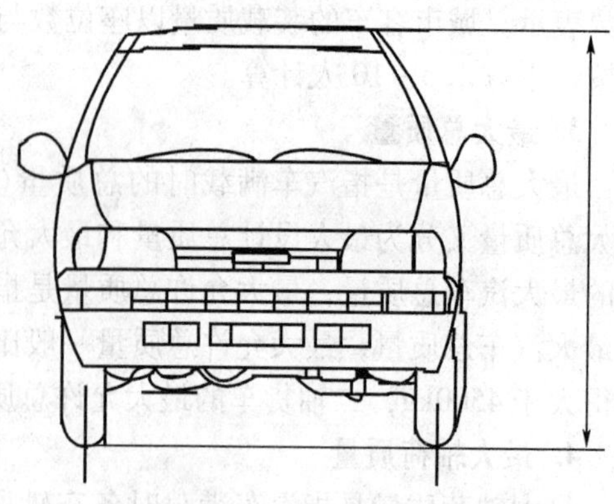
图 2-3　车辆高

4. 轴距

轴距是指通过车辆同一侧相邻两车轮的中点并垂直于车辆纵向对称平面的二垂线之间的距离；对于三轴以上的车辆，其轴距由从最前面至最后面的相邻两车轮之间的轴距分别表示，总轴距则为各轴距之和，如图 2-4 和图 2-5 所示。

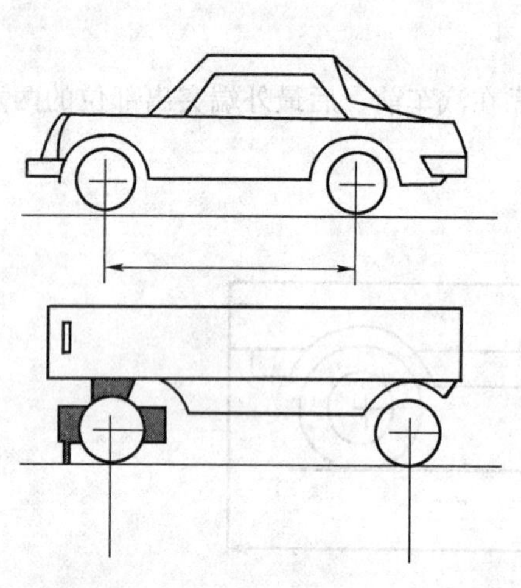
图 2-4　轴距

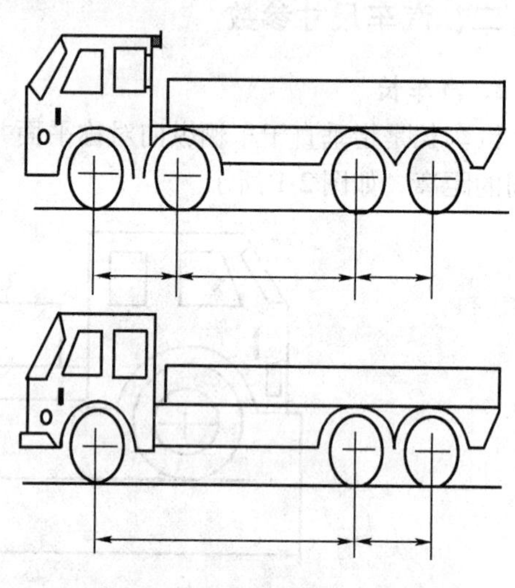
图 2-5　轴距(三轴以上车辆)

5. 轮距

汽车车轴的两端为单车轮时，轮距为车轮在车辆支撑平面上留下的轨迹中心线之间的距离，如图 2-6 所示。汽车车轴的两端为双车轮时，轮距为车轮中心平面(双轮车车轮中心平面为外车轮轮辋内缘和内车轮轮辋外缘等距的平面)之间的距离，如图 2-7 所示。

6. 前悬

前悬是指通过两前轮中心的垂面与抵靠在车辆最前端(包括前拖钩、车牌及任何固定在车辆前部的刚性件)，并且垂直于车辆纵向对称平面的垂面之间的距离，如图 2-8 所示。

7. 后悬

后悬是指通过车辆最后车轮轴线的垂面与抵靠在车辆最后端(包括牵引装置、车牌及固定在车辆后部的任何刚性部件)，垂直于车辆纵向对称平面的垂面之间的距离，如图 2-9 所示。

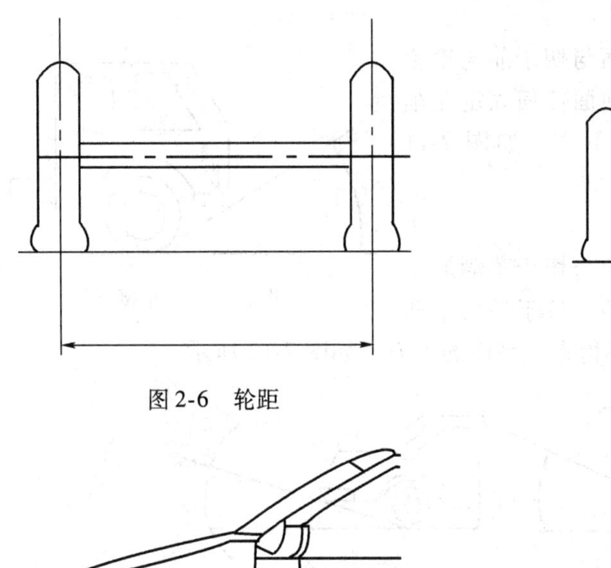

图 2-6 轮距

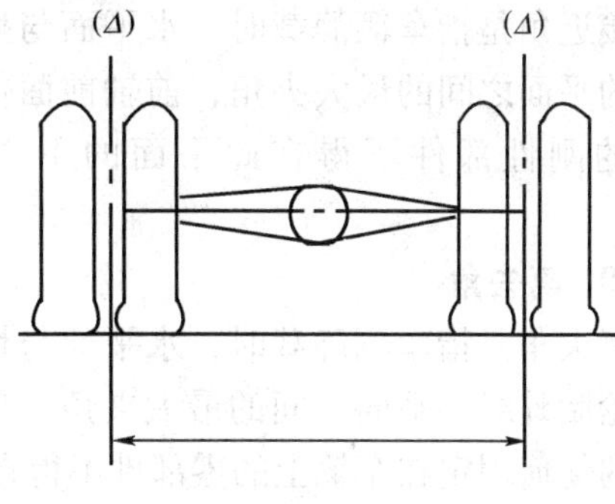

图 2-7 轮距(并装双胎时)

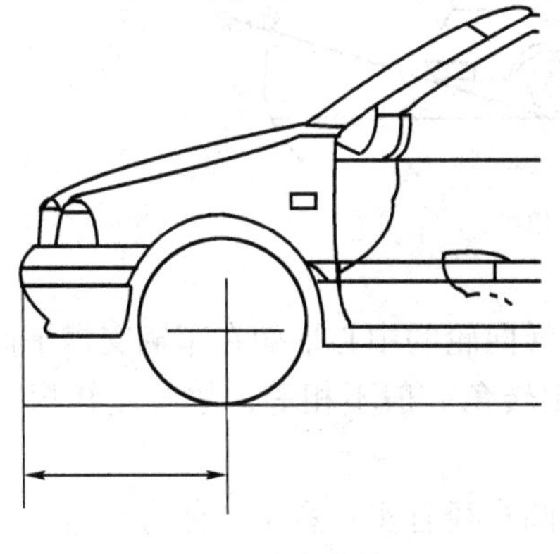

图 2-8 汽车的前悬

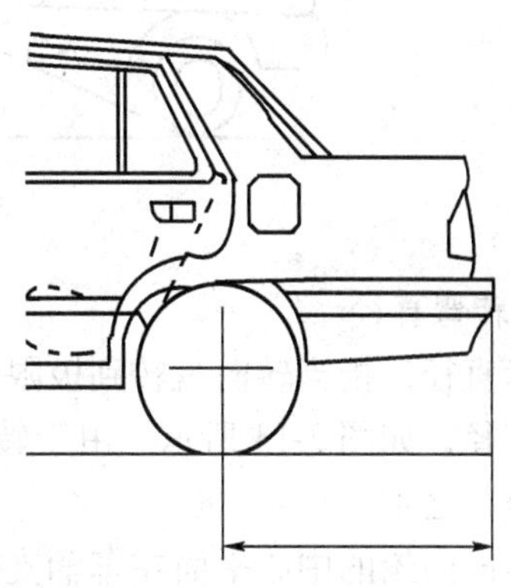

图 2-9 汽车的后悬

8. 最小离地间隙

最小离地间隙是指车辆支撑平面与车辆上的中间区域内最低点之间的距离。中间区域为平行于车辆纵向对称平面且与其等距离的两平面之间所包含的部分，两平面之间的距离为同一轴上两端车轮内缘最小距离的 80%，如图 2-10 所示。

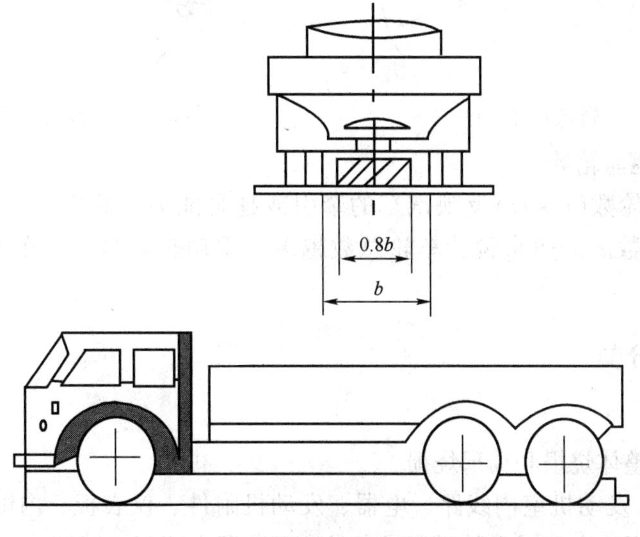

图 2-10 最小离地间隙

9. 接近角

接近角是指车辆静载时，水平面与切于前轮轮胎外缘的平面之间的最大夹角，前轴前面任何固定在车辆上的刚性部件不得在此平面的下方，如图 2-11 所示。

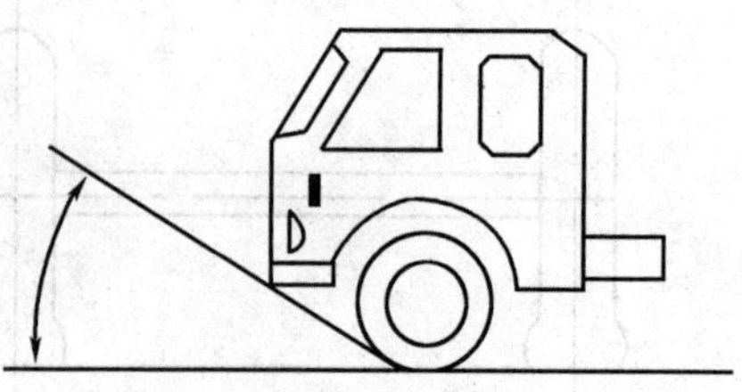

图 2-11　汽车接近角

10. 离去角

离去角是指车辆静载时，水平面与切于车辆最后车轮轮胎外缘的平面之间的最大夹角。位于最后车轴后面的任何固定在车辆上的零部件不得在此平面的下方，如图 2-12 所示。

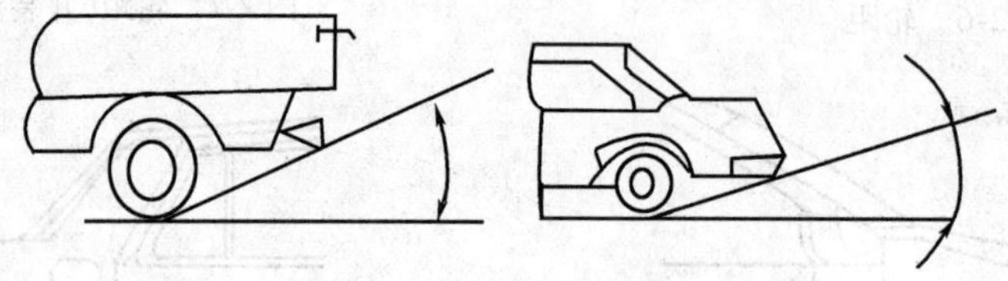

图 2-12　汽车离去角

11. 转弯直径

转弯直径是指当转向盘转到极限位置时，内、外转向轮的中心平面在车辆支撑平面上的轨迹圆直径，如图 2-13 所示。由于转向轮的左右极限转角一般不相等，故有左转弯直径与右转弯直径之别。

非转向内轮的中心平面在车辆支撑平面上的轨迹圆直径有实际意义，称为非转向内轮转弯直径，如图 2-14 所示。

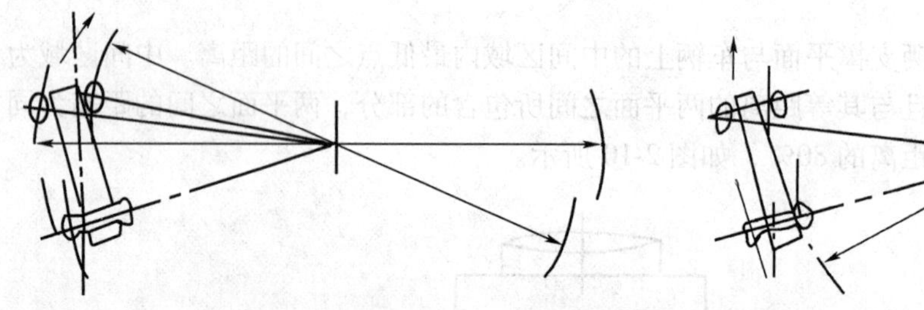

图 2-13　转弯直径　　图 2-14　非转向内轮的转弯直径

12. 车轮数和驱动轮数

车轮数和驱动轮数($n \times m$)反映汽车的牵引或越野能力。其中，n 代表汽车的车轮总数，m 代表驱动轮数。一般来说，车轮总数越多，驱动轮越多，汽车的牵引或越野能力就越高。

三、事故车分类

1. 火灾事故车

火灾事故分为整体烧损和局部烧损。

1）整体烧损：发动机室内线路、电器、发动机附件、仪表板、内饰件、座椅等烧损，机械件壳体烧坏变形，车体钣金件脱炭或车身表面漆层大面积烧损等。

2）局部烧损：发动机室着火，造成发动机前部线路、发动机附件、部分电器、塑料件烧损；轿车的外壳或客车、货车驾驶室着火，造成仪表板、部分电器、装饰件烧损；货车货厢内着火，造成货厢和运载货物烧损。

2. 水灾事故车

（1）水灾损伤分类

1）静态进水。汽车在停放过程中，被暴雨或洪水侵入甚至淹没，均属于静态进水。这将造成汽车内饰、电路、空滤和排气管等部位受损，严重情况下，发动机气缸及变速器也会进水。

2）动态进水。是指汽车在水中行驶过程中，发动机气缸由于吸入大量的水而引起熄火；或汽车强行涉水未果、发动机熄火并被淹，导致发动机直接损坏。

（2）水淹高度　水淹高度是确定水损程度的重要参数，通常分 6 级，每一级的损失程度各不相同。

1）制动盘和制动鼓下沿以上，车身地板以下，乘员舱未进水，为一级。

2）车身地板以上，乘员舱进水，而水面在驾驶人座椅座垫面以下，为二级。

3）乘员舱进水，水面在驾驶人座椅座垫面以上，仪表工作台以下，为三级。

4）乘员舱进水，水面达到仪表工作台中部，为四级。

5）乘员舱进水，水面达到仪表工作台面以上，顶篷以下，为五级。

6）水面超过车顶，汽车被淹没顶部，为六级。

（3）水淹时间　汽车被水淹时间的长短，也是其水淹损失程度的一个重要参数。水淹时间的计量单位为小时(h)，通常分为六级：

1）第一级：$H\leqslant 1\text{h}$。

2）第二级：$1\text{h}<H\leqslant 4\text{h}$。

3）第三级：$4\text{h}<H\leqslant 12\text{h}$。

4）第四级：$12\text{h}<H\leqslant 24\text{h}$。

5）第五级：$24\text{h}<H\leqslant 48\text{h}$。

6）第六级：$H>48\text{h}$。

（4）水淹后的损失评估

1）水淹高度为 1 级时的损失评估。造成的受损零部件主要是制动盘和制动鼓。损坏形式主要是生锈，生锈的程度主要取决于水淹时间的长短以及水质。通常情况下，无论制动盘和制动鼓的生锈程度如何，所采取的补救措施主要是对四轮的保养。

因此，当汽车的被淹高度为 1 级，被淹时间也为 1 级时，通常不计损失；而被淹高度为 1 级，被淹时间为 2 级或 2 级以上时，水淹时间对损失金额的影响也不大，损失率通常 0.1% 左右。

2）水淹高度 2 级时的损失评估。当水淹高度达到 2 级时，除造成 1 级水淹高度时所造成的损失以外，还有：

① 汽车的四个车轮的轴承进水。

② 全车悬架下部连接处因进水而生锈。

③ 配有 ABS 的汽车的轮速传感器的磁通量传感失准。

④ 地板进水后，如果车身地板防腐层和油漆层本身有损伤，就会造成锈蚀。

⑤ 少数汽车将一些控制模块置于地板上的凹槽内(如上海大众帕萨特 BS)，这会造成一些控制模块损毁(如果水淹时间过长,被淹的控制模块有可能彻底失效)。

水淹高度达到 2 级时，损失率通常为 0.5% ~2.5%。

3）水淹高度 3 级时的损失评估。当水淹高度达到 3 级时，除造成 2 级水淹高度所造成的损失以外，还有：

① 座椅潮湿和污染。

② 部分内饰的潮湿和污染。

③ 真皮座椅和真皮内饰损伤严重。

一般说来，水淹时间如果超过 24h，还可能造成：

① 桃木内饰板分层开裂。

② 车门电动机进水。

③ 变速器、主减速器及差速器进水。

④ 部分控制模块被水淹。

⑤ 起动机被水淹。

⑥ 中高档车行李箱中 CD 换片机、音响功放被水淹。

水淹高度达到 3 级时，损失率通常为 1.0% ~5.0%。

4）水淹高度 4 级时的损失评估。当水淹高度达 4 级时，除造成 3 级高度所造成的损失以外，还有：

① 发动机进水。

② 仪表台中部分音响控制设备、CD 机、空调控制面板受损。

③ 蓄电池放电和进水。

④ 大部分座椅及内饰被水淹。

⑤ 音响的扬声器全损。

⑥ 各种继电器和熔丝盒可能进水。

⑦ 所有控制模块被水淹。

水淹高度达 4 级时，损失率通常为 3.0% ~15.0%。

5）水淹高度 5 级时的损失评估。当水淹高度达 5 级时，除造成 4 级高度所造成的损失以外，还有：

① 全部电器装置被水泡。

② 发动机严重进水。

③ 离合器、变速器、后桥也可能进水。

④ 绝大部分内饰被泡。

⑤ 车架大部分被泡。

水淹高度达 5 级时，损失率通常为 10.0% ~30.0%。

6）水淹高度 6 级时的损失评估。当汽车的水淹高度为 6 级时，汽车所有零部件都受到损失，损失率通常为 25.0% ~60.0%。

3. 碰撞事故车

（1）汽车碰撞事故分类及其特征　汽车碰撞事故分类如图 2-15 所示。

（2）汽车单车事故　单车事故可分为翻车事故和撞障碍物事故。

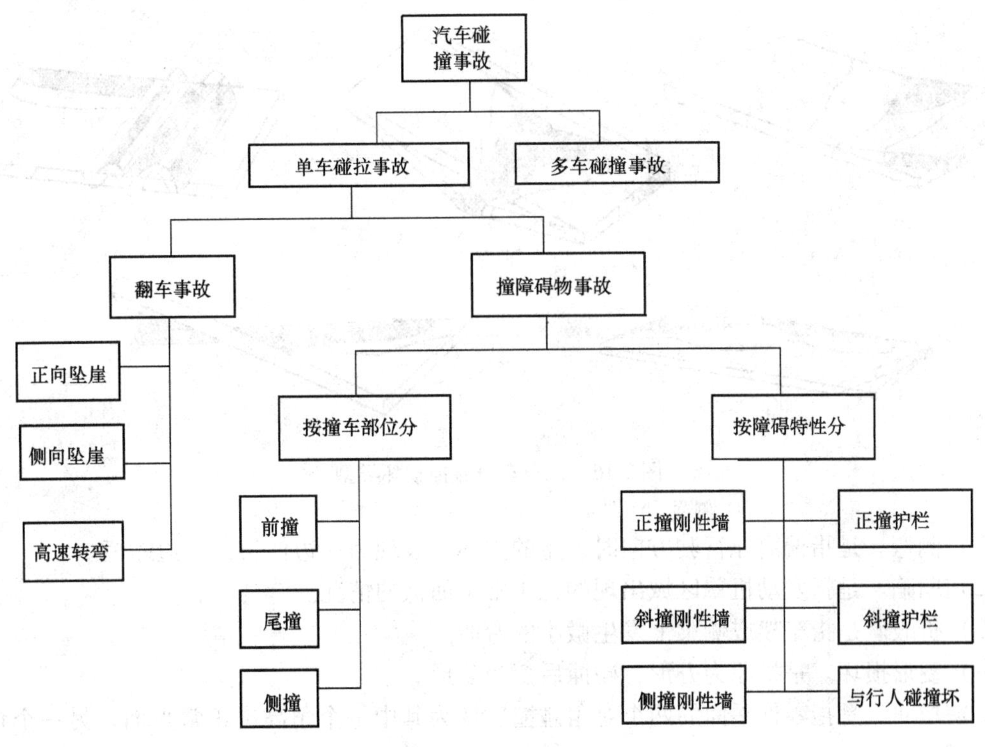

图 2-15 汽车碰撞事故分类示意图

1）翻车事故。一般是由于汽车驶离公路路面或由于高速转弯造成的。其事故严重程度主要与车速、翻车路况有关。翻车事故又可细分为高速转弯翻车、正向坠崖翻车和侧向坠崖翻车等。

2）撞障碍物事故。撞障碍物事故按撞车部位分为前撞、尾撞和侧撞。其中，前撞和侧撞约占事故的70%。追尾事故主要发生在市内，其相对碰撞速度较低。

（3）汽车多车事故　二手车多车事故是指两辆或两辆以上的汽车在同一事故中发生碰撞造成的事故。在多车事故中，两车相撞的情况较多。多车事故有两个明显特征：一是给事故车辆施加冲击力的均为其他车辆；二是一般无来自上下方向的冲击载荷，且其障碍物的刚性变化没有单车事故大。

2. 汽车碰撞损伤类型

（1）按碰撞部位是否接触分类

1）直接损伤（或一次损伤）是指汽车碰撞直接接触部分出现的损伤。如汽车发生前撞，直接接触部分包括前保险杠、前翼子板、散热器护栅、发动机室、前灯等零部件导致的变形损坏，称为直接损伤。

2）间接损伤（或二次损伤）是指汽车碰撞非直接接触部分出现的损伤，即离碰撞点有一定距离，因碰撞力传递而导致的变形，如车架横梁、行李箱、车轮外壳、护板等。

（2）按零部件变形特点分类　按被碰撞零部件变形特点分为：侧弯、凹陷、折皱、菱形损坏和扭曲五类，如图 2-16 所示。

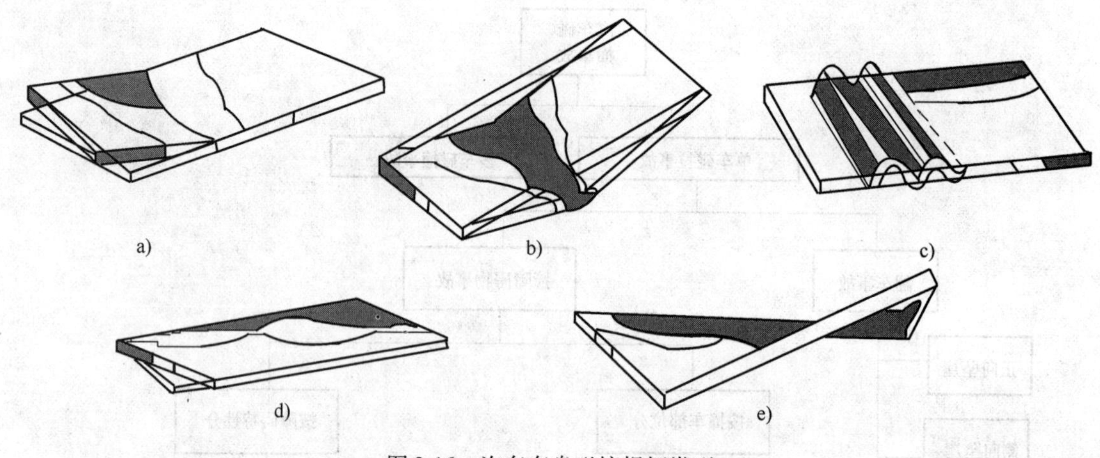

图 2-16　汽车车身碰撞损坏类型

a）侧弯　b）凹陷　c）折皱　d）菱形损坏　e）扭曲

1）侧弯。是指偏离原行驶方向时发生的损坏，表现为一边伸长，一边缩短。

2）凹陷。是指发动机罩区域出现的比正常平面低的情况。

3）折皱。是指车架或侧梁上发生微小的弯曲。

4）菱形损坏。是指原为方形，碰撞后变为菱形。

5）扭曲。是指零件平面的两个对角碰撞后变为其中一个角高出正常平面，另一个角低于正常平面。

任务实施

☞ 任务目标与要求

• 小组成员分工协作，利用网络和图书馆资料，依据任务工单分析制定工作计划，并通过小组自评或互评检查工作计划。

• 能够鉴定识别火灾、水灾、碰撞事故车。

☞ 准备工作

• 小组接受工作任务，组长带领组内成员阅读任务工单，查阅相关资料，合理分工，制定任务计划，并检查计划的有效性。

☞ 实施指导

1. 火灾事故车检查

大部分火灾事故发生在发动机室，故重点应检查发动机室的火烧痕迹：

1）查发动机室内管线的新旧程度，是否有大批明显更换过的痕迹。

2）查金属件的外表颜色，是否有类似排气管一样的蓝黑色。

3）检查发动机室内外是否有新近喷漆痕迹，检查发动机室死角是否有熏黑的迹象。

4）检查发动机电器件是否有大量更换迹象。

5）检查驾驶室内饰是否有整体大量更换迹象，线束是否有更换迹象。

6）检查行李箱内饰是否有整体大量更换迹象，线束是否有更换迹象。

2. 水灾事故车检查

车辆发生水泡、水灾事故大多因暴雨积水造成的水淹或汽车意外落入河塘所致。汽车是否发生过水泡事故的检查方法如下：

1）首先打开发动机室盖，检查散热器、散热器片和散热器前板(从上往下看)等处有无水渍污物。

2）查看发动机附件如发电机、起动机、电线插座以及左右轮罩的接缝处，是否留有水渍污物。

3）翻倒前、后排座椅，检查座椅弹簧及内套绒布内，是否留有水渍污物。

4）检查行李箱内的备胎座内，是否留有水渍污物。

5）拉开前后风窗玻璃的密封橡胶条，如有污泥，则肯定是水泡事故车。

6）转动点火钥匙，确保各相关配件、警告灯和仪表工作正常，并确保安全气囊和 ABS 指示灯工作正常。

7）应多试验几次电源盒电子设备工作情况，例如内室和外部的灯、窗户、车门锁、收音机、点烟器、加热器和空调等是否正常工作。

8）检查仪表板下边的电线是否有龟裂。如果经水泡过数日的电线一旦干了后，表层的塑料皮就会比较脆，同时有稍许变色。

9）将安全带完全拉出，仔细检查是否有染色或褪色等水损坏的痕迹。

10）最后还可检查前后车门之间的 B 柱，仔细查看塑料饰板，有无水泡过的“水线印迹”，从中还可以发现被水泡过的深度。若塑料饰板也被更换，可将其轻轻撬开，这样就可清楚地看出 B 柱内的接缝死角不易清洗处的污泥和浸泡过的水线印迹。

3. 碰撞事故车初步检查

1）检查车身外观，车门和前后翼子板外表面是否有油漆起伏痕迹，车身油漆颜色和光泽是否均匀，周边胶条是否粘有油漆。如果以上情况都有，就可以判断车身有过撞击，外表重新修补过油漆。

2）打开发动机室盖，以手指触摸发动机室盖边缘应呈自然平直，滑顺不粗糙，一体成型。如果发动机室盖锁止机构变形错位，液压撑杆失效或者不到位，则表明曾经发生过碰撞。

3）观察散热器框架和翼子板上纵梁结合部分的焊接点。原厂焊点应略呈真圆及略微凹陷。若是发现焊点呈凸出状，有失圆或大小不一的点焊，焊点粗糙不光滑，排列不规则、不均匀，则表明是重新烧焊的痕迹，散热器框架受过撞击。

4）观察前围板看发动机室与驾驶室内间隔板的前围板上缘是否平直。如前围板上缘有明显修复痕迹，则可判断有重大事故。

5）观察车辆底盘，前纵梁(大梁)不应有褶皱、变形痕迹，整个底盘脏污程度大致相同，一般不应有特别干净或者特别脏的部分。如果前纵梁(大梁)表面处理较粗糙，且有焊接或拉直痕迹，油漆颜色很鲜艳，则可判断受过严重撞击。

6）打开车门，拉下车门原厂密封条，门框和门柱应平直，特别注意 A、B、C 柱与车体结合处的原厂焊点，应略呈真圆和略微凹陷，由车顶延伸至门槛的线条平直且呈自然弧度。如车门打开或关合非常困难，不用力关不拢；密封条有破损，且松动，说明拆卸过多次。A、B、C 柱的各个焊点粗糙、排列不均匀，A、B、C 柱内外侧面漆面存在色差，可以判断车辆受过撞击，而且伤及车身A、B、C三柱。

7）打开行李箱，检查备胎箱底板、后翼子板和后减振器支架内衬板和内部接缝线条是否平整、顺滑，有无烧焊痕迹。

8）车辆翻车之后，维修人员要为其做喷漆处置，敲击车顶部，正常情况会是特别脆的声音，假设声音发闷，那基本上就可判定翻过车。

9）假设观察到车身的前梁发生过变形、弯曲或褶皱，则表明此车的正面发生过严重的碰撞，且很可能触及到发起机部分，那么购车人在日常的运用过程中，会带来严重的安全隐患。

10）车身的主梁和元宝架是判定车辆是否经历重度追尾事故的主要部件，假设发现主梁上有焊接口，则肯定该车发生过重度撞击。在减振器上的两个旋状小箱子上也必须是原厂胶，假设非原厂胶，则也说明发生过追尾事故。

4. 车身尺寸检查

就承载式车身的轿车而言，车身变形的测量结果是判断碰撞变形的前提和基本依据。因为汽车的传动系统、转向系统、悬架系统、行驶系统等都是直接装配在车身上的，所以当车身碰撞发生变形时，必将严重影响汽车上述各项系统的性能。为此，为保证汽车的安全与正常性能，不仅要准确进行车身变形的测量，而且必须将汽车关键尺寸的公差控制在3mm以内。

（1）前部车身的尺寸测量　典型的承载式结构车身前部的控制点如图2-17所示，通过测量图中所标位置的尺寸和标准车身尺寸比对来判断碰撞产生的变形量。具体车型控制点及尺寸可通过维修手册确定。

（2）车身侧围的测量　典型的车身侧围尺寸的测量控制点如图2-18所示，通过图示对A柱、B柱、C柱、车门槛板、前风窗玻璃框架的变形进行测量，可以确定侧围变形情况，也可通过车门开关的灵活程度以及车门结合的密封性来判断其变形程度。

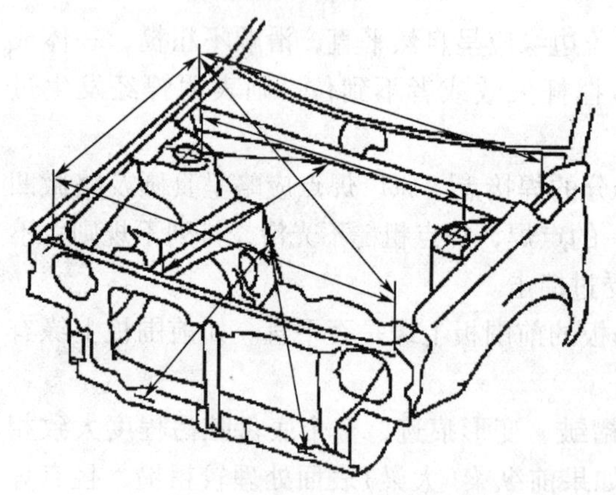

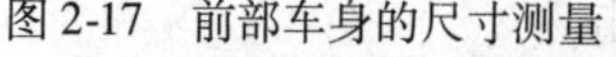

图2-17　前部车身的尺寸测量

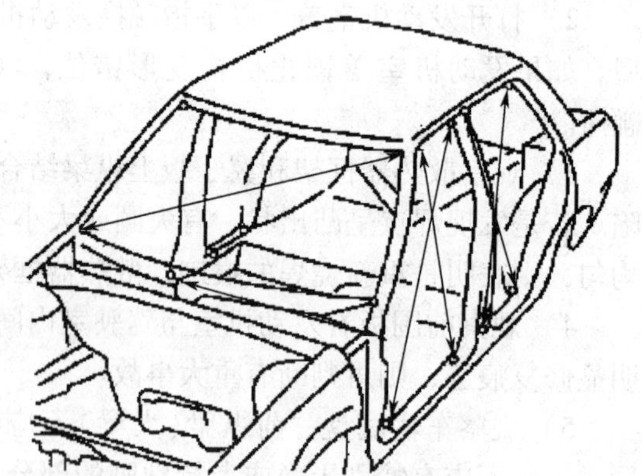

图2-18　车身侧围的测量

（3）车身后部的测量　后部车身的常见测量点如图2-19所示。后部车身的变形，大致上可通过行李箱盖开关的灵活程度以及与行李箱结合的密封性来判断。

（4）车身的扭曲变形测量　扭曲是车身的一种总体变形。当车身一侧的前端或后端受到向下或向上的撞击时，另一侧就向相反的方向变形。这时就会出现扭曲变形。

扭曲变形只能在车身中段测量，否则，在前段或后段的其他变形就会导致扭曲变形的测量数据不准确。传统检测扭曲变形的方法比较复杂且精度较差，现代车身校正仪配备了测量系统，能对车体进行三维坐标测量，使用方便，精确度高，作业前的变形检测、校正过程中参数的校核，都可以在台架上依次完成。

5. 漆面厚度检测

漆膜厚度还可以用漆膜厚度仪进行精确测定，覆层厚度的测量方法主要有：楔切法、光截法、电解法、厚度差测量法、称重法、X 射线荧光法、β 射线反向散射法、电容法、磁性测量法及涡流测量法等。这些方法中前五种是有损检测，测量手段繁琐，速度慢，多适用于抽样检验。磁性测厚仪操作简便、坚固耐用、不用电源，测量前无需校准，价格也较低，所以应用最广。CMI150 两用涂层测厚仪如图 2-20 所示，常用于航天航空器表面、车辆、家电、铝合金门窗及其他铝制品等表面漆的检查。

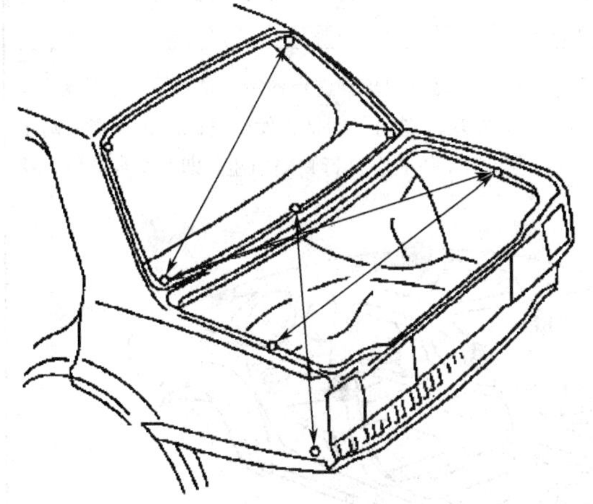

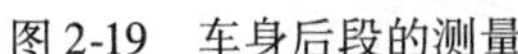

图 2-19 车身后段的测量

图 2-20 CMI150 两用涂层测厚仪

项目	现场鉴定				
任务	事故车鉴定			姓名	
班级		组号		日期	
任务目的	● 了解汽车质量参数。 ● 掌握火灾、水灾、碰撞事故车鉴定方法。				
任务描述	按照学习领域课程安排，通过情景模拟，教师提供待鉴定评估车辆、参考资料、视频资料等教学资源，在教师指导下完成事故车鉴定这一教学任务。请各组情景模拟鉴定教师提供的车辆，判别是否属于事故车。				
任务要求	通过教师的引导、自学和查找资料等方式，按照工作过程的完整性和连贯性(资讯—决策—计划—实施—检查)评估要求，逐步养成就业岗位的隐性工作方法，最终以小组协作形式完成事故车鉴定。				
资讯	了解汽车质量参数，掌握火灾、水灾和碰撞事故车鉴定方法。				

（续）

项目	现场鉴定
决策	每6人一组，每组选出一名负责人，负责人对小组任务进行分配，组员按负责人的要求完成相关任务内容。

序号	个人职责(任务)	负素人
1		
2		
3		
4		
5		
6		

项目	现场鉴定
制定计划	根据任务内容制定任务计划，并反复修改和讨论工作方案。
任务实施	各小组成员按照制定的工作计划查阅相关资料，对教师提供的车辆进行鉴定，是否属于事故车。 1. 参照图所示车体部位，按照表1中要求检查车辆外观，判别车辆是否发生过碰撞、火烧，确定车体结构是完好无损或者有事故痕迹；根据表1、表2对车体状态进行缺陷描述。即：车身部位＋状态。例：4SH，即：左C柱有烧焊痕迹。

2 左A柱　6 右B柱　10 左减振器悬架部位
3 左B柱　7 右C柱　11 右减振器悬架部位
4 左C柱　8 左纵梁　12 左后减振器悬架部位
5 左A柱　9 右纵梁　13 右后减振器悬架部位

表1　车体部位代码表

序号	检查项目	序号	检查项目
1	车体左右对称性	8	左前纵梁
2	左A柱	9	右前纵梁
3	左B柱	10	左前减振器悬架部位
4	左C柱	11	右前减振器悬架部位
5	右A柱	12	左后减振器悬架部位
6	右B柱	13	右后减振器悬架部位
7	右C柱		

表2　车辆缺陷状态描述对应表

代表字母	BX	NQ	GH	SH	ZZ
缺陷描述	变形	扭曲	更换	烧焊	褶皱

（续）

项目	现场鉴定
任务实施	2. 使用漆面厚度检测设备配合对车体结构部件进行检测；使用车辆结构尺寸检测工具或设备检测车体左右对称性。 3. 当表1中任何一个检查项目存在表2中对应的缺陷时，则表明该车为事故车。
检查评估	成果展示，小组自评与互评，并讨论、总结和反思学习过程中的不足，撰写工作报告并交流。

任务2.2 静态检查

能力标准

学完这一单元，你应获得以下能力：

- 掌握二手车的车身、发动机室、驾驶室、底盘等检查内容和方法。
- 能够对二手车静态检查结果进行量化以及描述。

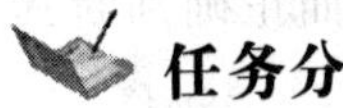

任务分析

请以以下任务为指导，完成对相关知识的学习并进行练习：

二手车鉴定评估人员通过现场查勘鉴定二手车现时技术状况，目的是为了公正、科学地确定委托评估车辆的技术现状及价值。现场鉴定包括事故车鉴定、静态检查、动态检查和仪器检查。静态检查是二手车在静态下，根据检查人员的技能和经验，辅以简单的量具，对二手车技术状况进行检查。检查完成后，鉴定评估人员应客观地给出鉴定评估过程的描述和评估结论。

相关知识

一、车身检查

车身外观检查是二手车技术状况检查的首要步骤，这项检查不仅仅是看看外表而已，其实是查看车辆是否为事故车。查看时可从车头、车门、行李箱等处查起。检查车头时，以发动机室盖为主体，要仔细查看与翼子板的密合度或发动机室盖与左右翼子板留有的缝隙是否一致，发动机室盖与前照灯是否平整地切齐，发动机室盖与风窗玻璃之间的间隙是否一致或留有原车的胶漆等都是检查的重点。具体检查项目包括如下内容。

1. 车身漆面检查

（1）目测法检查

1）油漆色差检查。新补的油漆，往往色彩不同于原车漆色；一般经电子配漆配出的漆色比原车的漆色要鲜艳，而人工调出的漆色多比原漆色调要暗淡些。如果车龄较长，补漆往往比较多，因而整个车身各个部位颜色都有差异，甚至找不出原车的漆色。经多次修补后漆面厚度较厚，且小磁铁不易吸附上去，这说明该地方已填补过；或轻轻敲打钣金件表面，声音较清脆的地方为原车钣金件，声音较浑厚的地方为后期修补过的地方。

2）车身平整度检查。车辆若有大面积撞伤部位时，补腻子的面积就会比较大，腻子打磨时往往磨不平，因而补过漆的车身表面，在侧面迎光看上去如同微微的波浪一样，且凹凸不一。

3）补漆质量检查。补过的漆往往存在以下质量问题：丰满度不如原车的油漆，油漆表面有流痕，表面有不规则的小麻坑，表面有小麻点等。

通过上述漆面质量检查，可以判断一辆车被撞面积有多大，车身可能受过多大的损伤。假如发现油漆表面有龟裂现象，但车辆未被撞过，那么就说明该车至少已使用了大约 10 年或更久。

（2）漆面常见缺陷

二手车磕磕碰碰在所难免，修补漆也在所难免。而在涂装过程中，难免会出现缺陷，评估师要掌握分析缺陷的产生机理，并具备对各类缺陷进行补救的技能。涂装过程中常见的缺陷有渗色、鼓泡、起云、开裂、灰尘、表面无光、起皱、咬底、流淌、砂纸痕、橘皮、塑料件脱漆和细裂纹等。

2. 车身配合间隙检查

车身外观钣金件的安装一般通过简单的调整就可以达到装配质量要求。然而，如果修复后车身结构性部件的关键测量点没有恢复到原始标准，那么就将有可能从车身外观钣金件的配合间隙上直接反映出来。二手车检查时，通过观察车身外观钣金件的配合间隙是否均匀、轮廓线是否平齐等情况，能够快速、准确地分析判断检验车身技术状况，从而正确判断其价格。

（1）车身侧部间隙检查　车身侧部间隙测量点如图 2-21 所示，要求上下间隙均匀、标准。不同车型标准值有所不同，应参照相关维修手册。

（2）车身前部间隙检查　车身前部间隙测量点如图 2-22 所示，要求上下间隙均匀、标准。不同车型标准值有所不同，应参照相关维修手册。

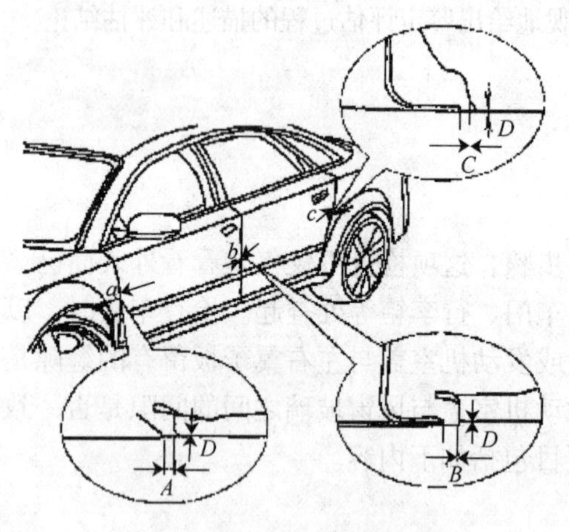

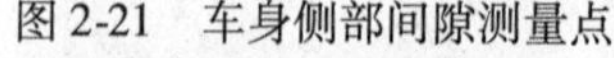

图 2-21　车身侧部间隙测量点

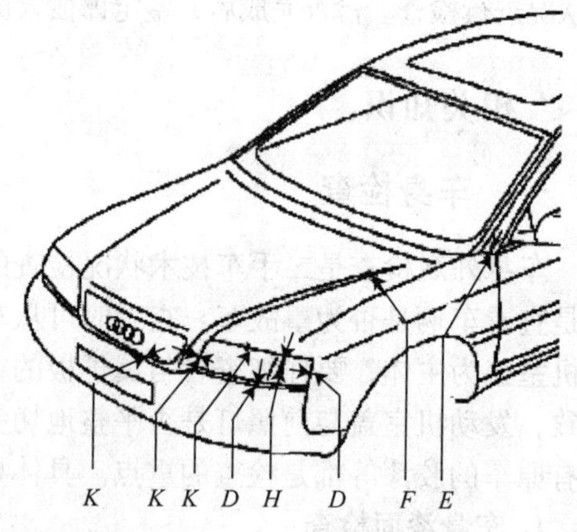

图 2-22　车身前部间隙测量点

（3）车身后部间隙检查　车身后部间隙测量点如图 2-23 所示，要求上下间隙均匀、标准，不同车型标准值有所不同，应参照相关维修手册。

（4）车身腰线及维修痕迹检查　现在二手车的翻新、修复技术水平都很高明，非专业人士，很容易上当受骗。现在二手车市场的二手车价格相对比较透明，但在同一价格下如何挑选到车况比较好的车辆，就需要掌握相关检查知识。下面以图解的形式介绍车辆外观基本检查，通过目测检查并判断是否有维修痕迹等，如图 2-24 ~ 图 2-30 所示。

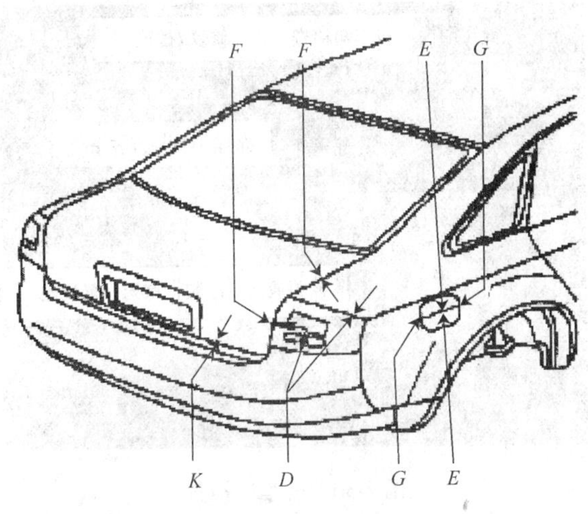

图 2-23 车身后部间隙测量点

图 2-24 车身腰线的检查

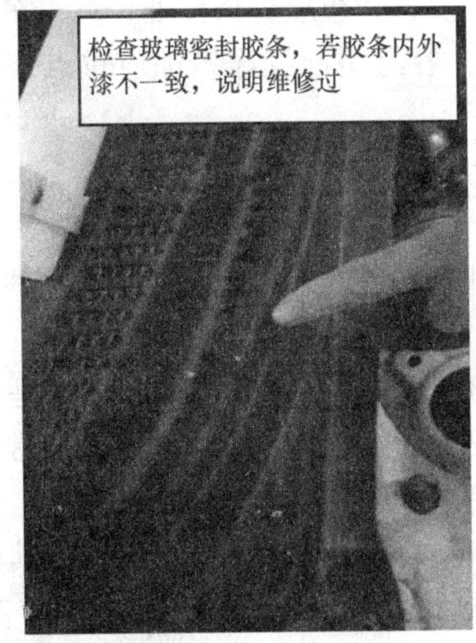

图 2-25 车窗玻璃、风窗玻璃胶条的检查

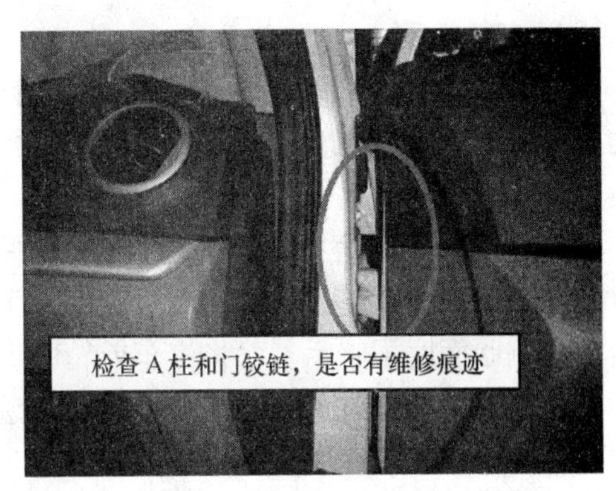

图 2-26 车身 A 柱及门铰链的检查

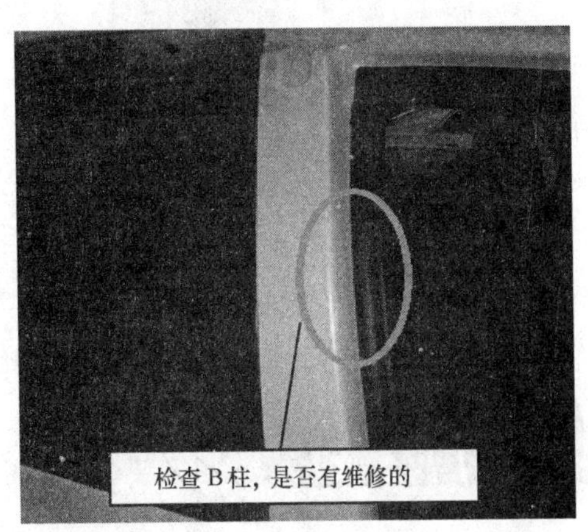

图 2-27 车身 B 柱的检查

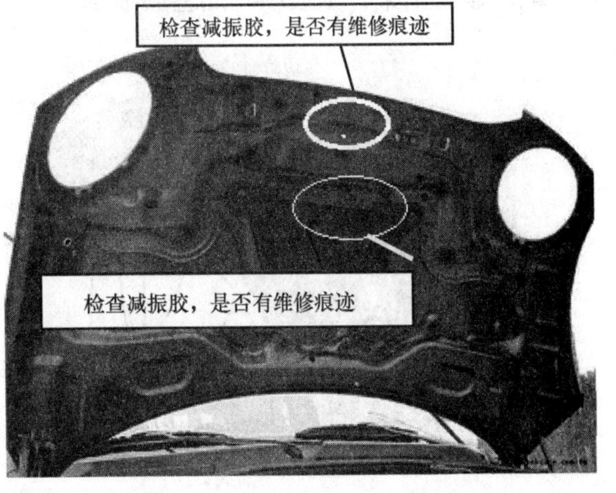

图 2-28 发动机室盖的检查

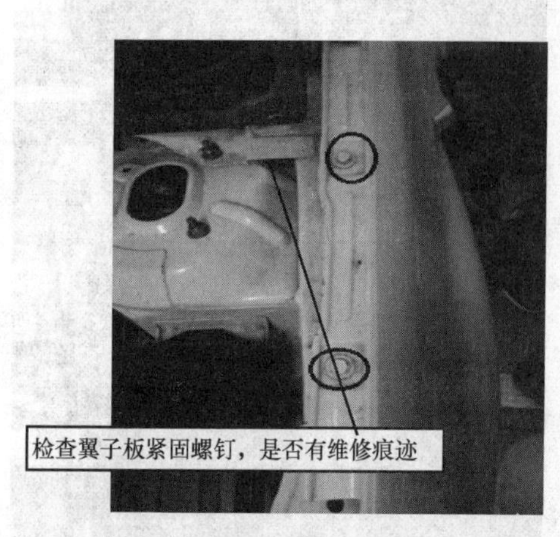

图 2-29　翼子板紧固螺钉的检查

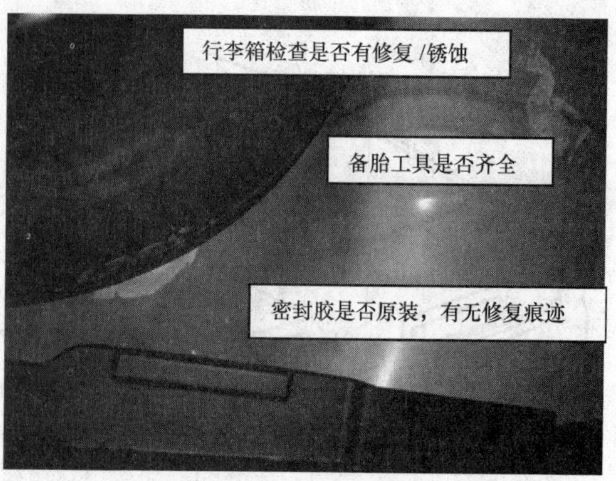

图 2-30　行李箱检查

3. 车身锈蚀检查

汽车驾驶室底部橡胶垫覆盖部分、侧板、后底板以及各钢板点焊连接处、汽车车门下部等，这些部位最易聚集露水及雨水，油漆又难以涂匀，容易引起缝隙锈蚀应重点检查这些部位。

4. 车轮检测

(1) 检查车轮轮毂轴承是否松旷　用举升机举起车轮，或用千斤顶支起车轮，用手晃动车轮，感觉有松旷，说明车轮轮毂轴承松旷，车轴轴承磨损严重，需要更换车轮轴承，而换车轮轴承费用较高。

(2) 检查轮胎磨损情况　检查对胎侧是否进行修理过，是否有割痕或磨损、是否有严重的风雨侵蚀。后轮胎内侧胎面过度磨损很难从外侧发现，除非将汽车顶起来。通常，后轮胎上内侧胎面磨损暗示着已将汽车前轮胎更换到后轮胎位置。

(3) 检查轮胎花纹磨损深度　轿车轮胎胎冠上的花纹深度不得小于 1. 6mm；其他车辆转向轮的胎冠花纹深度不得小于 3. 2mm，其余轮胎胎冠花纹深度不得小于 1. 6mm。有的轮胎设有胎面磨耗(打滑)标记(图 2-31)，当磨损量超过正常限度时，磨损标记就会显露出来。若标记已显露出来，则表明轮胎已磨损到极限状态，应更换。

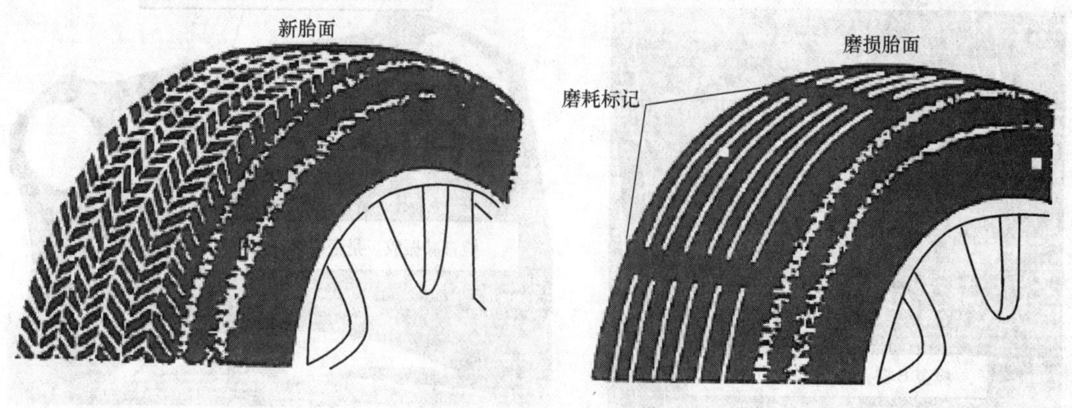

图 2-31　轮胎的磨损标记

二、发动机室检查

1. 发动机外观检查

（1）检查发动机各密封垫及油封的密封情况　发动机常见泄漏部位包括：气门室罩盖垫、曲轴前后油封、凸轮轴前后油封、油底壳垫等部位。原因包括：密封垫老化、安装不当、曲轴箱通风不良等。常见漏点如图 2-32 所示。

图 2-32

a）曲轴前油封　b）曲轴后油封　c）凸轮轴油封　d）气门室罩垫　e）油底壳垫

（2）检查发电机传动带和空调传动带　检查传动带是否有撕裂、磨光、浸油、裂缝等情况，如图2-33所示。检查传动带松紧度是否合适，如图 2-34 所示。如果发动机正时带已经严重老化即可认为车辆行驶里程接近 8 万 km(一般正时带的安全行驶里程为 8 万 km)，正时带已达到更换里程。

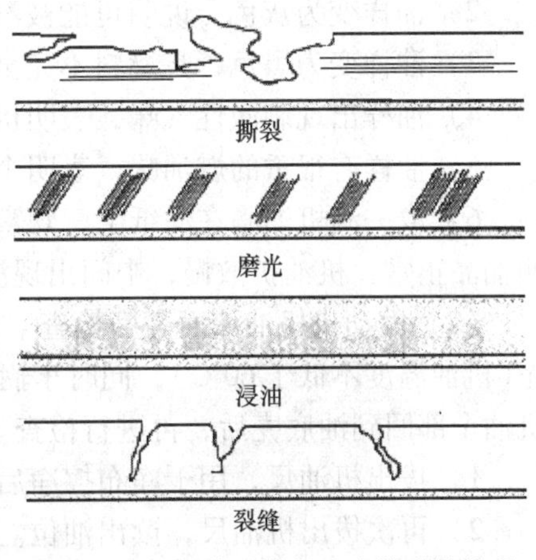

图 2-33　检查传动带是否有撕裂等情况

（3）检查正时带　轿车上置凸轮轴的驱动方式大多采用同步齿形带。同步齿形带噪声小且不需润滑，但耐用性不及链传动。通常每行驶 8 万 km，必须更换同步齿形带。检查时拆下正时罩盖，如果有必要，可使用一个手电筒，仔细检查同步齿形带内、外两侧有无裂纹、缺齿、磨损等现象。若有，则表明此车行驶了相当大的里程。对于 V 形发动机而言，更换同步齿形带的费用较高：检查正时带传动附件及张紧装置，检查正时带传动附件的支架和张

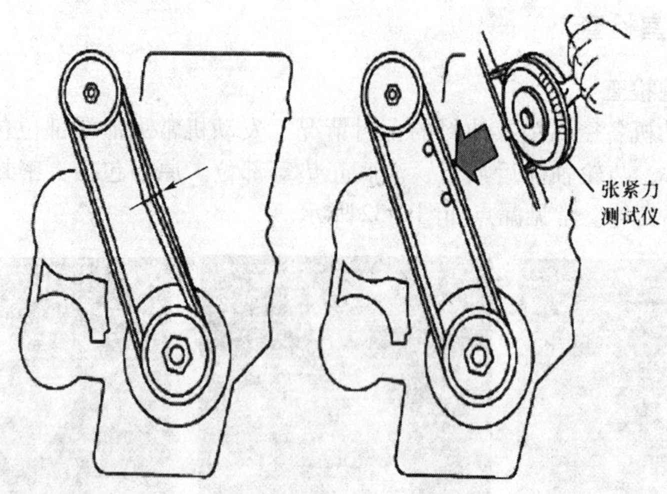

图 2-34　传动带松紧度检查

紧调节装置是否松动，螺栓是否丢失或有裂纹，运转时是否有噪声等现象。

（4）检查发动机管路连接和老化情况　检查发动机冷却液管连接是否牢固，管路是否老化。检查发动机进气软管连接是否牢固，管路是否老化。检查发动机各个真空管连接是否牢固，管路是否老化。检查管路布置是否整齐。

2. 润滑系统检查

发动机机油具有润滑、冷却、密封、清洁、防锈、卸荷、缓冲、导热等作用。要按里程定期更换机油，否则可能导致积炭及油泥的沉积，这样就会阻碍活塞环的运动，严重时可能使机油变得发粘，像焦油一样，造成发动机机械故障。换机油就会冲洗掉使发动机性能下降的灰尘、杂质、水和其他物质等。为保护发动机，保证其正常运转，定期换机油对发动机使用寿命很重要。根据对发动机机油的检查还能发现很多发动机故障。

（1）检查机油的品质　对于一些正在使用的机油，一般可用下面一些简单的手段来大致判断油品的技术状况，以决定是否应该换机油或用来分析发动机的工作状况。常见症状及原因如下：

1）油样外观呈乳白色或呈雾状，表明机油进了水。

2）油样变为灰色，说明可能被汽油所污染。

3）油样变为黑色，是燃料不完全燃烧的产物所引起的。

4）油样出现刺激性气味，表明机油被高温氧化，考虑发动机经常高温运转。

5）油样有很重的燃油味，表明个别缸没有点火，大量燃油将机油严重稀释。

6）取一滴机油滴在滤纸上，观察斑点的变化情况：机油迅速扩散，中间无沉积物，表明油品正常；机油扩散慢，中间出现沉积物，表明机油已变脏，意味着该车保养不好。

（2）发动机机油液面高度检查　检查发动机机油油面高度时，应使发动机处于暖机状态（机油温度不低于60℃），同时车辆应平稳停在水平路面上，发动机停转后等几分钟，当机油全部回到油底壳后，再进行检查。方法如下：

1）拔出机油尺，用干净布擦净后再插回原处。

2）再次拔出机油尺，读出油位。

机油油面高度不可超过要求的高度，如图 2-35 中所示的标记 a，否则应抽出多余的机油，且油面高度也不能低于图中标记 c。

3. 散热器检查

检查散热器格栅有无破损以管道是否堵塞。检查的方法是：发动机预热后，用手触摸散热器管上部与下部，注意上下部温差。正常情况下，上、下部有温差，但相差不大。若感到散热器管上、下温差明显(因下部无热冷却液通过)，则说明散热器管堵塞。

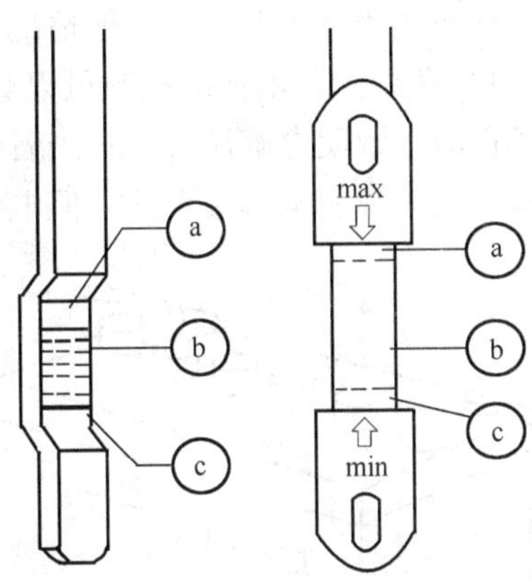

图 2-35 机油尺的标记

a. 不可再加机油 b. 可适量加注机油 c. 必须加注机油

4. 风扇离合器检查

1）起动发动机，以中速运转 1 ~ 2min，然后将发动机熄火，用手轻松拨动风扇，应转动自如，这说明风扇工作正常；否则说明硅油的黏度高或风扇离合器故障。

2）起动发动机，待冷却液温度达到 90 ~ 95℃时，仔细倾听风扇处的响声变化。如几分钟内噪声明显增大，风扇转速迅速提高，则离合器正常。当风扇达到全速时，立即将发动机熄火，此时用手拨转风扇，感觉较费力为正常。

5. 点火系统检查

点火系统性能的好坏直接影响发动机的动力性和经济件，通过对点火系统外观检查，可简单了解发动机及点火系统的工作状况。点火系统的外观检查包括：点火线圈、高压线、分电器、火花塞等零件的外观检查。

1）检查高压线。查看点火线圈与分电器之间的高压线及分电器与火花塞之间的高压线，高压线应清洁、布线整齐、无切割口、无擦伤部位、无裂纹并无排气烧焦处；否则会造成高压线漏电，需要更换高压线。

2）检查火花塞。用火花塞套筒扳手任意拆下一个火花塞，检查火花塞的工作状况，火花塞电极的颜色可直接反映发动机的燃烧情况。若火花塞电极呈现灰色，且没有积炭，则表明火花塞工作正常，燃烧良好。若火花塞严重积炭、电极严重烧蚀、绝缘体破裂、漏气、侧电极开裂，均会使点火性能下降，造成发动机动力不足，则需要更换火花塞。一般更换时需成组更换，否则会影响发动机的怠速平稳性。

3）检查点火线圈。观察点火线圈外壳有无破裂、漏油、发热等状况。若点火线圈外壳破裂、漏油，则会使点火线圈容易受潮而使点火性能下降，影响发动机的动力性。

6. 电源系统检查

1）检查蓄电池外观。检查蓄电池表面是否清洁，亦可以看出车主对汽车的保养情况。检查蓄电池盖有无电解液、尘土等异物。检查蓄电池接线柱处有无严重铜锈或堆满腐蚀物。

2）检查蓄电池标牌。检查蓄电池标牌，看蓄电池是不是原装的。通常标牌固定在蓄电池上部，标牌上有首次售出日期、品牌、型号等信息。售出日期以编号打点的形式标注，前面部分表示年，后面部分表示卖出的月份。将卖出的日期与电池寿命(一般为 2 ~ 3 年)进行比较，可算出蓄电池剩余寿命。如果蓄电池的有效寿命即将接近极限，则需要考虑更换蓄电池所需成本。

3）检查蓄电池电解液液面高度。对于透明壳体的蓄电池，可以观察到蓄电池内电解液液面与上、下刻线的关系，如图 2-36 所示。标准值应在上、下刻线之间。若液面过低，则表明该车主维护不及时，一般情况下可以直接加入蒸馏水。

4）免维护蓄电池的检查可以直接通过观察孔观看孔中颜色，如图2-37所示。当看到为黄颜色时，说明电解液过少；当看到为绿颜色时，说明电解液合适，且电量充足；当看到为黑颜色时，说明电解液合适，但电量不足，需充电。注释说明一般写在蓄电池盖上。

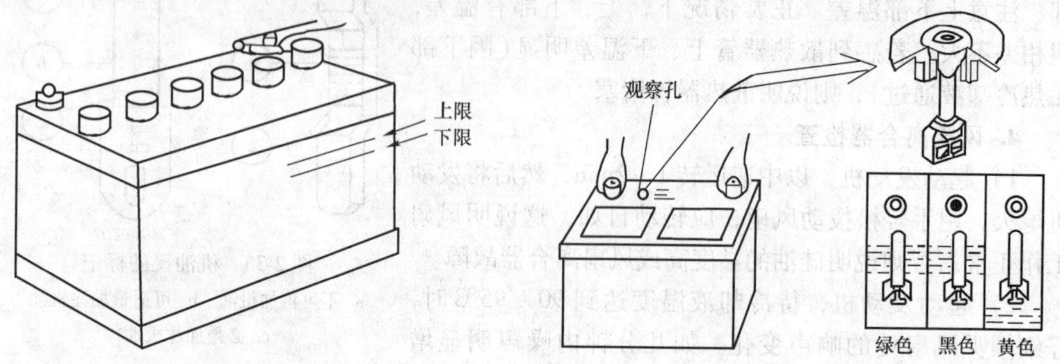

图2-36　蓄电池液面高度指示线　　图2-37　从观察孔确认蓄电池状态

7. 供给系统检查

（1）供油系统的检查

1）检查喷油器安装状况。检查喷油器插头安装是否良好，检查喷油器密封圈是否良好，检查油压调节器及真空管是否良好。燃油泄漏虽不常见，但必须对燃油泄漏仔细检查，因为电控燃油喷射汽车有很高的燃油系统压力，一旦引起泄漏就会造成严重后果。

2）检查汽油管路。检查发动机供油管路是否老化或龟裂等。

3）检查燃油滤清器。燃油滤清器一般在汽车行驶5000km左右时更换。举升车辆，检查燃油滤清器油管接头是否漏油，检查滤清器的使用时间是否过长。

（2）进气系统的检查　发动机进气系统性能的好坏，尤其是混合气浓度的控制状况，对发动机性能有很大影响，因此应仔细检查发动机进气系统。

1）检查进气软管。进气软管一般采用波纹管，检查进气软管是否老化变形，是否变硬，是否有损坏或烧坏处，这些现象表明进气软管是否需要更换。如果进气软管上表面比较光亮，可能是喷过防护剂，是卖车前进行了仔细伪装，并不能代表实际的新旧程度。

2）检查进气软管内壁。如果进气软管内壁有大量的机油，则表明发动机下排气过大，即表明发动机磨损过大。

3）检查空气滤清器。空气滤清器用于清除空气中的灰尘等杂物。若空气滤清器滤芯过脏，就会降低发动机进气量，影响发动机的动力。所以应拆开空气滤清器，检查空气滤芯，观察其清洁情况。若空气滤清器脏污，则说明此车可能经常行驶在灰尘较多的地方，保养差、车况较差。

4）检查节气门拉索。检查节气门拉索是否阻滞现象，是否有毛刺。

8. 其他部件检查

1）检查发动机减振支座。检查发动机减振支座胶垫是否有裂纹，如有损坏，则发动机振动会加大。

2）检查制动主缸及制动液。检查制动主缸是否发生锈蚀或变色（通常可以从发动机室壁处看到），制动主缸或真空助力器漆面锈蚀或变色表明制动主缸曾经或正在泄漏。对于使用透明塑料储液主缸的汽车，液面和油液颜色是很明显的。如果液面正常，滴一些制动液在一张白纸上时，如果看到颜色深，则说明油液使用时间过长或已被污染，说明该车保养不好，应该进行更换。

3）检查离合器液压操纵机构。对手动变速器的大多数汽车，离合器是液压操纵的，这意味着在发动机室壁的某处（通常在制动主缸附近）有一个离合器的储液罐，它使用与制动主缸同样的油液，检查油液的方法和检查制动主缸中油液的方法相同。

4）检查继电器盒。许多汽车在发动机室内有电器系统的总继电器盒，打开继电器盒的塑料盖，按照塑料盖内侧图表，检查相应位置元件是否齐全有效。如果有一个或两个继电器遗漏，大多是厂家为某种车型或某种选项的继电器提前预留了空间和线路。

5）检查发动机线束。查看发动机室中导线是否擦破或裸露；导线是否露在保护层外；导线是否固定牢固；是否有旁通原有线束的外加导线。有胶带或外加导线说明有不正规的维修问题，或预示着安装了一些附件，如防盗报警器等。这些附件如果是专业安装，通常导线线路和线束整齐，固定在原来的线束卡中，而不是走明线或使用许多绝缘胶带。

三、驾驶室检查

1. 驾驶操纵机构间隙检查

1）转向盘检查。检查转向盘时应使汽车处于直线行驶的位置，左右转动转向盘，最大自由行程应不超过15°。如果自由行程超过标准，说明转向系统的各部分间隙过大，转向系统需要保养维修。两手握住转向盘，将转向盘向上下、前后、左右方向摇动推拉，应无松旷的感觉。如有松旷的感觉，则说明转向器内轴承松旷或紧固部件松动，需要紧固调整。

2）加速踏板检查。观察加速踏板是否磨损过度而发亮。若磨损严重，则说明此车行驶里程已很长。踩下加速踏板，试试踏板有无弹性；踏下或松开踏板，应回位自如。若踩下很轻松，说明节气门拉索松弛，需要调整；若踩下加速踏板较费劲，说明节气门拉索有阻滞、破损，可能需要润滑或更换。

3）制动踏板检查。检查制动踏板的踏板橡胶皮是否磨损过度，检查制动系统主要技术参数是否正常。这些技术参数包括制动踏板自由行程、制动踏板总行程、最大踏板力、制动踏板有效行程，每种车型标准不一样的，具体的要查看相应维修手册。

4）检查离合器踏板。轻轻踩下或用手推下离合器踏板，试一试踏板有没有自由行程，离合器踏板的自由行程一般为30～45mm。如果没有自由行程或自由行程小，则会引起离合器打滑。如果踩下离合器踏板几乎接触到地板时才能分离离合器，则说明离合器踏板自由行程过大。这可能是由于离合器摩擦片或分离轴承磨损严重造成的，需要检修离合器及其操纵机构。

5）检查驻车制动操纵杆。放松驻车制动操纵杆，再拉紧驻车制动操纵杆，检查驻车制动操纵杆是否灵活有效，棘轮机构锁止是否正常。大多数驻车制动操纵杆拉起时应在发出五或六声“咔咔”声后抱紧车轮制动器。如果用驻车制动操纵杆施加制动力时，发出过多或过少“咔咔”声，则说明驻车制动部件要检修或调整。

6）检查变速杆。用手握住变速杆球头，根据档位规律，逐一将变速器换至各个档位，检查变速器换档操纵机构是否灵活，检查变速器操纵机构防护罩是否破损。若有破损，则会影响车厢密封性。

2. 座椅的检查

随着使用里程的增加，座椅调节机构极易出现故障。常见座椅方向的调节是由以下几种调节机构来完成的，它们是座椅调节器、座椅导轨和座椅升降机构。在每种调节机构上座椅都能完成两个或两个以上方向的调节。

1）座椅调角器的检查。检查可调节座椅调角器，观察椅背的调节是否有效，可调节安全头枕的调节是否有效。

2）座椅导轨的检查。检查前后调节是否灵活，检查调节后是否能有效定位，晃动座椅时是否有异响。

3）座椅升降机构的检查。检查座椅升降机构是否灵活，检查调节后是否能有效定位，晃动座椅时是否有异响。

4）电动座椅检查。座椅及附件因长期使用或撞击会造成损伤，常见的损伤有个别调节功能失效，骨架、导轨变形，棘轮和齿轮根切等现象。骨架、导轨轻微变形可以校正，棘轮、齿轮根切通常必须更换棘轮和齿轮机构。但若配件缺少，则必须更换座椅总成。

3. 安全装置检查

（1）安全气囊检查

1）驾驶人安全气囊检查。转向盘及转向盘喇叭面板不能粘贴覆盖物，不能加套进行其他加工；清洁时只能用干燥或蘸水的抹布擦拭。

2）前排乘员位置安全气囊检查。气囊模块表面不能粘贴覆盖物或进行其他加工，清洁时只能用干燥或蘸水的抹布擦拭。

3）带有侧气囊的车辆，前排座椅不能加套。

4）用检测仪检查气囊控制系统是否正常。

（2）安全带检查　配备安全气囊的车辆必须正确佩戴安全带，否则安全气囊起不到应有的保护作用，反而使乘客有可能被充气中的安全气囊击伤。多数安全带在中度以下碰撞后还能使用，但当出现如图 2-38 所示的损伤之一时，必须及时更换。

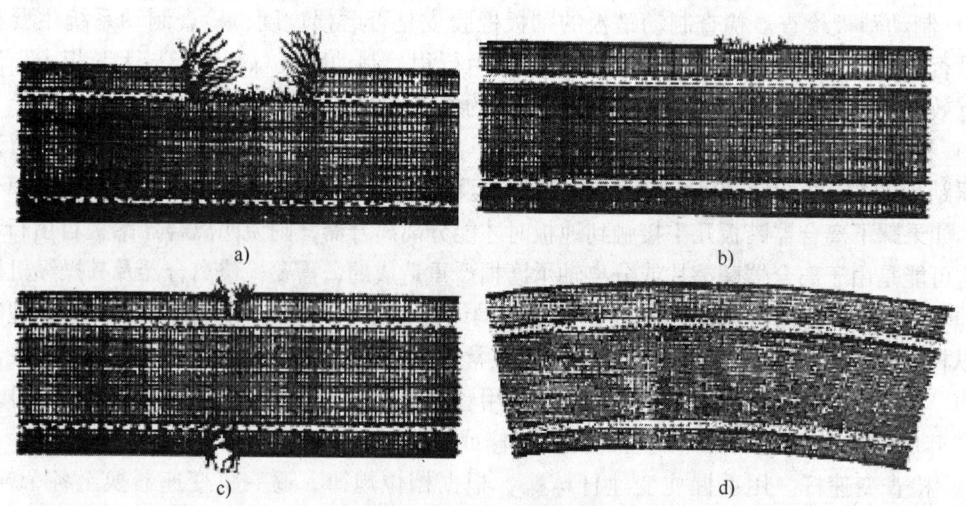

图 2-38　安全带损伤形式

a）安全带织物割断或损坏　b）安全带边缘割断松散（由车门引起的损坏）

c）安全带边缘磨损松散　d）安全带弓形

4. 内饰的检查

通过内饰的清洁度可以了解车主的养护状况。其实无论是对于车辆的美观还是车主的健康，简单内饰的清洁、去污、除臭、消毒对买卖双方都是至关重要的。对于二手车来说，除了内饰脏污之外，还会有一些细菌存留在车的顶棚、座套、皮椅和出风口等部位，果汁，烟气，食品残渣，儿童和宠物的尿液、粪便、毛发等遗留物，久而久之会散发出异味，同时也危害着驾乘人员的健康。这些污物和杂质潜藏在车内的每一个角落，普通的吸尘设备很难将它们除去。还需要检查左侧护板、右侧护板、中控台中部檐口、手动变速杆防尘套、中部装饰压条是否破损变形，除霜器通风装置转动是否自如。

5. 检查电气设备

（1）检查刮水器和前风窗玻璃洗涤器　打开刮水器和前风窗玻璃洗涤器，观察前风窗玻璃洗涤器能否喷出洗涤液。观察刮水器是否在所有模式下都能正常工作，刮刷是否清洁，刮水器运转是否平稳，刮水器关闭时，刮片应能自动返回初始位置。

一般刮水器有高速、低速两个位置，新型轿车一般还设有间隙位置，当间隙开关开启后，刮水器能以 2 ~ 12 次/s 的速率自动停止和刮拭。

（2）检查电动车窗　检查各个车窗升降器是否有卡滞现象，能否平稳且安静地工作。

（3）检查电动后视镜　按下电动后视镜开关的 LP 按钮，然后再按 DOWN 按钮；后视镜平面应先向上移动，后向下移动；按下电动后视镜开关的 LEFT 按钮，然后再按 RIGHT 按钮；后视镜平面应先向左移动，后向右移动。

（4）检查电动天窗　如果有电动天窗，操作一下，观察是否工作平稳，关闭时是否密封良好。当打开太阳天窗时，检查轨道上是否有漏水的痕迹，这是天窗常见的问题，特别是在二手车上。如果天窗上有玻璃板或塑料板，察看玻璃板或塑料板是否清洁并且没有裂纹；许多的太阳天窗上有遮阳板，当不想让阳光射进来时，可以向前滑动或转动从内部遮住太阳天窗。应确保遮阳板良好，工作正常。

（5）检查电动门锁　如果汽车有电动门锁，则应试用一下，确保从外面能打开所有门锁(但试的时候不要把钥匙锁在里面!)。同时，确保操作门锁按钮能使所有车门开锁，再从外面试试看。

（6）检查点烟器　按下点烟器，观察点烟器能否正常工作。点烟器插座是许多附件共用的插座，如电动剃刀、冷却器、民用频带收音机等。点烟器不能工作说明其他电路有故障(或者只是熔丝烧断)(图 2-39)。

图 2-39　试用点烟器

（7）检查音响和收音机　用一盒式录音带和一张 CD 唱片来检查磁带机和音响系统，观察磁带机或 CD 机能否正常工作，音质是否清晰。打开收音机开关，检查收音机能否工作。许多汽车在静止和发动机停机时发出声响，应在发动机运转时倾听音响系统或收音机，检查是否有发动机电气系统干扰或由于松动、断裂或低标准天线引起的不良接收信号。

（8）检查电动天线　如果汽车安装了电动天线，当打开点火开关后或按下天线按钮，天线应能自动升高和降低，否则电动天线需要更换。

（9）检查活顶　如果正在看一辆活顶轿车，即使在冬天，也必须试试顶部机械系统。

电动顶部机械系统包含复杂、昂贵的电气和液压部件，必须了解它们是否能正常工作。前窗玻璃顶部边缘的锁门是否合适并能安全锁上，车顶降下和升起是否自始至终没有延迟或冲击，大多数活顶轿车有个乙烯树脂防尘罩盖(用于保护折叠后的车顶)，它在车顶折叠时被装上。确保随车带有一个防尘罩盖并处于良好状态。活顶轿车车顶最大的问题是塑料后窗在露天很容易褪色，检查车顶上所有可看到的接缝和检查塑料后窗的状况。轻微擦伤后可能损伤塑料后窗，但是更换车窗是很贵的。

（10）检查除雾器　如果汽车配备了后窗除雾器，即使无雾可除，也要试一下。如果系统工作正常的话，打开后窗除雾器几分钟后，后窗玻璃摸上去就应该是热的。还须检查暖风器(即使是夏天)并确保风速开关在所有速度档工作。试一试前窗玻璃除霜器，并在前窗玻璃底部感受一下热空气。如果没有热气，则可能意味着除霜器导管丢失或破裂。

（11）检查防盗报警器　一些汽车上加装了防盗报警器，应检查是否正常工作。先设置报警，然后再振动翼子板，观察防盗报警器能否启动报警，但在实验之前应确保知道如何解除报警。

（12）检查电动座椅　如果是电动座椅，则应检查是否在所有调节方向上都能工作。

四、底盘检查

将汽车举升机举起后，就可对车底各部件进行检查，而车主在买车之前，一般不会对车底各部件进行保养，所以，车底各部件的技术状况更能真实地反映出汽车整体的技术状况。

1. 检查泄漏

在汽车底下很容易检查出泄漏源。从车底下可以检查出的泄漏有冷却液泄漏、机油泄漏、制动液泄漏、变速器油泄漏、转向助力油泄漏、主减速器油泄漏、电控悬架油泄漏、减振器油泄漏、排气泄漏等。

（1）检查冷却液泄漏　冷却液泄漏通常从上部最容易看见，但是如果暖风器芯或软管泄漏，则液滴可能只出现在汽车下侧，所以应在离合器壳或发动机室壁周围区域寻找那些冷却液污迹。注意：空调车通常滴水，有时相当多，汽车熄火后，可能还会滴。当您从路试返回并在测试空调时，不要把那种水滴和冷却液泄漏混淆。来自空调的水是蒸汽凝结成的，无色无味，不像冷却液有颜色(防冻剂的颜色)并有一点甜味。

（2）检查机油泄漏　检查油底壳和油底壳放油螺栓区域是否有泄漏的迹象，行程超过8万km的汽车有少量污迹是常见的。当泄漏持续很长时间时，行车气流抽吸型通风装置和发动机风扇将把油滴抛到发动机、变速器或发动机室壁下部区域各处，所以严重的泄漏不难发现，除非汽车的下侧最近用蒸汽清洁过。但大多数二手车买主都不会像这里描述的那样费力进行彻底检查，所以经销商也不会付额外的费用来蒸汽清洁底盘。他们通常只清洁打开发动机室盖时能看到的地方。

（3）检查动力转向油泄漏　在一些汽车上，动力转向液泄漏可能看起来像变速器油液泄漏，因为两种油液相似，但是动力转向液泄漏通常造成的污迹集中在动力转向泵或转向器(或齿条齿轮)本体附近。

（4）检查变速器油泄漏 自动变速器一般有自动变速器冷却装置，其管道较长，容易出现泄漏。其检查方法如下：在冷却管路连接到散热器底部的地方察看是否有变速器液泄漏，沿着冷却管路本身和变速器油盘、变速器后油封周围的区域察看。返回变速器的金属冷却管应成对布置，有几个金属夹子沿着管路将它们固定。管路不应该悬下来。还应该检查是否有人在某些地方不切断金属管而用螺纹夹安装橡胶软管作为修理措施。只有几种具有足够强度和足够耐油耐热的橡胶软管才可以用于变速器。像燃油软管那样的常规软管，在这种应用中，短期使用后可能失效，会引起变速器故障。

（5）检查制动液泄漏 诊断前、后制动器是否有制动油液的痕迹。查找制动钳、鼓式制动器后板和轮胎上是否有污迹。从汽车的前部到后部，循着制动钢管，寻找管路中是否有扭结或凹陷，是否有泄漏的痕迹。

（6）检查排气泄漏 排放系统紧固是很重要的，因为它不仅使汽车行驶时更安静，而且驾驶起来更适意。但如果排气系统泄漏，一氧化碳流入汽车内部，让驾驶人吸到，是有致命危险的。可以在汽车路试前，汽车发动时，注意倾听发出声音的一些特定区域，是否哪里听起来好像有泄漏声。如果没有听到，那么再让另一个人发动汽车并稍稍改变发动机转速，同时自己在汽车旁蹲下（发动机运转时，即使汽车可靠地顶在千斤顶上，也切勿钻进汽车底下），仔细倾听是否有嘶嘶声或隆隆声。关掉汽车并滑行，进一步留神汽车下侧。千万不要让身体的任何部分或衣服接触到很热的排气管道。

排气泄漏通常呈现为白色、浅灰或者黑色条纹。它们可能来自排气管、催化转化器或消声器上的针孔、裂缝或孔洞。特别注意察看消声器和催化转化器接缝，以及两个管或排气零件的接合处。有排气垫的地方，就有排气泄漏的可能性。

当检查排气系统时，在寻找明显的排气泄漏痕迹，例如，焊接不当的排气管连接处周围的黑色污迹，因为在浅色排气管上，泄漏通常容易造成棕色或黑色污迹。这些小孔周围的污迹是排气管需要更换的迹象。如果装有橡胶环形圈，则检查橡胶环形圈排气管吊架的情况。检查排气管支座是否损坏，支座损坏容易引起排气系统泄漏或产生噪声。

2. 检查排气系统

观察排气系统上所有吊架，它们是否都在原来位置并且是否像原装部件。大多数现代式汽车具有带耐热橡胶环形圈的排气管支承，它连接车架支架与排气管支架。当这些装置在一些消声器商店里更换为通用金属带时，排放系统将承受更大的应力并使更多的噪声、热量和振动传递到汽车上。

检查排放系统零件看上去是否标准，排气尾管是否曾更换，且要确保它们远离制动管。在后轮驱动的汽车上，排气尾管越过后端部，要确保紧靠后桥壳外表的制动钢管没有因为与排放系统上的凸起相遇而压扁。

3. 检查前、后悬架

（1）检查减振弹簧 汽车减振弹簧主要有钢板弹簧和螺旋弹簧两种。对于钢板弹簧，应检查车辆钢板弹簧是否有裂纹、断片和碎片现象；两侧钢板弹簧的厚度、长度、片数、弧度、新旧程度是否相同；钢板弹簧U形螺栓和中心螺栓是否松动；钢板弹簧销与衬套的配合是否松旷。对于螺旋弹簧，应检查有无裂纹、折断或疲劳失效等现象。螺旋弹簧上、下支座有无变形损坏。

（2）检查减振器 观察四个减振器是否有漏油现象，如果有漏油，说明减振器已失效，需要更换。而更换减振器需要全部更换，而不是只更换一个，所以成本较高。观察前、后减振器的生产厂家是否一致。减振器上下连接处有无松动、磨损等现象。

（3）检查稳定杆　稳定杆主要用于前轮，有时也用于后轮，两端固定于悬架控制臂上。其功用是保持汽车转弯时车身平衡，防止汽车侧倾。检查稳定杆有无裂纹，与车身连接处的橡胶衬垫有无损坏，与左、右悬架控制臂的连接处有无松旷现象。

4. 检查转向机构

汽车转向机构性能的好坏对汽车行驶稳定性有很大影响，因此应仔细检查转向系统，尤其是转向传动机构。检查转向系统除了检查转向盘自由行程之外，还应仔细检查以下项目。

1）检查转向盘与转向轴的连接部位是否松旷；转向器垂臂轴与垂臂连接部位是否松旷；纵、横拉杆球头连接部位是否松旷；纵、横拉杆臂与转向节的连接部位是否松旷；转向节与主销之间是否松旷。

2）检查转向节与主销之间是否配合过紧或缺润滑油；纵、横拉杆球头连接部位是否调整过紧或缺润滑油；转向器是否无润滑油或缺润滑油。

3）检查转向轴是否弯曲，其套管是否凹瘪。

4）对于动力转向系统，还应检查动力转向泵驱动带是否松动；转向泵安装螺栓是否松动；动力转向系统油管及接头处是否存在损伤或松动等。

5. 检查传动轴

对于后轮驱动的汽车，检查传动轴、中间轴及万向节等处有无裂纹和松动；传动轴是否弯曲、传动轴轴管是否凹陷；万向节轴承是否因磨损而松旷，万向节凸缘盘联接螺栓是否松动等，如图 2-40 所示。

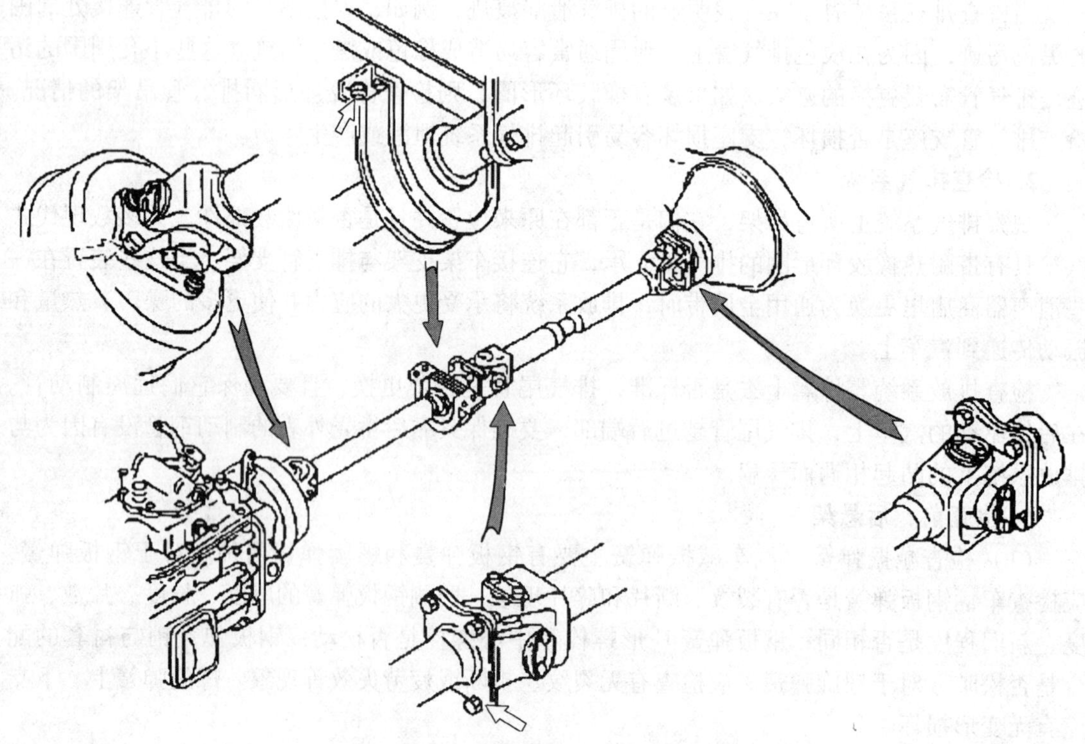

图 2-40　传动轴检查的主要部位

对于前轮驱动的汽车，要密切注意等速万向节上的橡胶套。绝大多数汽车在汽车的每一侧(左驱动轮和右驱动轮)具有内、外万向节，每一个万向节都是由橡胶套罩住的。它里面填满润滑脂，橡胶套保护万向节避免受污物、锈蚀和潮气侵蚀，更换万向节很费钱。用手弯曲或挤压橡胶套，查找是否有裂纹或擦伤(图2-41)。等速万向节套里面已经没有润滑脂且有划痕是一个信号，说明万向节由于污物和潮气的侵蚀，需要立即更换。

图2-41 用手弯曲、挤压等速万向节球笼的橡胶防尘套

五、行李箱检查

1. 检查行李箱锁

行李箱的锁只能用钥匙才能打开，观察行李箱锁有无损坏。

2. 检查气压减振器

一般行李箱采用气体助力支柱，要检查气压减振器能否支撑起行李箱盖的重量。失效虚弱的气压减振器可能使行李箱盖自动倒下，这是很麻烦甚至危险的。

3. 检查行李箱开启拉索或电动开关

有些汽车在乘客舱内部有行李箱开启拉索或电动开关，以确保其能够工作，以并能不费劲地打开行李箱或箱盖。

4. 检查防水密封条

行李箱防水密封条对行李箱内部储物和地板车身的防护十分重要，所以应仔细检查防水密封条有无划痕、损坏脱落。

5. 检查内部的油漆与外部油漆是否一致

在打开行李箱后，对内部进行近距离全面观察，检查油漆是否相配。行李箱区漆的颜色是否与外部的颜色相同，行李箱盖底部的颜色是否与外部的颜色相同，当将汽车重新喷成不同颜色时，行李箱、发动机罩底部、车门柱喷成与新的外部颜色相配常常是特别昂贵的。然而，廉价的喷漆作业并不包括这些工作。如果行李箱中喷漆颜色与原车颜色不相同，则表明已重喷了便宜漆或者是更换了板面或有过其他一些碰撞修理。查看行李箱盖金属构件、地板垫、后排座椅后的纸板、线路或是尾灯后部等部位是否喷漆过多。

6. 检查行李箱地板

拉起行李箱中的橡胶地板垫或地毯，观察地板是否有铁锈、修理和焊接痕迹，或行李箱密封条泄漏引起的发霉的迹象。

7. 检查备用轮胎

如果是一辆行驶里程较短的汽车，则其备用轮胎应该是新标记，与原车上的标记相同，而不是废品回收站中花纹几乎磨光的轮胎(图 2-42)。

图 2-42 检查备用轮胎花纹

8. 检查随车工具

设法找到出厂原装的千斤顶、千斤顶手柄和轮毂盖/带耳螺母拆卸工具，它们应该全在这里。检查行李箱内部地板是否有损坏的痕迹。检查原装千斤顶储放处和使用说明，如果轮胎安装在行李箱地板的凹槽内，那里通常贴有印花纸，它处于行李箱盖下、行李箱壁上或备胎上方的纤维板上。由于一些碰撞修理的结果，这些贴花纸可能已经发暗或丢失。

9. 检查门控灯

行李箱上有一门控灯，当行李箱盖打开时，门控灯应点亮。否则，说明门控灯或门控灯开关已经损坏。

10. 检查行李箱盖的对中性和闭合质量

轻轻按下行李箱盖，不用很大力气就应能关上行李箱盖。一些高档轿车的行李箱盖是自动闭合的，不能用大力关行李箱盖。行李箱盖关闭后，行李箱盖与车身其他部分的缝隙应全部均匀，不能有明显的偏斜现象。

 任务实施

☞ 任务目标与要求

• 小组成员分工协作，利用网络和图书馆资料，依据任务工单分析制定工作计划，并通过小组自评或互评检查工作计划。

• 对二手车现实技术状况进行静态检查，并对其结果进行量化及描述。

• 填写二手车鉴定评估作业表中内容。

☞ 准备工作

• 小组接受工作任务，组长带领组内成员阅读任务工单，查阅相关资料，合理分工，制定任务计划，并检查计划有效性。

• 准备实验场地、实验车辆、实验器材。

☞ 实施指导

由教师为学生提供一辆二手车，车型不限，要求学生在规定时间内，完成车辆静态检查，按照车身、发动机室、驾驶室、底盘等项目顺序检查车辆技术状况，然后将检查结果填写在二手车鉴定评估作业表中。

1. 车身检查

1）参照图 2-43 标示，按照表 2-1 和表 2-2 的要求检查 26 个项目，程度为 1 的扣 0.5 分，每增加 1 个程度加扣 0.5 分，共计 20 分，扣完为止。轮胎部分需高于程度 4 的标准，不符合标准扣 1 分。

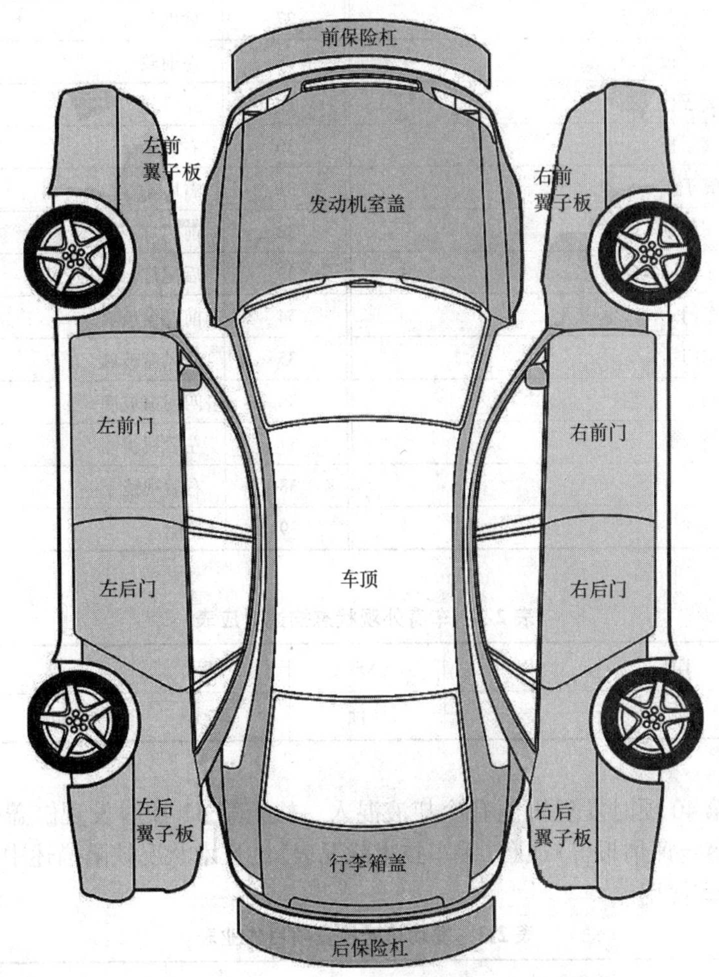

图 2-43　车身检查示意图

2）使用车辆外观缺陷测量工具与漆面厚度检测仪器结合目测法对车身外观进行检测。

3）根据表 2-1 和表 2-2 描述缺陷，车身外观项目的转义描述为：车身部位 + 状态 + 程度。

例：21XS2 对应描述为：左后车门有锈蚀，面积为大于 100mm × 100mm，小于或等于 200mm × 300mm。

程度：1——面积小于或等于 100mm × 100mm；

2——面积大于 100mm × 100mm 并小于或等于 200mm × 300mm；

3——面积大于 200mm × 300mm；

4——轮胎花纹深度小于 1.6mm。

2. 发动机室检查

1）按表 2-3 项的要求检查 10 个项目。选择 A 不扣分，第 40 项选择 B 或 C 扣 15 分；第

41 项选择 B 或 C 扣 5 分；第 44 项选择 B 扣 2 分，选择 C 扣 4 分；其余各项选择 B 扣 1.5 分，选择 C 扣 3 分。共计 20 分，扣完为止。

表 2-1 车身外观部位代码对应表

代码	部位	代码	部位
14	发动机室盖表面	27	后保险杠
15	左前翼子板	28	左前轮
16	左后翼子板	29	左后轮
17	右前翼子板	30	右前轮
18	右后翼子板	31	右后轮
19	左前车门	32	前照灯
20	右前车门	33	后尾灯
21	左后车门	34	前风窗玻璃
22	右后车门	35	后风窗玻璃
23	行李箱盖	36	四门窗玻璃
24	行李箱内侧	37	左后视镜
25	车顶	38	右后视镜
26	前保险杠	39	轮胎

表 2-2 车身外观状态描述对应表

代码	HH	BX	XS	LW	AX	XF
描述	划痕	变形	锈蚀	裂纹	凹陷	修复痕迹

2）如检查第 40 项时发现机油有冷却液混入、检查第 41 项时发现缸盖外有机油渗漏，则应在《二手车鉴定评估报告》或《二手车技术状况表》的技术状况缺陷描述中分别予以注明，并提示修复前不宜使用。

表 2-3 发动机舱检查项目作业表

序号	检查项目	A	B	C
40	机油有无冷却液混入	无	轻微	严重
41	缸盖外是否有机油渗漏	无	轻微	严重
42	前翼子板内缘、散热器框架、横拉梁有无凹凸或修复痕迹	无	轻微	严重
43	散热器格栅有无破损	无	轻微	严重
44	蓄电池电极桩柱有无腐蚀	无	轻微	严重
45	蓄电池电解液有无渗漏、缺少	无	轻微	严重
46	发动机传动带有无老化	无	轻微	严重

（续）

序号	检查项目	A	B	C
47	油管、水管有无老化、裂痕	无	轻微	严重
48	线束有无老化、破损	无	轻微	严重
49	其他	只描述缺陷，不扣分		

3. 驾驶室检查

1）按表2-4的要求检查15个项目。选择A不扣分，第50项选择C扣1.5分；第51、52项选择C扣0.5分；其余项目选择C扣1分。共计10分，扣完为止。

2）如检查第60项时发现安全带结构不完整或者功能不正常，则应在《二手车鉴定评估报告》或《二手车技术状况鉴定书》的技术状况缺陷描述中予以注明，并提示修复或更换前不宜使用。

表2-4 驾驶室检查项目作业表

序号	检查项目	A	C
50	车内是否无水泡痕迹	是	否
51	车内后视镜、座椅是否完整、无破损、功能正常	是	否
52	车内是否整洁、无异味	是	否
53	转向盘自由行程转角是否小于15°	是	否
54	车顶及周边内饰是否无破损、松动及裂缝和污迹	是	否
55	仪表台是否无划痕，配件是否无缺失	是	否
56	变速杆手柄及护罩是否完好、无破损	是	否
57	储物盒是否无裂痕，配件是否无缺失	是	否
58	天窗是否移动灵活、关闭正常	是	否
59	门窗密封条是否良好、无老化	是	否
60	安全带结构是否完整、功能是否正常	是	否
61	驻车制动系统是否灵活有效	是	否
62	玻璃窗升降器、门窗工作是否正常	是	否
63	左、右后视镜折叠装置工作是否正常	是	否
64	其他	只描述缺陷，不扣分	

4. 底盘检查

按表2-5的要求检查8个项目。选择A不扣分，第85、86项，选择C扣4分；第87、88项，选择C扣3分；第89、90、91项，选择C扣2分。共计15分，扣完为止。

表2-5 底盘检查项目作业表

序号	检查项目	A	C
85	发动机油底壳是否无渗漏	是	否
86	变速器壳体是否无渗漏	是	否
87	转向节臂球销是否无松动	是	否
88	三角臂球销是否无松动	是	否

（续）

序号	检查项目	A	C
89	传动轴十字轴是否无松旷	是	否
90	减振器是否无渗漏	是	否
91	减振弹簧是否无损坏	是	否
92	其他	只描述缺陷，不扣分	

5. 功能性零部件

对表2-6所示部件的功能进行检查。结构、功能坏损的，直接进行缺陷描述，不计分。

表2-6　部件功能检查

序号	类别	零部件名称	序号	类别	零部件名称
93	车身外部件	发动机室盖锁止	105	随车附件	备胎
94		发动机室盖液压撑杆	106		千斤顶
95		后门/行李箱液压支撑杆	107		轮胎扳手及随车工具
96		各车门锁止	108		三角警示牌
97		前后刮水器	109		灭火器
98		立柱密封胶条	110		全套钥匙
99		排气管及消声器	111		遥控器及功能
100		车轮轮毂	112		扬声器高低音色
101	驾驶室内部件	车内后视镜	113	其他	玻璃加热功能
102		座椅调节及加热			
103		仪表板出风管道			
104		中央集控			

项目	现场鉴定				
任务	静态检查			姓名	
班级		组号		日期	
任务目的	● 对二手车的车身、发动机室、驾驶室、底盘等进行检查。 ● 对二手车静态检查结果进行量化以及描述。 ● 填写二手车鉴定评估作业表中部分内容。				
任务描述	按照学习领域课程安排，通过情景模拟，教师提供待鉴定评估车辆、参考资料、视频资料等教学资源，在教师指导下完成二手车静态检查这一教学任务。请各组对教师提供的车辆进行静态检查，并填写二手车鉴定评估作业表中的内容。				
任务要求	通过教师的引导、自学和查找资料等方式，按照工作过程的完整性和连贯性(资讯—决策—计划—实施—检查)评估要求，逐步养成就业岗位的隐性工作方法，最终以小组协作形式完成二手车静态检测。				
资讯	掌握二手车车身、发动机室、驾驶室、底盘检查方法及步骤。				

（续）

<table>
<tr><td>项目</td><td>现场鉴定</td></tr>
<tr><td>决策</td><td>每6人一组，每组选出一名负责人，负责人对小组任务进行分配，组员按负责人要求完成相关任务内容。
<table>
<tr><td>序号</td><td>个人职责(任务)</td><td>负素人</td></tr>
<tr><td>1</td><td></td><td></td></tr>
<tr><td>2</td><td></td><td></td></tr>
<tr><td>3</td><td></td><td></td></tr>
<tr><td>4</td><td></td><td></td></tr>
<tr><td>5</td><td></td><td></td></tr>
<tr><td>6</td><td></td><td></td></tr>
</table>
</td></tr>
<tr><td>制定计划</td><td>根据任务内容制定任务计划，并反复修改、讨论工作方案。</td></tr>
<tr><td>任务实施</td><td>各小组成员按照制定的工作计划查阅相关资料，制定二手车静态检查工作计划，并进行实施，填写二手车鉴定评估作业表及二手车技术状况表中斜体字部分内容。
1. 车身检查，并填写下表。
<table>
<tr><td>车身检查</td><td>扣分</td><td>状态描述</td></tr>
<tr><td>发动机室盖表面</td><td></td><td rowspan="7">划痕 HH
变形 BX
锈蚀 XS
裂纺 LW
凹陷 AX
修复痕迹 XF
缺隐程度</td></tr>
<tr><td>左前翼子板</td><td></td></tr>
<tr><td>左后翼子板</td><td></td></tr>
<tr><td>右前翼子板</td><td></td></tr>
<tr><td>右前翼子板</td><td></td></tr>
<tr><td>左前车门</td><td></td></tr>
<tr><td>右前车门</td><td></td></tr>
<tr><td>左后车门</td><td></td><td rowspan="2">1—面积小于100mm×100mm</td></tr>
<tr><td>右后车门</td><td></td></tr>
<tr><td>行李箱盖</td><td></td><td rowspan="3">2——面积大于100mm×100mm并小于200mm×300mm</td></tr>
<tr><td>行李箱内侧</td><td></td></tr>
<tr><td>车顶</td><td></td></tr>
<tr><td>前保险杠</td><td></td><td rowspan="2">3——面积大于200mm×300mm</td></tr>
<tr><td>后保险杠</td><td></td></tr>
<tr><td>左前轮</td><td></td><td rowspan="2">4——轮胎花纹深度小于1.6mm</td></tr>
<tr><td>左后轮</td><td></td></tr>
<tr><td>右前轮</td><td></td><td>缺陷描述</td></tr>
<tr><td>右后轮</td><td></td><td rowspan="9"></td></tr>
<tr><td>前照灯</td><td></td></tr>
<tr><td>后尾灯</td><td></td></tr>
<tr><td>前后风窗玻璃</td><td></td></tr>
<tr><td>四门窗玻璃</td><td></td></tr>
<tr><td>左右后视镜</td><td></td></tr>
<tr><td>其他项目</td><td></td></tr>
<tr><td>合计扣分</td><td colspan="2"></td></tr>
</table>
</td></tr>
</table>

（续）

项目	现场鉴定

任务施实

2. 按照计划进行发动机室检查，并填写下表。

发动机室检查	程度			扣分
机油有无冷却液混入	无	轻微	严重	
缸盖外是否有机油渗漏	无	轻微	渗漏	
前翼子板内缘、散热器框架、横拉梁有无凹凸或修复痕迹	无	轻微	严重	
散热器格栅有无破损	无	轻微	渗漏	
蓄电池电极桩柱有无腐蚀	无	轻微	严重	
蓄电池电解液有无渗漏、缺少	无	轻微	严重	
发动机传动带有无老化	无	轻微	严重	
油管、水管有无老化、裂痕	无	轻微	裂痕	
线束有无老化、破损	无	轻微	破损	
其他				
合计扣分				

3. 按照计划进行驾驶室检查，并填写下表

驾驶室检查			扣分
车内是否无水泡痕迹	是	否	
车内后视镜、座椅是否完整、无破损、功能正常	是	否	
车内是否整洁、无异味	是	否	
转方盘自由行程转角是否小于15°	是	否	
车顶及周边内饰是否无破损、松动及裂缝和污迹	是	否	
仪表台是否无划痕，配件是否无缺失	是	否	
变速杆手柄及护罩是否完好、无破损	是	否	
储物盒是否无裂痕，配件是否无缺失	是	否	
天窗是否移动灵活、关闭正常	是	否	
门窗密封条是否良好、无老化	是	否	
安全带结构是否完整、功能是否正常	是	否	
驻车制动系统是否灵活有效	是	否	
玻璃窗升降器、门窗工作是否正常	是	否	
左、右后视镜折叠装置工用是否正常	是	否	
其他			
合计扣分			

4. 按照计划进行底盘检查，并填写下表

底盘检查			扣分
发动机油底壳是否无渗漏	是	否	
变速器体是否无渗漏	是	否	
转向节臂球销是否无松动	是	否	
三角臂球销是否无松动	是	否	
传动轴十安轴是否无松旷	是	否	
减振器是否无渗漏	是	否	
减振弹簧是否无损坏	是	否	
其他			
合计扣分			

（续）

<table>
<tr><th>项目</th><th>现场鉴定</th></tr>
<tr><td>任务施实</td><td>5. 按照计划进行车辆功能性零部件检查，并填写下表
<table>
<tr><th colspan="4">车辆功能性零部件列表</th></tr>
<tr><td>发动机室盖锁止</td><td></td><td>仪表板出风管道</td><td></td></tr>
<tr><td>发动机室盖液压撑杆</td><td></td><td>中央集控</td><td></td></tr>
<tr><td>后门液压支撑杆</td><td></td><td>备胎</td><td></td></tr>
<tr><td>行李箱液压支撑杆</td><td></td><td>千斤顶</td><td></td></tr>
<tr><td>各车门锁止</td><td></td><td>轮胎扳手及随车工具</td><td></td></tr>
<tr><td>前刮水器</td><td></td><td>三角警示牌</td><td></td></tr>
<tr><td>后刮水器</td><td></td><td>灭火器</td><td></td></tr>
<tr><td>立柱密封胶条</td><td></td><td>全套钥匙</td><td></td></tr>
<tr><td>排气管及消声器</td><td></td><td>遥控器及功能</td><td></td></tr>
<tr><td>车轮轮毂</td><td></td><td>扬声器高低音色</td><td></td></tr>
<tr><td>车内后视镜</td><td></td><td>玻璃加热功能</td><td></td></tr>
<tr><td>座椅调节及加热</td><td></td><td></td><td></td></tr>
</table></td></tr>
<tr><td>检查评估</td><td>成果展示，小组自评与互评，并讨论、总结和反思学习过程中的不足，撰写工作报告并交流。</td></tr>
</table>

任务2.3 动 态 检 查

能力标准

学完这一单元，你应获得以下能力：

- 掌握汽车技术性能评价指标。
- 掌握二手车起动检查方法，并填写二手车鉴定评估作业表。
- 掌握二手车路试检查方法，并填写二手车鉴定评估作业表。

任务分析

请以以下任务为指导，完成对相关知识的学习并进行练习：

二手车动态检查是指汽车在工作状态下的检查，在动态情况下，根据检查人员的经验和技能，辅之简单的量器具，对二手车的技术状况进行动态检查鉴定。在检查过程中，需起动发动机，需对二手车进行路试，故二手车动态检查包括起动检查和路试检查。

相关知识

一、汽车技术性能评价指标

（一）汽车的动力性

汽车的动力性是指汽车克服各种行驶阻力进行加速，以足够高的平均速度行驶的能力。汽车动力性指标一般由最高车速、加速性能和爬坡能力来表示。

1. 最高车速

最高车速是指在无风条件下，在水平、良好的沥青或水泥路面上，汽车满载时所能达到的最高行驶速度：按我国的规定，以1.6km长的试验路段的最后500m作为最高车速的测试区，共往返4次，取平均值。

2. 加速性能

加速性能是指汽车在各种使用条件下迅速增加汽车行驶速度的能力，通常用加速时间和加速距离来表示。增加速度时所用加速时间和加速距离越短的汽车，其加速性能就越好。汽车加速性能主要通过两个方面来表征，即原地起步加速性和超车加速性。

(1) 原地起步加速性　原地起步加速性是指汽车由静止状态起步后，以最大加速强度连续换档至最高档，加速到一定距离或车速所需要的时间，它是反映汽车动力性的最重要参数。原地起步加速性能一般有以下两种表示方式。

1) 汽车从静止状态(速度为零)加速到100km/h的速度时所需要的秒数(s)，中高级轿车所需的时间，一般为8~15s，普通级轿车为12~20s。

2) 汽车从静止状态(速度为零)加速行驶400m(或1000m)所需要的秒数(s)，所需时间越短，汽车的原地起步加速性就越好。

(2) 超车加速性　超车加速性是指汽车以最高档或次高档由最低稳定车速或预定车速(如30km/h或40km/h)全力加速至某一高速度所需要的时间。实际中使用最多的是汽车的原地起步加速性参数，因其与超车加速性指标是一致的，原地起步加速性良好的汽车，超车加速性也同等程度的良好。需要指出的是，汽车加速时间与驾驶人的换档技术、路面状况、行车环境、气候条件等密切相关，汽车使用手册给出的参数往往是样车所能达到的最佳值，对于一般客户来说，此参数仅可作为参考。

3. 爬坡能力

爬坡能力是指汽车满载时，在坚硬路面上，以1档等速行驶期间所能爬行的最大坡度，它反映汽车的最大牵引力；一般来说，越野汽车的爬坡能力最强，能够爬不小于60%或30%的坡路；对载货汽车要求有30%左右的爬坡能力；轿车的车速较高，且经常在状况较好的道路上行驶，所以不强调轿车的爬坡能力，一般爬坡能力在20%左右。

(二) 汽车的燃油经济性

燃油经济性是指在一定的使用条件下，汽车以最少的燃油消耗量完成单位运输工作量的能力。评价汽车燃油经济性的指标为单位运输工作量的耗油量及单位量油耗的行程。

1. 耗油量

耗油量是指汽车满载行驶单位里程所消耗的燃油量。我国和欧洲都用等速百公里油耗

来衡量汽车的耗油量，即汽车等速行驶百公里消耗的燃油量(L/100km)。由于实际用车过程与“等速”要求有偏差，等速百公里油耗并不能准确反映实际的耗油量，因此人们还引入了循环油耗指标。耗油量数值越小，汽车的燃油经济性就越好。

(1) 等速百公里油耗　等速百公里油耗是指在平坦硬实的路面上，汽车以最高档分别以不同车速等速行驶这段路程，往返一次取平均值，记录下耗油量，经适当换算即可获得不同车速下汽车的等速百公里耗油量。

(2) 循环油耗　循环油耗是指在一段指定的典型路段内，汽车以等速、加速和减速三种工况行驶时的耗油量。有些厂家还计入了起动和怠速等工况的耗油量，再折算成百公里耗

油量。一般来说，将循环油耗与等速百公里油耗加权平均得到的综合油耗量参数，更能比较准确地反映汽车的实际耗油量。因此，欧洲车的耗油量测定分为三种情形，即模拟城市内行驶工况的“城市行驶循环”以及90km/h和120km/h等速行驶的工况，前者常称为城市油耗，后二者称为等速油耗。在欧洲车耗油量指标中一般都列有这三个参数。

2. 油行程

油行程是指汽车满载时，每消耗单位体积燃油所能行驶的里程。油行程是美国、加拿大等国用来衡量汽车燃油经济性的指标，常以每加仑燃油可行驶的英里数或每升燃油可行驶的公里数表示。油行程数值越大，汽车的燃油经济性就越好。

在实际使用过程中，汽车的燃油经济性与发动机的技术状况、汽车自重、车速、各种行驶阻力(如空气阻力、滚动阻力和爬坡阻力等)、传动效率、减速比等因素直接相关，因而实际的耗油量往往比使用手册上标称的大些。

(三) 汽车的制动性

制动性是指汽车按驾驶人的操作意图安全地减速直至停车的能力。具有良好的制动性是汽车安全行驶的保证，也是汽车动力性得以充分发挥的前提。汽车的制动性主要由制动效能、制动效能的恒定性和制动时的行驶方向稳定性三个方面来评价。

1. 制动效能

制动效能是指使汽车迅速减速直至停车的能力。制动效能是汽车制动性最基本的评价指标，常用制动过程中的制动时间、制动减速度和制动距离来评价。汽车的制动效能除了跟汽车技术状况有关外，还与制动时汽车的速度以及轮胎胎面和路面的状况有关。

2. 制动效能的恒定性

制动效能的恒定性，又称为制动器的抗热衰退性，是指汽车高速时制动、在短时间内连续制动或下长坡连续制动后，制动器抵抗因温度升高而导致制动效能下降的能力。

3. 制动时的方向稳定性

制动时的方向稳定性是指汽车在制动期间，按指定轨迹行驶(循迹)的能力，即汽车在制动时不发生跑偏、侧滑或者失去转向能力的性能。当左、右侧车轮的制动力不一样时，容易发生跑偏；当车轮抱死时，易发生侧滑或者失去转向能力。为防止上述危及行车安全的现象发生，现代汽车一般都应用了防抱死制动系统(ABS)。

(四) 汽车的操纵稳定性

操纵稳定性反映汽车的两个相互紧密联系的性能，即汽车的操纵性和稳定性。汽车的操纵稳定性直接影响着汽车在转向或受到各种意外干扰时的行车安全性。

1. 操纵性

操纵性是指汽车对驾驶人的转向指令能够及时且准确地响应的能力。轮胎的气压和弹性、悬架装置的刚度以及汽车的重心位置都会对汽车的操纵性产生显著的正面或负面影响。

2. 稳定性

稳定性是指汽车在受到外界扰动(如路面碎石或突然阵风的扰动)后，不发生失控，自行迅速恢复原来的行驶状态和方向，抑制发生倾覆和侧滑的能力。汽车行驶稳定性又可分为纵向稳定性和横向稳定性，前者反映汽车受扰动后的方向保持能力，后者则反映汽车在横向坡道上行驶、转弯或受到其他侧向力作用时抵抗侧翻的能力。汽车的重心越低，稳定性越好。正确的前轮定位角度使汽车具有自动回正和保持直线行驶的能力，提高了汽车直线行驶的稳定性。如果装载超高和超载，转弯时车速过快，横向坡道角过大以及偏载等，都容易造成汽车侧滑及侧翻。

（五）汽车的操纵轻便性

操纵轻便性是指对汽车进行操作或驾驶时的难易、方便程度，可以根据操作次数、操作时所需要的力、操作时的容易程度以及视野、照明、信号效果等来评价。具有良好操纵轻便性的汽车，不但可以减轻驾驶人的劳动强度和紧张程度，也是安全行驶的保证。采用动力转向、倒车雷达、电动门窗、中控门锁、制动助力装置和自动变速器等，都能够改善汽车的操纵轻便性。

（六）汽车的行驶平顺性

行驶平顺性是指汽车在行驶过程中对路面不平度引起的振动的抑制能力。评价汽车行驶平顺性的主要指标为汽车的振动频率和幅值。由于路面不平整的冲击，汽车行驶时将发生振动，这会使乘员感到疲劳和不舒适，还可能损坏运载的货物。振动引起的附加动载荷加剧零部件的磨损，影响汽车的使用寿命。车轮载荷的波动将会降低车轮的地面附着性，这对汽车的操纵稳定性十分不利。为防止上述现象发生，就不得不降低车速。

中高级轿车的行驶速度比较高，因此要求具有优良的行驶平顺性。轮胎的弹性、性能优越的悬架装置、座椅的减振性能以及尽量小的非悬架质量，都可以提高汽车的行驶平顺性。非悬架质量的大部分来自车轮，轿车采用较轻的铝制轮辋，即是为提高其行驶平顺性和车轮地面附着性。与行驶平顺性紧密相关的是乘坐舒适性，包括身体上和心理上的舒适性，在良好行驶平顺性的基础上，座椅尺寸、形状及其空间与人体接触处的材料硬度和质感、车身振动频率、视野、内饰等都对乘员的身体、心理感受和乘坐安全感发挥着重要影响。

（七）汽车的通过性

通过性是指汽车在一定的载荷质量下，能以较高的平均速度通过各种不平路段和无路地带，克服各种障碍（陡坡、侧坡、台阶、壕沟等）的运行能力。各种汽车的通过能力是不一样的。轿车和客车由于经常在市内行驶，通过能力比较差，而越野汽车、军用车辆、自卸汽车和载货汽车，就必须有较强的通过能力。

采用宽断面轮胎、多轮胎可以提高汽车在松软土壤、污地、冰面、沙漠、光滑路面上的运行能力；较深的轮胎花纹可以增加附着系数而不容易打滑，全轮驱动方式可使汽车的动力性得以充分的发挥；结构参数的合理选择，可以使汽车具有良好的克服障碍运行能力，如较大的最小离地间隙、接近角、离去角和车轮半径等，都可提高汽车的通过性。

（八）汽车的机动性

机动性是指汽车能够应对狭窄多弯的道路，“见缝插针”地停车并灵活地驶出的能力。机动性主要用最小转弯半径来评价。转弯半径越小，机动性越好。一般来说，汽车越小，机动性也越好，这也是经常在市区内用车的客户选择小型轿车的原因之一。

（九）汽车的污染物排放特性

污染物排放特性反映汽车控制有害污染物向大气中排放的能力。汽车有三个主要污染物排放源：排气管排出的废气、曲轴箱的排放物、从化油器和燃油箱盖漏出的蒸气。

（十）汽车的安全性

安全性是指汽车防止交通事故发生或发生事故后保护乘员和货物不受损害的能力。其中，汽车防止事故发生的能力又称为汽车的主动安全性；而不幸发生事故后，汽车保护乘员和货物不受损害或将损害降低到最小的能力，则称为汽车的被动安全性。典型主动安全装置包括照明和信号灯、防眩目后视镜、ABS、ASR、EBD、ESP、横向和纵向测距雷达等，良好的主动安全性要求汽车具有宽阔的视野，可靠灵敏的转向、加速和制动性，具有除霜和除雾功能的风窗玻璃，各种操纵件、指示器和信号装置的标识要醒目统一，避免驾驶人错误识别或错误操作而导致车祸；被动安全装置主要有安全带、安全气囊(SRS)、安全玻璃、货车和挂车侧面及后下部防护装置、可溃缩转向柱以及碰撞吸能区域等。

(十一) 汽车的噪声

噪声是指汽车行驶或怠速时产生的机械噪声。城市环境污染之一是噪声，噪声的主要来源之一是汽车。汽车噪声的大小是衡量汽车质量水平的一个重要指标。汽车的噪声源有多种，如发动机、变速器、驱动桥、传动轴、车厢、玻璃窗、轮胎、继电器、扬声器、音响等都会产生噪声，但最主要的噪声源有两个，一个是发动机，另一个是轮胎，它们都是被动发生的，而且只要汽车行驶或怠速就会产生。

发动机产生的噪声主要为表面辐射噪声，是发动机内各运动零部件如活塞、连杆、曲轴、齿轮、配气机构、气缸体等之间的机械撞击产生的振动噪声。因此，减小发动机的振动是降低噪声的根本措施。轮胎噪声来自泵气效应和轮胎振动。所谓泵气效应是指当轮胎高速滚动时，负荷使轮胎胎冠在与路面接触时发生快速的挤压变形，同时胎面上凹凸花纹中的空气也受压挤，随着轮胎滚动，空气又在轮胎离开接触面时被释放，这样连续的压挤释放，空气就迸发出噪声，而且车速越快噪声越大，车辆越重噪声越大。为了抑制发动机噪声和轮胎噪声窜入车厢，除了尽量减少噪声源外，良好的车厢密封结构，尤其是前围板和地板的密封隔声性能十分重要。

(十二) 汽车的其他使用性能

1. 乘员上下车的方便性

乘员上下车的方便性反映轿车和客车适应乘员上下车的能力，它取决于车门的布置形式和车门踏板的结构参数，如踏板的高度、深度、级数和能见度以及车门的宽度。公交车的上下方便性还影响着线路停车时间和乘员安全。

2. 装卸方便性

装卸方便性反映汽车对装卸货物的适应能力，装卸操作的容易和便利程度、汽车的装卸方便性与车厢的高度、可翻倒的栏板数目以及车门的数量和尺寸有关。

3. 容量

容量是指汽车一次允许运载的最大货物量或乘员人数。货车用装载质量、车厢容积和货物比重表示，客车用座位数和乘员站立地板面积表示。

4. 耐久性

耐久性是指汽车在到达需要进行大修的极限技术状态之前，只是通过预防性维护保养措施维持其继续工作的能力，主要评价指标包括第一次大修前的平均行驶里程、大修平均间隔里程和技术使用寿命。新车的质保里程或时间期限是评价汽车耐久性的一个实用指标。

5. 易维护性

易维护性是指进行维修检测保养工作时，接触、拆卸、装配和更换汽车各总成和零部件的方便性。一般来说，经市场长期考验、保有量大的品牌汽车具有良好的易维护性。

6. 维修性

维修性是指在规定的条件下，按规定的程序和操作步骤诊断并排除汽车故障，使其保持或恢复规定功能的能力。一般来说，经市场长期考验，客户口碑良好的汽车都具有较好的维修性。

7. 质量利用系数

质量利用系数等于汽车装载质量与整备质量的比值，反映单位整备质量的承载能力。汽车质量利用系数越高，说明设计和制造水平高，使用经济性好，它是反映汽车技术水平的一个重要指标。我国轻型汽车质量利用系数一般为 1.1 左右，中型车在 1.35 左右，重型车为 1.3~1.7。

二、汽车起动检查

汽车启动检查主要是检查发动机起动性、怠速、排气颜色、仪表板指示灯、灯光、泊车辅助系统、制动防抱死系统、空调系统等项目。

1. 车辆起动检查

正常情况下，用起动机起动发动机时，应在三次内起动成功。起动时，每次时间不超过 5s，再次起动时间要间隔 15s 以上。若发动机不能正常起动，说明发动机的起动性能不好。

影响发动机起动性的因素有很多，主要有油路、电路、气路和机械四个方面。如供油不畅、电动汽油泵无保压、点火系统漏电、蓄电池电极锈蚀、空气滤清器堵塞、气缸磨损致使气缸压力过低、气门关闭不严等。发动机起动困难应综合分析各种原因，虽然有很多原因会引起发动机起动困难，但对车价的影响相差很大。

2. 检查发动机怠速运转情况

发动机起动后使其怠速运转，打开发动机室盖，观察怠速运转情况，怠速应平稳，发动机振动很小。观察仪表板上的发动机转速表，此时，发动机的怠速应为(800±50)r/min，不同发动机的怠速转速可能有一定的差别。若开空调，发动机转速应上升，其转速应在 1000r/min 左右。

发动机怠速时，若出现转速过高、过低、发动机抖动严重等现象，均表明发动机怠速不良。引起发动机怠速不良的原因多达几十种，如点火正时、气门间隙、进气系统、怠速阀、曲轴箱通风系统、废气再循环系统、活性炭罐系统、点火系统、供油系统、线束等出现问题均可能引起怠速不良，这也是困扰汽车维修检测人员的一个大难题，有时候为了找到怠速不良的故障原因，可能要花很多工时，甚至有的汽车怠速不良是顽症，可能一直都无法解决，鉴定评估人员应引起重视。

3. 检查发动机急加速性

待发动机运转正常后，发动机温度达到 80℃以上，用手拨动节气门，从怠速到急加速，观察发动机的急加速性能，然后迅速松开节气门，注意发动机怠速是否熄火或工作不稳。通常急加速时，发动机发出强劲且有节奏的轰鸣声。

4. 检查发动机异响

让发动机怠速运转，听发动机有无异响、响声大小。然后，用手拨动节气门，适当提高发动机转速，倾听发动机的异响是否加大，或是否有新的异响出现。正常情况下，发动机各部件配合间隙适当、润滑良好、工作温度正常、燃油供给充分、点火正时准确，无论转速和负荷怎样变化，都是一种平稳而有节奏、协调而又圆滑的轰鸣声。

在额定转速内，除正时齿轮、机油泵齿轮、喷油泵齿轮、喷油泵传动齿轮及气门有轻微均匀的响声以外，若发动机发出敲击声、咔嗒声、爆燃声、咯咯声、尖叫声等均是不正常的响声。如果有来自发动机底部的低频隆隆声或爆燃声，则说明发动机严重损坏，需要对发动机进行大修。发动机异响是很难排除的，尤其是发生在发动机内部的异响，鉴定评估人员应引起高度重视。

5. 检查发动机窜油、窜气

打开润滑油加注口，缓缓踩下加速踏板，如果窜气严重，肉眼可以观察到油雾气。若窜气不严重，可用一张白纸，放在离润滑油加注口 50mm 左右处，然后加速，若窜油、窜气，白纸上会有油迹，严重时油迹面积大。

6. 检查排气颜色

正常的汽油发动机排出的气体是无色的，在严寒的冬季可见白色的水汽；柴油发动机带负荷运转时，发动机排出的气体一般是灰色的，负荷加重时，排气颜色会深些。汽车排气常有三种不正常的烟雾。

（1）冒黑烟　黑烟意味着燃油系统输出的燃油太多。换句话说，空气燃油混合气太浓，发动机不能将它们完全燃烧。当发动机运行在浓混合气时，排气中的燃油使催化转化器变成一个催化反应炉。混合气过浓的情况是由于几个火花塞不点火，还是由于几个喷油器漏油引起，很难区分。无论哪种情况，燃油都会被送进催化转化器中。这样就把转化器的工作温度升高到了一个危险程度，经过一段时间后，更高的工作温度可能导致催化转化器破裂或融化。

（2）蓝烟　蓝烟意味着发动机烧机油，机油窜入燃烧室，若机油油面不高，最常见的原因是气缸与活塞密封出现问题，即活塞、活塞环因磨损与气缸的间隙过大。这表明此发动机需要大修。

（3）白烟　白烟意味着发动机烧自身冷却系统中的冷却液(防冻液和水)。这可能是气缸垫烧坏，使冷却液从冷却液通道渗漏到燃烧室中；也可能是缸体有裂纹，冷却液进入气缸内，这种发动机的价值就要大打折扣。白烟的另一个解释是非常冷和潮湿的外界空气引起的。这种现象类似于在非常寒冷的天气中呼吸时的凝结，当呼出的气体比外界空气热得多，而与外界冷空气混杂在一起时热气凝结，产生水蒸气。以同样的方式，热排气与又冷又湿的大气混杂在一起产生白色烟雾(蒸汽)，但是当汽车热起来后，因为热排气湿度含量低，蒸汽应当消失。当然，如果在非常寒冷的气候条件下检查一辆汽车，即使在发动机热起来后，它的排气可能继续冷凝，此时就要靠鉴定评估人员的判断力了。如果在暖和的天气里看到冒白烟，可能表明有某种机械问题。

如果是自动档汽车，汽车行驶时排出大量白烟可能是自动变速器有问题，而不是冷却液引起。许多自动变速器有一根通向发动机的真空管。如果这根变速器真空管末端的密封垫或薄膜泄漏，自动变速器油液可能被吸入发动机中，造成排气冒烟。

（4）排气气流不平稳　将手放在距排气管排气口 10cm 左右处，感觉发动机怠速时排气气流的冲击。正常排气气流有很小的脉冲感。若排气气流有周期性的“打嗝”或不平稳的喷溅，表明气门、点火或燃油系统有问题而引起间断性失火。

将一张白纸悬挂靠近排气口 10cm 左右，如果纸不断地被排气气流吹开，则表明发动机运转正常。如果纸偶尔地被吸向排气口，则发动机配气机构可能有很大问题。

7. 检查仪表及指示灯

（1）检查仪表　一般汽车设有气压表、车速里程表、燃油表、机油压力表、冷却液温度表、电流表等仪表。应分别检查这些仪表是否能正常工作，有无缺失损坏。

（2）检查指示灯或警报灯　汽车上有很多指示灯或警报灯，如制动警报灯、机油压力警报灯、充电指示灯、远光指示灯、转向指示灯、燃油报警指示灯、驻车制动指示灯等，应分别观察检查这些警报灯是否能正常工作。

现代汽车采用了大量的电子控制设备，这些电子控制设备均设有故障灯，当故障灯亮起时表明此电子控制系统有故障，需要维修，因此要仔细观察。一般汽车电子控制设备故障灯有发动机故障灯、自动变速器故障灯、ABS 故障灯、电控悬架故障灯等。

电控系统的故障灯一般在仪表板上，其检查方法是打开点火开关，观察这些故障灯是否亮 3s 后自动熄灭。若在 3s 内自动熄灭，则表明此电子控制系统通过了电脑自动检查，系统正常；若在 3s 内没有熄灭，或根本就不点亮，则说明此电子控制系统自检不通过，系统有故障。电控系统的故障较复杂，对汽车的价格影响很大，如有故障，应借助专用诊断仪判断故障，以判断此系统的故障位置，确定其维修价格。常见报警灯及电控系统的故障灯图标如图 2-44 所示。

图标	意义
	气囊
ABS	ABS
	制动蹄片磨损
	制动液
EPC	发动机预热 EPC 灯
	机油压力
	柴油颗粒净化
	助力转向
	制动压力分配

图标	意义
	制动
	电子驻车制动故障
	ESP/TCS
	左转向
	右转向
	拖车转向
	前照灯
	遥航
	灯光故障
	行李箱盖
	车门开启
	油量报警

图标	意义
	冷却液百异常或过热
	发电机
	EOBD
	发动机室盖
	后雾灯
	机油液面
	轮胎压力
	制动踏板
	安全带
	日间照明
	油箱盖开启
	清洗液

图 2-44　故障灯图标

8. 检查空调系统

汽车空调系统已经成为乘用车的标准配置，如何对汽车空调系统进行简易的检查是二手车评估人员必须掌握的技能。这里介绍几种不需任何专用工具，就可以对空调系统的工作状况作出基本判断的方法。

（1）制冷能力检查　用手感受蒸发器冷风出风情况，应该有冰凉的感觉，并且风速要足够大。在空调运行正常时，即使是在最炎热的夏天，也能保持车厢内外温差在 7～8℃以上。否则，可能是汽车制冷量不足。

（2）空调泄漏情况检查　最简单的方法是目视检查。制冷剂常见泄漏部位可能是所有连接部位、冷凝器表面及蒸发器表面被损坏处、膨胀阀进出口连接处、压缩机轴封、前后盖密封垫等处。上述部位一旦出现油渍，一般说明此处有制冷剂泄漏（但压缩机前轴油封处漏油可能是轴承漏油），应尽快采取措施修理。

（3）制冷剂量的检查　通过观察窗来检查制冷剂量。玻璃观察窗位于储液干燥器的液态侧（即出口侧），或者位于液相管中的任何一个位置上。从玻璃观察窗很容易观察到制冷系统内的制冷剂状态；当系统工作正常时，从玻璃观察窗中可以观察到制冷剂液流稳定、无气泡。

（4）出风情况检查　操纵鼓风机开关、气流分布拨杆、温度选择拨杆等时，通风位置、温度及风速应随之变化。否则，说明操纵装置不灵或及出风口堵塞。

9. 检查灯光

汽车灯光在长期使用过程中，由于灯泡的逐渐老化，外部环境的污染，可能使发光强度降低；同时汽车在行驶中受到的振动，又可能引起灯光正常安装位置的改变，从而改变了其正常使用功能。

（1）前照灯的检验　为了保证夜间行驶安全，前照灯发光强度和照射方向必须符合国家标准的有关规定，因而有必要对前照灯亮度、照射位置进行检测。

（2）转向信号灯的检查　打开左右转向信号灯，观察信号灯闪烁的频率是否正常，检查转向开关自动回位功能是否正常。当单侧的信号灯闪烁的频率不正常时要检查该侧的转向灯泡是否损坏，待售的二手车要将损坏的灯泡更换。

（3）尾灯的检查　检查尾灯的安装位置，确保尾灯的安装缝隙均匀一致，检查尾灯安装是否牢固，如不一致或松动则必须进行调整或紧固。

（4）高位制动灯、牌照灯的检查　高位制动灯是直接安装在汽车尾部玻璃上的，检查方法请参考其他灯光检查项目。牌照灯的拆装较为简单，将牌照灯的固定螺钉旋转出来，拆除散光玻璃，更换灯泡即可。

三、汽车路试检查

汽车路试一般行驶 20km 左右。通过一定里程的路试检查汽车的工况（工作状况）。

1. 检查离合器的工作状况

按正常汽车起步方法操纵汽车，使汽车挂档平稳起步，检查离合器工作状况。

正常情况下，离合器应该是接合平稳，分离彻底，工作时无异响、抖动和不正常打滑等现象。踏板自由行程符合汽车技术条件的有关规定，一般为 30～45mm。自由行程太小，说明离合器摩擦片磨损严重。离合器踏板力应与该型号汽车的踏板力相适应，各种汽车的离合器踏板力不应大于 300N。

如果离合器发抖或有异响，说明离合器内部有零件损坏现象，应立即结束路试。

2. 检查手动变速器的工作状况

从起步加速到高速档，再由高速档减至低速档，检查变速器换档是否轻便灵活，是否有异响，互锁和自锁装置是否有效，是否有乱档或掉档现象，换档时变速杆不得与其他部件干涉。

在换档时，变速器齿轮发响，表明变速器换档困难，这是变速器常见的故障现象。一般是由于换档联动机构失调，或换档拨叉变形或锈蚀，或同步器损坏所致。对于变速传动机构不当或锈蚀，尤其是远程换档机构，只需重新调整即可。对于同步器损坏，则需要更换同步器，费用较高。

在汽车行驶过程中，急速踩下加速踏板或汽车受到冲击时，变速杆自行回到空档，即为掉档。当变速器出现掉档时，说明变速器内部磨损严重，需要更换磨损的零件，才能恢复正常的性能。

在路试中，在换档后出现变速杆发抖现象，表明汽车变速器使用时间很长，变速器的操纵机构的各个铰链处磨损松旷，使变速杆处的间隙过大。

3. 检查汽车动力性

汽车动力性能最常见的指标是从静态加速至100km/h的所需时间和最高车速，其中前者是最具意义的动力性能指标和国际流行的小客车动力性能指标。

汽车起步后，加速行驶，猛踩加速踏板，检查汽车的加速性能。通常急加速时，发动机发出强劲的轰鸣声，车速迅速提升。各种汽车设计时的加速性能不尽相同，就轿车而言，一般发动机排量越大，加速性能就越好，有经验的汽车评估人员，能够了解各种常见车型的加速性能，通过路试能够检查出被检汽车的加速性能与正常的该型号汽车加速性能的差距。

检查汽车的爬坡性能，检查汽车在相应的坡道上，使用相应档位时的动力性能，是否与经验值相近，感觉是否正常。

检查汽车是否能够达到原设计车速，如果达不到，估计一下差距大小，如果汽车提速慢，最高车速与原车设计值差距较大，上坡无力。则说明车辆动力性能差。

4. 检查汽车制动性能

机动车在规定的初速度下的制动距离和制动稳定性应符合表2-7的要求。

表2-7 制动距离和制动稳定性要求

机动车类型		制动初速度/(km/h)	制动距离/m		试车道宽度/m
			满载	空载	
三轮汽车		20	≤5.0		2.5
乘用车		50	≤20.0	≤19.0	2.5
总质量≤3500kg	低速汽车	30	≤9.0	≤8.0	2.5
	一般汽车	50	≤22.0	≤21.0	2.5
其他汽车、汽车列车		30	≤10.0	≤9.0	3.0
轮式拖拉机运输机组		20	≤6.5	≤6.0	3.0
手扶变型运输机		20	≤6.5		2.3

1）检查行车制动。如果制动跑偏，很可能是同一车桥上的两个车轮制动力不等；或者

是制动力不能同时作用在两个车轮上导致的。其原因可能由于轮胎气压不一致；或是制动鼓(盘)与摩擦片间隙不均匀；或是摩擦片有油污；或是制动蹄片弹簧损坏等，应根据形成原因在修理厂加以维修。

汽车起步后，先点一下制动踏板，检查是否有制动；将车加速至20km/h进行一次紧急制动，检查制动是否可靠，有无跑偏、甩尾现象；再将车加速至50km/h，先用点制动的方法检查汽车是否立即减速、跑偏，再用紧急制动的方法检查制动距离和跑偏量。

2）检查制动效能。如果在行车时进行制动，减速度很小，制动距离又很长，说明该车的制动效能不佳，其原因可能是摩擦片与制动鼓(盘)的间隙很大；制动踏板自由行程过大；制动油管内有空气；制动主缸或轮缸有故障；或是制动油管漏油等这种情况下需要到修理厂维修。

试车时，发现踏下制动踏板的位置很低，连续踩几脚后，踏板才逐渐升高，但仍感觉比较软，这很可能是制动管路内有空气所导致的；当第一脚踩下踏板制动失灵，再继续踩踏板时制动良好，就说明是踏板自由行程过大，或是摩擦片与制动鼓(盘)的间隙过大。总之，凡是制动效能不佳的车辆，都必须进厂修理，也必然影响车辆的身价。

3）检查制动失效。在行车中出现制动失效，不能使车辆减速或停止，该车一定需要大修。其原因可能是制动液渗漏、制动主缸和轮缸有严重故障。

5. 检查汽车行驶稳定性

汽车以50km/h左右中速直线行驶，双手松开转向盘，观察汽车行驶状况。此时，汽车应该仍然直线行驶，若汽车偏向一边，无论汽车转向哪一边，都说明汽车的转向轮定位不准，或车身、悬架变形。

车速以90km/h以上高速行驶，观察转向盘有无摆动现象，即所谓的“汽车摆头”。若汽车有高速摆头现象，通常意味着存在严重的车轮不平衡或不对中问题。汽车摆头时，前轮左右摇摆沿波形前进，严重地破坏了汽车的平顺性，直接影响汽车的行驶安全，增大了轮胎的磨损，使汽车只能以较低的速度前进。

选择宽敞的路面，左右转动转向盘，检查转向是否灵活、轻便。若转向沉重，说明汽车转向机构各球头缺油或轮胎气压过低。对于带助力转向的汽车，转向沉重可能是动力转向泵和齿轮齿条磨损严重，要修理或更换转向齿条相当贵。动力转向问题有时还靠转向盘转动时的“嘎吱”声来识别，发出这种声音可能仅仅是转向油液面过低。

转向盘最大自由转动量不允许大于20°(最高设计车速不小于100km/h的机动车)。若转向盘的自由转动量过大，意味着转向机构磨损严重，使转向盘的游动间隙过大，从而造成转向不灵。

6. 检查汽车行驶平顺性

将汽车开到粗糙、有凸起的路面行驶，或通过铁轨、公路有伸缩接缝处，感觉汽车的平顺性和乘坐舒适性。通常汽车排量越大，行驶越平顺，但燃油消耗也越多。

当汽车转弯或通过不平的路面时，倾听是否有从汽车前端发出忽大忽小的“嘎吱”声或低沉噪声，这可能是滑柱或减振器紧固装置松了，或轴衬磨损严重。汽车转弯时，若车身侧倾过大，则可能是横向稳定杆衬套或减振器磨损严重。

在前轮驱动汽车上，前面发出咯哒声、沉闷金属声、滴答声可能是等速万向节已磨损，需要维修，等速万向节维修费用昂贵，和变速器大修费用差不多。

7. 检查汽车传动效率

在平坦的路面上，做汽车滑行试验。将汽车加速至30km/h左右，踏下离合器踏板，将变速器挂入空档滑行，其滑行距离应不小于220m。否则，说明汽车传动系的传动阻力大，传动效率低，油耗增大，动力不足。汽车越重，其滑行距离越远。初始车速越高，其滑行距离亦越远。

将汽车加速至40～60km/h迅速抬起加速踏板，检查有无明显的金属撞击声，如果有说明传动系统间隙过大。

8. 检查风噪声

逐渐提高车速，使汽车高速行驶，倾听车外风噪声。风噪声过大，说明车门或车窗密封条变质损坏，或车门变形密封不严，尤其是整形后的事故车。通常车速越高，风噪声越大。对于空气动力学性能好的汽车，其密封和隔声性能好，风噪声较小。而对于空气动力学性能较差的汽车，或整形后的事故车，风噪声一般较大。

9. 检查驻车制动

选一坡路，将车停在坡中，拉上驻车制动手柄，观察汽车是否停稳，有无滑溜现象。通常驻车制动力不应小于整车质量的20%。

10. 检查自动变速器

(1) 自动变速器路试前的准备工作　在道路试验之前，应先让汽车以中低速行驶5～10min，让发动机和自动变速器都达到正常工作温度。

(2) 检查自动变速器升档将变速杆拨至前进档(D)位置，踩下加速踏板，使节气门保持在1/2开度左右，让汽车起步加速，检查自动变速器的升档情况。自动变速器在升档时发动机会有瞬时的转速下降，同时车身有轻微的闯动感。正常情况下，随着车速的升高，试车者应能感觉到自动变速器能顺利地由1档升入2档，随后再由2档升入3档，最后升入超速档。若自动变速器不能升入高档(3档或超速档)，说明控制系统或换档执行元件有故障。

(3) 检查自动变速器升档车速　将变速杆拨至前进档(D)位置，踩下加速踏板，并使节气门保持在某一固定开度，让汽车加速。当察觉到自动变速器升档时，记下升档车速。一般4档自动变速器在节气门开度保持在1/2时由1档升至2档的升档车速为25～35km/h，由2档升至3档的升档车速为55～70km/h，由3档升至4档(超速档)的升档车速为90～120km/h。由于升档车速与节气门开度有很大的关系，即节气门开度不同时，升档车速也不同，而且不同车型的自动变速器各档位传动比的大小都不相同，其升档车速也不完全一样，因此，只要升档车速基本保持在上述范围内，而且汽车行驶中加速良好，无明显的换档冲击，都可认为其升档车速基本正常。若汽车行驶中加速无力，升档车速明显低于上述范围，说明升档车速过低(即过早升档)；若汽车行驶中有明显的换档冲击，升档车速明显高于上述范围，说明升档车速过高(即太迟升档)。

由于降档时刻在行驶中不易察觉，因此在道路试验中一般无法检查自动变速器的降档车速，只能通过检查升档车速来判断自动变速器有无故障。如有必要，还可检查其他模式下或变速杆位于前进低档位置时的换档车速，并与标准值进行比较，作为判断故障的参考依据。

升档车速太低一般是控制系统故障所致；换档车速太高则可能是控制系统的故障所致，也可能是换档执行元件的故障所致。

(4) 检查自动变速器升档时发动机转速　有发动机转速表的汽车在进行自动变速器道路试验时，应注意观察汽车行驶中发动机转速变化的情况。它是判断自动变速器工作是否正常的重要依据之一。在正常情况下，若自动变速器处于经济模式或普通模式，节气门保持在低于1/2开度范围内，则在汽车由起步加速直至升入高速档的整个行驶过程中，发动机转速都低于3000r/min。通常在加速至即将升档时发动机转速可达到2500～3000r/min，在刚刚升档后的短时间内发动机转速下降至2000r/min左右，如果在整个行驶过程中发动机转速始终过低，加速至升档时仍低于2000r/min，说明升档时间过早或发动机动力不足；如果在行驶过程中发动机转速始终偏高，升档前后的转速在2500～3500r/min之间，而且换档冲击明显，说明升档时间过迟；如果在行驶过程中发动机转速过高，经常高于3000r/min，在加速时达到4000～5000r/min，甚至更高，则说明自动变速器的换档执行元件(离合器或制动器)打滑，需要拆修自动变速器。

(5) 检查自动变速器换档质量　换档质量的检查内容主要是检查有无换档冲击。正常的自动变速器只能有不太明显的换档冲击，特别是电子控制自动变速器的换档冲击十分微弱。若换档冲击太大，说明自动变速器的控制系统或换档执行元件有故障，其原因可能是油路油压过高或换档执行元件打滑。自动变速器有故障需要维修。

(6) 检查自动变速器的锁止离合器工作状况　自动变速器的变矩器中的锁止离合器工作是否正常也可以采用道路试验的方法进行检查。试验中，让汽车加速至超速档，以高于80km/h的车速行驶，并让节气门开度保持在低于1/2的位置，使变矩器进入锁止状态。此时，快速将加速踏板踩下至2/3开度，同时检查发动机转速的变化情况。若发动机转速没有太大变化，说明锁止离合器处于接合状态；反之，若发动机转速升高很多，则表明锁止离合器没有接合，其原因通常是锁止控制系统有故障。

(7) 检查发动机制动功能　检查自动变速器有无发动机制动作用时，应将变速杆拨至低档(S、L或2、1)位置，在汽车以2档或1档行驶时，突然松开加速踏板，检查是否有发动机制动作用。若松开加速踏板后车速立即随之下降，说明有发动机制动作用；否则，说明控制系统或前进强制离合器有故障。

(8) 检查自动变速器强制降档功能　检查自动变速器强制降档功能时，应将变速杆拨至前进档(D)位置，保持节气门开度为1/3左右，在以2档、3档或超速档行驶时突然将加速踏板完全踩到底，检查自动变速器是否被强制降低一个档位。在强制降档时，发动机转速会突然上升至4000r/min左右，并随着加速升档，转速逐渐下降。若踩下加速踏板后没有出现强制降档，说明强制降档功能失效。若在强制降档时发动机转速上升过高，达5000～6000r/min，并在升档时出现换档冲击，则说明换档执行元件打滑，自动变速器需要拆修。

四、路试后的检查

1. 检查各部件温度

(1) 检查油、冷却液温度　检查冷却液温度，机油、齿轮油温度(正常冷却液温度不应超过90℃，机油温度不应高于90℃，齿轮油温不应高于85℃)。

(2) 检查运动机件过热情况　查看制动鼓、轮毂、变速器壳、传动轴、中间轴轴承、驱动桥壳(特别是减速器壳)等，不应有过热现象。

2. 检查“四漏”现象

1）在发动机运转及停车时，散热器、水泵、气缸、缸盖、暖风装置及所有连接部位均无明显渗漏水现象。

2）机动车连续行驶距离不小于10km，停车5min后观察不得有明显渗漏油现象。检查机油、变速器油、主减速器油、转向液压油、制动液、离合器油、液压悬架油等相关处有无泄漏。

3）检查汽车的进气系统、排气系统有无漏气现象。

4）检查发动机点火系统有无漏电现象。

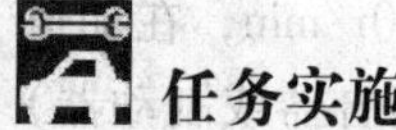

任务实施

☞ 任务目标与要求

• 小组成员分工协作，利用网络、图书馆资料，依据任务工单分析制定工作计划，并通过小组自评或互评检查工作计划。

• 对二手车现实技术状况进行起动检查和路试检查，并对其结果进行量化及描述。

• 填写二手车鉴定评估作业表中部分内容。

☞ 准备工作

• 小组接受工作任务，组长带领组内成员阅读任务工单，查阅相关资料，合理分工，制定任务计划，并检查计划有效性。

• 准备实验场地、实验车辆、实验器材。

☞ 实施指导

由教师为学生提供一辆二手车，车型不限，要求学生在规定时间内，完成车辆动态检查，对车辆起动和路试进行检查，评定车辆技术状况。并将检查结果填写在二手车鉴定评估作业表中。

1. 起动检查

1）按表2-8要求检查10个项目。选择A不扣分，第65、66项选择C扣2分；第67项选择C扣1分；第68至71项，选择C扣0.5分；第72、73项选择C扣10分。共计20分，扣完为止。

2）如检查第66项时发现仪表板指示灯显示异常或出现故障报警，则应查明原因，并在《二手车鉴定评估报告1》或《二手车技术状况鉴定书》的技术状况缺陷描述中予以注明。

3）优先选用车辆故障信息读取设备对车辆技术状况进行检测。

表2-8 起动检查项目作业表

序号	检查项目	A	C
65	车辆起动是否顺畅(时间少于5s,或一次起动)	是	否
66	仪表板指示灯显示是否正常，无故障报警	是	否
67	各类灯光和调节功能是否正常	是	否
68	泊车辅助系统工作是否正常	是	否
69	制动防抱死系统(ABS)工作是否正常	是	否
70	空调系统风量、方向调节、分区控制、自动控制、制冷工作是否正常	是	否

（续）

序号	检查项目	A	C
71	发动机在冷、热车条件下怠速运转是否稳定	是	否
72	怠速运转时发动机是否无异响，空档状态下逐渐提高发动机转速，发动机声音过渡是否无异响	是	否
73	车辆排气是否无异常	是	否
74	其他	只描述缺陷，不扣分	

2. 路试检查

1）按表2-9要求检查10个项目。选择A不扣分，选择C扣2分。共计15分，扣完为止。

2）如果检查第80项时发现制动系统出现制动距离长、跑偏等不正常现象，则应在《二手车鉴定评估报告》或《二手车技术状况表》的技术缺陷描述中予以注明，并提示修复前不宜使用。

表2-9 路试检查项目作业表

序号	检查项目	A	C
75	发动机运转、加速是否正常	是	否
76	车辆起动前踩下制动踏板，保持5～10s，踏板无向下移动的现象	是	否
77	踩住制动踏板起动发动机，踏板是否向下移动	是	否
78	行车制动系最大制动效能在踏板全行程的4/5以内达到	是	否
79	行驶是否无跑偏	是	否
80	制动系统工作是否正常有效、制动不跑偏	是	否
81	变速器工作是否正常、无异响	是	否
82	行驶过程中车辆底盘部位是否无异响	是	否
83	行驶过程中车辆转向部位是否无异响	是	否
84	其他	只描述缺陷，不扣分	

3. 用故障诊断仪读取故障码

（1）检测仪器　对于汽车的电子控制系统，都有故障自诊断功能，可采用故障诊断仪来读取故障码。

现代汽车电子控制系统的控制电路上都设置有一个专用的故障检测插座，通过线路与ECU连接。只要将汽车制造厂提供的该车型的专用微机故障检测仪或通用型故障检测仪的检测插头与汽车上的故障检测插座连接，然后打开点火开关（ON），就可以很方便地从微机故障检测仪的显示屏上读出所有储存在ECU中的故障码。查阅该车型的维修手册，就可以知道这些故障码所表示的故障内容和可能的故障原因。常见微机故障检测仪如图2-45所示。

（2）读取故障码的步骤　以大众公司的V. A. G1551或1552为例，说明读取故障码的主要步骤，其他故障诊断仪的使用方法基本相同。

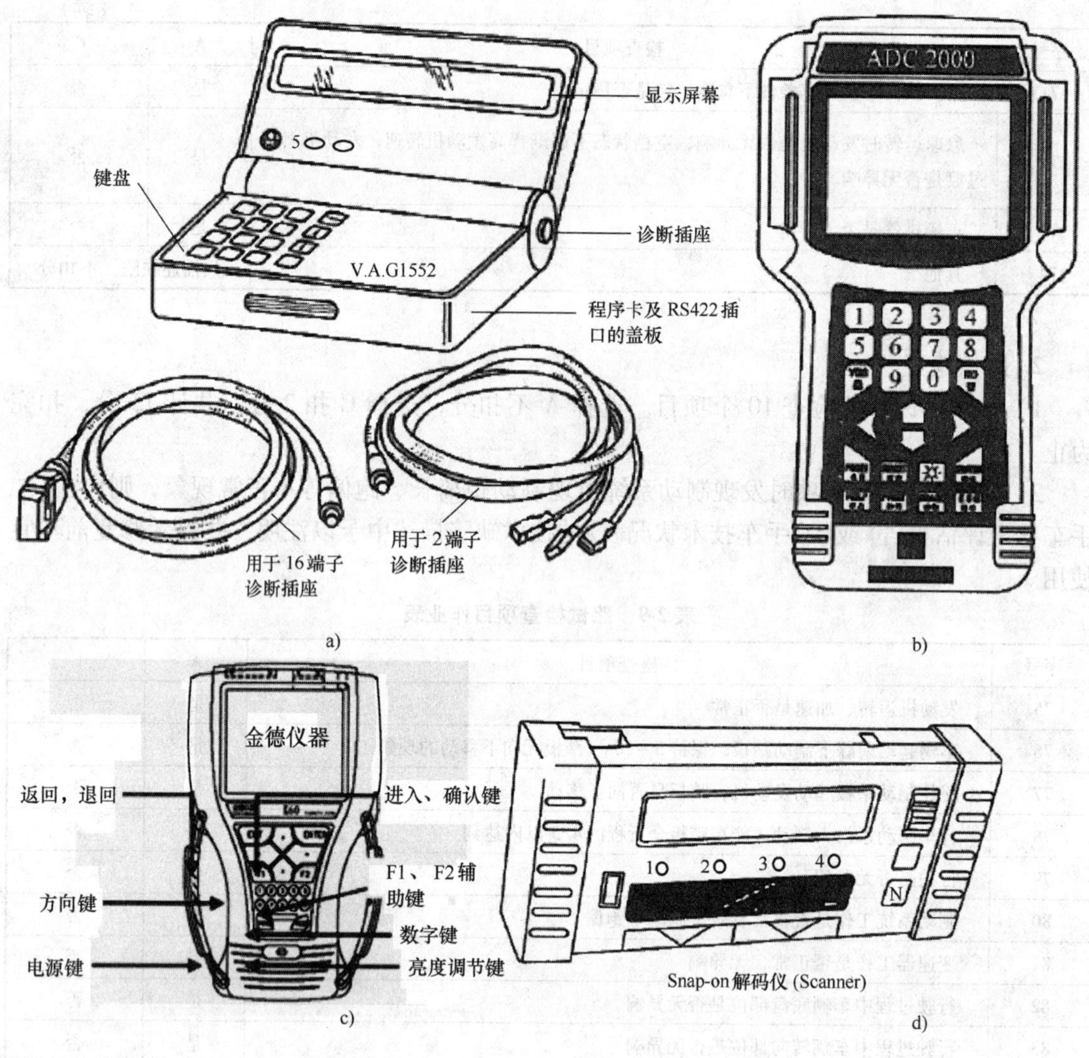

图 2-45　典型的微机故障诊断仪

a)　V. A. G1552　b)　ADC2000　c) 金德 K80　d)　Snap-on 解码仪(红盒子)

1）打开驻车制动手柄右侧的诊断系统插座的盖板，将带导线的故障诊断仪 V. A. G1551 与诊断系统插座连接起来(图 2-46)。

2）打开点火开关或起动发动机怠速运转。

3）打开 V. A. G1551 故障诊断仪上的电源开关。

4）起动发动机，并使其怠速运转。如果发动机不能起动，则用起动机带动发动机转动至少 5s，不要关闭点火开关。

5）在如下的屏幕显示下键入“0”和“2”（输入 02）：

Rapid data transfer	HELP
Select function	X X

快速数据传递	HELP
功能选择	X X

6）在如下的屏幕显示下按“Q”键确认：

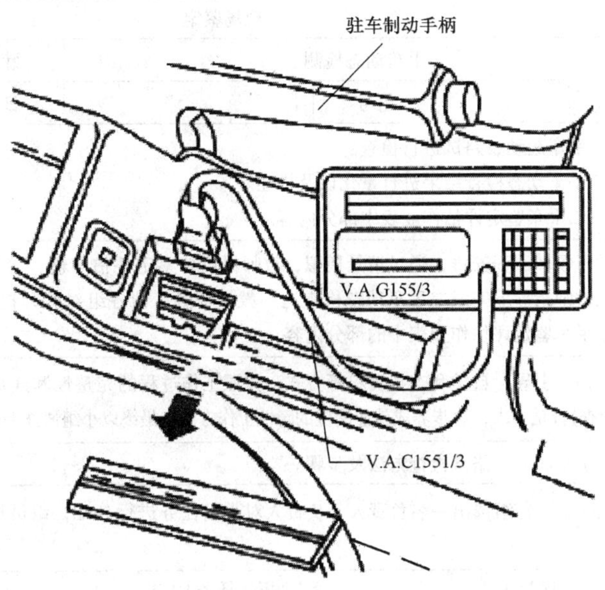

图 2-46 故障诊断仪 V. A. G1551 与诊断系统插座连接

Rapid data transfer Q 02—Interrogate fault memory	快速数据传递 Q 02—故障存储查询

7）屏幕显示故障码 X 如下：

x Faults recognizecd!	X 故障识别!

如果打印机接通，所有储存的故障码将会陆续显示并打印出来；如果未接通打印机，则必须按“→”键显示下一个故障码；如果无故障码储存或故障码显示(打印)完毕，则屏幕显示如下：

NoFaults recognizecd!	无故障识别!

(3) 清除故障码

1）调出故障码结束后，屏幕显示如下时键入“0”和“5"（输入05）；

Rapid data transfer HELP Select function X X	快速数据传递 HELP 功能选择 X X

2）在屏幕显示如下时按“Q”键确认：

Rapid data transfer Q 05—Erase fault memory	快速数据传递 Q 05—解除故障存储 X X

3）屏幕显示如下时，表示故障码已被清除。

Attention! Fault memory was not interrogated	注意! 故障存储没有被查询

<table>
<tr><td>项目</td><td colspan="5">现场鉴定</td></tr>
<tr><td>任务</td><td colspan="3">二手车动态检测</td><td>姓名</td><td></td></tr>
<tr><td>班级</td><td></td><td>组号</td><td></td><td>日期</td><td></td></tr>
<tr><td>任务目的</td><td colspan="5">● 对二手车起动、路试进行检查。
● 对二手车动态检查结果进行量化以及描述。
● 填写二手车鉴定评估作业表中部分内容。</td></tr>
<tr><td>任务描述</td><td colspan="5">按照学习领域课程安排，通过情景模拟，教师提供待鉴定评估车辆、参考资料、视频资料等教学资源，在教师指导下完成二手车动态检查这一教学任务。请各组对教师提供的车辆进行动态检查，并填写二手车鉴定评估作业表中的部分内容。</td></tr>
<tr><td>任务要求</td><td colspan="5">通过教师的引导、自学和查找资料等方式，按照工作过程的完整性和连贯性(资讯—决策—计划—实施—检查)评估要求，逐步养成就业岗位的隐性工作方法，最终以小组协作形式完成二手车动态检测。</td></tr>
<tr><td>资讯</td><td colspan="5">掌握二手车起动、路试检查方法及步骤。</td></tr>
<tr><td>决策</td><td colspan="5">每6人一组，每组选出一名负责人，负责人对小组任务进行分配，组员按负责人要求完成相关任务内容。
<table><tr><td>序号</td><td>个人职责(任务)</td><td>负素人</td></tr><tr><td>1</td><td></td><td></td></tr><tr><td>2</td><td></td><td></td></tr><tr><td>3</td><td></td><td></td></tr><tr><td>4</td><td></td><td></td></tr><tr><td>5</td><td></td><td></td></tr><tr><td>6</td><td></td><td></td></tr></table></td></tr>
<tr><td>制定计划</td><td colspan="5">根据任务内容制定任务计划，并反复修改和讨论工作方案。</td></tr>
<tr><td>任务实施</td><td colspan="5">各小组成员按照制定的工作计划查阅相关资料，制定二手车动态检查工作计划，并进行实施，填写二手车鉴定评估作业表及二手车技术状况表中斜体字部分内容。
1. 起动检查，并填写下表。
<table><tr><td>起动检查</td><td></td><td></td><td>扣分</td></tr><tr><td>车辆起动是否顺畅(起动时间少于5s,或一次起动)</td><td>是</td><td>否</td><td></td></tr><tr><td>仪表板指示灯显示是否正常，无故障报警</td><td>是</td><td>否</td><td></td></tr><tr><td>各类灯光和调节功能是否正常</td><td>是</td><td>否</td><td></td></tr><tr><td>泊车辅助系统工作是否正常</td><td>是</td><td>否</td><td></td></tr><tr><td>制动防抱死系统(ABS)工作是否正常</td><td>是</td><td>否</td><td></td></tr><tr><td>空调系统风量、方向调节、分区控制、自动控制、制冷工作是否正常</td><td>是</td><td>否</td><td></td></tr><tr><td>发动机在冷、热车条件下怠速运转是否稳定</td><td>是</td><td>否</td><td></td></tr><tr><td>怠速运转时发动机是否无异响，空档状态下逐渐提高发动机转速，发动机声音过渡是否无异响</td><td>是</td><td>否</td><td></td></tr><tr><td>车辆排气是否无异常</td><td>是</td><td>否</td><td></td></tr><tr><td>其他</td><td></td><td></td><td></td></tr><tr><td>合讲扣分</td><td></td><td></td><td></td></tr></table></td></tr>
</table>

（续）

<table>
<tr><td>项目</td><td colspan="4">现场鉴定</td></tr>
<tr><td rowspan="13">任务施实</td><td colspan="4">2. 路试检查</td></tr>
<tr><td colspan="3">路试检查</td><td>扣分</td></tr>
<tr><td>发动机运转、加速是否正常</td><td>是</td><td>否</td><td></td></tr>
<tr><td>车辆起动前踩下制动踏板，保持5～10s，踏板无向下移动的现象</td><td>是</td><td>否</td><td></td></tr>
<tr><td>踩住制动踏板起动发动机，踏板是否向下移动</td><td>是</td><td>否</td><td></td></tr>
<tr><td>行车制动系最大制动效能在踏板全行程的4/5以内达到</td><td>是</td><td>否</td><td></td></tr>
<tr><td>车辆行驶是否无跑偏</td><td>是</td><td>否</td><td></td></tr>
<tr><td>制动系统工作是否正常有效、制动不跑偏</td><td>是</td><td>否</td><td></td></tr>
<tr><td>变速器工作是否正常、无异响</td><td>是</td><td>否</td><td></td></tr>
<tr><td>行驶过程中车辆底盘部位是否无异响</td><td>是</td><td>否</td><td></td></tr>
<tr><td>行驶过程中车辆转向部位是否无异响</td><td>是</td><td>否</td><td></td></tr>
<tr><td>其他</td><td colspan="3"></td></tr>
<tr><td>合计扣分</td><td colspan="3"></td></tr>
<tr><td>检查评估</td><td colspan="4">成果展示，小组自评与互评，并讨论、总结、反思学习过程中的不足，撰写工作报告并交流。</td></tr>
</table>

任务2.4　仪 器 检 测

能力标准

学完这一单元，你应获得以下能力：

- 熟悉汽车技术状况仪器检测的主要项目及常用仪器设备的种类。
- 了解汽车主要性能检测的方法及标准。

任务分析

请以以下任务为指导，完成对相关知识的学习并进行练习：

利用静态检查和动态检查，可以对汽车的技术状况进行定性的判断，即初步判定车辆的运行情况是否基本正常、车辆各部分有无故障及故障的可能原因、车辆各总成及部件的新旧程度等。当对一车辆各项技术性能及各总成、部件的技术状况进行定量客观的评价时，通常需借助一些专用仪器、设备进行。

相关知识

一、汽车性能检测的主要指标及其检测设备

对二手车进行综合检测，需要检测车辆的动力性、燃料经济性、转向操作性、排放污

染、噪声等整车性能指标，以及发动机、底盘、电器电子等各部件的技术状况，汽车主要检测内容及对应采用的仪器设备见表2-10。

表2-10 车辆性能检测指标与检测设备

检测项目			检测仪器设备
整车性能	动力性	底盘输出功率	底盘测功机
		汽车直接加速时间	底盘测功机(装有模拟质量)
		滑行性能	底盘测功机
	燃料经济性	等速百公里油耗	底盘测功机、油耗仪
	制动性	制动力	制动检测台、轮重仪
		制动力平衡	
		制动协调时间	
		车轮阻滞力	
		驻车制动力	
	转向操作性	转向轮横向侧滑量	侧滑试验台
		转向盘最大自由转动量	转向力—转向角检测仪
		转向操纵力	
		悬架特性	底盘测功机
	前照灯	发光强度	前照灯检测仪
		光束照射位置	
	排放污染物	汽油车怠速污染物排放	废气分析仪
		汽油车双怠速污染物排放	
		柴油车排气污染物	不透光仪
		柴油车排气自由加速烟度	烟度计
	喇叭声级		声级计
	车辆防雨密封性		淋雨试验台
	车速表示值误差		车速表试验台
发动机部分	发动机功率		1. 无负荷测功仪 2. 发动机综合测试仪
	气缸密封性	气缸压力	气缸压力表
		曲轴箱窜气量	曲轴箱窜气量检测仪
		气缸漏气率	气缸漏气量检测仪
		进气管真空度	真空表
	起动系	起动电流	1. 发动机综合测试仪 2. 汽车电器万能试验台
		蓄电池起动电压	
		起动转速	
	点火系	点火波形	1. 专用示波器 2. 发动机综合测试仪
		点火提前角	
	燃油系	燃油压力	燃油压力表

（续）

<table>
<tr><th>检测项目</th><th colspan="3">检测仪器设备</th></tr>
<tr><td rowspan="3">发动机部分</td><td rowspan="2">润滑系</td><td rowspan="2">机油压力与机油品质</td><td>机油压力表</td></tr>
<tr><td>机油品质检测仪</td></tr>
<tr><td colspan="2">异响</td><td>发动机异响诊断仪</td></tr>
<tr><td rowspan="2">底盘部分</td><td colspan="2">离合器打滑</td><td>离合器打滑测定仪</td></tr>
<tr><td colspan="2">传动系游动角度</td><td>游动角度检验仪</td></tr>
<tr><td rowspan="2">行驶系</td><td colspan="2">车轮定位</td><td>四轮定位仪</td></tr>
<tr><td colspan="2">车轮不平衡</td><td>车轮平衡仪</td></tr>
<tr><td rowspan="2">空调系统</td><td colspan="2">系统压力</td><td>空调压力表</td></tr>
<tr><td colspan="2">空调密封性</td><td>卤素检漏灯</td></tr>
<tr><td colspan="3">电子设备</td><td>微机故障检测仪</td></tr>
</table>

1. 汽车检测常用专用设备仪器

汽车检测时常用的专用设备仪器主要有：万用表、点火正时灯、气缸压力表、真空表、油压表、声级计、流量计、油耗仪、示波器、气缸漏气量检测仪、曲轴箱窜气量检测仪、气体分析仪、烟度计，以及功能比较齐全的测功机、四轮定位仪、制动试验台、侧滑试验台、发动机综合检测仪、底盘测功机等。图2-47所示为宝马专用检测仪。

2. 汽车检测自诊断系统(又称为OBD)

该系统由存储于ECU中软件及相应的硬件构成。当汽车运行时，ECU不断监控系统中各部分的工作情况，如果发生故障，ECU会根据故障的性质和程度，进入失效安全模式(也称安全回家模式)，使汽车尽量行驶到附近的维修点排除故障。同时将故障信息以代码的形式保存，在二手车评估鉴定时，可利用专门的仪器和方法提取该故障码，并将其作为鉴定的参考依据。这种汽车检测自身诊断系统又称为OBD，如图2-48所示。

图2-47　宝马专用检测仪

图2-48　OBD-Ⅱ汽车检测自诊断仪

3. 汽车电控系统故障自诊断系统的类型

汽车电控系统故障自诊断系统（OBD）可分为OBD、OBD-I、OBD-II三种。1996年世界各汽车制厂商全面执行OBD-II标准。OBD-II系统具有标准相同的16脚诊断座，并统一了各车型的故障码及其含义，具有行车记录器功能和数值分析资料的传输功能。其资料传输线有两个标准，即欧洲标准ISO和美国统一标准SAE。1996年后，许多美国生产的汽车在配备普通的OBD-II系统的同时，又增设了加强的Enhanced OBD-II诊断系统，它在很大程度上提高了通信速度，而且增加了对自动变速器、ABS和SRS系统的诊断，如图2-49所示。

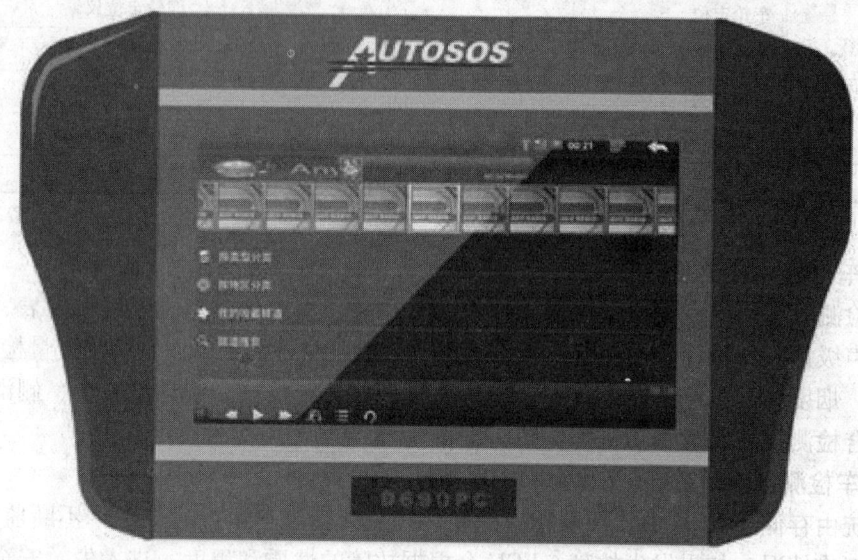

图2-49　多功能诊断仪

二、汽车主要性能检测

（一）车速表检测

车速表指示误差的检验宜在滚筒式车速表检验台上进行。对于无法在车速表检验台上检验车速表指示误差的机动车（如全时四轮驱动汽车、具有驱动防滑控制装置的汽车等）可路试检验车速表指示误差。

车速表指示车速 v_1（单位：km/h）实际车速 v_2（单位：km/h）之间应符合下列关系式：

$$0 \leqslant v_1 - v_2 \leqslant (v_2/10) + 4$$

将被测机动车的车轮驶上车速表检验台的滚筒上使之旋转，当该机动车车速表的指示值 v_1 为40km/h时，车速表检验台速度指示仪表的指示值 v_2 为32.8～40km/h范围内为合格。

当车速表检验台速度指示仪表的指示值 v_2 为40km/h时，读取该机动车车速表的指示值 v_1，当 v_1 的读数在40～48km/h范围内为合格。

（二）车轮侧滑量检测

检测前轮侧滑量的目的是为了确知前轮前束与前轮外倾的配合是否恰当。当二者配合恰到好处时，汽车前轮保持稳定的直线行驶状态。有些汽车（如上海桑塔纳等）的后轮也有前束和外倾，因此也应进行后轮侧滑量检测。然而，相当一部分汽车的后轮是没有车轮定位的。当检查这部分汽车的后轮侧滑量时，可以确知后轴是否弯曲变形和轮毂轴承是否松旷。

对前轴采用非独立悬架的汽车，其转向轮的横向滑移量，用侧滑试验台检测时侧滑量值应在 ±5m/km 之间。规定侧滑量方向为外正内负。

（三）汽车制动性能检测

1. 检测标准

（1）行车制动性能　国家标准 GB 7258-2012《机动车运行安全技术条件》对机动车制动性能的台架检验有以下规定。

1）制动力要求：前轴制动力与前轴荷之比≥60%，制动力总和与整车质量之比，空载≥60%，满载≥50%；乘用车和总质量不大于 3500kg 的货车后轴制动力与后轴荷之比≥20%。

2）制动力平衡要求。在制动力增长全过程中同时测得的左右轮制动力差的最大值，与全过程中测得的该轴左右轮最大制动力大者之比，对前轴不应大于 20%，对后轴（及其他轴）在轴制动力不小于该轴轴荷的 60% 时不应大于 24%；对后轴（及其他轴）制动力小于该轴轴荷的 60% 时，在制动力增长全过程中同时测得的左右轮制动力差的最大值不应大于该轴轴荷的 8%。

3）制动协调时间。对液压制动的汽车不应大于 0. 35s，对气压制动的汽车不应大于 0. 60s；车列车和铰接客车、铰接式无轨电车的制动协调时间不应大于 0. 80s。

4）车轮阻滞力要求。车轮阻滞力是指行车和驻车制动装置处于完全释放状态，变速器置空档位置时，试验台驱动车轮所需的作用力（汽车各车轮的阻滞力）不得大于该轴轴荷的 5%。

（2）驻车制动性能　当采用制动试验台检查车辆驻车制动力时，车辆空载，乘坐一名驾驶人，使用驻车制动装置，驻车制动力的总和不应小于该车在测试状态下整车重量的 20%；对总质量为整备质量 l. 2 倍以下的机动车为不小于 15%。

（3）制动踏板力的要求　行车制动在产生最大制动作用时的踏板力，对于座位数小于或等于 9 的载客汽车应不大于 500N，对于其他车辆不大于 700N。驻车制动器用手操纵时，座位数小于或等于 9 的载客汽车应不大于 400N，其他车辆不大于 600N；驻车制动器用脚操纵时座位数小于或等于 9 的载客汽车应不大于 500N，其他车辆不大于 700N。

2. 检测结果分析

（1）液压制动系

1）各车轮制动力均偏低，主要原因为制动踏板自由行程太大，制动液中有空气或变质，制动主缸故障，增压器或助力器效能不佳或失效。

2）个别车轮制动力偏小，主要原因是该车轮制动器故障，若同一制动回路两车轮制动力均偏小，则应检查该制动回路中有无空气或不密封处。

3）同轴左右轮制动力最大值差值过大故障原因同 2）；若在制动力上升阶段左右轮差值过大应检查制动间隙是否适当，若在制动释放阶段左右轮差值过大，则应检查制动轮缸及制动蹄回位弹簧。

4）各车轮制动协调时间过长应主要检查制动踏板自由行程是否过大；若个别车轮制动协调时间过长，则主要检查该车轮制动间隙是否过大；若同一制动回路两车轮制动协调时间过长则可能是该制动回路中有空气。

5）各车轮阻滞力都超限，主要原因是制动主缸故障或制动踏板无自由行程；若个别车轮阻滞力超限则主要是该车轮制动间隙过小、制动轮缸故障、制动蹄回位弹簧故障或轮毂轴承松旷。

（2）气压制动系

1）各车轮制动力均偏低，主要原因是制动踏板自由行程太大，储气筒气压太低或制动阀故障。

2）个别车轮制动力偏低，主要原因是该车轮制动间隙过大或制动器故障。若同一制动回路两车轮制动力偏低，主要原因是制动管路漏气或某一制动气室膜片破裂。

3）同轴左右轮制动力最大值差值过大故障原因同2）；若在制动力上升阶段左右轮差值过大应检查制动间隙是否适当；若在制动释放阶段左右轮差值过大，则可能是制动蹄或制动气室回位弹簧故障。

4）各车轮制动协调时间过长应主要检查制动踏板自由行程是否过大；或个别车轮制动协调时间过长，则应主要检查该车轮制动间隙是否过大。

5）各车轮阻滞力均超限，主要原因是制动踏板无自由行程或制动控制阀故障；若个别车轮阻滞力超限，则主要是该车轮制动间隙过小、制动蹄回位弹簧故障或轮毂轴承松旷。

（四）前照灯检测

1. 检测标准

（1）前照灯远光灯灯束发光强度检测标准，见表2-11。

表2-11　前照灯远光灯灯束发光强度检测标准　（单位：cd）

机动车类型	检查项目			
	新注册车		在用车	
	两灯制	四灯制	两灯制	四灯制
最高设计车速小于70km/h的汽车	10000	8000	8000	6000
其他汽车	18000	15000	15000	12000

注：四灯制是指前照灯具有四个远光灯束；采用四灯制的机动车其中两只对称的灯达到两灯制的要求时视为合格。

（2）前照灯光束偏移量检测标准

1）在检验前照灯近光光束照射位置时，前照灯照射在距离10m的屏幕上时，乘用车前照灯近光光束明暗截止线转角或中点的高度应为(0.7～0.9)H(H为前照灯基准中心高度,下同)，其他机动车(拖拉机除外)应为(0.6～0.8)H，机动车(装有一只前照灯的机动车除外)前照灯近光光束水平方向位置向左偏不允许超过170mm，向右偏不允许超过350mm。

2）轮式拖拉机运输机组装用的前照灯近光光束照射位置，按照上述方法检查时，要求在屏幕上光束中点的离地高度不允许大于0.7H；水平位置要求，向右偏不允许超过350mm，不允许向左偏移。

3）在检验前照灯远光光束及远光单光束照射位置时，前照灯照射在距离10m的屏幕上，要求光束中心离地高度，乘用车为(0.9～1.0)H，其他机动车为(0.8～0.95)H；机动车(装有一只前照灯的机动车除外)前照灯远光光束水平方向位置要求，左灯向左偏不允许超过170mm，向右偏不允许超过350mm。右灯向左或右偏不允许超过350mm。

2. 检测结果分析

前照灯检验不合格有两种情况，一是前照灯发光强度偏低；二是前照灯照射位置偏斜。

左右前照灯发光强度均偏低时，应检查前照灯反光镜是否明亮，如昏暗或镀层剥落应更换。检查灯泡是否老化，质量是否符合要求，否则应更换。检查电池端电压是否符合要求。仅靠蓄电池供电，前照灯发光强度一般很难达到标准的规定，检测时发电机应供电。

左右前照灯发光强度不一致时，应检查发光强度偏低的前照灯的反射镜是否符合要求，检查线路接触不良的情况。

前照灯安装位置不当或因强烈振动而错位，致使光束照射位置偏斜超标，应进行调整。前照灯光束照射位置偏斜的调整，可借助前照灯检验仪进行。先将左右及上下光轴刻度盘旋钮置于所需要调整的方位上，然后调整被检汽车前照灯的安装螺钉，直到左右指示表及上下指示表指针均指向零点即可。

（五）车轮定位的检测

车轮定位指的是车轮外倾角、车轮前束值、主销内倾角和主销后倾角。这些定位参数的变化会使汽车的操纵稳定性下降，同时增加轮胎的异常磨损和某些零部件的过早疲劳损坏。

在检测线上检测车轮定位常用四轮定位仪。四轮定位仪可检测的项目包括：前轮前束值（前轮前束角/前张角）、前轮外倾角、主销后倾角、主销内倾角、后轮前束值（后轮前束角/前张角）、后轮外倾角、车辆轮距、车辆轴距、转向20°时的前张角、推力角和左右轴距差等。

1. 检测标准

不同车辆的车轮定位参数值是不同的。四轮定位仪电脑储存有很多车型的车轮定位标准值，可以人工调取。与实测值相比较，对被检车辆的车轮定位状况给出正确的评价。另外，电脑本身也具有自动比较功能，当一个数据测量结束，电脑自动比较，并给出“合格（或显示绿色）”“不合格（或显示红色）”“符合标准”“超出允许范围”等提示。

2. 检测结果分析

车轮定位的失准原因比较复杂，除维修调整不当外，车架、车桥、车身的变形，连接部位（如独立悬架的纵、横摆臂的连接部位）的磨损及相关连接件的变形等均会导致车轮定位值的变化。

（六）、排放污染物检测

1. 检测标准

（1）装配点燃式发动机的车辆怠速试验排气污染物限值见表2-12。

表2-12 装配点燃式发动机的车辆怠速试验排气污染物限值

车辆类别	轻型车		重型车	
	CO含量（体积分数）（%）	HC含量（体积分数）/$\times10^{-6}$	CO含量（体积分数）（%）	HC①含量（体积分数）/$\times10^{-6}$
1995年7月1日前生产的在用汽车	4.5	1200	5.0	2000
1995年7月1日后生产的在用汽车	4.5	900	4.5	1200

① HC体积分数值按正己烷当量。

（2）装备点燃式发动机的车辆双怠速试验排气污染物限值见表2-13。

表 2-13 装备点燃式发动机的车辆双怠速试验排气污染物限值

车辆类别	怠速		高怠速	
	CO 含量（体积分数）(%)	HC 含量（体积分数）/ $\times10^{-6}$	CO 含量（体积分数）(%)	HC[①] 含量（体积分数）/ $\times10^{-6}$
2001年1月1日后上牌照的汽车 M_1[②]类车辆	0.8	150	0.3	100
2002年1月1日后上牌照的 N_1[③]类车辆	1.0	200	0.5	150

① HC 体积分数值按正己烷当量。

② M1 指车辆设计乘人数（含驾驶人）不超过6人，且车辆的最大总质量不超过2500kg。

③ N1，还包括设计上乘人数（含驾驶人）超过6人，或车辆的最大总质量超过2500kg，但不超过3500kg 的 M 类车辆。

（3）装配压燃式发动机的车辆自由加速试验排气可见污染物限值见表2-14。

表 2-14 装配压燃式发动机的车辆自由加速试验排气可见污染物限值

车辆类型	光吸收系数/m^{-1}
2001年1月1后上牌照的在用车	2.5
2001年1月1日后上牌照且装配废气涡轮增压器的在用车	3.0

（4）装配压燃式发动机的车辆自由加速试验烟度排放限值见表2-15。

表 2-15 装配压燃式发动机的车辆自由加速试验烟度排放限值

车辆类型	烟度值/Rb
1995年7月1日前生产的在用汽车	4.7
1995年7月1日后生产的在用汽车	4.0

2. 检测设备

（1）废气分析仪　检测汽油车排放污染物的检测仪器为废气分析仪。废气分析仪有两气体、四气体、五气体之分。两气体分析仪只检测汽车排气中 CO 和 HC 两种气体；四气体分析仪能检测汽车排气中 CO、HC、CO_2、O_2 四种气体；五气体分析仪可检测 CO、HC、CO_2、O_2 和 NO_X 五种气体。目前广泛采用的仍是不分光红外线两气体分析仪。

不分光红外线 CO 和 HC 气体分析仪，是一种能从汽车排气管中采集气样，并对其中所含 CO 和 HC 的含量进行连续测量的仪器。它由废弃取样装置、废气含量指示装置和校准装置等组成（图2-50）。

（2）烟度计　对装配压燃式发动机的汽车，我国现行的在用车排放检测方法主要是自由加速试验排气可见污染物测量（用不透光度计）或烟度计测量（用滤纸式烟度计）。其中滤纸式烟度计使用较广。

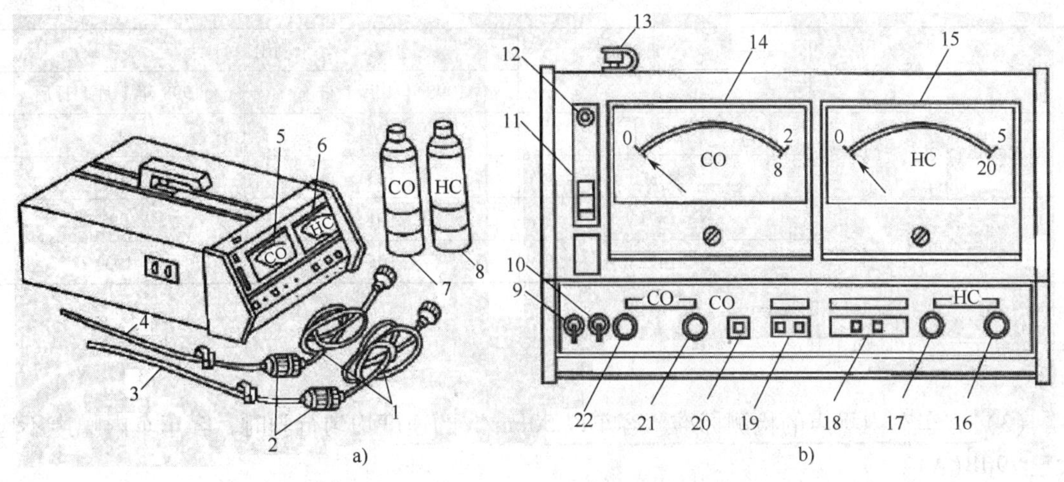

图 2-50 不分光红外线两气体分析仪

a）外形 b）面板

1—导管 2—滤清器 3—低含量取样探头 4—高含量取样探头 5—CO 指示仪表 6—HC 指示仪表 7—标准 CO 气体瓶 8—标准 HC 气样瓶 9—电源开关 10—泵开关 11—流量计 12 —电源指示灯 13—标准气样注入口 14—CO 指示仪表 15—HC 指示仪表 16—HC 标准调整旋钮 17—HC 零点调整旋钮 18—HC 读数转换开关 19—CO 读数转换开关 20—简易校准开关 21—CO 标准调整旋钮 22—CO 零点调整旋钮

（七）噪声检测

1. 噪声检测标准

（1）喇叭声级的检测标准 根据 GB 7258—2012《机动车运行安全技术条件》的规定，机动车喇叭声级限值见表 2-16。

表 2-16 机动车喇叭声级限值

车辆类型	喇叭声级/dB(A)
最大功率≤7kW 的摩托车和轻便摩托车	80 ~ 112
其他机动车	90 ~ 115

（2）汽车定置噪声的检测标准 根据 GB 7258—2012《机动车运行安全技术条件》的规定，汽车定置噪声的限值见表 2-17。

表 2-17 汽车定置噪声限值 ［单位:dB(A)］

车辆类型	燃料种类		车辆出厂日期	
			1998 年 1 月 1 日前	1998 年 1 月 1 日后
轿车	汽油		87	85
微型客车、货车	汽油		90	88
轻型客车、货车、越野车	汽油	n≤4300r/min	94	92
		n＞4300r/min	97	95
	柴油		100	98

（续）

车辆类型	燃料种类	车辆出厂日期	
		1998 年 1 月 1 日前	1998 年 1 月 1 日后
中型客车、货车、大型客车	汽油	97	95
	柴油	103	101
重型货车	N≤147kW	101	99
	N＞147kW	105	103

注：N——汽车发动机额定频率；
　　n——发动机额定转速。

（3）客车车内噪声的检测标准　客车以 50km/h 的速度均匀行驶时，客车车内噪声不应大于 79dB(A)。

（4）驾驶人耳旁噪声的检测标准　汽车(三轮汽车和低速货车除外)驾驶人耳旁噪声声级不应大于 90dB(A)。

2. 检测设备

噪声是汽车的第二公害，检测汽车噪声的设备是声级计。声级计用于测量汽车噪声、按供电电源种类可以分为交流式和直流式两种，其中直流式声级计因操作携带方便，所以比较常用。如图 2-51 所示，为声级计的外形及原理框图。声级计一般都是由传声器、放大器、衰减器、计权网络、检波器和指示装置组成。

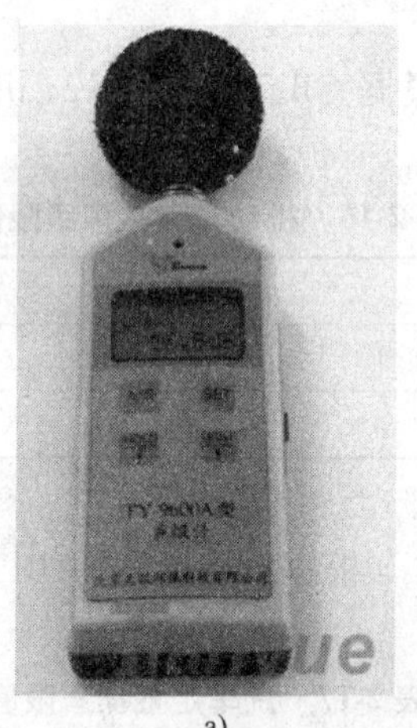

a)

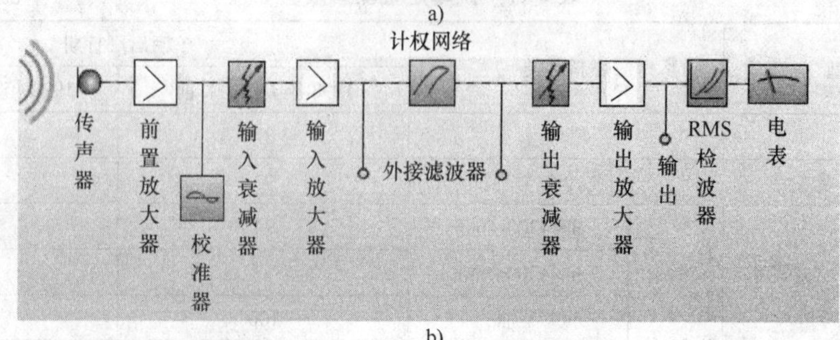

b)

图 2-51　声级计

a）外形　b）原理框图

根据 GB 7258—2012《机动车运行安全技术条件》的规定，机动车喇叭声级在距车前 2m、离地高 1.2m 测量时，其值对发动机最大净功率为 7kW 以下的摩托车和轻便摩托车为 80～112dB(A)，其他机动车为 90～115dB(A)。

(八) 汽车动力性检测

汽车的动力性可采用底盘测功机检测汽车驱动轮输出功率和用发动机综合分析仪检测无负荷功率两种方法。

采用底盘测功机检测汽车驱动轮输出功率时，车辆动力性合格的条件是：

$$\eta_{VM} \geqslant \eta_{Ma} \text{或} \eta_{VP} \geqslant \eta_{Pa}$$

式中，η_{VM}为汽车在额定转矩工况下的校正驱动轮输出功率与额定转矩功率的百分比(%)；η_{VP}为汽车在额定功率工况下的校正驱动轮输出功率与额定功率的百分比(%)；η_{Ma}为汽车在额定转矩工况下的校正驱动轮输出功率与额定转矩功率的百分比的允。

任务实施

☞ 任务目标与要求

- 小组成员分工协作，利用网络、图书馆资料，依据任务工单分析制定工作计划，并通过小组自评或互评检查工作计划。
- 对二手车现实技术状况进行仪器检查，并对结果进行分析。

☞ 准备工作

- 小组接受工作任务，组长带领组内成员阅读任务工单，查阅相关资料，合理分工，制定任务计划，并检查计划有效性；
- 准备实验场地、实验车辆、实验器材。

☞ 实施指导

1. 汽车动力性检测

1）汽车开上底盘测功试验台以前，必须通过路试运转至正常工作温度，然后调试发动机供油系统、点火系统至最佳工作状态，检查并紧固传动系统、车轮的连接情况，检查轮胎气压并使之达到汽车制造厂的规定值。

2）车辆准备好后，开上底盘测功试验台，若为双滚筒试验台，则应将被测汽车驱动轮置于两滚筒之间，然后放下举升器平板，并视需要用三角木对车辆从动轮进行纵向约束。

3）汽车驱动轮输出功率或驱动力的检测。

① 发动机额定功率下，驱动轮的输出功率或驱动力的检测方法如下：

a. 在测试发动机在额定功率和额定转速下驱动轮的输出功率和驱动力时，应将变速器挂入选定档位，然后松开驻车制动器操纵杆，逐渐踩下加速踏板，此时发动机将逐渐加速。

b. 与此同时，用逐渐增大测功试验台励磁电流的方法给发动机加载，直至发动机在节气门全开情况下，达到额定转速并以该转速稳定运转为止。此时就可读取或打印驱动轮的输出功率或驱动力的值。

② 发动机最大转矩转速下，驱动轮的输出功率或驱动力的检测方法为：在达到了上述试验的情况，即节气门全开、发动机转速达到额定值之后，保持节气门全开，并继续增大励磁电流给发动机加载，此时发动机转速将会下降，然后将转速降到发动机最大转矩所对应的转速为止，当运转稳定后，读取或打印驱动轮的驱动功率或驱动力值。由此可见，如果要测

量在变速器不同档位下的驱动轮输出功率或驱动力，只要依次挂入不同档位，然后按上述方法进行检测即可。在发动机达到额定功率时，挂1档，则可测量驱动轮的最大驱动力。

③ 发动机全负荷和选定车速情况下，驱动轮的输出功率或驱动力的检测方法为：按照上面的做法，在节气门全开情况下，调节测功机励磁电流，使发动机以选定的车速所对应的转速运转。运转稳定后，可读取或打印该车速下驱动轮的输出功率或驱动力。

④ 发动机部分负荷和选定车速下，驱动轮的输出功率或驱动力的检测方法为：做法与第③项相同，但节气门不要全开，而是部分打开，即在部分负荷下工作时，待发动机以选定的车速所对应的转速稳定运转后，即可读取或打印该负荷和选定车速下驱动轮的输出功率或驱动力。

4）汽车鉴定评估专业人员根据汽车动力性的检测，以被测汽车的现状为基础，依据检测的相关资料，遵循适用原则，按照一定程序，采用科学标准和方法，对被测汽车的动力性进行评定和估算，确定评估结论，最后出具合理、客观的评估报告。

2. 制动力检测

在检测制动力前需先测轴重，若制动试验台本身不带有轴重测量装置，应另用轴重计检测，如图2-52所示。

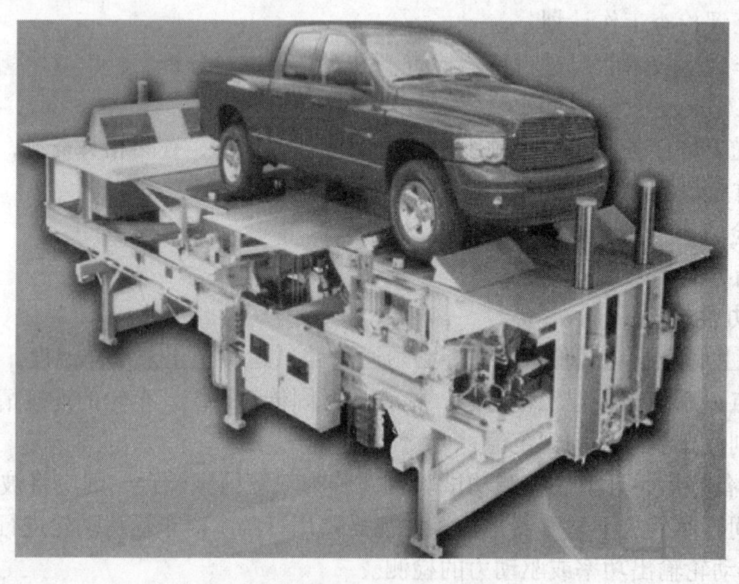

图2-52　转鼓式制动试验台

制动力检测操作步骤如下。

1）降下制动试验台举升器。

2）测量轴重。

3）起动试验台电动机。

4）在制动踏板完全放松的情况下，采集左、右轮的制动拖滞力。

5）用力踩下制动踏板，采集左、右轮的最大制动力。

6）拉紧驻车制动器操纵杆，采集左、右轮最大制动力（只有与驻车制动器相连的车轴才进行此项操作）。

7）制动试验台的主控计算机判定检测结果，显示“合格”或“不合格”。

8）如检测结果不合格，计算机显示“再检测一次”，合格则无此项。

9）升起举升器，该车轴驶出，另一车轴驶入。

3. 排放污染物检测

（1）怠速尾气排放检测

1）检验前仪器及车辆准备。

① 装上长度等于5.0m的取样软管和长度不小于600m并有插深定位装置的取样探头。

② 仪器的取样系统不得有泄漏。

③ 受检车辆发动机进入系统应装有空气滤清器，排气系统应装有排气消声器，并不得有泄漏。

④ 测量时发动机冷却液和润滑油温度应达到汽车使用说明书所规定的热状态。

2）检验程序。

① 必要时在发动机上安装转速计。

② 发动机由怠速工况加速至0.7倍额定转速，维持60s后降至怠速状态。

③ 发动机降至怠速状态后，将取样探头插入排气管中，深度等于400mm，并固定于排气管上。

④ 发动机在怠速状态，维持15s后开始读数，读取30s内的最高值和最低值，其平均值即为测量结果；若为多排气管，取各排气管测量结果的算术平均值。

（2）双怠速尾气排放检测

1）检验前仪器及车辆准备。

① 装上长度等于5.0m的取样软管和长度不小于600mm并有插深定位装置的取样探头。检查取样软管和探头内残留的HC含量(体积分数)不得大于20×10^{-6}。

② 仪器的取样系统不得有泄漏。

③ 受检车辆发动机进入系统应装有空气滤清器，排气系统应装有排气消声器，并不得有泄漏。

④ 测量时发动机冷却液和润滑油温度应达到汽车使用说明书所规定的热状态。

2）检验程序。

① 必要时在发动机上安装转速计。

② 发动机由怠速工况加速至0.7倍额定转速，维持60s后降至高怠速(即0.5倍额定转速)。

③ 发动机降至高怠速状态维持15s后开始读数，读取30s内的最高值和最低值，其平均值即为高怠速排放测量结果。

④ 发动机从高怠速状态降至怠速状态，在怠速状态维持15s后开始读数，读取30s内的最高值和最低值，其平均值即为怠速排放测量结果；若为多排气管，分别取各排气管高、低怠速排放测量结果的平均值。

（3）柴油机烟度检测

1）检验前仪器及车辆准备。

① 抽气开关与抽气泵动作应同步，滤纸洁白均匀无受潮变质，取样进气管路畅通。

② 受检车辆发动机达到规定的热状态，排气系统不得有泄漏现象。

2）检验程序。

① 吹除积存物：由怠速工况将加速踏板迅速踏到底，4s 后放开，反复 3 次，以清除排气系统中的积物。

② 安装取样探头：将取样探头固定于排气管内，插入深度等于 300mm，并使其中心线与排气管轴线平行。

③ 将踏板开关固定在加速踏板上方。

④ 测量取样：由怠速工况将踏板开关和加速踏板一并迅速踏到底，保持 4s 后松开，完成第一次检验。

⑤ 读取示值(自动)或取样(手动)。

⑥ 相隔 11s 以后，进行第二次检验。

⑦ 重复检验 3 次，取 3 次检验的算术平均值为排气烟度的检验结果。

（4）柴油机自由加速试验排气污染物检测

1）检验前仪器及车辆准备。

① 车辆进气系统应装配空气滤清器，排气系统应装配消声器并且不得有遗漏。

② 测量时发动机的冷却液和润滑油温度应达到汽车使用说明书所规定的热状态。

③ 试验前车辆不应长时间怠速运转。如车辆长时间怠速运转，测试前应增加自由加速工况操作次数，以便扫尽排气管积存的排放污染物。

④ 燃料应使用柴油，不得加消烟添加剂，柴油应符合 GB 18352.3—2005《轻型汽车污染物排放限值及测量方法(中国Ⅲ、Ⅳ阶段)》的规定。

2）检验程序。

① 车辆在发动机怠速下，插入不透光仪取样探头。

② 迅速但不猛烈地踏下加速踏板，使喷油泵供给最大油量，在发动机达到调整器允许的最大转速前，保持其位置。一旦达到最大转速，一立即松开加速踏板，使发动机恢复至怠速，不透光仪恢复到相应状态。

③ 重复②操作过程至少 6 次，记录不透光仪的最大读数值。如果读数值连续 4 次均在 0.25×10^{-6}(质量分数)的带宽内，并且没有连续下降的趋势，则记录值有效。

④ 计算连续 4 次测量结果的算术平均值，并将测量结果记录下来。

4. 噪声检测

（1）喇叭声级的测量　喇叭声级检验方法如下：

1）将声级计置于车前 2m、离地高 1.2m 处，且传声器指向被检车辆驾驶人位置。

2）按使用说明书要求，调整网络开关到“A”级计权和快档位置。

3）检测环境噪声应 <80dB(A)。

4）按喇叭连续发声 3s 以上，读取检测数据。

（2）排气噪声的测量

1）将声级计的传声器与排气管的排气口端等高。

2）传声器的参考轴应与地面平行，并和通过排气口气流方向且垂直地面的平面成 45°±10°夹角。传声器朝向排气口，距排气口端 0.5m，放在车辆外侧。

3）车辆装有两个或更多排气管，且排气管之间的间隔不大于 0.3m，并联接于一个消声器时，只需取一个测量。传声器应选择位于最靠近车辆外侧的那个排气管。如果两个或两个以上的排气管同时在垂直于地面的直线上，则选择离地面最高的一个排气管。

4）装有多个排气管，并且各排气管之间的间隔又大于0.3m的车辆对每一个排气管都要测量。

5）排气管垂直向上的车辆，传声器放置高度应与排气管口等高，传声器朝上，其参考轴应垂直地面。传声器应放在离排气管较近的车辆一侧，并距排气口0.5m。

6）将发动机转速稳定在($3/4n_r \pm 50$)r/min范围内(n_r为发动机额定转速)。

7）由稳定转速迅速降低至怠速转速，测量排气噪声的最高等级。

（3）发动机噪声测量

1）传声器位置。传声器放置高度距地面0.5m，并朝向车辆，放在没有驾驶人的车辆一侧。距车辆外廓0.5m，传声器参考轴平行地面，位于一垂直平面内，该垂直平面的位置取决于发动机的位置。前置发动机：垂直平面通过前轴；后置发动机：垂直平面通过后轴；中置发动机：垂直平面通过前后轴距的中点。

2）发动机运转条件。测量时，发动机从怠速尽可能快地加速到前面所规定的转速，并用一种合适的装置保持必要长的时间。测量由怠速加速到稳定转速过程的噪声，然后记录下最高噪声。

（4）车内噪声的测量

1）车内噪声测量条件。

① 测量跑道应有足够试验所需的长度。应是平直、干燥的沥青路面或混凝土路面。

② 测量时风速(指相对于地面)应不大于3m/s。

③ 测量时车辆门窗应关闭。车内带有其他辅助设备是噪声源，测量时是否开动，应按正常使用情况而定，

④ 周围环境噪声比所测噪声至少低10daB(A)，并保证测量不被偶然的其他声源所干扰。

⑤ 车内除驾驶人和测量人员外，不应有其他人员。

2）车内噪声测点位置。

① 车内噪声测量通常在人耳附近布置测点。话筒朝车辆前进方向。

② 驾驶室车内噪声测量位置为驾驶人座位上方(750±10)mm，靠背前(200±50)mm。

③ 载客车室内噪声测点可选在车厢中部及最后排座的中间位置，测量高度为座位上方(750±10)mm。

3）车内噪声测量方法。

① 车辆以常用档位50km/h以上不同车速均匀行驶，分别进行测量。

② 用声级计“慢”档测量A、C计权声级。分别读取表头指针最大读数的平均值。

③ 做车内噪声频谱分析时，应包括中心频率为31.5Hz,、63Hz、125Hz、250Hz、500Hz、1000Hz、2000Hz、4000Hz、8000Hz的倍频带。

4）驾驶人耳旁噪声的测量。

① 汽车空载，处于静止状态且置变速器于空档，发动机应处于额定转速状态，门窗紧闭。

② 测量位置应符合GB/T 18697-2002的规定。

③ 环境噪声应低于被检测噪声至少10dB(A)。

④ 声级计置于“A”计权、“快”档。

5. 四轮定位检测

电脑拉线式四轮定位仪如图 2-53 所示，其主要结构由带微处理器的主机柜及彩色监视器、键盘、80 列 A4 打印机、红外电子测量尺(用来检测轮距)、红外遥控器、标准转盘或电子转盘、自定心卡盘、传感器、接线盒、电缆、传感器拉线、转向盘锁定杆和制动杆等组成。检测方法和步骤如下：

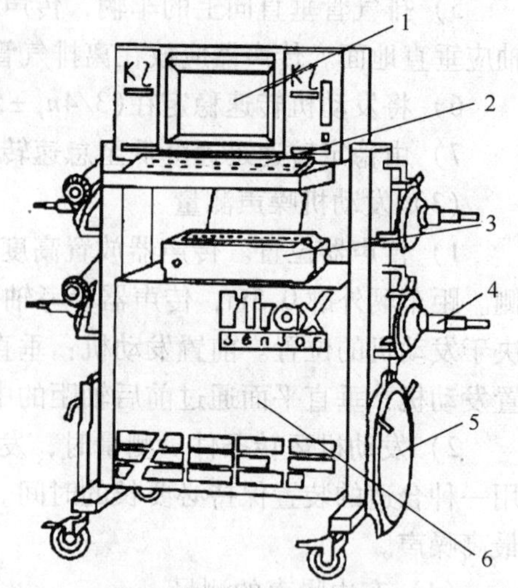

图 2-53 电脑拉线式四轮定位仪

1—彩色监视器 2—键盘 3—打印机 4—自定心卡盘 5—转盘 6—主机柜

1）把传感器支架安装在轮辋上，再把传感器(定位校正头)安装到支架上，并按使用说明书的规定调整。

2）开电脑主机进入测试程序，输入被测汽车的车型和生产年份。

3）进行轮辋变形补偿，转向盘位于中间位置，使每个车轮旋转一周，即可把轮辋变形误差输入电脑。

4）降下第二次举升量，使车轮落到平台上，把汽车前部和后部向下压动 4 ~ 5 次，使各部位落到实处。

5）用制动锁压下制动踏板，使汽车处于制动状态。

6）将转向盘左转至电脑显示“OK”，输入左转角度数；然后将转向盘右转至电脑显示“OK”，输入右转角度数。

7）将转向盘回正，电脑显示出后轮的前束及外倾角数值。

8）调正转向盘，并用转向盘锁锁止转向盘，使之不能转动。

9）将安装在四个车轮上的定位校正头的水平仪调到水平线上，此时电脑显示出转向轮的主销后倾角、主销内倾角、转向轮外倾角和前束的数值。电脑将比较各测量数值，得出“无偏差”“在允许范围内”或“超出允许范围”的结论。

10）若“超出允许范围”，按电脑提示的调整方法进行针对性调整。调整后仍不能解决问题，则应更换有关零部件。

11）再次压试汽车，将转向轮左右转动，看屏幕上数值有无变化，若有变化应重新调整。

12）拆下定位校正头和支架，进行路试，检查四轮定位调整的效果。

6. 前照灯检测

(1) 检测前的准备工作

1）检测仪器的准备。

① 在不受光的情况下，调整前照灯检测仪光度计和光轴偏斜指示器的指示指针使其达到机械零点。

② 检查聚光透镜和反射镜的镜面有无污物，若有，应使用柔软的布或镜头纸将其擦拭干净。

③ 检查导轨是否沾有泥土等杂物，若有，应扫除干净。

2）被测车的准备。

① 清除前照灯上的污垢。

② 轮胎气压应符合汽车制造厂的规定，否则会影响车灯的中心高度。

③ 汽车空载，在驾驶人座位乘坐一名驾驶人。

④ 汽车蓄电池应处于充足电状态，以保证使设备能检测到正确的前照灯光照强度值。

（2）检测仪使用注意事项

1）按说明书要求（如场地要求、检测距离要求、平行度要求、垂直度要求、高度要求等），正确安装设备。

2）正确连接电源和各种线缆，前照灯检测仪在检测时要在前照灯间移动，因此线缆应有足够的长度和适当的防护措施。

3）仪器使用前应检查各指示器的零位是否发生漂移，受光器的受光面是否蒙有灰尘或受到污染，并应对追踪光轴式检测仪的追踪性能进行周期性校准。

4）要避开外来光线的影响，对于四灯制的汽车，检测时应将同侧的两只前照灯遮住一只，检测完毕后再检测另一只。

5）按检测仪的说明书要求制定相应的操作规程，正确操作检测仪。

（3）聚光式前照灯检测仪的检测方法

1）将被测车尽可能地与检测仪保持垂直方向驶近检测仪，直至前照灯与检测仪受光器之间的距离达到检测所要求的距离（3m、lm、0.5m、0.3m）。

2）用汽车摆正找准器使检测仪与被测车对正。

3）打开前照灯，用前照灯照准器使检测仪与被测车前照灯对正。

4）将“光度、光轴”转换开关扭向光轴一边，然后转动上下和左右光轴刻度盘，使光轴偏斜指示计的指示值为零。此时，两光轴刻度盘上指示值即为光轴偏斜量，如图2-54所示。

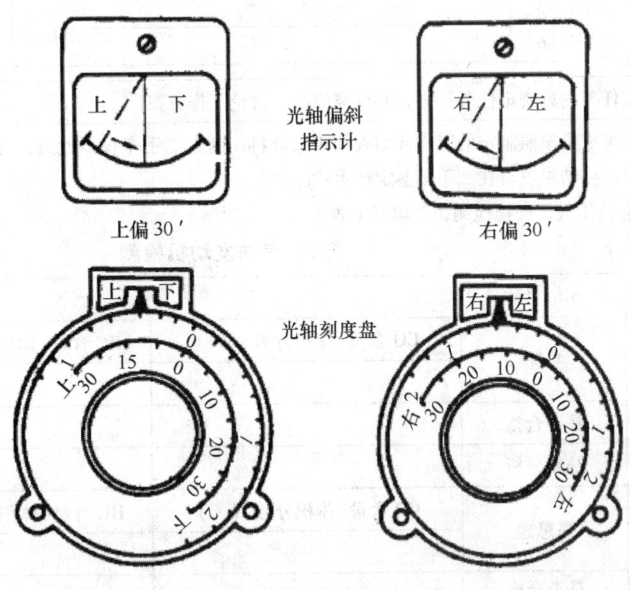

图2-54 光轴偏斜量检测

5）保持光轴刻度盘位置不动，将“光度、光轴”转换开关扭到光度一边，此时光度计的指示值即为前照灯的发光强度。

6）进行光轴偏斜量的检测。

7）检测完一只前照灯后，用同样的方法检测另一只前照灯。

8）检测结束后，将前照灯检测仪沿轨道或沿地面退回原来位置，并将汽车驶出。

<table>
<tr><td>项目</td><td colspan="5">现场鉴定</td></tr>
<tr><td>任务</td><td colspan="3">● 二手车仪器检测</td><td>姓名</td><td></td></tr>
<tr><td>班级</td><td></td><td>组号</td><td></td><td>日期</td><td></td></tr>
<tr><td>任务目的</td><td colspan="5">● 采用仪器设备对二手车进行检查。
● 对二手车仪器检查结果进行分析。
● 填写二手车鉴定评估作业表中部分内容。</td></tr>
<tr><td>任务描述</td><td colspan="5">按照学习领域课程安排，通过情景模拟，教师提供待鉴定评估车辆、参考资料、视频资料等教学资源，在教师指导下完成二手车仪器检查这一教学任务。请各组对教师提供的车辆进行仪器检查，并填写二手车鉴定评估作业表中的部分内容。</td></tr>
<tr><td>任务要求</td><td colspan="5">通过教师的引导、自学和查找资料等方式，按照工作过程的完整性和连贯性（资讯—决策—计划—实施—检查）评估要求，逐步养成就业岗位的隐性工作方法，最终以小组协作形式完成二手车仪器检测。</td></tr>
<tr><td>资讯</td><td colspan="5">掌握二手车排放污染物、噪声、四轮定位检查方法及步骤；对二手车仪器检测结果进行分析。</td></tr>
<tr><td>决策</td><td colspan="5">每6人一组，每组选出一名负责人，负责人对小组任务进行分配，组员按负责人要求完成相关任务内容。
<table>
<tr><th>序号</th><th>个人职责（任务）</th><th>负素人</th></tr>
<tr><td>1</td><td></td><td></td></tr>
<tr><td>2</td><td></td><td></td></tr>
<tr><td>3</td><td></td><td></td></tr>
<tr><td>4</td><td></td><td></td></tr>
<tr><td>5</td><td></td><td></td></tr>
<tr><td>6</td><td></td><td></td></tr>
</table></td></tr>
<tr><td>制定计划</td><td colspan="5">根据任务内容制定任务计划，并反复修改、讨论工作方案。</td></tr>
<tr><td>任务实施</td><td colspan="5">各小组成员按照制定的工作计划查阅相关资料，制定二手车仪器检查工作计划，并进行实施，分析结果，将结果填写在二手车鉴定技术状况表上。
1. 进行排气污染物检测，并填写下表。
表1　汽油发动机检测
<table>
<tr><td>车辆名称</td><td colspan="2"></td></tr>
<tr><td rowspan="2">怠速</td><td>CO 含量（体积分数）（%）</td><td>HC 含量（体积分数）/×10⁻⁶</td></tr>
<tr><td></td><td></td></tr>
<tr><td>是否合格</td><td></td><td></td></tr>
<tr><td>结果分析</td><td colspan="2"></td></tr>
<tr><td rowspan="2">高怠速</td><td>CO 含量（体积分数）（%）</td><td>HC 含量（体积分数）/×10⁻⁶</td></tr>
<tr><td></td><td></td></tr>
<tr><td>是否合格</td><td></td><td></td></tr>
<tr><td>结果分析</td><td colspan="2"></td></tr>
</table></td></tr>
</table>

（续）

<table>
<tr><th>项目</th><th>现场鉴定</th></tr>
<tr><td>任务实施</td><td>
表 2 柴油发动机检测
<table>
<tr><td>车辆名称</td><td colspan="2">怠速</td><td colspan="2">高怠速</td><td></td></tr>
<tr><td rowspan="2"></td><td>CO 含量（体积分数）(%)</td><td>HC 含量（体积分数）/ ×10^{-6}</td><td>CO 含量（体积分数）(%)</td><td>HC 含量（体积分数）/ ×10^{-6}</td><td>烟度值/Rb</td></tr>
<tr><td></td><td></td><td></td><td></td><td></td></tr>
<tr><td>是否合格</td><td></td><td></td><td></td><td></td><td></td></tr>
<tr><td>结果分析</td><td></td><td></td><td></td><td></td><td></td></tr>
</table>
2. 进行噪声检测，并填写下表
<table>
<tr><td>车辆名称</td><td>喇叭声级</td><td>排气噪声</td><td>发动机噪声</td><td>车内噪声</td><td>驾驶人耳旁噪声</td></tr>
<tr><td></td><td></td><td></td><td></td><td></td><td></td></tr>
<tr><td>是否合格</td><td></td><td></td><td></td><td></td><td></td></tr>
<tr><td>结果分析</td><td></td><td></td><td></td><td></td><td></td></tr>
</table>
3. 进行四轮定位检测，并填写下表
<table>
<tr><td>车辆名称</td><td>主销后倾角</td><td>车轮外倾角</td><td>主销内倾角</td><td>前轮外倾</td><td>前轮前束</td></tr>
<tr><td></td><td></td><td></td><td></td><td></td><td></td></tr>
<tr><td>是否合格</td><td></td><td></td><td></td><td></td><td></td></tr>
<tr><td>结果分析</td><td></td><td></td><td></td><td></td><td></td></tr>
</table>
</td></tr>
<tr><td>检查评估</td><td>成果展示，小组自评与互评，并讨论、总结、反思学习过程中的不足，撰写工作报告并交流。</td></tr>
</table>

任务 2.5 拍摄车辆照片

能力标准

学完这一单元，你应获得以下能力：

- 拍摄二手车外观图片、驾驶室图片、发动机室图片。
- 了解二手车拍照要求、拍摄距离、拍摄角度。

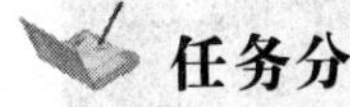

任务分析

请以以下任务为指导，完成对相关知识的学习并进行练习：

车辆拍照是评估人员根据车牌号或评估登记号，使用数码照相机拍摄被评估车辆照片，并存入系统存档。

相关知识

一、拍摄距离

拍摄距离是指拍摄立足点与被拍照二手车的远近，一般要求全车影像尽量充满整个像面。

二、拍摄角度

拍摄角度是指拍摄立足点与被拍照二手车的方位关系。拍摄角度方位一般分为上下关系和左右关系。

1）上下关系。拍摄角度的上下关系可分为俯拍、平拍和仰拍三种。俯拍是指在比被拍摄物高的位置向下拍摄；平拍是指拍摄点在物体的中间位置，镜头平置进行拍摄，此种拍摄方法效果就是人两眼平视的效果；仰拍是指相机放置在较低部位，镜头由下向上仰置拍摄，这种拍摄效果易发生变形。

2）左右关系。拍摄角度的左右关系一般根据拍摄者确定的拍摄方位，分为正面拍摄和侧面拍摄两种。正面拍摄是指面对被拍摄的物体或部位的正面进行拍摄；侧面拍摄是指在被拍摄物体的正侧面所进行的拍摄。

三、光照方向

光照方向是指光线与相机拍摄方向的关系，一般分为正面光、侧面光和逆光三种。对二手车拍照应尽量采用正面光拍照，以使二手车的轮廓分明、牌照号码清晰、车身颜色真实。

四、对二手车拍照的要求

1）车身要擦洗干净。

2）前风窗玻璃及仪表板上无杂物。

3）机动车号牌无遮挡。

4）关闭各车门。

5）转向盘回正，前轮处于直线行驶状态。

五、二手车常见拍摄位置

对二手车拍照一般要拍摄前面、侧面和后面三个方向的整体外形照，发动机室、驾驶室、行李箱等局部位置的照片。

1）外观图片。外观图片采用平拍，其中，前面照（也称为标准照）是在与车左前侧呈45°方向拍摄，如图2-55所示；侧面照是正侧面拍摄，如图2-56所示；后面照是在与车右后侧呈45°方向拍摄，如图2-57所示。

图2-55　二手车的标准照

图 2-56 二手车的侧面照　　图 2-57 二手车的后面照

2）驾驶室图片。驾驶室照采用俯拍，分别拍摄仪表台操纵杆、前排座椅、后排座椅正面图片各 1 张，拍摄破损部位带标尺的正面图片 1 张。如图 2-58 所示。

3）发动机室图片。拍摄发动机室图片 1 张，如图 2-59 所示。

图 2-58 二手车驾驶室照片

图 2-59 二手车发动机室照片

任务实施

☞ 任务目标与要求

• 小组成员分工协作，利用网络、图书馆资料，依据任务工单分析制定工作计划，并通过小组自评或互评检查工作计划。

• 对二手车进行拍照，并将照片存档。

☞ 准备工作

• 小组接受工作任务，组长带领组内成员阅读任务工单，查阅相关资料，合理分工，制定任务计划，并检查计划有效性。

• 准备实验场地、实验车辆、实验器材。

☞ 实施指导

1）检查车辆是否符合拍照的要求，视需要进行必要的处理。

2）调整好照相机。

3）拍摄外观图片。分别从车辆左前部与右后部 45°角拍摄外观图片各 1 张。拍摄外观破损部位带标尺的正面图片 1 张。

4）拍摄驾驶室图片。分别拍摄仪表台操纵杆、前排座椅、后排座椅正面图片各 1 张，拍摄破损部位带标尺的正面图片 1 张。

5）拍摄发动机室图片 1 张。

6）将拍摄的照片整理保存。

<table>
<tr><td>项目</td><td colspan="4">现场鉴定</td></tr>
<tr><td>任务</td><td colspan="2">二手车拍照</td><td>姓名</td><td></td></tr>
<tr><td>班级</td><td></td><td>组号</td><td>日期</td><td></td></tr>
<tr><td>任务目的</td><td colspan="4">● 拍摄二手车外观、驾驶室、发动机室照片
● 将拍摄的二手车照片进行存档。</td></tr>
<tr><td>任务描述</td><td colspan="4">按照学习领域课程安排，通过情景模拟，教师提供待鉴定评估车辆、参考资料、视频资料等教学资源，在教师指导下完成二手车拍照这一教学任务。请各组对教师提供的车辆进行拍照，并将照片进行存档。</td></tr>
<tr><td>任务要求</td><td colspan="4">通过教师的引导、自学和查找资料等方式，按照工作过程的完整性和连贯性(资讯—决策—计划—实施—检查)评估要求，逐步养成就业岗位的隐性工作方法，最终以小组协作形式完成二手车拍照。</td></tr>
<tr><td>资讯</td><td colspan="4">掌握二手车拍照要求。</td></tr>
<tr><td>决策</td><td colspan="4">每 6 人一组，每组选出一名负责人，负责人对小组任务进行分配，组员按负责人要求完成相关任务内容。
<table><tr><td>序号</td><td>个人职责(任务)</td><td>负素人</td></tr><tr><td>1</td><td></td><td></td></tr><tr><td>2</td><td></td><td></td></tr><tr><td>3</td><td></td><td></td></tr><tr><td>4</td><td></td><td></td></tr><tr><td>5</td><td></td><td></td></tr><tr><td>6</td><td></td><td></td></tr></table></td></tr>
<tr><td>制定计划</td><td colspan="4">根据任务内容制定任务计划，并反复修改、讨论工作方案。</td></tr>
<tr><td>任务实施</td><td colspan="4">各小组成员按照制定的工作计划查阅相关资料，对二手车进行拍照并将照片存档。
1. 外观图片

2. 驾驶室图片

3. 发动机室图片</td></tr>
<tr><td>检查评估</td><td colspan="4">成果展示，小组自评与互评，并讨论、总结、反思学习过程中的不足，撰写工作报告并交流。</td></tr>
</table>

知识拓展二

一、汽车故障的定义

汽车故障是指汽车中的零部件或总成部分或完全丧失了工作能力的现象。故障与失效都是指零部件丧失了工作的能力，但两者使用的场合有所不同。一般说来，故障用于可修复的零部件，如化油器、分电器、喷油泵、转向器、离合器等。而失效则常用于不必修复或不可修复的零部件，如活塞、活塞环、火花塞及各种紧固件、垫片等。

二、汽车故障的分类

汽车故障的分类主要有如下几种方法：

(1) 按工作状态分类

1) 间歇性故障：间歇性故障的特点是时而发生，时而消失。

2) 永久性故障：永久性故障是指若不经人工修理或排除就将一直存在的故障。

(2) 按故障性质分类

1) 功能性故障：是指故障发生后将影响汽车某些功能不能正常发挥其作用的故障，如制动器失灵、发动机非正常熄火、起动机不能工作、转向失灵等。

2) 性能参数故障：是指故障发生后，使汽车性能参数达不到规定的指标、部分丧失工作能力的故障，如发动机功率下降、百公里油耗超标、机油消耗异常、制动距离过长、起动机起动无力、加速时间或滑行距离达不到要求等。

(3) 按故障部位分类

可分为发动机故障、底盘故障、电气故障、车身故障等。

(4) 按故障后果严重程度分类

可分为轻微故障、一般故障、严重故障和致命故障。

1) 轻微故障：指不会导致汽车停驶或性能下降、无需换件的故障。这类故障通常可用随车工具在十多分钟的短时间内排除。如紧固件松动、气门脚响、点火时不正确、喷油时不正确、怠速过高等。

2) 一般故障：指使汽车性能下降或停驶，但一般不会导致主要部件或总成的严重损坏的故障。这类故障通常可利用随车工具与更换易损备件，在半小时内将其排除。如油路不畅、滤清器堵塞、垫片损坏而发生漏油等。

3) 严重故障：是指可能导致主要部件或总成严重损坏的故障。如果汽车发生了严重故障就必须立即停车，且不能利用随车工具和备件在半小时内将其排除。这种故障需要及时送维修站进行修理。如发动机拉缸、抱轴、烧瓦、缸体裂纹等。

4) 致命故障：是指危及行驶安全，导致人身伤亡，引起汽车主要总成报废，造成重大经济损失或严重污染环境的故障。如曲轴断裂、连杆螺栓断裂、活塞碎裂、柴油机“飞车”，以及车祸导致的车身严重变形、断裂和车桥断裂等。

三、汽车故障的症状

汽车故障通常包括以下“八大症状”：

（1）工况突变　工况突变是指汽车工况突然出现非正常变化。如由于发动机突然熄火，从而导致起动困难或无法起动；或因发动机功率突然下降使汽车行驶无力，以及汽车行驶中突然跑偏等。

（2）异常声响　异常声响是指汽车的某些机构或总成产生超过常规范围的异常响声，如汽车响声沉重并伴有明显的车身振动。发生异常声响时须立即停车检查，因为很可能是发生了严重故障。

（3）过热　过热是指汽车的某些机构或总成的温度超过正常范围的现象。如发动机过热会导致发动机爆燃、行驶乏力，严重时可能出现活塞和轴瓦的烧损；变速器、驱动桥出现过热会引起齿轮和轴承、油封等零件的烧损；制动器过热会引起制动功能下降或制动失灵等。

（4）渗漏　渗漏是指汽车上有密封要求的部位发生了油液泄漏的现象，包括燃油、机油、齿轮油、制动液（或压缩空气）、冷却液、动力转向液以及空调系统的制冷剂等液体的泄漏。

（5）污染超限　污染超限是指在汽车运行过程中的排放物和噪声超过标准规定。如果汽车出现了这类问题，需要及时检查维修。

（6）燃料、润滑油消耗异常　燃料、润滑油消耗异常是指燃料与润滑油的消耗量严重超过了正常范围。这通常是由于发动机工作不良或汽车底盘技术状况不佳而引起的。

（7）特殊异味　当发生离合器打滑、制动器拖滞时，会出现摩擦片烧焦的臭味；当电器系统出现烧毁时，也会发出异味；发动机过热时，也会散发出一种特殊的异味。这些都是汽车发生故障的表现。

（8）外观异常　将汽车停在平地上检查其外观，若发现有纵向或横向的歪斜，则可能是由于车架、悬架或车身发生变形，或由于轮胎异常而引起的。

四、转向系统常见故障诊断案例

1. 汽车转向系和前桥的检测与诊断

（1）前轮轮胎磨损不正常

1）现象：轮胎磨损速度加快，胎面形状出现异常。

2）原因可能有下述10项：

① 轮毂质量不佳，螺栓松动，前轮径向圆跳动或端面圆跳动太大，前轮摆头，轮胎气压不符合要求，轮胎长期未换位。

② 轮毂轴承松旷或转向节与主销松旷，前轮定位不正确，其中尤其是前轮前束与前轮外倾配合不正确。

③ 纵、横拉杆或转向器松旷。

④ 钢板弹簧U形螺栓松旷或钢板弹簧与其销配合松旷。

⑤ 前轮旋转质量不平衡。

⑥ 前轴与车架纵向中心垂面不垂直或车架两边的轴距不等，前轴刚度不足，前轴或车

架弯、扭变形。

⑦ 转向横拉杆(尤其是弓形转向横拉杆)或转向横拉杆臂刚度不足。

⑧ 前轮放松制动后回位慢或制动拖滞。

⑨ 转向梯形不能保证两前轮作纯滚动，出现过度转向和不足转向。

⑩ 经常行驶在拱度较大的路面上，经常超载、偏载、起步过急、高速转弯或制动过猛。

3）前轮轮胎磨损不正常故障的检测与分析

① 轮胎的中央部分早期磨损：主要原因是轮胎的充气量过大。充气量过大时轮胎与地面的接触面积就会减小，此时正常磨损只能由胎面中央部分承担，从而形成早期磨损。

② 轮胎两边磨损过大：主要原因是充气量不足，或长期超负荷行驶，此时轮胎与地面的接触面积增大，使轮胎的两边与地面过分接触从而形成早期磨损。

③ 轮胎的一边磨损量过大：主要原因是前轮定位失准。当前轮的外倾角过大时，轮胎的外边会形成早期磨损；当外倾角过小或没有时，轮胎的内边就会形成早期磨损。

④ 轮胎胎面出现锯齿状磨损：主要原因是前轮定位调整不当或前悬架系统位置失常、球头松旷等，使正常滚动的车轮发生滑动或行驶中车轮定位不断变动从而形成轮胎锯齿状磨损。

⑤ 个别轮胎磨损量大：个别车轮的悬架系统失常、支承件弯曲或个别车轮不平衡都会造成个别轮胎早期磨损。出现这种情况后，应检查磨损严重车轮的定位情况、独立悬架弹簧和减振器的工作情况，同时应缩短轮胎换位周期。

⑥ 轮胎出现斑秃形磨损：在轮胎的个别部位出现斑秃形严重磨损的原因是轮胎的平衡性差。当不平衡的车轮高速转动时，个别部位受力大，磨损加快，同时转向也会发抖，操纵性能变差。若在行驶中发现某一个特定速度、方向车辆出现轻微抖动，就应该及时对车轮进行平衡调整，以防出现斑秃形磨损。

（2）转向盘自由行程过大

1）现象：汽车静止时，两前轮保持直线行驶位置不动，然后轻轻来回转动转向盘时，感到转向盘的游动角度很大。

2）原因可能有下述5项：

① 转向盘与转向轴的连接松旷。

② 转向器内主、从动啮合部位松旷或主、从动部分的轴承松旷，转向器垂臂轴与垂臂的连接出现松旷。

③ 纵、横转向拉杆的球头连接松旷，或纵、横转向拉杆臂与转向节的连接松旷。

④ 转向节与主销的配合松旷。

⑤ 轮毂轴承松旷。

3）转向盘自由转动量过大故障的检测：在转向盘自由转动量过大的故障检测过程中，重点应检测分析故障是由转向器还是由拉杆轴节磨损的原因造成的。检查故障时，应架起汽车使转向轮悬空，然后左右转动转向盘。当用力转动时，拉杆不同步运动，则说明拉杆连接处因磨损而松旷量过大；若拉杆不动，则说明转向器的齿轮磨损严重。

（3）转向沉重

1）现象：汽车行驶过程中驾驶人向左、右转动转向盘时，感到沉重费力，无回正感；汽车低速转弯或掉头时，转动转向盘时更加费力。

2）原因可能有下述10项：

① 轮胎气压不足。

② 转向器主动部分轴承预紧力太大或从动部分(垂臂轴)与衬套配合太紧。

③ 转向器主、从动部分啮合调整太紧。

④ 转向器无油或缺油。

⑤ 转向节与主销的配合太紧或缺油。

⑥ 转向节推力轴承缺油或损坏。

⑦ 纵、横转向拉杆的球头连接调整太紧或缺油。

⑧ 与转向盘连接的转向轴弯曲或其套管凹瘪，造成刮碰。

⑨ 主销后倾过大、内倾过大或前轮负外倾。

⑩ 前梁、车架变形，造成前轮定位失准。

3）转向沉重故障的检测

① 首先拆下转向节臂并转动转向盘。

② 若仍感到转向沉重，则说明转向器存在故障，如齿轮啮合间隙过小、转向柱轴套严重磨损等。

③ 若感觉转向并不沉重，应检查拉杆球头间隙是否过小、车身是否变形、转向轮定位角是否满足要求等。

（4）自动跑偏

1）现象：汽车行驶中自动跑向一边，必须用力把住转向盘才能保持直线行驶。

2）原因可能有下述8项：

① 两前轮轮胎气压不等、直径不一或车厢装载不均。

② 两前轮轮毂轴承或轮毂油封的松紧度不一。

③ 两前轮外倾角、主销后倾角、主销内倾角不等或前轮前束在两前轮上分配不均，前轮前束太小或负前束。

④ 左、右钢板弹簧挠度不等或弹力不一。

⑤ 前梁、后桥轴管或车架发生水平平面的弯曲。

⑥ 车架两边的轴距不等。

⑦ 前、后桥两端的车轮有单边制动或单边制动拖滞现象。

⑧ 路面拱度太大或有侧向风。

3）自动跑偏故障的检测

① 首先检查左、右转向轮的气压是否符合标准及是否一致。若不符合标准或不一致，应充气至标准值。

② 检查前稳定杆和前摆臂是否变形，减振器弹簧刚度及左、右钢板弹簧的变形量是否一致。

③ 行车后检查左、右轮毂和制动器的温度情况。若温度不一致，则说明高温一侧的制动器存在单边制动、制动拖滞或轮毂轴承装配过紧、损坏等情况。

④ 检查转向轴的轴距和转向轮定位是否符合标准值。

（5）前轮摆头

1）现象：汽车在某低速范围内或某高速范围内行驶时，有时出现两前轮围绕各自主销进行左、右摆动的现象，尤其是高速行驶时，两前轮左右摆振严重，甚至在驾驶室内可以看到整个车头晃动。

2）原因可能有下述9项：

① 前轮旋转质量(包括轮胎、轮辋、轮毂、制动鼓或制动盘等)不平衡，或前轮径向圆跳动或端面圆跳动太大，或前轮轮毂轴承松旷。

② 前轮外倾角太小，前束太大或太小，主销后倾角太大或太小，或主销内倾角太大；前轮外倾、主销后倾或主销的内倾在两前轮上数值不等；前轮前束在两前轮上分配不均。

③ 前轮使用翻新胎。

④ 前梁或车架弯、扭变形。

⑤ 由于转向器布置位置的不当，造成转向系与前悬架(钢板弹簧)的运动相互干涉。

⑥ 转向系(如横拉杆、横拉杆臂、纵拉杆臂和垂臂等)刚度太低，转向器主、从动部分啮合间隙或轴承间隙太大，转向器垂臂与其轴配合松旷，转向节与主销配合松旷或转向节与前梁拳形部沿主销轴线方向配合松旷。

⑦ 转向器在车架上的固定松动，纵、横转向拉杆球头连接松旷。

⑧ 前悬架减振器失效或两边减振器效能不一，左、右两边的前悬架在高度或刚度(对于钢板弹簧,包括厚度、长度、片数、弧高或新旧程度)等方面不一，前钢板弹簧的U形螺栓松动或钢板销与其衬套松旷。

⑨ 当道路不平度太大，或路面对车轮的冲击频率与前梁角振动的固有频率一致时，在陀螺仪效应的影响下，会引起前轮摆头。

3）前轮摆头故障的检测

① 出现转向轮摆振故障时，应首先检查转向系各部件的配合间隙，及时排除故障。

② 在此基础上，对转向轮定位进行检测和调整，对转向轮进行动平衡检测和校正。

2. 汽车动力转向系统故障的检测与诊断

（1）液压动力转向系统转向沉重

1）故障现象：装有液压动力转向系统的汽车，在行驶中突然出现转向沉重。

2）故障原因：一般是液压转向助力系统失效或助力不足所造成的，其根本原因在于油压不足。引起转向系统油压不足的主要原因有以下几个方面。

① 储油罐缺油或油面高度低于规定要求。

② 液压回路中渗入了空气。

③ 转向泵传动带过松或打滑。

④ 各油管接头处密封不良，有泄漏现象。

⑤ 油路堵塞或滤清器污物太多。

⑥ 转向泵磨损，内部泄漏严重，安全阀、溢流阀泄漏，弹簧弹力减弱或调整不当。

⑦ 动力缸或转向控制阀密封损坏。

3）液压动力转向系统转向沉重故障的检测

① 检查转向泵驱动部分的情况：用手压下转向泵的传动带，检查传动带的松紧度。若传动带过松，应起动发动机，使发动机处于怠速运转状态，然后突然提高发动机的转速，检查转向泵传动带有无打滑现象，其他驱动形式的齿轮传动有无损坏。发现问题后应按规定更换性能不良的零部件。

② 检查储油罐内的油液质量和液面高度：若发现油液变质，则应更换规定的油液；若只是液面低于规定高度，则应加油使油面达到规定位置。

③ 检查转向泵储油罐内的滤清器：若发现滤网过脏，则说明滤清器堵塞，应清洗；若发现滤网破裂，则说明滤清器损坏，应更换。

④ 检查油路中是否渗入空气：如果发现储油罐中的油液有气泡，说明油路中有空气渗入，此时应检查各油管接头和接合面的螺栓是否松动、各密封件是否损坏、有无泄漏现象、油管是否破裂等。对于出现故障的部位应进行修理和更换，并进行排气操作，最后重新加入油液。

⑤ 检查各油管接头等处有无泄漏，油路中是否有堵塞，查明故障后按规定力矩拧紧有关接头或清除污物。

⑥ 对转向泵进行输出油压检查。如果转向泵输出压力不足，则说明转向泵有故障，此时应分解转向泵，检查转向泵是否磨损或内部泄漏严重，安全阀、溢流阀是否泄漏或卡滞，弹簧弹力是否减弱或调整不当，各轴承是否烧结或严重磨损等。对于叶片泵，还应检查转子上的密封环或油封是否损坏，对于齿轮泵应检查齿轮间隙是否过大等。查明故障予以修理，必要时更换转向泵。

(2) 液压动力转向系统有噪声

1) 故障现象：转向时，转向系统有不太大的噪声是正常现象，但当噪声过大或影响汽车的转向性能时，必须对转向系统进行检查，并排除故障。

2) 故障原因可能有以下6项：

① 储油罐中液面太低，转向泵在工作时容易渗入空气。

② 液压系统中渗入空气。

③ 储油罐滤网堵塞，或液压回路中有过多的沉积物。

④ 油管接头松动或油管破裂。

⑤ 转向泵严重磨损或损坏。

⑥ 转向控制阀性能不良。

3) 液压动力转向系统噪声故障的检测

① 当转向盘处于极限位置，或原地慢慢转动转向盘时，转向器发出“嘶嘶”声，如果这种异响严重，则可能为转向控制阀性能不良，应更换转向控制阀。

② 当转向泵发出“嘶嘶”声或尖叫声时，应进行以下检查：

a. 检查储油罐液面高度。液面高度不够时，应查明泄漏部位并修理，然后按规定加足油液。

b. 检查转向泵传动带是否打滑。若打滑，则应查明原因更换传动带或调整传动带松紧度。

c. 察看油液中有无泡沫。若有泡沫，应查找漏气部位并予以修理，然后排除空气。若无漏气，则说明油路有堵塞处或转向泵严重磨损及损坏，应予以修复或更换。

(3) 液压动力转向系统左右转向轻重不同

1) 故障现象：汽车行驶时，向左和向右转向操纵力不相等。

2) 故障原因可能有以下四项：

① 转向控制阀阀芯(或滑阀)偏离中间位置；或虽然在中间位置，但与阀体槽肩的缝隙

大小不一致。

② 控制阀内有污物阻滞，使左、右转动阻力不同。

③ 液压系统中动力缸的某一油腔渗入空气。

④ 油路漏损。

3）液压动力转向系统左右转向轻重不同故障的检测：这种故障多是油液脏污所致，应按规定更换新油后再进行检查。

① 如果油质良好或更换新油后故障没有排除，则应对液压系统进行排气并检查系统有无油液泄漏。当液压系统中出现泄漏时，应更换泄漏部位的零部件。

② 如果故障仍不能排除，则可能是由于控制阀定中不良造成的。滑阀式转向控制阀可在动力转向器外部进行排除，通过改变转向控制阀阀体的位置来实现；如果滑阀位置调整后仍不见好转，应拆检滑阀，测量其尺寸，若偏差较大，应更换滑阀。对于转阀式转向控制阀，必须通过分解检查来排除故障。

（4）液压动力转向系统直线行驶时转向盘发飘或跑偏

1）故障现象：汽车直线行驶时，难以保持正前方向而总向一边跑偏。

2）故障原因可能有以下3项：

① 油液脏污、转向控制阀回位弹簧折断或变软，使转向控制阀不能及时回位。

② 转向控制阀阀芯（或滑阀）偏离中间位置，或虽在中间位置但与阀体槽肩的缝隙大小不一致。

③ 流量控制阀卡滞使转向泵流量过大，或油压管路布置不合理，造成油压系统管路节流损失过大，使动力缸左、右腔压力差过大。

3）液压动力转向系统直线行驶时转向盘发飘或跑偏故障的检测

① 首先检查油液是否脏污。对于新车或大修以后的车辆，如果不认真执行走合维护的换油规定，会使油液脏污。

② 对于使用较久的车辆，则可能是流量控制阀或转向控制阀回位弹簧失效所致，此时可在不起动发动机的情况下转动转向盘，凭手感判断控制阀是否开启并运动自如。若有怀疑，不进行拆卸检查。

③ 检查转向泵流量控制阀是否卡滞和油压管路布置是否合理，发现故障应及时予以修理或调整。

（5）液压动力转向系统转向时转向盘发抖

1）故障现象：发动机工作时转向，尤其是在原地转向时发生滑阀共振现象，使转向盘抖动。

2）故障原因可能有以下5项：

① 储油罐液面低。

② 油路中渗入空气。

③ 转向泵传动带打滑。

④ 转向泵输出压力不足。

⑤ 转向泵流量控制阀卡滞。

3）液压动力转向系统转向时，转向盘发抖故障的检测

① 检查储油罐液面是否符合规定，否则按要求加注转向油液。

② 排放油路中渗入的空气。

③ 检查转向泵传动带是否打滑或其他驱动形式的齿轮传动等有无损坏，若发现问题，应按规定调整传动带张紧度或更换性能不良的零件。

④ 对转向泵输出压力进行检查。压力不足时应分解转向泵，检查转向泵是否磨损或内部泄漏严重、安全阀及流量控制阀是否泄漏或卡滞、弹簧弹力是否减弱或调整不当、各轴承是否烧结或严重磨损等。对于叶片式转向泵，还应检查转子上的密封环或油封是否损坏。对于齿轮式转向泵，还应检查齿轮间隙是否过大等。查明故障后及时予以修理，必要时需更换转向泵。如果泵轴油封泄漏，也应更换转向泵。

(5) 液压动力转向系统转向盘回正不良

1) 故障现象：汽车完成转向后，转向盘不能回到中间行驶位置(直线行驶位置)。

2) 故障原因可能有以下5项：

① 转向泵输出油压低。

② 液压回路中渗入空气。

③ 回油软管扭曲阻塞。

④ 转向控制阀或转向动力缸卡滞。

⑤ 转向控制阀定中不良。

3) 液压动力转向系统转向盘回正不良故障的检测

① 对液压系统进行排气操作，排气后按规定加足转向油液。

② 检查转向泵输出油压，若油压不足应拆检转向泵，并检查转向泵是否磨损或内部泄漏严重、安全阀及流量控制阀是否泄漏或卡滞、弹簧弹力是否减弱或调整不当、各轴承是否烧结或严重磨损等。查明故障后应及时予以修理，必要时更换转向泵。如果泵轴油封泄漏，也应更换转向泵。

③ 检查回油软管是否阻塞，如有，应更换回油软管。

④ 拆检转向控制阀或转向动力缸，查明故障原因，然后视情况进行修复，对于损坏的零件应更换。必要时应更换转向控制阀或转向动力缸。

五、汽车制动系统常见故障的检测与分析

1. 制动效能不良

(1) 现象　汽车行驶中制动时，制动减速度小，制动距离长。

(2) 原因　可能有以下4项主要原因

1) 主缸有故障。

2) 轮缸有故障。

3) 制动器有故障。

4) 制动管路中渗入空气。

(3) 诊断　液压制动系统产生制动效能不良的原因，一般可根据制动踏板行程(俗称高、低)、踏制动踏板时的软硬感觉、踏下制动踏板后的稳定性以及连续多脚制动时踏板增高的高度来判断。

1) 间隙过大：一般制动时制动踏板高度太低、制动效能不良。如此时连续踩两脚或几脚制动踏板后，制动踏板高度会随之增高且制动效能好转，说明制动鼓与摩擦片或主缸活塞

与推杆的间隙过大。

2）制动液渗漏：维持制动时，制动踏板的高度若缓慢或迅速下降，则说明制动管路某处破裂、接头密闭不良或轮缸皮碗密封不良，其回位弹簧过软或折断，或主缸皮碗、皮圈密封不良，回油阀及出油阀不良。出现这种情况后，可先踏下制动踏板，观察有无制动液渗漏部位。若外部正常，则应检查轮缸或主缸故障。

3）主缸皮碗破裂：连续踩几脚制动踏板时，制动踏板高度仍过低，且在踩第二脚后，感到主缸活塞未回位，踏下制动踏板即有主缸推杆与活塞的碰击响声，出现这种情况可能是主缸皮碗破裂或回位弹簧太软。

4）制动管路中渗入空气：连续踩几脚制动踏板时，制动踏板高度稍有增高，并有弹性感，说明制动管路中渗入了空气。

5）缺制动液：连续踩几脚制动踏板，制动踏板均被踏到底，并感到制动踏板毫无反力，说明主缸储液室内制动液严重亏损。

6）通气孔堵塞：连续踩几脚制动踏板时，制动踏板高度低而软，出现这种情况是因为总进油孔中储液室螺塞通气孔堵塞。

7）制动间隙太小与制动软管老化：踩踏一脚或两脚制动踏板时，制动踏板高度适当，但感觉太硬，制动效能不良。此时应检查各轮摩擦片与制动鼓的间隙是否太小。若间隙正常，则检查制动鼓壁与摩擦片表面状况。如正常，再检查制动蹄弹簧是否过硬，主缸或轮缸皮碗是否发胀，活塞与缸壁配合是否松旷。如均正常，则应检查制动软管是否老化不畅通。

2. 制动突然失灵

（1）现象　汽车在行驶中，踩一脚或连续几脚制动踏板后，制动踏板均被踏到底，但制动突然失灵。

（2）原因　可能有以下 4 项主要原因

1）主缸内无制动液。

2）主缸皮碗破损或踏翻。

3）轮缸皮碗破损或踏翻。

4）制动管路严重破裂或接头脱节。

（3）诊断　发生制动失灵的故障时，应立即停车检查。此时首先观察是否有泄漏制动液处，如制动主缸推杆防尘套处制动液漏失严重，多属主缸皮碗踏翻或严重损坏；如某车轮制动鼓边缘有大量制动液，则说明该轮轮缸皮碗被踏翻或严重损坏；管路渗漏制动液一般明显可见。若无渗漏制动液现象，则应检查主缸储液室内制动液是否充足。

3. 制动发咬

（1）现象　踏下制动踏板时，感到既高又硬或没有自由行程，汽车起步困难或行驶费力。

（2）原因　可能有以下 10 项主要原因

1）制动踏板没有自由行程或其回位弹簧脱落、折断或过软。

2）制动踏板轴锈渍导致加速困难。

3）主缸皮碗、皮圈发胀或活塞变形，或被污物卡住。

4）主缸活塞回位弹簧过软、折断，皮碗发胀堵住回油孔或回油孔被污物堵塞。

5）制动蹄摩擦片与制动鼓之间的间隙过小。

6）制动蹄回位弹簧过软、折断。

7）制动蹄在支承销上下能自由转动。

8）轮缸皮碗胀大、活塞变形或有污物粘住。

9）制动管凹瘪、堵塞，使回油不畅。

10）制动液太脏，黏度太大，使回油困难。

（3）诊断　放松制动踏板后，全部或个别车轮仍有制动作用，即表明制动发咬。行车中出现制动发咬时，若各轮制动鼓均过热，表明主缸有故障。若只是个别制动鼓过热，则属于该轮制动器工作不良。

若故障在主缸，应先检查制动踏板自由行程。若无自由行程，一般为主缸推杆与活塞的间隙过小或没有间隙。若自由行程正常，则可拆下主缸储液室的螺塞，踏抬制动踏板，观察回油情况。如不回油，则为回油孔堵塞。如回油缓慢，则可检查制动液是否太脏或黏度太大。如制动液清洁，则说明主缸皮碗、皮圈可能发胀或其回位弹簧过软，此时应分解主缸进行检查。

若故障在个别车轮制动器，可架起该车轮，旋松轮缸放气螺钉，如制动液随之急速喷出且车轮即刻转动自如，则说明该轮制动管路堵塞，轮缸未能回油；如转动该轮仍发咬，可检查制动蹄摩擦片与制动鼓间隙是否太小。若上述均正常，则应检查轮缸活塞皮碗及制动蹄回位弹簧的情况。

4. 制动跑偏(单边)

（1）现象　汽车制动时，向一边偏斜。

（2）原因　可能有以下5项主要原因：

1）两前轮制动鼓与摩擦片的间隙不一、两前轮摩擦片的接触面积相差太大、两前轮摩擦片的质量不同、两前轮制动鼓内径相差过多、两前轮制动蹄回位弹簧弹力不等等情况。

2）前轮某侧轮缸活塞与缸筒摩擦过甚，某侧前轮轮缸有空气，软管老化或轮缸皮碗不良，前轮某侧制动鼓失圆，两前轮胎气压不一致，某侧前轮摩擦片油污、水湿、硬化、铆钉外露等。

3）两前轮制动蹄支承销偏心套磨损程度不一。

4）两后轮有上述前三条故障的。

5）车架变形、前轴移位、前束不合要求、转向机构松旷及两前钢板弹簧弹力不等等情况。

（3）诊断　检查时先通过路试制动，根据轮胎拖印查明制动效能不良的车轮，然后予以检修。拖印短或没有拖印的车轮即为制动效能不良。检修时可先检视该轮制动管路是否漏油，轮胎气压是否充足；若正常，可检查与调整摩擦片与制动鼓间隙；如仍无效，可查轮缸是否渗入空气；若无空气渗入，则应拆下制动鼓，按原因逐一检查制动器各部件；如也正常，则说明故障不在制动系统，应检查车架或前轴的技术状况及转向机构情况。此时如果有制动试验台检查则更为方便，哪个车轮制动力小，即为制动不良的车轮。

至于像桑塔纳这类车辆的制动系统，是液压制动，但都是钳式制动机构，如若出现故障，则应检查制动踏板的自由行程、制动储液罐的制动液面高度、制动片的厚度以及制动压力调节器的制动压力等是否合乎要求。

5. 制动不灵

1）制动管(如接头处)发生渗漏或阻塞，制动液不足，制动油压下降而导致制动失灵。

应定期检查制动管路，排除渗漏、添加制动液、疏通管路。

2）制动管内进入空气导致制动迟缓，制动管路受热，管内残余压力太小，致使制动液汽化，管路内出现气泡等。由于气体可压缩，在制动时会导致制动力矩下降。维护时，可将制动轮缸及管内空气排净并加足制动液。

3）制动间隙不当。制动摩擦片工作面与制动鼓内壁工作面的间隙过大，制动时轮缸活塞行程过大，导致制动迟缓、制动力矩下降。维修时，应按规范全面调校制动间隙，即用一字槽螺钉旋具从高速孔拨动棘轮，将制动蹄完全张开使间隙消除，然后将棘轮退回3~6齿，以得到所规范的间隙。

4）闸瓦变形或制动鼓圆度超过0.5mm以上，导致摩擦衬片与制动鼓接触不良，制动摩擦力矩下降。若发现此现象，必须镗削或校正修复摩擦片。

5）制动摩擦片被油垢污染或浸水受潮，会导致摩擦系数急剧降低，引起制动失灵。维护时，可拆下摩擦片用汽油清洗，并用喷灯加热烘烤，使渗入片中的油渗出来，渗油严重时必须更换新片。对于浸水的摩擦片，可连续制动以产生热能使水蒸发，恢复其摩擦系数即可。

6）制动主缸、轮缸皮碗（或其他件）损坏时，制动管路不能产生必要的内压，油液渗漏，致使制动不良。此时应及时拆检制动主缸、轮缸皮碗，更换磨蚀损坏部件。

6. 制动单边

1）同轴左右两边制动器制动时间不一致，大多是两边制动器制动间隙不均或接触面积差异所引起的。制动时，一边摩擦片先接触制动鼓进行制动，而另一边因间隙大、摩擦片与制动鼓接触滞后，从而导致制动不同步。遇此现象，可按规范重新调校左右轮制动间隙。

2）同轴两边制动器的制动力矩不同，致使车轮转速不同，直线行驶的距离就不会相等，从而出现单边制动的情况。这通常是由于某边制动轮缸漏油、制动摩擦片严重油污、摩擦系数出现差异或左右轮胎气压不等所造成的。出现此类情况可用汽油清洗摩擦片、调节轮胎气压、修复渗漏处等方式，分别予以排除。

3）汽车不踏制动踏板就自动滑行到一侧。这多为一侧前悬架变形、前悬架车身底板变形、前悬架螺旋弹簧弹力严重下降、车架等有关部位在汽车制动时相互干涉或不协调所致。遇上述情况，应查明原因后予以修复。

4）制动时车轮自动向一边转弯而导致汽车跑偏。这主要是两边制动鼓与摩擦片的工作表面粗糙度不同，或一侧制动管路进空气、接头堵塞等引起的。应分别查找根源，予以修复。

5）左、右轮胎气压不均造成跑偏。左右轮胎充气必须一致，否则会因两边车轮的实际转动半径不同、行驶的直线距离不等而出现侧滑。必须按规定的标准给各轮胎充气。

6）除上述原因之外，还有由于车轮定位失准及左、右轮胎磨损不同，产生的路面对左右车轮的阻力差。

7. 制动噪声

1）制动鼓失圆，其圆度误差超过0.5mm。制动鼓工作面发生变形，制动时摩擦片与制动鼓接触瞬间发生碰撞，同时发出尖锐的撞击响声。维护时，应拆下制动鼓，按规范标准进行镗削，并进行动平衡性能校验，不平衡量应控制在200g·cm之内。

2）制动摩擦片表面太光滑，摩擦系数小而制动压力大，表面滑磨时便产生摩擦噪声；

如果摩擦片与制动鼓之间塞进了异物挤压摩擦表面，也会出现摩擦噪声。维修时应拆下制动鼓，清除异物，并用粗砂纸打磨摩擦片，使之配合摩擦副接触面积达70%以上。

3）制动摩擦片严重磨损，表面出现沟槽及不规则形状。制动时不能完全有效地和制动鼓贴合，或制动支撑板变形，破坏了制动鼓与摩擦片的同轴度，从而导致局部摩擦、碰撞以及出现噪声。维修时，应更换摩擦片，并校正制动支撑板。

4）前轮轴承损坏、滚道和滚珠表面出现麻坑、沟槽甚至碎裂，行驶中一制动就会出现异响。此时更换前轴头轴承，即可消除此噪声。

8. 制动鼓发热

1）制动间隙过大、制动踏板自由行程过小。当放松制动踏板时，制动力没有完全解除，使得摩擦副长时间处于摩擦状态；起步困难、行驶无力、用手触摸制动鼓表面感到烫手。遇此情况，应按规范重新调整制动间隙。

2）驻主制动手柄没完全放开。其原因是调整不当或操作上的疏忽，致使摩擦副长时间处于摩擦状态而发热，必要时按规范进行调整。

3）制动产生的热量使回位弹簧受热变形、弹力下降或消失，不能保证制动摩擦片总成及时回位，便不能及时彻底解除制动而使制动鼓发热。此时及时检修或更换回位弹簧，即可消除故障。

9. 制动效能低甚至丧失

（1）故障现象　汽车制动踏板行程过大，制动作用迟缓，制动效能很低甚至丧失，制动距离增长。

（2）故障原因　可能有以下4项主要原因：

1）制动液压力不足，如制动主缸缺油、制动管路破裂、油管接头渗漏、油路堵塞等。

2）制动系统内有空气。

3）制动踏板自由行程或制动器间隙过大，制动蹄摩擦片接触不良，磨损严重或有油污。

4）制动主缸、轮缸活塞和缸筒磨损或拉伤，皮碗老化损坏。

（3）检测

1）连续踩下制动踏板，如制动踏板逐渐升高且有弹性感觉，但稍停一会儿后再踩制动踏板时仍然很低，即为制动系统内有空气，这时应对制动系统进行排气。

2）只踩一脚制动踏板发现制动不灵，但连续踩几次制动踏板时制动效果很好，一般为制动踏板自由行程过大或制动间隙过大。此时应调整制动踏板的自由行程，然后检查制动器间隙，必要时进行制动器解体修理。

3）踩下制动踏板时，不软弱也不下沉，但就是制动效果不良，这一现象为车轮制动器故障，如制动蹄片有油或接触不良，摩擦片老化、磨损，制动鼓磨损不均。此时应对制动技术状况进行检查，必要时进行调整和修复。

10. 驻车制动器失灵

常见拉索或外套锈蚀、牵引弹簧折断、脱落或弹性消失，致使驻车制动器操纵拉索或制动拉索拉动不灵活，导致驻车制动手柄松不开而工作失效。此时应检查制动操纵拉索和制动系统部件表面有无损伤，手柄操纵动作是否灵活，有无卡滞现象，拉索连接头和固定部位是否松动损坏。检修时，应对拉索加注润滑脂进行润滑，或更换损坏件，重新按修理规范调整驻车制动手柄转动量。

六、二手车制动性能检测中的相关案例

【案例1】 一辆广州生产的标致505 SW8型二手车，在动态检测使用制动时，其制动性能良好，而在高速公路行驶时，偶有制动失灵现象发生，但连续踩几脚制动踏板后，制动性能又恢复正常。

（1）检测 上述症状一般是由于制动管路破裂或管路内存有空气，但检查油管及各接头处均完好，制动主缸及各轮缸工作正常，重新排放空气后，故障依旧。

（2）分析 该故障只在不常使用制动时经常发生，而标致轿车的制动器是前盘后鼓式，其主缸设计具有前轮先制动后轮才开始动作的特点，因此，判定故障可能在前轮。拆下前轮仔细检查后发现，其摩擦片沿轴线方向有轻度松旷。结合故障现象，其原因一目了然。即该车在长时间行驶不使用制动的情况下，由于松旷，摩擦片沿轴线方向来回旷动，造成制动轮缸活塞回缩，导致制动液流回储液罐。这样，摩擦片与制动盘之间的间隙就会增大，制动轮缸的工作行程也随之增大。因此，在踩下制动踏板时，由于制动主缸行程有限，造成制动轮缸行程不足，摩擦片不能与制动盘接触，导致前轮制动失灵，后轮制动轮缸也就无法工作。最终导致一脚踩下制动踏板时无制动效果，连续踩制动踏板后，制动性能才能恢复正常。更换新的摩擦片后，此故障就会彻底排除。

从这一实例可知，在进行二手车检测时，应将故障现象与实际汽车的运行性能紧密结合起来，分析查找原因，从而快速准确地判明故障所在。

【案例2】 汽车制动器打滑原因分析及制动系统故障检修。

（1）现象 二手车沃尔沃轿车已行驶3万km，试车制动系统感觉有异常故障，轻度制动时，忽左忽右跑偏；继续使用后，制动失效。

（2）检测 检查制动踏板高度及踏板力均符合技术要求。用真空表测量真空助力泵真空度数值也达标。为确定真空泵和制动主缸的压力是否正常，在轮缸处接压力表测量，结果显示左右差值为零，而且起动真空助力与不起动真空助力轮缸的压力差值减半（由10MPa减到5MPa），且解除制动后，四轮转动灵活，说明进油量和回油量是正常的。拆下摩擦片测量厚度均为10mm左右。表面上，该车制动系统一切正常，但继续检查发现，摩擦衬片和制动盘的表面都非常光滑，更换摩擦片和制动盘后，制动正常。

（3）分析摩擦打滑的原因

1）摩擦片材料变质。如：车辆在下山过程中，长时间或频繁地使用制动，导致摩擦片与制动盘滑动摩擦而产生高温，高温下材料中的有机聚合物发生分解。

2）制动盘一般为钢制，虽然有一定的金属硬度，但高温也容易造成氧化，从而不仅使其硬度降低，而且冷却过快还会变形，造成制动盘快速磨损，使得制动盘的表面粗糙度值降低，并产生很深的沟槽，即使更换新的摩擦片，制动效能也不会好转，而且变形严重的情况下易造成车轮动不平衡，车身抖动。

3）摩擦打滑情况下使用制动，温度会越来越高，势必导致制动轮缸温度增高，橡胶件老化，这些都是影响制动的不良因素。

【案例3】 制动系统失灵。

（1）现象 二手车日产轿车已行驶8万km，制动系统失灵。路面试车制动时，检查制动踏板高度及硬度均符合技术要求。

（2）检测　首先确定真空助力系统工作的情况，用真空表测量真空助力泵，真空度数值达标。为确定真空助力泵和制动主缸油压分配的情况，在轮缸处接压力表测量，结果显示左右差值为零，而且起动真空助力与不起动真空助力，轮缸的压力值减半(由8MPa减到4MPa)，且解除制动后，四轮转动灵活，说明进油量和回油量是正常的。拆下摩擦片，测量厚度均为10mm左右，表面粗糙度值较低，且制动盘的表面非常光滑，更换摩擦片后，制动正常。分析摩擦片打滑的原因有：

1）摩擦片材料变质，摩擦系数下降，降低了制动效能。

2）制动盘磨损，会使盘的表面粗糙度值降低，还会产生沟槽，即使更换新的摩擦片，制动效果也不会好转，而且变形严重的情况下，还会造成车轮动平衡被破坏，车身抖动。

3）摩擦片打滑是造成制动不良的因素。故建议消费者及时检修制动摩擦片，并及时维修，继续使用会影响行车安全。

【案例4】 ABS故障。

（1）现象　二手车桑塔纳时代超人轿车，路试时ABS灯突然亮起。

（2）检测　用修车王读取故障码为01276——ABS液压泵故障(V64)。后经线路检查，未发现故障。但是据车主说该车晚上开前照灯，亮度不够，且蓄电池因亏电已进行了更换。测量充电电压后，发现有时踩加速踏板时电压太低，只比蓄电池电压高一点点。维修人员检测发现是发电机故障，即发电机定子有一相线接触不良。原来其线圈接头虚焊，经补焊后充电正常，再路试发现ABS故障灯不再亮，一切正常。

【案例5】 ABS、ESP故障警告灯常亮。

（1）现象　一辆上海帕萨特BS2.8二手车，测试后，发现该车仪表板上的ABS、ESP故障警告灯常亮。

（2）检测　鉴定评估师与维修人员连接故障诊断仪V. A. G1552对车辆的制动系统进行检测，发现了“00526027——制动灯开关不可靠信号”的故障码。利用故障诊断仪进入数据流(08)中的005组观察数据的变化：当用脚轻轻踩动制动踏板使得制动灯刚刚点亮时，设备显示制动压力为1.4MPa，这个数据已经远远超出了维修手册要求的技术参数(0.2MPa以下)。根据这个诊断结果，维修人员拆下了制动灯开关，并按照安装规范重新进行了安装。之后，数据符合维修手册的技术要求。清除故障码后再次起动发动机，仪表板上的ABS、ESP故障警告灯不再常亮。

【案例6】 车主甲：“刚买的二手车轮胎被扎了，自己动手换了个轮胎，我知道换轮胎要匹配，换的是一样的轮胎，可换上之后，发现汽车明显跑偏。”车主甲对自己动手换轮胎后的结果很是诧异。

车主乙：“我买的是辆二手车，其他地方我都挺满意的，就是这轮胎，前轮和后轮用的是不一样的品牌，尽管都是品牌轮胎，但是不是也会存在一定的安全隐患呢？”车主乙好不容易淘到一辆称心如意的爱车，开了两天后就开始为汽车“穿了不一样的鞋子”而纠结了。

相比车主乙的“穿两只不一样的鞋子”，车主丙的爱车更要“洋气”些——四个轮胎分别为韩泰、佳通、锦湖、米其林，可谓几大品牌的轮胎都集于一身了。不久前车主丙耗巨资换了胎，统一了门面，却因为花纹不一样而存在很大的安全隐患。

“道理其实和人穿着不同的鞋子走路一样，不美观是其次，关键是不安全。”鉴定评估师们见过的“穿不同鞋子”的汽车不在少数，但是每次他们都建议二手车车主更换轮胎。

“尽管很多车使用的是品牌轮胎，像普利司通、米其林、韩泰、佳通等，但是不一样的品牌材料不同，轮胎的摩擦系数不同，甚至花纹的不同都可能造成安全隐患。”轮胎的花纹其实对轮胎的摩擦系数影响很大，花纹的不同使得汽车在行驶中的受磨损程度不同，这不仅对轮胎本身不好，更重要的是会造成汽车的制动阻力不一致，导致防侧滑等系统始终保持工作状态，对汽车本身会有很大的损害。最重要的是使用不同的轮胎，存在比较大的安全隐患。例如，当汽车在高速行驶需要紧急制动时，轮胎的花纹不同很可能使四轮的受力不均，造成交通事故。

鉴定评估师还建议：更换轮胎后最好先做四轮定位。有的二手车尽管更换了轮胎，但之前轮胎可能是因为撞击破损、到期更换等原因，定位已经不准确了，因此，换过轮胎之后，要及时做四轮定位。二手车检测中心的专家认为，在车辆使用很长时间后，出现转向沉重、发抖、跑偏、不正、不归位，或者轮胎单边磨损、波状磨损、块状磨损、偏磨等不正常磨损，以及驾驶时车感漂浮、颠簸、摇摆等时，就应该考虑检查一下车轮定位值，看看是否偏差太多，如出现问题应及时进行修理。四轮定位有助于汽车保持稳定的直线行驶并且使其转向轻便，减少汽车在行驶中轮胎和转向机件的磨损。直线行驶时可提高汽车行驶安全性，转向时轻便会增加驾驶控制感，减少汽车耗油量，减少轮胎磨损，减低悬架配件损耗，延长底盘零件使用寿命等。因此，更换轮胎后最好到专业检测机构对汽车进行四轮定位的检测。

知识延伸：轮胎的四大功能，包括承载功能，牵引制动功能，减振功能，机动、稳定功能。一般车主在判断轮胎的使用类型时可以通过观察轮胎的花纹进行判断。条形花纹相对其他花纹而言，可使得汽车降低滚动阻力，使其具有优良的乘坐舒适性，可以防侧滑，转向稳定性优异，噪声低，适用于铺装路面高速道路；横向花纹的轮胎特性是具有出色的驱动力和制动力，以及强大的牵引力，适用于普通路面；混合花纹则相对更加防侧滑，具有强大的驱动力、制动力及牵引力，适用于普通路面；越野花纹的轮胎花纹则是由独立的块组成的花纹，具有出色的驱动力和制动力，在雪地和泥泞路面上具有良好的转向稳定性。

鉴定评估师提醒：汽车年检前，新车行驶达3000km时，每半年或车辆行驶达1万km时，更换或调整轮胎、悬架系统后，更换转向系统及零件后，或出现直行时转向盘不正、直行时需紧握转向盘、直行时车辆拉向单边、车辆转向时转向盘太重或无法自动回正、行驶时感觉车身摇摆不定或有飘浮感、轮胎不正常磨损的情况时，以及事故车维修后，都要及时对做汽车进行四轮定位的检测。

学习情境二习题

一、单项选择题

1. 汽车发动机最大功率与额定功率相比，已降低(　　)以上，或气缸缸压低于额定缸压75%的，必须送大修。

A. 0.25　　B. 0.35　　C. 0.5　　D. 0.4

2. 发动机四个行程中产生动力的行程是(　　)行程。

A. 做功　　B. 进气　　C. 压缩　　D. 排气

3. 在侧滑试验台上测试汽车前轮侧滑量时，如滑动板向外侧滑动，是因为(　　)。

A. 前轮外倾　　B. 前束值过大

C. 前轮外倾与前束之间的作用　　D. 前束值过小

4. 轿车汽油机的压缩比一般在(　　)范围内。

A. 8~11　　B. 17~22　　C. 4~7　　D. 12~17

5. 轿车空载时的制动距离要求为：初速度为50km/h时的制动距离(　　)。

A. ≤22m　　B. ≤24m　　C. ≤19m　　D. ≤20m

6. 根据无负荷测功原理，下面说法正确的是(　　)。

A. 角速度越大，功率越大　　B. 加速时间越长，功率越大

C. 转速越高，功率越大　　D. 角加速度越大，功率越大

7. 轿车通常采用(　　)悬架。

A. 独立　　B. 非独立　　C. 平衡　　D. 非平衡

8. 铝合金车轮最主要的优点是(　　)。

A. 散热性好　　B. 价格低　　C. 美观　　D. 重量轻

9. 捷达轿车装用1.6L发动机，它属于(　　)。

A. 中级轿车　　B. 中高级轿车　　C. 微型轿车　　D. 普通级轿车

10. 关于发动机增压的功用，以下描述不正确的是(　　)。

A. 将空气预先压缩后供入气缸，以提高空气密度．增加进气量

B. 燃油经济性会变差

C. 发动机功率改善

D. 进气量增加，可增加循环供油量，从而可增加发动机功率

11. GB 7258-2012《机动车运行安全技术条件》中规定：驻车制动力不小于整车重量的(　　)。

A. 15%　　B. 20%　　C. 25%　　D. 30%

12. 汽油机EFI系统中的基本喷油量由(　　)确定。

A. 进气温度　　B. 发动机转速与进气量

C. 发动机工作温度　　D. 爆燃信号

13. 车辆上装置ASR系统的主要目的是(　　)。

A. 提高制动稳定性　　B. 提高车辆经济性

C. 提高制动效能　　D. 提高车辆行驶的稳定性

14. 乘用车是指在其设计和技术特性上主要用于载运乘客及其随身行李(或)临时物品的汽车，包括驾驶人座位在内最多不超过(　　)个。

A. 7　　B. 9　　C. 5　　D. 11

15. 从车辆VIN中我们不可以识别出的信息是(　　)。

A. 发动机排量　　B. 车型年款　　C. 生产国家　　D. 车辆类别

16. 对公路车辆的外廓尺寸的界限，根据我国国标GB l589-2012规定：汽车总高度不大于(　　)。

A. 3m　　B. 5m　　C. 2m　　D. 4m

17. 发动机排量的定义是(　　)。

A. 各缸燃烧室容积之和　　B. 各缸燃烧室容积和工作容积之和

C. 各缸总容积之和　　D. 各缸工作容积之和

18. 以下(　　)是柴油机特有的排放物。

A. 大量的颗粒物　　B. 氮氧化物
C. 一氧化碳　　D. 碳氢化合物

19. 以下(　　)可以判定车辆有过严重碰撞。

A. 前保险杠弯曲变形　　B. 更换过倒车镜
C. 车架大梁弯曲变形　　D. 前翼子板补过漆

20. 某车辆使用的轮胎型号为185/60R14，其中“14”是指(　　)。

A. 钢圈直径　　B. 轮胎温度　　C. 胎宽　　D. 轮胎速度

21. 在汽车技术．自然．经济使用寿命，(　　)涉及用车成本。

A. 技术使用寿命　　B. 都不是　　C. 经济使用寿命　　D. 自然使用寿命

22. 内燃发动机在进气．压缩．做功．排气四个过程的工作循环中，主动过程为(　　)。

A. 进气、压缩、排气B. 做功　　C. 进气　　D. 压缩

23. 某普通型桑塔纳小轿车停驶待修，需进行维修换件恢复车辆技术状况。在下述维修费用中，一般来说，费用最高的是(　　)

A. 整车油漆　　B. 更换离合器摩擦片　　C. 更换活塞环　　D. 更换后制动蹄片

24. 汽车发动机的曲柄连杆机构组成中不包括(　　)。

A. 火花塞　　B. 连杆　　C. 活塞　　D. 飞轮

二、判断题

1. 汽车的正常使用就是指汽车使用中没有发生过碰撞．淹水．起火等意外。(　　)
2. 机动车以某一初速度行驶做滑行试验时，滑行距离越长，说明该车传动系的传动功率越高。(　　)
3. 某车发动机用气缸压力表测得结果如果超过原厂规定值，说明其气缸密封性越来越好。(　　)
4. 汽油机汽车排气颜色为黑色，说明混合气过浓或是点火时刻过迟，造成燃烧不完全。(　　)
5. 汽油机汽车排气颜色为白色，说明有机油窜入气缸燃烧室内参与燃烧。(　　)
6. 在用发动机功率不得低于额定功率的75%。(　　)
7. 大修后发动机功率不得低于额定功率的90%。(　　)
8. 利用底盘测功机可以获得驱动轮的输出功率，与发动机功率进行比较，可求出传动效率。(　　)
9. 气缸密封性是表征气缸组件技术状况的重要参数之一。(　　)
10. 气缸压力检测结果，汽油机各缸压力差应不超过各缸平均压力的8%。(　　)
11. 汽车鉴定检测的基本内容包括两方面：一是安全方面的检测；二是综合性能检测。(　　)
12. 在进行二手车技术鉴定时，要分清主次，凡对二手车价值构成影响的缺陷，都应认真检查和评判，但对评估价值不构成影响的细微瑕疵，就不要去斤斤计较。(　　)
13. 气缸压力检测结果若高于规定值，有可能是气缸垫过薄或燃料室积炭过多。(　　)
14. 车身检测首要目的是看“伤”，即看车主的二手车有没有严重碰撞的痕迹。(　　)
15. 外观检测一般是通过目测来进行的，目测检查通常只能进行定性分析。(　　)
16. 气缸压力检测结果若低于规定值，有可能是缸体和缸盖接合平面修理加工过度，燃

烧室容积变小。（ ）

17. 检测发动机有效功率的方法常分为无负荷测功和有负荷测功两种。（ ）

18. 气缸压力检测结果若低于规定值，有可能是气缸套与活塞环等磨损过度。（ ）

19.《机动车运行安全条件》规定，车体应周正，左右对称部位高度差不得大于40mm。（ ）

20. 评价制动性能的指标主要有制动距离、制动减速度和制动力。（ ）

21. 驻车制动力的总和应该不小于该车在测试状态下整车质量的20%。（ ）

22. 二手车鉴定评估师还有一个重要任务就是要鉴定和识别走私车、盗抢车、拼装车、报废车、手续不全的车，严禁这些车辆在二手车市场上交易。（ ）

23.《机动车运行安全条件》规定，车体应周正，左右对称部位高度差不得大于60mm。（ ）

24. 汽车怠速时，由于节气门开度小，发动机转速很低，残余废弃量相对增加，燃烧温度偏低，且混合气较浓，使得CO和HC排放明显增多。（ ）

25. 不分光红外线CO和HC气体分析仪是利用汽车尾气中的CO和HC分别具有能吸收一定波长范围红外线的性质，而且红外线被吸收的程度与废气浓度之间成正比的关系进行分析。（ ）

26. 柴油汽车废气中的黑烟发暗的程度用排气烟度表示，用烟度计进行检测。（ ）

27. 碰撞或撞击后，车架大梁弯曲变形、断裂后修复的属于事故车。（ ）

28. 散热器及散热器支架被撞伤后修复或更换后不属于事故车。（ ）

29. 车身后翼子板碰撞后被切割或更换后不属于事故车。（ ）

30. 车辆涉水深度超过车轮半径行驶过后就属于泡水车。（ ）

31. 泡水车也叫灭顶车，是指整个车辆全部没入水中才叫灭顶车。（ ）

32. 只要在发动机舱或乘员舱发生过火烧现象的，不管着火大小统统称为过火车辆。（ ）

33. 泡水车一般是指全泡车，也叫灭顶车，全泡车是指泡水时，水线超过发动机盖，达到风窗玻璃下沿。（ ）

34. 无论是自燃还是外燃，只要发动机舱或乘员舱发生严重火烧，燃烧面积较大，机件损坏严重，就应列为事故车。（ ）

35. 一般来讲，汽车的最小离地间隙越小，汽车的通过性越好。（ ）

36. 汽车的整备质量包括所有的机件、备胎、随车工具、备品配件，并加满油、水后的质量。（ ）

37. 所有的轿车均采用前置前驱形式。（ ）

38. 所谓识伪检查，主要是指通过对走私或非官方正规渠道进口的汽车和配件，进行识别和判断。（ ）

39. 货车的总体布置已基本定型化，通常采用发动机前置后轮驱动形式，且多为4×2的驱动形式。（ ）

40. 车辆识别代码中，每个地区和国家使用的字母和数字代号必须经国际标准化组织认可批准方可使用。（ ）

41. 车辆识别代码应尽量置于汽车前半部分，易于观察到，并且能够防止磨损或更换的

部位。 ( )

42. 车辆识别代号的字码应字迹清楚，且须坚固耐久和不易替换。字码高度应大于等于7mm，特种情况可小于4mm。 ( )

43. 我国规定，整个17位代码的最后6位代码为车辆的生产顺序号，与汽车底盘或车架号相同，故行驶证上的车架号签注的也是17位代码。 ( )

44. 现代汽车上的电气系统具有四大特点，就是双电源、低压直流、并联单线、负极搭铁。 ( )

45. 汽车上D型电控燃油喷射系统比L型燃油喷射系统控制精度要好。 ( )

46. 汽车制动采用ABS，紧急制动时，车轮与地面的运动关系是边滚动边滑动。( )

47. 目前国内汽车电气系统的电压等级采用12V或24V。 ( )

48. 现代汽车电气系统均采用负极搭铁。 ( )

49. 现代汽车上的L型燃油喷射系统，是以进气流为主要控制参数，计量准确，所以控制精度较高。 ( )

50. 表面光洁度有差别，反光不一样，甚至出现凹凸不平或有明显的橘皮状，这说明该处车身有过补灰做漆。 ( )

51. 汽车的损耗有两种形式，即有形损耗和无形损耗。 ( )

52. 汽车的有形损耗是指汽车存放和使用过程中，由于物理和化学原因而导致车辆实体发生的价值损耗。 ( )

53. 存放闲置的汽车，由于自然力作用产生的腐蚀、老化，或由于管护不善丧失工作能力，这些损耗是汽车的无形损耗。 ( )

54. 汽车在使用过程中，由于零部件摩擦、振动、腐蚀而产生的损耗，是汽车的有形损耗。 ( )

三、简答题

1. 在对二手车进行技术状况鉴定的过程中，车辆底部主要检查哪些项目？
2. 在对二手车进行技术状况鉴定的过程中，车身检查包括哪些项目？
3. 在对二手车进行技术状况鉴定的过程中，发动机检查包括哪些项目？
4. 简述汽车的主要性能指标。
5. 底盘测功的目的是什么？
6. 在对二手车进行技术状况鉴定的过程中，识伪检查包括哪些项目？
7. 在对二手车进行技术状况鉴定的过程中，路试检查包括哪些项目？
8. 二手车静态检测包括哪些项目？

能力鉴定表二

项目					
班级		姓名		组长	
学号		组号		日期	

（续）

序号	能力目标	鉴定内容	鉴定结果	
			合格	不合格
1	专业技能	事故车鉴定	□	□
2		二手车静态检查	□	□
3		二手车动态检查	□	□
		车辆拍照	□	□
5	学习方法	是否主动进行任务实施	□	□
6		能否使用各种媒介完成任务	□	□
7		是否具备相应的信息收集能力	□	□
8	能力拓展	团队是否配合	□	□
9		调试方法是否具有创新	□	□
10		是否具有责任意识	□	□
11		是否具有沟通能力	□	□
12		总结与建议	□	□
鉴定结果	□合格 □不合格	教师意见	教师签字	
			日期	

备注：

① 请根据结果在相关的□内画√。

② 请指导教师重点对相关鉴定结果不合格的同学给予指导意见。

信息反馈表二

项　　目：＿＿＿＿＿＿　　组号：＿＿＿＿＿＿

姓　　名：＿＿＿＿＿＿　　日期：＿＿＿＿＿＿

请你在相应栏内打勾	非常同意	同意	没有意见	不同意	非常不同意
1. 这一学习情景充分提供了关于事故车鉴定、车辆静态检查、动态检查、仪器检测、车辆拍照等相关知识及拓展阅读？					
2. 这一学习情景为我提供了关于查验二手车技术状况等大量的实践操作机会？					
3. 我现在对事故车鉴定、车辆静态检查、动态检查、仪器检测、车辆拍照等理论知识已经掌握？					
4. 这个学习情景配套的实验设备和器材充分齐全，能满足学习需要？					
5. 该学习情景的内容选取合理，教学组织和安排有序？					
6. 该学习情景的内容适合我的需求？					
7. 该学习情景中组织了各种活动？					

（续）

请你在相应栏内打勾	非常同意	同意	没有意见	不同意	非常不同意
8. 该学习情景的不同单元融合得很好？					
9. 学习中教师待人友善愿意提供帮助？					
10. 通过该情景学习让我做好了参加二手车鉴定评估师考试的准备？					
11. 该学习情景中所有的教学方法对我学习起到了帮助的作用？					
12. 该学习情景提供的信息量适当？					
13. 该学习情景鉴定是公平、适当的？					
你对改善本科目教学的建议：					

学习情景三　评估二手车价值

学习情景描述

李女士想要转让家庭自用车辆，奔驰 ML350，于 2006 年 3 月上牌，排量：3.5L，黑色，该车行驶里程 2.9 万 km，新车购置价格 71.5 万元，原厂配置：自动 7 档变速器、行李架、电动天窗、真皮内饰、前后车底防划护板、油底壳保护板、铝外观踏板、深色运动型尾灯、两级雨水传感器、主动保养提示系统、驻车定位系统、全时四轮驱动、速度感应式动力转向系统。

静态鉴定：该车的车漆光亮如新，可以看出车主保养比较到位。进入车内观察内饰，座椅及转向盘都保养得较佳，顶棚、地毯都维持着崭新感。门把手没有任何损坏的痕迹。由于原车底盘较高，观察后发现车况保持得很好，没有任何刮花的现象。

动态鉴定：起动发动机，感觉声音沉稳，没有杂音，悬架正常，坐在车上整台车如同一座小山般，安全且平稳。制动系统灵敏度较高，四个轮胎磨损程度显得一般。

请根据静态检查以及动态检查情况评估这辆车的价值。

任务 3.1　确定二手车成新率

能力标准

学完这一单元，你应获得以下能力：

- 掌握成新率确定方法：使用年限法、行驶里程法、部件鉴定法、整车观测法、综合分析法、综合成新率法。
- 采用合适的方法，确定二手车成新率。

任务分析

请以以下任务为指导，完成对相关知识的学习并进行练习：

成新率是反映二手车新旧程度的指标。二手车成新率是表示二手车的功能和使用价值占全新机动车的功能或使用价值的比率，也可以理解为二手车现实状态与机动车全新状态的比率。它与有形损耗一起反映了同一车辆的两方面。车辆的有形损耗也称为车辆的实体性贬值，它是由于使用磨损和自然损耗形成的。成新率和有形损耗率的关系是：成新率 = 1 − 有形损耗率。

成新率是重置成本法的一项重要指标，如何科学、准确地确定该项指标是二手车评估中的重点和难点。

相关知识

一、使用年限法

1. 计算方法

使用年限法是通过确定被评估二手车的尚可使用年限与规定使用年限的比值来确定二手车成新率的一种方法。其计算公式为

$$C_Y = \frac{Y_g - Y}{Y_g} \times 100\%$$

式中，C_Y 为使用年限成新率；Y 为二手车实际已使用年限(年或月)；Y_g 为车辆规定的使用年限(年或月)。

使用年限法估算二手车的成新率是基于这样的假设：二手车在规定的使用寿命期间，实体性损耗与时间呈线性递增关系，二手车价值的降低与其损耗大小成正比。因此，可利用被评估二手车的实际已使用年限与该车型规定使用年限的比值来判断其实体贬值率(程度)，进而估算被评估二手车的成新率。

2. 已使用年限与规定使用年限

1）已使用年限。已使用年限一般取该车从新车在公安机关交通管理部门注册登记日起至评估基准日所经历的时间。这个时间可以用年或月或日为单位计算。实际计算中，评估基准日并不恰好与注册登记日同日，如果以年为单位计算实际已使用年限，结果误差太大；如果以日为单位计算实际已使用年限，需要精确计算实际已使用天数，结果精确，但工作量较大，比较麻烦；一般以月为单位计算实际已使用年限，即将已使用年限和规定使用年限换算成月数，这样，计算简单，结果误差也较小，比较切合实际。

2）规定使用年限。车辆规定使用年限是指《汽车报废标准》中对被评估车辆规定的使用年限。

3. 使用年限法的前提条件

使用年限法计算成新率的前提条件是车辆在正常使用条件下，按正常使用强度(年平均行驶里程)使用。我国各类汽车年平均行驶里程见表3-1。

表3-1 我国各类汽车年平均行驶里程

汽 车 类 型	年平均行驶里程/10^4km
微型、轻型货车	3～5
中型、重型货车	6～10
私家车	1～3
公务、商务用车	3～6
出租车	10～15
租赁车	5～8
旅游车	6～10
中、低档长途客运车	8～12
高档长途客运车	15～25

利用使用年限法计算得到的成新率实际上反映的是车辆的时间损耗及时间折旧率，与车辆的日常使用强度和车况无关。

如果车辆的日常使用强度较大，在运用已使用年限指标时，应适当乘以一定的系数。例如，对于某些以双班制运行的车辆，其实际使用时间为正常使用时间的两倍，因此该车辆的已使用年限，应是车辆从开始使用到评估基准日所经历时间的两倍。

4. 计算实例

（1）车辆基本信息

品牌：上海大众　　型号：SVW7183BGI

车辆用途：私家车　　国产/进口：合资

制造厂名称：上海大众汽车有限公司　　VIN 号：LSVCB49F612******

发动机号：SVW***　　发动机型号：ANO

车身颜色：黑色　　燃油种类：93 号汽油

排量/功率：1.8L　　初次登记日期：2001 年 9 月

评估基准日：2012 年 12 月

手续、规费情况：机动车登记证、车船税、交强险及年检标志齐全

（2）车辆配置　5 档手动变速器、真皮座椅、ABS、手动空调、电动门窗、电动后视镜、安全气囊、氙气前照灯、前后电动车窗。

（3）车辆检查

1）静态检查：车外观良好，部分油漆处有伤痕，车门开合良好，车架连接正常，焊点清晰，密封状况良好；车辆 A、B、C 柱没有任何损伤，驾驶舱内顶绒整洁，操控部件位置正常，使用良好，玻璃升降器没有问题。发动机舱内线路整齐，加装氙气前照灯，连接部分良好，螺钉等位置正常，没有更换过的痕迹，发动机没有渗漏痕迹，没有清洗过，车灯、转向正常，连接线良好。底盘状况正常，制盘、片磨损正常，轮胎磨损正常。

2）动态检查：发动机无渗油现象，起动发动机运转正常，怠速时发动机运转稳定，加速时涡轮介入动力强劲，排气声正常；空调效果非常好，除雾迅速；换档过程顺畅精准舒适，有德系车的吸入感；转向助力轻盈，手感非常不错，方向感清晰；制动非常好，悬架在行驶过程中比较硬朗，高速不发飘。

（4）成新率计算

1）按我国现行的汽车报废标准，该车报废年限为 15 年。

2）该车初次登记日期为 2001 年 9 月，评估基准日为 2012 年 12 月，已使用 11 年 3 个月。

3）根据公式

$$C_Y = \frac{Y_g - Y}{Y_g} \times 100\%$$

该车的成新率为

$$C_Y = (1 - 135/180) \times 100\% = 25\%$$

二、行驶里程法

1. 计算方法

行驶里程法是通过确定被评估二手车的尚可行驶里程与规定行驶里程的比值来确定二手

车成新率的一种方法。其计算公式为

$$C_S = \frac{S_g - S}{S_g} \times 100\%$$

式中，C_s 为行驶里程成新率；S 为二手车实际累计行驶里程（km）；S_g 为车辆规定的行驶里程（km）。

2. 累计行驶里程与规定行驶里程

1）累计行驶里程。二手车累计行驶里程是指被评估二手车从开始使用到评估基准日所行驶的总里程。

2）规定行驶里程。车辆规定行驶里程是指《汽车报废标准》中规定的该车型的行驶里程。行驶里程较使用年限更真实地反映了二手车使用强度及使用过程中实际的物理损耗。它反映了二手车使用强度对其成新率的影响。总的行驶里程越大，车辆的实际有形损耗也越大。

3. 行驶里程法计算成新率的前提条件

行驶里程法计算成新率的前提条件是车辆里程表的记录必须是原始的，不能被人为更改。由于里程表容易被人为变更，因此，在实际应用中，较少直接采用此方法进行评估。

4. 计算实例

（1）车辆基本信息

品牌：马自达　　型号：CA7201AT3

车辆用途：私家车　　国产/进口：合资

制造厂名称：中国第一汽车集团公司　　VIN 号：LFPH4ABC081******

发动机号：LF***　　发动机型号：LF

车身颜色：银色　　燃油种类：93 号汽油

排量/功率：1.999L　　登记日期：2008 年 12 月

评估基准日：2011 年 12 月　　表征行驶里程：6.5 万 km

手续、规费情况：机动车登记证、车船税、交强险及年检标志齐全。

（2）配置　5 档手动变速器、真皮座椅、ABS、手动空调、电动门窗、电动后视镜、安全气囊、氙气前照灯、前后电动车窗。

（3）车辆检查

1）静态检查：驾驶室内保持良好、干净，底盘无腐蚀，轮胎状况良好。发动机舱完好，干净整洁，变速器外观良好，悬架也无伤痕，发动机无维修迹象，整体来看状况良好，各线路正常。车内饰比较新、备胎完整，行李箱没有整修过的痕迹。

2）动态检查：　起动发动机的感觉非常敏感，而且没有显著的抖动。怠速的噪声和抖动都不明显，坐在车内几乎感觉不到；起步后缓慢深踩加速踏板，感觉发动机的转矩输出很平稳，换档过程顺畅精准舒适；转向助力轻盈，手感非常不错，方向感清晰；制动非常好，悬架在行驶过程中比较硬朗，高速不发飘。

（4）成新率计算

1）该车 3 年行驶 6.5 万 km，符合家用车的使用标准，所以可以使用行驶里程法进行评估。

2）根据国家汽车报废标准，该车报废里程为 45 万 km，已行驶里程为 6.5 万 km。

3）由行驶里程法成新率计算公式得

$$C_S = \frac{S_g - S}{S_g} \times 100 \times = \frac{45 - 65}{45} \times 100\% = 85.6\%$$

三、部件鉴定法

1. 计算方法

部件鉴定法也称技术鉴定法，是指评估人员在确定二手车各组成部分技术状况的基础上，按其各组成部分对整车的重要性和价值量的大小加权评分，最后确定成新率的一种方法。采用部件鉴定法估算二手车成新率的计算公式为

$$C_B = \sum_{i=1}^{n} (c_i \beta_i)$$

式中，C_B 为部件鉴定法二手车成新率；c_i 为二手车第 i 项部件的成新率；β_i 为二手车第 i 项部件的价值权重。

2. 计算步骤

（1）确定各个主要部件的权重　根据各部件制造费用与重要性占整车费用的比重，及对整车性能的影响程度，参考表 3-2，按一定百分比确定部件权重。

（2）确定各个主要部件的成新率　在技术检测基础上，确定各个部件的功能与技术状况，给出其成新率。如该部件的技术状况和功能与全新车辆的对应部件的功能相同，则该部件的成新率定为 100%；若该部件的功能完全丧失，则其成新率为 0%。

（3）确定整车的成新率

1）将各个部件的成新率乘以其权重，得到部件加权成新率。

2）将所有部件的加权成新率求和，得到整车成新率。

3）汽车部件价值的权重分配参考表（表 3-2）。在不同种类、档次的车辆上，有些类型车辆之间相差还很大。各组成部分对整车的重要性及其价值占整车的比重各不相同，因此，表 3-2 只能供评估人员参考，不可作为唯一标准。在实际评估时，应根据被评估车辆各部分价值量占整车价值的比重，调整各部分的权重。

表 3-2　汽车各部件价值的权重分配参考表　（单位：%）

汽车部件名称	汽车类别		
	轿车	客车	货车
发动机及离合器总成	25	28	25
变速器及传动轴总成	12	10	15
前桥、转向器及前悬架总成	9	10	15
后桥及后悬架总成	9	10	15
制动系统	6	5	5
车架总成	0	5	6
车身总成	28	22	9
电气及仪表系统	7	6	5
轮胎	4	4	5

3. 计算实例

（1）车辆基本信息

品牌：雷克萨斯 SC430　　颜色：银色

车辆用途：私家车　　国产/进口：进口

车身颜色：银色　　排量/功率：4.3L

登记日期：2007 年 7 月　　评估基准日：2011 年 12 月

表征行驶里程：7.5 万 km　　重置价格：132 万

手续、规费情况：机动车登记证、车船税、交强险及年检标志齐全。

（2）车辆配置　电动可折叠铝合金硬顶、HID（高强度）近光照明前照灯、防紫外线遮光车窗及后窗玻璃、后扰流器、扬声器 9 个、双区域自动空调、7in 触摸屏、发动机防盗功能、TCS 循迹控制系统、雷克萨斯 DVD 语音导航系统。

（3）车辆检查

1）静态鉴定：从外观上看，四个车门漆面平整，底盘完好无损。车内所有部件齐备还带有油亮的光泽，淡黄色的真皮座椅经历四年多的摩擦，基本上看不出明显频繁使用过的痕迹。打开发动机舱盖后，可以观察到发动机处没有渗油痕迹，线路整齐。

2）动态鉴定：在驾驶过程中，档位切换顺畅，制动、转向系统正常。动力强劲，操控性保持较高水准，特别是在高速状况下，整部车非常稳健。

（4）计算成新率

1）由于该车为高档轿车，可用部件鉴定法计算其成新率。

2）根据对该车的检查结果，其成新率的估算明细见表 3-3。

表 3-3　二手车成新率估算明细表

汽车部件名称	价值权重（%）	成新率（%）	加权成新率（%）
发动机及离合器总成	25	72	18
变速器及传动轴总成	12	73	8.76
前桥、转向器及前悬架总成	9	72	6.48
后桥及后悬架总成	9	72	6.48
制动系统	6	72	4.32
车架总成	0	73	0
车身总成	28	73	20.44
电气及仪表系统	7	70	4.9
轮胎	4	65	2.6
合计	100		71.98

四、整车观测法

1. 整车观测法的概念

主要采用人工观察方法，辅之以简单的仪器检测技术状况进行鉴定、分级，以确定二手车的成新率的方法。此种方法简单易行，适用于中、低价值汽车的初步估算。

2. 整车观测法的成新率分级

整车观测法的成新率分级参考表3-4)。

表3-4 整车观测法的成新率分级参考表

车况等级	新旧程度	有形损耗率(%)	技术状况描述	成新率(%)
1	使用不久	0~10	刚使用不久，行驶里程为3~5万km，在用状态良好，能按设计要求正确使用	100~90
2	较新车	11~35	使用1年以内，行驶里程在15万km左右，一般未经大修，在用状态良好，故障率低，可随时出车使用	89~65
3	旧车	36~60	使用4~5年，发动机或整车经过大修，较好地恢复原设计性能，在用状态良好，外观中度受损，但恢复情况良好	64~40
4	老旧车	61~85	使用5~8年，发动机或整车经过二次大修，动力性能、经济性能、工作可靠性都有所下降，外观油漆脱落受损，金属件锈蚀程度明显，故障率上升，维修费用与使用费用明显上升，但汽车符合《机动车安全技术条件》，在用状态一般或较差	39~15
5	待报废处理车	86~100	基本达到或达到使用年限，通过《机动车安全技术条件》检查，能用但不能正常使用，动力性能、经济性能、可靠性下降，燃油费、维修费、大修费增长速度快，车辆收益与支出基本持平，排放与噪声污染达到极限	15以下

3. 计算实例

（1）车辆基本信息

品牌型号：天津一汽夏利N3　　颜色：蓝

登记日期：2006年11月　　新车价格：新款价格约3.68万元

环保标准：欧II　　发动机类型：直列3缸电子控制汽油喷射发动机

排 量：1052mL　　行驶里程：176542km

使用性质：非营运

（2）车辆配置　直列3缸电子控制汽油喷射发动机，手动5档变速器，转速表，多功能仪表，四辐转向盘，电动后视镜，手动空调，单碟CD音响，前门电动窗防夹手，遥控中控锁，铝合金轮，高位制动灯，车门内侧织物，带有化妆镜的遮阳板，数字式时钟，模压车顶内衬，前排3点式安全带，多功能折叠式后排乘客座椅，第二排座椅头枕，大型吸能保险杠。

（3）车辆检查

1）静态鉴定：由于该车辆使用年限比较长，整体看过车辆后，发现该车外观不佳。具体情况如下：前后保险杠有多处擦伤；右侧两个车门都出现重新做漆迹象，车门也不平整。

打开左前门检查门边沿发现有明显的拉伸及焊接的维修迹象；车顶左边沿也有明显通过拉伸修复的痕迹，而且重新喷漆的部位有多处脱落；打开发动机舱盖，发现左前翼子板部位有焊接及钣金的痕迹，两根前纵梁没有任何事故痕迹；车尾部有被追尾留下的凹陷；车内饰显出一定的磨损。

2）动态鉴定：起动发动机，怠速抖动明显；空调效果差，需要加氟；灯光、刮水器正常。变速杆有明显松旷感，离合器踏板偏高。制动器不佳，脚感不好；转向正常；行进中，感觉车的密封性较差，发动机噪声及风噪、胎噪都很明显；行车中发现在后轮减振器有异响，需要更换。

（4）确定成新率　由于该车为一般车型，而且使用年限较多，故可用整车观测法确定其成新率。根据车况检查结果，该车的车况较差，使用时间已有 8 年，保养较差，车外观不佳，大致确定该车的成新率在 30% 左右。

五、综合分析法

1. 计算方法

该计算方法是以使用年限法为基础，再综合考虑影响机动车价值的各种因素，并以系数相乘的方式，调整确定综合成新率。其计算公式如下

$$C_Z = C_n \times K \times 100\%$$

式中，C_Z 为综合成新率；C_n 为使用年限成新率；K 为综合调整系数。

2. 综合调整系数 K 的确定方法

该确定方法可分以下两种：

（1）影响因素加权平均法　此方法适用于无需修理与换件的情况，计算公式为

$$K = K_1 \times 30\% + K_2 \times 25\% + K_3 \times 20\% + K_4 \times 15\% + K_5 \times 10\%$$

式中，K_1 为汽车技术状况调整系数；K_2 为汽车使用维护状况调整系数；K_3 为汽车制造质量调整系数；K_4 为汽车工作性质调整系数；K_5 为汽车工作条件调整系数。

以上各项系数通过查表取得，详见表 3-5。

表 3-5　计算二手车成新率的调整系数表

影响因素	因素分级	调整系数	权重(%)
技术状况	好	1.0	30
	较好	0.9	
	一般	0.8	
	较差	0.7	
	差	0.6	
维护状况	好	1.0	25
	一般	0.9	
	较差	0.8	
制造质量	进口车	1.0	20
	国产名牌车	0.9	
	国产非名牌车	0.8	

（续）

影响因素	因素分级	调整系数	权重（%）
工作性质	私用	1.0	15
	公务、商务	0.9	
	营运	0.7	
工作条件	较好	1.0	10
	一般	0.9	
	较差	0.8	

（2）影响因素分析调整法　该方法适用于需要修理与换件的情况，计算时可将上一种方法的计算结果适当降低，从而确定综合调整系数 K。

表 3-5 中的因素分级和调整系数只是一个参考，实际确定综合调整系数时，应根据具体情况进行适当调整，但各因素的调整系数取值不要超过 1，综合调整系数计算结果也不会超过 1。

3. 计算实例

（1）车辆基本信息

品牌：东风本田思域　　型号：1.8L 手动档

车辆类型：轿车　　国产/进口：国产

制造厂名称：东风本田　　发动机型号：直列 4 缸

车身颜色：红色　　燃油种类：汽油

排量/功率：1.8L　　登记日期：2007 年 5 月

评估基准日：2012 年 12 月　　车辆使用性质：私用车

手续、规费情况：行驶证、机动车登记证书、购置费、养路费发票齐全。自用车。

（2）车辆配置　中控门锁，电动门窗，电动后视镜，液压助力，ABS，EBD，CD，助力转向装置、卤素前照灯、安全带预收紧功能、双气囊，手动空调。

（3）车辆检查

1）静态检查：从外表看，没有伤痕，车底无漏油、漏水现象，发动机的卫生也不错，各油管接口也无漏油现象；无碰撞痕迹，可见无安全事故问题；车辆内部整齐，各部件位置正常，功能良好，没有发现有改动过或翻新的痕迹；备胎、千斤顶完好，轮胎磨损一般，制动片正常。

2）动态检查：车辆起动后发动机抖动和噪声状态正常，车内感觉比较舒适，空调起动后发动机运转声音略有提升。变速器接合动力平顺，档位清晰，转向准确，轮胎抓地力稳定，各部件工作基本正常，车辆制动系统工作正常，变速器状态良好。

（4）成新率计算

1）初次登记日为 2007 年 5 月，评估基准日为 2012 年 12 月，已使用年限 $Y=67$ 个月，规定使用年限为 15 年，$Y_g=180$ 个月。

2）综合调整系数 K 的确定。根据表 3-5，确定各项调整系数如下：

该车技术状况较好，车辆技术状况调整系数 $K_1=0.9$；

维护保养一般，维护情况调整系数 $K_2=0.9$；

此东风本田思域是国产名牌车，制造质量调整系数 $K_3=0.9$；

该车为私人用车，车辆用途调整系数 $K_4=1.0$；

该车主要在市内行驶，使用条件一般，使用条件调整系数 $K_5=0.9$。

根据公式

$$K=K_1\times30\%+K_2\times25\%+K_3\times20\%+K_4\times15\%+K_5\times10\%$$

得综合调整系数为

$$K=0.9\times30\%+0.9\times25\%+0.9\times20\%+1.0\times15\%+0.9\times10\%=0.915$$

3）计算成新率 C_F

$$C_F=(1-Y/Y_g)K\times100\%=(1-67/180)\times0.915\times100\%=56.93\%$$

六、综合成新率法

1. 计算方法

综合成新率就是采用定性和定量分析的方法，综合多种单一因素对二手车成新率的估算结果，并分别赋予不同的权重，计算加权平均成新率。

综合成新率法的数学计算公式为

$$C_Z=C_1\times\alpha+C_2\times\beta$$

式中，Cz 为综合成新率；C_1 为二手车使用年限成新率；C_2 为二手车技术鉴定成新率；α，β 为权重系数，$\alpha+\beta=1$。

2. 使用年限成新率 C_1

C_1 = 预计车辆剩余使用年限/车辆使用年限（乘用车使用年限 15 年，超过 15 年的按实际年限计算；有年限规定的车辆、营运车辆按实际要求计算）。

3. 技术鉴定成新率 C_2

技术鉴定成新率 C_2 = 车辆技术状况分值/100。

4. 计算实例

（1）车辆基本信息

品牌：雅阁	型号：HG7240A
车辆类型：轿车	国产/进口：国产
制造厂名称：广州本田汽车有限公司	车身颜色：黑色
燃油种类：汽油	排量/功率：2.4L/125kW
登记日期：2007 年 05 月	评估基准日：2013 年 9 月

手续、规费情况：行驶证、机动车登记证书、购置税证、车船使用税证、交强险证齐全，审至 2013 年 10 月。

（2）车辆配置　铝合金轮辋、全景天窗、真皮座椅、多功能转向盘、倒车影像、一键起动、导航、定速巡航、加热座椅、感应刮水器、电动门窗、助力转向装置、恒温空调、CD、ABS、ASR、EBD、安全气囊。

（3）车辆检查

1）静态检查：右前方 45°观察车身，该车整体外观良好，线条一致，车漆色彩一致，有少许补漆，不影响车辆正常使用，原车玻璃无更换，车门开启正常，仪表显示正常，空调运行正常，行李箱平衡，备胎完整，无漏水、漏电、漏气现象，车内整洁，内饰干净，底盘系统正常，没有损伤，轮胎磨损正常。

2）动态检查：起动发动机，起动性能良好，发动机无杂音。油温、冷却液温度正常，加速灵敏，通过性能良好，制动稳定，操控灵活。

（3）成新率计算

1）年限成新率：

$$C_Y = \frac{Y_g - Y}{Y_g} \times 100\% = (1 - 76/180) \times 100\% = 57.78\%$$

2）技术成新率：经过现场鉴定，车辆技术状况鉴定总分为 68 分。则技术鉴定成新率为

$$C_J = 68/100 \times 100\% = 68\%$$

3）取权重系数：

$\beta_1 = 0.4$、$\beta_2 = 0.6$，则综合成新率为

$$C_Z = C_Y\beta_1 + C_J\beta_2 = 57.78\% \times 0.4 + 68\% \times 0.6 = 63.92\%$$

任务实施

☞ 任务目标与要求

• 小组成员分工协作，利用网络、图书馆资料，依据任务工作单分析制定工作计划，并通过小组自评或互评检查工作计划。

• 正确评估二手车，确定其成新率。

☞ 准备工作

• 小组接受工作任务，组长带领组内成员阅读任务工单，查阅相关资料，合理分工，制定任务计划，并检查计划有效性。

• 准备试验场地、试验车辆、试验器材。

☞ 实施指导

由教师为学生提供不同类型二手车几辆，车型不限，要求学生在规定时间内，完成车辆技术状况检查，评定车辆技术状况，确定二手车成新率。

1. 计算评估车辆年限成新率

年限成新率 = 预计车辆剩余使用年限/车辆使用年限

2. 车辆技术鉴定成新率

1）按照学习情境二现场鉴定中所讲，检查车辆证件、车辆技术状况，并将车辆技术状况分数统计出来。

2）技术鉴定成新率 = 车辆技术状况分值/100。

3. 综合成新率

综合成新率 = 年限成新率 $\times \alpha$ + 技术鉴定成新率 $\times \beta$

式中，α、β 分别为技术鉴定成新率与年限成新率系数，由评估人员根据市场行情等因素确定，且 $\alpha + \beta = 1$。

<table>
<tr><td>项目</td><td colspan="5">评估二手车价值</td></tr>
<tr><td>任务</td><td colspan="3">确定二手车成新率</td><td>姓名</td><td></td></tr>
<tr><td>班级</td><td></td><td>组号</td><td></td><td>日期</td><td></td></tr>
<tr><td>任务目的</td><td colspan="5">● 对二手车技术状况进行检查，并将其指标量化。
● 采用综合成新率法计算二手车成新率。</td></tr>
<tr><td>任务描述</td><td colspan="5">按照学习领域课程安排，通过情景模拟，教师提供待鉴定评估车辆、参考资料、视频资料等教学资源，在教师指导下完成二手车成新率确定这一教学任务。请各组对教师提供车辆进行检查，并填写二手车鉴定评估作业表中的部分内容。</td></tr>
<tr><td>任务要求</td><td colspan="5">通过教师的引导、自学和查找资料等方式，按照工作过程的完整性和连贯性(资讯—决策—计划—实施—检查)评估要求，逐步养成就业岗位的隐性工作方法，最终以小组协作形式完成二手车动态检测。</td></tr>
<tr><td>资讯</td><td colspan="5">掌握二手车成新率确定方法。</td></tr>
<tr><td>决策</td><td colspan="5">每6人一组，每组选出一名负责人，负责人对小组任务进行分配，组员按负责人要求完成相关任务内容。
<table>
<tr><th>序号</th><th>个人职责(任务)</th><th>负责人</th></tr>
<tr><td>1</td><td></td><td></td></tr>
<tr><td>2</td><td></td><td></td></tr>
<tr><td>3</td><td></td><td></td></tr>
<tr><td>4</td><td></td><td></td></tr>
<tr><td>5</td><td></td><td></td></tr>
<tr><td>6</td><td></td><td></td></tr>
</table></td></tr>
<tr><td>制定计划</td><td colspan="5">根据任务内容制定任务计划，并反复修改、讨论工作方案。</td></tr>
<tr><td>任务实施</td><td colspan="5">各小组成员按照制定的工作计划查阅相关资料，制定二手车成新率确定工作计划，并进行实施。
1. 车身检查，并填写下表。
<table>
<tr><th>车身检查</th><th>扣分</th><th>状态描述</th></tr>
<tr><td>发动机舱盖</td><td></td><td rowspan="6">划痕 HH
变形 BX
锈蚀 XS
裂纹 LW
凹陷 AX
修复痕迹 AF</td></tr>
<tr><td>左前翼子板</td><td></td></tr>
<tr><td>左后翼子板</td><td></td></tr>
<tr><td>右前翼子板</td><td></td></tr>
<tr><td>右后翼子板</td><td></td></tr>
<tr><td>左前车门</td><td></td></tr>
<tr><td>右前车门</td><td></td><td>缺陷程度</td></tr>
<tr><td>左后车门</td><td></td><td rowspan="2">1——面积小于100mm×100mm</td></tr>
<tr><td>右后车门</td><td></td></tr>
<tr><td>行李箱盖</td><td></td><td rowspan="3">2——面积大于100mm×100mm并小于200mm×300mm</td></tr>
<tr><td>行李箱内侧</td><td></td></tr>
<tr><td>车顶</td><td></td></tr>
</table></td></tr>
</table>

（续）

项目	评估二手车价值
任务实施	

前保险杠		3——面积大于200mm×300mm
后保险杠		
左前轮		4——轮胎花纹深度小于1.6mm
左后轮		
右前轮		缺陷描述
右后轮		
前照灯		
后尾灯		
前后风窗玻璃		
四门玻璃		
左右后视镜		
其他项目		
合计扣分		

2. 按照计划进行发动机舱检查，并填写下表。

发动机舱检查	程度			扣分
机油有无冷却液混入	无	轻微	严重	
缸盖外是否有机油渗漏	无	轻微	严重	
前翼子板内缘、散热器框架、横拉梁有无凹凸或修复痕迹	无	轻微	严重	
散热器格栅有无破损	无	轻微	严重	
蓄电池电极桩柱有无腐蚀	无	轻微	严重	
蓄电池电解液有无渗漏、缺少	无	轻微	严重	
发动机传动带有无老化	无	轻微	严重	
油管、水管有无老化、裂痕	无	轻微	严重	
线束有无老化、破损	无	轻微	严重	
其他				
合计扣分				

3. 按照计划进行驾驶舱检查，并填写下表

驾驶舱检查			扣分
车内有无水泡痕迹	是	否	
车内后视镜、座椅是否完整、无破损、功能正常	是	否	
车内是否整洁、无异味	是	否	
转向盘自由行程转角是否小于15°	是	否	
车顶及周边内饰是否无破损、松动及裂缝和污迹	是	否	

（续）

<table>
<tr><th>项目</th><th>评估二手车价值</th></tr>
<tr><td>任务实施</td><td>

仪表台是否无划痕，配件是否无缺失	是	否	
变速杆及护罩是否完好、无破损	是	否	
储物盒是否无裂痕，配件是否无缺失	是	否	
天空是否移动灵活、关闭正常	是	否	
门窗密封条是否良好、无老化	是	否	
安全带结构是否完整、功能是否正常	是	否	
驻车制动系统是否灵活有效	是	否	
玻璃窗长降器、门窗工作是否正常	是	否	
左、右后视镜折叠装置工作是否正常	是	否	
其他			
合计扣分			

4. 按照计划进行底盘检查，并填写下表

底盘检查			扣分
发动机油底壳是否无渗漏	是	否	
变速器箱体是否无渗漏	是	否	
转向节臂球销是否无松动	是	否	
三角臂球销是否无松动	是	否	
传动轴十字轴是否无松旷	是	否	
减振器是否无渗漏	是	否	
减振弹簧是否无损坏	是	否	
其他			
合计扣分			

5. 按照计划进行车辆功能性零部件检查，并填写下表

车辆功能性零部件列表			
发动机舱盖锁止		仪表板出风管道	
发动机舱盖液压撑杆		中央集控	
后门液压支撑杆		备胎	
行李箱液压支撑杆		千斤顶	
各车门锁止		轮胎扳手及随车工具	
前刮水器		三角警示牌	
后刮水器		灭火器	
立柱密封胶条		全套钥匙	
排气管及消声器		遥控器及功能	
车轮轮毂		扬声器高低音色	
车内后视镜		玻璃加热功能	
座椅调节及加热			

</td></tr>
</table>

（续）

<table>
<tr><th>项目</th><th colspan="4">评估二手车价值</th></tr>
<tr><td rowspan="3">任务实施</td><td colspan="4">6. 起动检查，并填写下表。</td></tr>
<tr><td colspan="4">
<table>
<tr><th colspan="3">起动检查</th><th>扣分</th></tr>
<tr><td>车辆起动是否顺畅(起动时间少于5s,或一次起动)</td><td>是</td><td>否</td><td></td></tr>
<tr><td>仪表板指示灯显示是否正常，无故障报警</td><td>是</td><td>否</td><td></td></tr>
<tr><td>各类灯光和调节功能是否正常</td><td>是</td><td>否</td><td></td></tr>
<tr><td>停车辅助系统工作是否正常</td><td>是</td><td>否</td><td></td></tr>
<tr><td>制动防抱死系统(ABS)工作是否正常</td><td>是</td><td>否</td><td></td></tr>
<tr><td>空调系统风量、方向调节、分区控制、自动控制、制冷工作是否正常</td><td>是</td><td>否</td><td></td></tr>
<tr><td>发动机在冷、热车条件下怠速运转是否稳定</td><td>是</td><td>否</td><td></td></tr>
<tr><td>怠速运转时发动机是否无异响，空档状态下逐渐提高发动机转速，发动机声音过渡是否无异响</td><td>是</td><td>否</td><td></td></tr>
<tr><td>车辆排气是滞无异常</td><td>是</td><td>否</td><td></td></tr>
<tr><td>其他</td><td colspan="3"></td></tr>
<tr><td>合计扣分</td><td colspan="3"></td></tr>
</table>
7. 路试检查
<table>
<tr><th colspan="3">路试检查</th><th>扣分</th></tr>
<tr><td>发动机运转、加速是否正常</td><td>是</td><td>否</td><td></td></tr>
<tr><td>车辆起动前踩下制动踏板，保持5～10s，踏板有无向下移动的现象</td><td>是</td><td>否</td><td></td></tr>
<tr><td>踩住制动踏板起动发动机，踏板是否向下移动</td><td>是</td><td>否</td><td></td></tr>
<tr><td>行车制动系统最大制动效能在踏板全行程的4/5以内达到</td><td>是</td><td>否</td><td></td></tr>
<tr><td>车辆行驶是否无跑偏</td><td>是</td><td>否</td><td></td></tr>
<tr><td>制动系统工作是否正常有效、制动不跑偏</td><td>是</td><td>否</td><td></td></tr>
<tr><td>变速器工作是否正常、无异响</td><td>是</td><td>否</td><td></td></tr>
<tr><td>行驶过程中车辆底盘部位是否无异响</td><td>是</td><td>否</td><td></td></tr>
<tr><td>行驶过程中车辆转向部位是否无异响</td><td>是</td><td>否</td><td></td></tr>
<tr><td>其他</td><td></td><td></td><td></td></tr>
<tr><td>合计扣分</td><td></td><td></td><td></td></tr>
</table>
</td></tr>
<tr><td colspan="4">8. 计算二手车成新率</td></tr>
<tr><td>检查评估</td><td colspan="4">成果展示，小组自评与互评，并讨论、总结、反思学习过程中的不足，撰写工作报告并交流。</td></tr>
</table>

任务3.2　现行市价法确定二手车价格

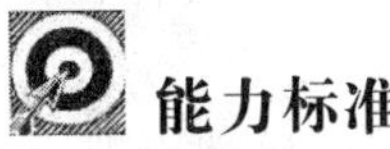

能力标准

学完这一单元，你应获得以下能力：

- 掌握用现行市价法确定二手车价格。
- 掌握现行市价法适用范围。

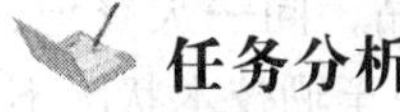

任务分析

请以以下任务为指导，完成对相关知识学习和实施练习：

对于市场上比较畅销的车型，请选择一个或几个与评估车辆相同或类似车辆作为参照物，分析参照车辆的构造、功能、性能、新旧程度、地区差别、交易条件及成交价格等，并与被评估车辆进行比较，找出两者的差别及其在价格上所反映的差额，经过适当调整，最终计算出被评估车辆的价格。

相关知识

一、现行市价法基本概念

1. 现行市价法概念

现行市价法又称市场法、市场价格比较法，是指通过比较被评估车辆与最近售出类似车辆的异同，并将类似车辆的市场价格进行调整，从而确定被评估车辆价值的一种评估方法。

2. 现行市价法的应用前提和适用范围

（1）现行市价法的应用前提　由于现行市价法是以同类二手车销售价格相比较的方式来确定被评估二手车价值的，因此，运用这一方法时一般应具备以下两个基本的前提条件。

1）要有一个市场发育成熟、交易活跃的二手车交易公开市场，经常有相同或类似二手车的交易，有充分的参照车辆可取，市场成交的二手车价格反映市场行情，这是应用现行市价法评估二手车的关键。

2）市场上参照的二手车与被评估二手车有可比较的指标，并且这些指标的技术参数等资料是可收集到的，并且价值影响因素明确，可以量化。

运用现行市价法，重要的是要在交易市场上能够找到与被评估二手车相同或相类似的已成交过的参照车辆，并且参照车辆是近期的、可比较的。所谓近期，是指参照车辆交易时间与被评估二手车评估基准日相差时间相近，指在一个月之内；所谓可比较，是指参照车辆在规格、型号、功能、性能、配置、内部结构、技术状况鉴定检测分值及交易条件等方面与被评估二手车不相上下。

（2）现行市价法的适用范围　现行市价法是从卖者的角度来考虑被评估二手车的变现值的，二手车评估价值的大小直接受市场的制约，因此，它特别适用于产权转让的畅销车型的评估，如二手车收购（尤其是成批收购）和典当等业务。畅销车型的数据充分可靠，市场交易活跃，评估人员熟悉其市场交易情况，采用现行市价法评估二手车时间会很短。

(3) 现行市价法的优缺点

1) 现行市价法的优点。

① 能够客观反映二手车目前的市场情况，其评估的参数和指标直接从市场获得，评估值能反映二手车市场现实价格。

② 结果易于被交易双方理解和接受。

2) 现行市价法的缺点。

① 需要公开及活跃的二手车市场作为基础，然而在我国很多地方二手车市场建立时间短，发育不完全、不完善，寻找参照车辆有一定的困难。

② 可比因素多而复杂。即使是同一个生产厂家生产的同一型号的产品，同一天登记，但可能由于不同的车主使用，其使用强度、使用条件、维护水平的不同而使车辆技术状况不同，造成二手车评估价值差异。

二、应用现行市价法评估的具体方法

在实际评估中，现行市价法又分为直接市价法和类比调整市价法。直接市价法是指在市场上能找到与被评估车完全相同的参照车辆的现行市价，并以参照车辆的价格直接作为被评估车的评估价格。类比调整市价法是指评估二手车时，在公开市场上找不到与被评估车辆完全相同的参照车辆，只能找到与之相似的车辆作为参照车辆，再根据车辆技术状况和交易条件等数据对参照车辆的价格作出相应调整，综合比较来确定被评估车辆的评估价格。

1. 直接市价法

当被评估车与参照车辆完全相同时，被评估车的评估价格计算公式为

$$P_1 = P_2$$

式中，P_1 为被评估车的评估价格(元)；P_2 为参照车辆的交易价格(元)。

说明：

1) 参照车辆一般为畅销车型，市场保有量大、交易比较频繁。

2) 当被评估车与参照车辆相近，即车辆类别相同、主参数相同、结构性能相同，只是生产序号不同，只作局部改动，交易时间相近时，可用此计算方法。

2. 类比调整市价法

(1) 影响因素　类比调整市价法对参照车辆的条件要求不太严，只要求参照车辆与被评估车大体相同即可。主要是对被评估二手车和参照车辆之间的差异进行分析、比较，并进行适当量化，然后调整为可比的因素。主要差异一般体现在以下几点：

1) 结构性能的差异。车辆结构配置会对车辆的成交单价产生影响。比如，同类型的手动变速器车和自动变速器车，由于结构配置不同，则成交价格也不同。

2) 销售时间的差异。在选择参照物时，应尽可能地选择在接近评估基准日成交的案例，以免去由于销售时间的不同而引起的价格差异。若参照车的交易时间在评估基准日之前，则可采用价格指数法进行调整。

3) 新旧程度的差异。在评估过程中，往往被评估车辆与参照车在新旧程度上不能完全一致，这时评估人员应对参照车和被评估车辆的新旧程度进行量化，即先算出参照车和被评估车辆成新率，然后再计算出两种车的新旧差异量，公式为

$$差异量 = 参照物价格 \times (被评估车辆成新率 - 参照物成新率)$$

4）销售数量的差异。销售数量多少会对车辆的成交单价产生影响。当被评估车辆是成批交易时，其参照车辆不应是单车，也应以成批车交易作为参照车；当被评估车辆是单车交易时，其参照车辆不应是成批交易车，也应以单车交易作为参照车；若没有对应的参照车时，评估人员应进行差异分析并适当调整，才能准确评估二手车价格。

5）付款方式的差异。被评估车辆通常是以一次性付款方式为假定前提，若参照车辆采用分期付款方式，则可按当期银行利率将各期分期付款额折现累加，即可得到分期付款总额。

（2）计算公式　将以上各种差异进行调整并量化，以适当的方式加以汇总，来确定被评估车的评估价格：

$$P_1 = P_2 \sum K$$

式中，P_1 为被评估车的评估价格(元)；P_2 为参照车辆的交易价格(元)；K 为各种差异调整量化值(元)。

三、现行市价法评估二手车实例

1. 实例一

现在要评估一辆轿车，二手车市场上获得市场参照物的品牌型号，购置年、月，行驶里程，整车的技术状况基本相同。区别在于：

1）参照物的左后组合灯损坏需更换，费用650元。

2）被评估车辆改装了一套DVD音响，价值5000元。

参照物的市场交易价为225000元，试计算被评估的轿车价值。

解：被评估轿车的价值为：225000＋650＋5000＝230650(元)

2. 实例二

某夏利TJ7100型出租车，初次登记日为1998年5月，到2002年5月，行驶45万km，该市出租车使用年限为8年，试运用现行市价法评估二手车价值。

分析：在2000年8月至2002年底之间，该车所在城市的出租车进行大规模更新，大批夏利汽车被淘汰出出租车市场，同类型、登记时间相近、使用状况相近的车辆在二手车交易市场上有交易，故有可选择的参照物。选择的参照物分别为三辆1998年初次登记上牌的市场价分别为15000元、15500元、16000元的夏利TJ7100车，其使用年限相同，均为4年，使用性质相同，均为出租车，配置完全一样，评估基准日与参照物成交日期相近，故所评估的夏利TJ7100的价值取三个参照物的算术平均数，即

$$(15000 + 15500 + 16000)/3 = 15500(元)$$

3. 实例三

2010年2月在沈阳二手车市场预购一台宝来1.8L自动档轿车，评估人员收集了两辆参照车辆的技术经济参数。该车及参照车辆的技术经济参数见表3-6。

表3-6　被评估车辆与参照车辆的有关技术经济参数

序号	技术经济参数	参照车辆A	参照车辆B	标的车
1	车型	宝来1.8L手动档(豪华型)	宝来1.8L手动档(基本型)	宝来1.8L自动档(基本型)
2	销售条件	公开市场	公开市场	公开市场

（续）

序号	技术经济参数	参照车辆 A	参照车辆 B	标的车
3	行驶里程	12 万 km	15 万 km	13 万 km
4	上牌时间	2004 年 6 月	2004 年 2 月	2005 年 3 月
5	技术状况	良好	良好	良好
6	交易地点	沈阳	沈阳	沈阳
7	付款方式	现金	现金	现金
8	交易时间	2008 年 4 月	2009 年 10 月	2010 年 2 月
9	成新率	74%	60%	待确定
10	规定使用年限	15 年	15 年	15 年
11	物价指数	1	1.03	1.03
12	交易价格	10.8 万元	8.8 万元	待评估

（1）技术检测　通过静态检测，起动发动机运转平稳，无明显异响。表面无明显划痕，车内设备齐全并且功能良好，车辆内部干净整洁。通过动态检查(试驾)，车辆动力性能良好，爬坡有力，综合性能良好。

（2）确定标的车成新率　根据以上检测结果，分析认为，该车整体技术状况良好，其使用年限与车辆的技术状况相吻合，故可采用使用年限法计算成新率。

$$C_Y=(1-Y/Y_g)\times100\%=(1-5/15)\times100\%=67\%$$

（3）以参照车辆 A 为参照车辆作各项差异量化和调整

1）结构性能差异量化及调整。参照车辆 A 为豪华型，被评估二手车为标准型，评估基准时点该项结构价格差异为 8000 元，该项量化调整值为

$$-8000\times67\%=-5360(元)$$

2）销售时间差异量化与调整。参照车辆 A 成交时物价指数为 $I_0=1$，被评估二手车评估时物价指数为 $I_1=1.03$，该项物价指数调整值为

$$I=\frac{I_1}{I_0}=\frac{1.03}{1}=1.03$$

3）新旧程度差异量化与调整该项调整值为

$$108000\times(67\%-74\%)=-7560(元)$$

4）销售数量和付款方式无差异，不用量化和调整。

5）以参照车辆 A 为参照车辆时，被评估二手车的评估值 P_1 为

$$P_1=(108000-5360-7560)\times1.03=95080(元)$$

（4）以参照车辆 B 为参照车辆作各项差异量化和调整

1）结构性能差异量化及调整。参照车辆 B 与标的车的车型相同。该项调整值为 0 元。

2）新旧程度差异量化与调整。该项调整值为

$$88000\times(67\%-60\%)=6160(元)$$

3）销售时间、数量和付款方式无差异，不用量化和调整。

4）计算以参照车辆 B 为参照车辆时，被评估二手车的评估值 P_2 为

$$P_2=88000+6160=94160(元)$$

由于两辆参照车辆与被评估二手车的交易地点相同，且成新率、已使用年限、交易时间等参数均相接近，故可采用算术平均法计算被评估二手车评估值 P，即

$$P=\frac{P_1+P_2}{2}=\frac{95080+94160}{2}=94620(\text{元})$$

任务实施

☞ 任务目标与要求

• 小组成员分工协作，利用网络、图书馆资料，依据任务工单分析制定工作计划，并通过小组自评或互评检查工作计划。

• 登记二手车基本信息，对现实技术状况进行检查，确定其成新率，运用现行市价法计算二手车评估值。

☞ 准备工作

• 小组接受工作任务，组长带领组内成员阅读任务工单，查阅相关资料，合理分工，制定任务计划，并检查计划有效性。

• 准备试验场地、试验车辆、试验器材。

☞ 实施指导

由教师为学生提供一辆二手车，车型不限，要求学生在规定时间内，完成车辆技术状况检查，并运用现行市价法评估车辆价值。

1. 收集评估对象的资料

评估对象的资料一般包括车辆的类别名称、型号、性能指标、生产厂家、出厂日期、车辆来源、使用年限、行驶里程、使用情况、实际技术状况及尚可使用的年限、市场状况、交易动机和目的、车辆所处地理位置、成交数量和成交时间等。收集到的资料越全面、越多，评估的准确性就越高，因此收集资料是市价法评估的关键。

2. 选定参照对象

参照对象选定的关键是参照对象应具有可比性并且要有一定数量，一般参照对象不少于 3 个。

主要可比因素包括：

1）型号与制造厂商。

2）车辆来源：指私用车、公务车、商用车、出租车或其他营运车。

3）使用年限与行驶里程。

4）车辆实际技术状况。

5）市场状况：主要指供求关系，看市场主要是买方市场，还是卖方市场。

6）交易条件：包括交易动机和目的、交易时间、交易批量等。

3. 分析类比

（1）结构性能的差异及量化　汽车型号、结构上的差别都会集中反映到汽车的功能和性能的差别上，功能和性能的差异可通过功能、性能对汽车价格的影响进行估算（量化调整值 = 结构性能差异值 × 待评估车辆成新率）。

（2）销售时间的差异与量化　在选择参照车辆时，应尽可能选择评估基准日的成交案例，以免去销售时间差异的量化；若参照车辆的交易时间在评估基准日之前，则可采用价格

指数法将销售时间差异量化并调整。

(3) 新旧程度的差异及量化　被评估二手车与参照车辆在新旧程度上存在一定的差异，要求评估人员能够对二者作出基本判断，取得被评估二手车和参照车辆成新率后，以参照车辆的价格乘以被评估二手车与参照车辆成新率之差来得到两者新旧程度的差异量，即

新旧程度差异量 = 参照车辆价格 ×（被评估二手车成新率 − 参照车辆成新率）

(4) 付款方式的差异及量化　在二手车交易中，绝大多数为现款交易，在一些经济较活跃的地区已出现二手车的银行按揭销售。银行按揭的二手车与一次性付款二手车的价格差异由两部分组成：一是银行的贷款利息，贷款利息按贷款年限确定；二是汽车按揭保险费，各保险公司的汽车按揭保险费率不完全相同，会有一些差异。

4. 做出评估结论

以参照物的成交价格作为评定估算评估对象价值的基础，在这个基础上将已经量化的参照物与评估对象对比指标差异进行调增或调减，就可以得到以每个参照物为基础的评估对象的初步评估结果。评估人员对若干评估初步结果进行综合分析，以确定最终的评估值(可根据比较分析选取其中一个,也可采用加权平均或算术平均值)。

<table>
<tr><td>项目</td><td colspan="5">评估二手车价值</td></tr>
<tr><td>任务</td><td colspan="3">现行市价法确定二手车价格</td><td>姓名</td><td></td></tr>
<tr><td>班级</td><td></td><td>组号</td><td></td><td>日期</td><td></td></tr>
<tr><td>任务目的</td><td colspan="5">● 对二手车技术状况进行检查。
● 采用现行市价法评估二手车价值。</td></tr>
<tr><td>任务描述</td><td colspan="5">按照学习领域课程安排，通过情景模拟，教师提供待鉴定评估车辆、参考资料、视频资料等教学资源，在教师指导下完成用现行市价法确定二手车价格这一教学任务。请各组对教师提供车辆进行技术状况检查，运用现行市价法评估车辆价值。</td></tr>
<tr><td>任务要求</td><td colspan="5">通过教师的引导、自学和查找资料等方式，按照工作过程的完整性和连贯性(资讯—决策—计划—实施—检查)评估要求，逐步养成就业岗位的隐性工作方法，最终以小组协作形式完成二手车价值评估。</td></tr>
<tr><td>资讯</td><td colspan="5">某评估人员在用现行市价法对某捷达轿车进行价值评估时，收集了两辆参照车辆的技术经济参数，请运用现行市价法对该车进行评估，该车及参照车辆的技术经济参数见下表。

序号 | 技术经济参数 | 参照车辆Ⅰ | 参照车辆Ⅱ | 待评估车辆
1 | 车型 | 捷达 FV6160CL | 捷达 FV6160CIX | 捷达 FV6160GIX
2 | 销售条件 | 公开市场 | 公开市场 | 公开市场
3 | 行驶里程 | 12 万 km | 15 万 km | 13 万 km
4 | 上牌时间 | 2004 年 6 月 | 2004 年 2 月 | 2005 年 3 月
5 | 技术状况 | 良好 | 良好 | 良好
6 | 交易地点 | 南京 | 南京 | 南京
7 | 付款方式 | 现金 | 现金 | 现金
8 | 交易时间 | 2008 年 4 月 | 2009 年 10 月 | 20010 年 2 月
9 | 成新率 | 53% | 48% | 50%
10 | 规定使用时间 | 15 年 | 15 年 | 15 年
11 | 物价指数 | 1 | 1.03 | 1.03
12 | 交易价格 | 5 万元 | 5.5 万元 | 待评估</td></tr>
</table>

（续）

<table>
<tr><td>项目</td><td>评估二手车价值</td></tr>
<tr><td>决策</td><td>每6人一组，每组选出一名负责人，负责人对小组任务进行分配，组员按负责人要求完成相关任务内容。
<table><tr><td>序号</td><td>个人职责(任务)</td><td>负责人</td></tr><tr><td>1</td><td></td><td></td></tr><tr><td>2</td><td></td><td></td></tr><tr><td>3</td><td></td><td></td></tr><tr><td>4</td><td></td><td></td></tr><tr><td>5</td><td></td><td></td></tr><tr><td>6</td><td></td><td></td></tr></table></td></tr>
<tr><td>制定计划</td><td>根据任务内容制定任务计划，并反复修改、讨论工作方案。</td></tr>
<tr><td>任务实施</td><td>各小组成员按照制定的工作计划查阅相关资料，制定采用现行市价法评估二手车价值方法的工作计划，并进行实施。
1. 检查待评估车辆技术状况，并进行量化
2. 选取参照物
3. 分析类比
4. 计算评估</td></tr>
<tr><td>检查评估</td><td>成果展示，小组自评与互评，并讨论、总结、反思学习过程中的不足，撰写工作报告并交流。</td></tr>
</table>

任务3.3　重置成本法确定二手车价格

能力标准

学完这一单元，你应获得以下能力：

- 掌握用重置成本法确定二手车价格。
- 掌握重置成本法适用范围。

任务分析

请以以下任务为指导，完成对相关知识的学习并进行练习：

如果待评估车辆无法选择参照物，无法使用现行市价法，就应该选用重置成本法。重置成本法是指在现时市场条件下重新购置一辆全新状态的被评估车辆所需的全部成本，减去该被评估车辆的各种陈旧贬值后的差额作为被评估车辆现时价格的一种评估方法。

相关知识

一、重置成本法基本概念

1. 重置成本法计算公式

二手车评估值 = 重置成本 - 实体损耗 - 功能性贬值 - 经济性贬值

2. 重置成本法的基本要素

重置成本法的概念中涉及四个基本要素，即二手车的重置成本、二手车实体有形损耗、二手车功能性贬值和二手车经济性贬值。

1）二手车的重置成本：是指在现行市场条件下重新购置一辆全新车辆所支付的全部货币总额。简单地说，二手车重置成本就是当前再取得该车的成本。

2）二手车实体有形损耗：也称实体性贬值，是指二手车在存放和使用过程中，由于物理和化学原因（如机件磨损、锈蚀和老化等）而导致的车辆实体发生的价值损耗，即由于自然力的作用而发生的损耗。

3）二手车功能性贬值：是由于技术进步引起的二手车功能相对落后而导致的贬值。这是无形损耗。

4）二手车经济性贬值：是指由于外部经济环境变化所造成的车辆贬值。它也是一种无形损耗。外部经济环境包括宏观经济政策、市场需求、通货膨胀和环境保护等。如国家提高对汽车排放标准的要求，实施欧Ⅲ排放标准，原来执行欧Ⅱ排放标准的在用车就会因此而贬值。经济性贬值是由于外部环境而不是车辆本身或内部因素所引起的、达不到原有设计的获利能力而造成的贬值。

3. 重置成本法的应用前提和适用范围

重置成本法作为一种二手车评估的方法，是从能够重新取得被评估二手车的角度来反映二手车的交换价值的，即通过被评估二手车的重置成本反映二手车的交换价值。只有当被评估的二手车处于继续使用状态下，再取得被评估二手车的全部费用才能构成其交换价值的内容。二手车继续使用包含着其使用有效性的经济意义，只有当二手车能够继续使用并且在持续使用中为潜在投资者带来经济利益，二手车的重置成本才能为潜在投资者和市场承认及接受。从这个意义上讲，重置成本法主要适用于继续使用前提下的二手车评估。

4. 重置成本法的优缺点

（1）重置成本法的优点　比较充分地考虑了车辆的各方面损耗，反映了车辆市场价格的变化，评估结果更趋于公平合理，在不易估算车辆未来收益或难以在市场上找到可类比对象的情况下可广泛应用。

可采用综合分析法确定成新率，将车况和配置以及车辆使用情况用适当的调整系数表征出来，比较清晰地解析了车辆残值的构成，使整个评估过程显得有理有据，有助于增强交易双方对评估结果的信任，可广泛应用于价值较高的中高档车辆评估。

（2）重置成本法的缺点　评估工作量较大，确定成新率时主观因素影响较大。

对极少数的进口车辆，不易查询到现时市场报价，对于一些已停产或是国内自然淘汰的车型，不可能查询到相同车型新车的市场报价，因此难以准确地确定出它们的重置成本或重置成本全价。

二、应用重置成本法评估的具体方法

1. 重置成本法的计算模型

重置成本法有以下两种基本计算模型。

模型一：评估值 = 重置成本 − 实体性贬值 − 功能性贬值 − 经济性贬值

模型二：评估值 = 重置成本 × 成新率

模型一是重置成本法评估二手车的最基本模型。它综合考虑了二手车的现行市场价格和各种影响二手车价值量变化（贬值）的因素，最让人信服和易于接受。但造成这些贬值的影响因素较多且有一定的不确定性，所以准确地确定二手车的贬值是不容易的。

模型二以成新率综合考虑了各种贬值对二手车价值的影响，是一种定性和定量相结合的评估方法，比较符合中国人评判二手物品的思维模式，是目前市场上应用最广的一种评估方法。下面重点介绍这种评估模型。

2. 基于成新率的重置成本法评估计算

（1）评估计算公式　上述模型二即为基于成新率的重置成本法评估计算公式

$$P = BC$$

式中，P 为被评估二手车的评估值（元）；B 为被评估二手车的现时重置成本（元）；C 为被评估二手车的现时成新率。

（2）重置成本的计算　在资产评估中，重置成本的估算有多种方法，对二手车评估来说，计算重置成本一般采用重置核算法和物价指数法两种方法。

1）重置核算法：是利用成本核算原理，根据重新取得一辆与二手车车型和功能一样的新车所需的费用项目，逐项计算后累加得到二手车的重置成本。其计算公式为

$$B = B_1 + B_2$$

式中，B 为二手车重置成本（元）；B_1 为购置全新车辆的市场成交价（元）；B_2 为车辆购置价格以外国家和地方政府一次性收缴的各种税费总和（元）。

各种税费包括车辆购置税和注册登记费(牌照费)。

重置成本构成不应包括车辆拥有阶段及使用阶段的税费，如车辆拥有阶段的年审费、车船使用税、消费税，车辆使用阶段的保险费、燃油税、路桥费等。

重置成本计算时应区分以下两种情况：

① 对于以所有权转让为目的的二手车交易经济行为，按评估基准日被评估车辆所在地收集的现行市场成交价格作为被评估车辆的重置成本全价，其他费用略去不计。

② 对企业产权变动的经济行为(如企业合资、合作和联营,企业分设、合并和兼并,企业清算,企业租赁等)，其重置成本全价除了考虑被评估车辆的现行市场购置价格以外，还应将国家和地方政府规定对车辆加收的其他税费(如车辆购置附加费、车船使用税等)一并计入重置成本全价中。

2）物价指数法：也叫价格指数法，是指根据已掌握历年来的价格指数，在二手车原始成本的基础上，通过现时物价指数确定其重置成本。其计算公式为

$$B = B_0 \frac{I}{I_0}$$

或

$$B = B_0(1-\lambda)$$

式中，B 为车辆重置成本(元)；B_0 为车辆原始成本(元)；I 为车辆评估时物价指数；I_0 为车辆当初购买时物价指数；λ 为车辆价格变动指数。

当被评估车辆已停产，或是进口车辆无法找到现时市场价格时，这是一种很有用的方法。但应用时必须要注意，一定要先检查被评估车辆的账面购买原价。如果购买原价不准确，则不能用物价指数法。

车辆价格变动指数是表示车辆历年价格变动趋势和速度的指标。取值时要选用国家统计部门、物价管理部门或行业协会定期发布和提供的数据，不能选用无依据、不明来源的数据。

三、重置成本法评估二手车实例

1. 实例一

(1) 车辆基本信息

品牌：明锐　　型号：1.8TSI

车辆类型：轿车　　国产/进口：国产

制造厂名称：斯柯达　　发动机型号：EA888 发动机

车身颜色：银色　　燃油种类：汽油

排量/功率：1.8L　　初次登记日期：2007 年 12 月

手续、费用情况 ：相关证件齐备，税费齐备，2011 年费用齐全。

(2) 配置　电动门窗、CD、ABS、中控门锁、倒车雷达、安全气囊 。

(3) 车辆检查

1）静态检查：整体外观非常好，漆面光泽度较亮，前后保险杠有几处轻微的小划痕，但不影响整车漆面的美观。浅色内饰保养得不错，电动带腰托功能真皮座椅支撑力较好，乘坐舒适性也不错，长距离驾驶也没有疲劳感，抗脏易清洗，方便日常保养。中控台设计简洁大方，表面装饰板保养不错，嵌入式 GPS 导航仪实用性高，操控旋钮、按钮都被安置在驾

驶座位周围，触手可及，非常便捷。双区独立空调可为乘客提供舒适的乘坐环境。

2）动态检查：起动车辆后，发动机运转顺畅，怠速发动机声音正常，行车电脑智能化程度高，行车电脑自检雾灯故障灯报警，其他电子设备一切正常。转向盘手感扎实，简洁实用，没有太多的功能按键。明锐采用的是发动机 1.8T FSI 缸内直喷技术，能有效提高燃油效率，更省油更环保。明锐噪声控制得稍差点，怠速下有些轻微的响声传入驾驶室。将变速杆置于 D 位，慢踩加速踏板，动力输出很顺畅。评估基准日为 2011 年 7 月，已知该车的现行市场销售价格为 14.2 万元，其他税费不计，试评估该车的现时市场价值。

评估步骤如下：

① 评估题目已知条件，选用重置成本法进行评估。

② 该车为轿车，车型为紧凑型，车体结构 4 门 5 座 3 厢，自动变速器，其报废年限为 15 年，即 180 个月。

③ 初次登记日为 2007 年 12 月，评估基准日为 2011 年 7 月，已使用 43 个月。

④ 由于此项业务属于交易类业务，故重置成本不计车辆购置税等附加费用，因此，该车的现时重置成本为 14.2 万元。

⑤ 根据现场查勘结果，该车属于正常使用，故可用使用年限法确定成新率。

根据公式 $C_Y = \frac{Y_g - Y}{Y_g} \times 100\%$，该车的年限成新率为

$$C_Y = (1 - 43/180) \times 100\% = 76.11\%$$

⑥ 评估值 = 重置成本 × 成新率 = 142000 × 76.11% = 108000（元）。

2. 实例二

（1）车辆基本信息

品牌：一汽马自达　　型号：2.0L 自动豪华型

车辆类型：轿车　　国产/进口：国产

制造厂名称：一汽轿车　　发动机型号：直列四缸

车身颜色：黑色　　燃油种类：汽油

排量/功率：2.0L　　初次登记日期：2009 年 10 月

行驶里程：7.8 万 km

手续、规费情况：登记证书、行驶证、购置附加税本、保险单。

（2）配置　天窗、ABS、CD、助力转向装置、自动恒温空调、中央门锁、电动车窗、电动后视镜、真皮座椅。

（3）车辆检查

1）静态检查：驾驶室内保持良好、干净，底盘无腐蚀，轮胎状况良好。发动机舱完好，干净整洁，变速器外观良好，悬架也无伤痕，发动机无维修迹象，整体来看状况良好，各线路正常。车内饰比较新、备胎完整，行李箱没有整修过的痕迹。

2）动态检查：插入车钥匙，点火动作干脆利落，发动机运转平顺正常，各档位之间切换操作分明，变速器提速表现很平顺，似乎感觉不到换档的顿挫。方向操控精准而省力，得益于该车型的电子液压助力转向系统。仪表台各项功能操作正常，空调制冷系统效果明显，整个行驶过程车身稳定，风噪、路噪正常，制动响应灵敏稳定。评估基准日为 2013 年 9 月，已知该车的现行市场销售价格为 13.8 万元，其他税费不计，试评估该车的现时市场价值。

评估步骤如下：

① 该车属于私家车，4 年一共行驶 7.8 万 km，属于合理范围，里程表上显示的累计行驶里程数比较真实地反映了使用强度，故可采用行驶里程法估算其成新率。

② 根据《汽车报废标准》，轿车规定的累计行驶里程数为 45 万 km。已知该车里程表显示累计行驶里程约为 7.8 万 km。

③ 根据公式 $C_S = \frac{S_g - S}{S_g} \times 100\%$，该车的行驶里程成新率为

$$C_S = (1 - 7.8/45) \times 100\% = 82.67\%$$

④ 评估值 = 重置成本 × 成新率 = 138000 × 82.67% = 114000（元）。

3. 实例三

（1）车辆基本信息

品牌：奔驰 ML350 豪华型　　上牌时间：2006 年 3 月

排量：3.5L　　颜色：黑色

行驶里程：12.5 万 km　　评估基准日：2012 年 7 月

现在新车市场售价：98.5 万

手续、规费情况：登记证书、行驶证、购置附加税本、保险单。

（2）原厂配置　自动 7 档变速器、行李架、电动天窗、真皮内饰、前后车底防划护板、油底壳保护板、铝外观踏板、深色运动型尾灯、两级雨水传感器、主动保养提示系统、驻车定位系统、全时四轮驱动、速度感应式动力转向系统。

（3）车辆检查

1）静态检查：围车查看此车外表漆面，可以查看全车有部分补漆的地方，查看各车门没有发生过侧面碰撞。进入车内观察内饰，座椅及转向盘都保养得较佳，顶棚、地毯都维持着崭新感。门把手没有任何损坏的痕迹。由于原车底盘较高，观察后发现车况保持得很好，没有任何刮花的现象。

2）动态检查：起动发动机，感觉声音沉稳，没有杂音，悬架正常，坐在车上整台车如同一座小山般，安全且平稳。制动系统灵敏度较高，四个轮胎磨损程度显得一般。

评估步骤：

① 根据题目已知条件及要求，选用重置成本法进行评估。

② 该车为私人轿车，其报废年限为 15 年，即 180 个月。

③ 初次登记日为 2006 年 3 月，评估基准日为 2012 年 7 月，已使用 76 个月。

④ 由于此项业务属于交易类业务，故重置成本不计车辆购置税等附加费用，因此车的现时成本为 98.2 万元。

⑤ 由于该车型为高档车型，故可采用部件鉴定法估算该车的成新率。根据对该车的检查结果，其成新率的估算明细见表 3-7。

表 3-7　二手车成新率估算明细表

序号	车辆各主要总成、部件名称	价值权重（%）	成新率（%）	加权成新率（%）
1	发动机及离合器总成	23	55	12.65
2	变速器及万向传动装置总成	12	55	6.6

（续）

序号	车辆各主要总成、部件名称	价值权重(%)	成新率(%)	加权成新率(%)
3	前桥、前悬架及转向系总成	9	55	4.95
4	后桥及后悬架总成	9	55	4.95
5	制动系	7	55	3.85
6	车架	2	55	1.1
7	车身	24	50	12
8	电器仪表	6	55	3.3
9	轮胎	8	50	4
合计		100		53.4%

值得注意的是，此车没有进行大件更换而产生附加费用，所以部件鉴定法计算的成新率不应高于使用年限法计算的成新率 C_Y，即

$$C_Y = (1 - Y/Y_g) = (1 - 76/180) \times 100\% = 57.78\%$$

⑥ 评估值 = 重置成本 × 成新率 = 985000 × 53.4% = 525990(元)。

4. 实例四

(1) 车辆基本信息

品牌：东风日产　　型号：骊威 1.6G 手动多功能型

车辆类型：小型车　　国产/进口：合资

制造厂名称：东风汽车有限公司　　发动机型号：HR16

车身颜色：银色　　燃油种类：93 号汽油

排量/功率：1.6L　　初次登记日期：2008 年 4 月

评估基准日：2012 年 2 月　　新车市场售价：75000 元

手续、规费情况：机动车登记证、车船税、交强险及年检标志齐全。

(2) 车辆使用背景　该车属私家车，有车库保管，常年工作在市区内，工作条件较好，使用强度不大，日常维护、保养也好。

(3) 配置　前排双气囊，发动机电子防盗，车内中控锁，ABS，真皮转向盘，前门车窗电动调节，真皮座椅。

(4) 车辆检查

1) 静态检查：车辆整体外观良好，车门开合良好，车身无金属锈蚀，车架连接处没有碰撞变形的痕迹。车辆内部整齐，内饰大概有 9.5 成新，仪表台没有破损和划痕。打开发动机舱盖及其行李箱检查，前后边角没有经过钣金修复痕迹。轮胎磨损一般，制动片正常。

2) 动态检查：插入车钥匙，点火动作干脆利落，发动机运转平顺正常，各档位之间切换操作分明，变速器提速表现很平顺，似乎感觉不到换档的顿挫。方向操控精准而省力，得益于该车型的电子液压助力转向系统。仪表台各项功能操作正常，空调制冷系统效果明显，整个行驶过程车身稳定，风噪、路噪正常，制动响应灵敏稳定。

评估步骤：

① 为了计算更加准确，采用综合分析法确定其成新率，评估值 P 的计算公式为

$$P = BC = B(1 - Y/Y_Z)K \times 100\%$$

② 初次登记日期为2008年4月，评估基准日为2012年9月，已使用年限$Y=53$个月，规定使用年限为15年，$Y_g=180$个月。

③ 综合调整系数K的确定。根据技术鉴定情况，该车无需进行修理或换件，参考表3-5得到以下综合调整系数。

该车技术状况好，车辆技术状况好，车辆技术状况调整系数$K_1=1.0$；

使用、维护保养好，使用与维护保养调整系数$K_2=0.9$；

该车为合资车，制造质量调整系数$K_3=0.9$；

该车为私人用车，车辆用途调整系数$K_4=1.0$；

该车主要在市内行驶，使用条件好，使用条件调整系数$K_5=1.0$。

根据公式$K=K_1\times30\%+K_2\times25\%+K_3\times20\%+K_4\times15\%+K_5\times10\%$，得综合调整系数为

$$K=1.0\times30\%+0.9\times25\%+0.9\times20\%+1.0\times15\%+1.0\times10\%=95.5\%$$

④ 计算成新率C_F：

$$C_F=(1-Y/Y_g)K\times100\%=(1-53/180)\times0.955\times100\%=67.38\%$$

⑤ 计算评估值P：

$$P=BC_F=75000\times67.38\%=50500\text{（元）}$$

5. 实例五

（1）车辆基本信息

品牌：天籁　　型号：2.5L豪华型

车辆类型：轿车　　国产/进口：国产

制造厂名称：东风日产　　发动机型号：6缸

车身颜色：黑色　　燃油种类：汽油

排量/功率：2.5L　　初次登记日期：2009年5月

评估基准日：2013年8月

手续、规费情况：行驶证、机动车登记证书、购置税证、车船使用税等手续齐全，有原始发票、绿色环保标志，无保险理赔记录 。

（2）配置　2.5L自动档，安全气囊、电子防盗、车内中控锁、ABS、ESP、铝合金轮毂、真皮转向盘。全车没任何划痕和补漆，全景天窗，倒车影像，真皮座椅。

（3）车辆检查

1）静态检查：此车从外表看，没有伤痕，车底无漏油、漏水现象，发动机的卫生也不错，各油管接口也无漏油现象。车辆各操控部件功能正常。发动机舱内线路正常，关键部件都是原装部件，没有修复更换痕迹。底盘系统检查中没有发现任何碰撞修复痕迹，轮毂有轻微的划伤，轮胎正常。无碰撞痕迹，可见无安全事故问题。车辆内部整齐，各部件位置正常，功能良好，没有发现有改动过或翻新的痕迹。备胎、千斤顶完好，轮胎磨损很少，制动片正常。

2）动态检查：车辆起动后，发动机运转平稳，变速器结合动力输出迅速，各操控部件性能优良。转向精确，制动性能良好。

评估步骤如下：

① 重置成本全价的确定。

经当地市场调查，2009 款天籁三厢 2.5L 豪华型新车市场价格为 20.3 万元。

② 成新率的确定。由于该车型价值较高，为了全面反映二手车的新旧状态，故采用综合成新率法计算成新率。

• 计算理论成新率 C_1。查看该车里程表为 88600km，又为私家车，所以理论成新率 C_1 直接由年限法成新率计算所得。该车登记日期为 2009 年 5 月，评估基准日为 2013 年 8 月，已使用 51 个月，根据国家《汽车报废标准》，小型汽车的规定使用年限为 15 年，所以：

$$C_1 = C_Y = (1 - \text{已使用年限}/\text{规定使用年限}) \times 100\% = (1 - 51/180) \times 100\% = 71.67\%$$

• 计算现场查勘成新率 C_2。评估人员在现场对该车的勘察中，分别对车辆的发动机、底盘、车身、内饰及电气系统进行鉴定打分，详见表 3-8。

表 3-8　车辆鉴定评分表

项　目	鉴定标准	标准分	鉴定情况	评定分数
发动机、离合器总成	① 气缸压力是否符合标准 ② 机油是否泄漏，冷却系统是否漏冷却液 ③ 燃油消耗是否在正常范围内 ④ 测量气缸内圆度误差不超过 0.125mm ⑤ 在高中低速时没有断火现象和其他异常现象	35	正常	32
前桥总成	工字梁应无变形和裂纹，转向系统操作轻便灵活，转向节不应有裂纹	8	转向精确，制动性能良好	6
后桥总成	圆锥主动齿轮轴转速在 1400 ~ 1500r/min 时，各轴承温度不应高于 60℃，差速器及半轴的齿轮符合要求的敲击声或高低变化声响，各接合部位不允许漏油	10	基本符合要求	8
变速器总成	变速器接合动力输出迅速，各操控部件性能优良	8	符合要求	6
车身总成	车身无碰伤变形、脱漆、锈蚀，门窗玻璃完好，各焊口应无裂纹及损伤，连接件齐全无松动，密封良好，座椅完整	29	外表没有伤痕，维护保养好	26
轮胎	依磨损量确定	2	轮毂有轻微的划伤，轮胎磨损正常	1
其他	① 制动系统：制动液不泄漏，制动反应良好 ② 电系统：电源点火、信号、照明应正常	8	工作状况一般	6
合计		100		85

根据表 3-8，现场查勘成新率 C_2 = 现场勘察打分值/100 = 72%。

取权重系数 $\alpha = 0.4$、$\beta = 0.6$，则综合成新率为

$$C_2 = C_1\alpha + C_2\beta = 71.67\% \times 0.4 + 85\% \times 0.6 = 79.67\%$$

③ 评估值的确定。

$$\text{评估价值} = \text{重置全价} \times \text{综合成新率} = 203000 \times 79.67\% = 161700(\text{元})$$

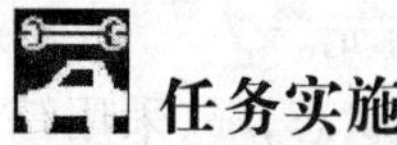

任务实施

☞ 任务目标与要求

• 小组成员分工协作，利用网络、图书馆资料，依据任务工单分析制定工作计划，并通过小组自评或互评检查工作计划。

• 登记二手车基本信息，对现实技术状况进行检查，确定其成新率，运用重置成本法计算二手车评估值。

☞ 准备工作

• 小组接受工作任务，组长带领组内成员阅读任务工单，查阅相关资料，合理分工，制定任务计划，并检查计划有效性。

• 准备试验场地、试验车辆、试验器材。

☞ 实施指导

由教师为学生提供一辆二手车，车型不限，要求学生在规定时间内，完成车辆技术状况检查，并运用重置成本法评估车辆价值。

1. 收集评估对象的资料

评估对象的资料一般包括车辆的类别名称、型号、性能指标、生产厂家、出厂日期、车辆来源、使用年限、行驶里程、使用情况、实际技术状况及尚可使用的年限、市场状况、交易动机和目的、车辆所处地理位置、成交数量和成交时间等。收集到的资料越全面、越多，则评估的准确性越高。

2. 确定成新率

根据评估对象不同，选择合适的方法计算成新率。

3. 计算评估值

根据重置成本法计算模型计算车辆评估值，做出结论。

<table>
<tr><td>项目</td><td colspan="5">评估二手车价值</td></tr>
<tr><td>任务</td><td colspan="3">重置成本法确定二手车价格</td><td>姓名</td><td></td></tr>
<tr><td>班级</td><td></td><td>组号</td><td></td><td>日期</td><td></td></tr>
<tr><td>任务目的</td><td colspan="5">• 对二手车技术状况进行检查。
• 采用重置成本法评估二手车价值。</td></tr>
<tr><td>任务描述</td><td colspan="5">按照学习领域课程安排，通过情景模拟，教师提供待鉴定评估车辆，参考资料、视频资料等教学资源，在教师指导下完成用重置成本法确定二手车价格这一教学任务。请各组对教师提供车辆进行技术状况检查，运用重置成本法评估车辆价值。</td></tr>
<tr><td>任务要求</td><td colspan="5">通过教师的引导、自学和查找资料等方式，按照工作过程的完整性和连贯性(资讯—决策—计划—实施—检查)评估要求，逐步养成就业岗位的隐性工作方法，最终以小组协作形式完成二手车价值评估。</td></tr>
<tr><td>资讯</td><td colspan="5">现有一待评估车辆，基本情况如下，请用重置成本法评估该车价值。
品牌：凯越　　型号：SGM7165MTB
车辆类型：轿车　　国产/进口：国产
制造厂名称：上海通用汽车　　发动机型号：F16D3
车身颜色：白　　燃油种类：汽油
排量/功率：1.6L　　初次登记日期：2010 年 10 月 05 日</td></tr>
</table>

（续）

<table>
<tr><td>项目</td><td>评估二手车价值</td></tr>
<tr><td>资讯</td><td>评估基准日：2013 年 7 月　　　　　　行驶里程：65000km
手续、规费情况：行驶证、登记证书、购车发票、车辆保险、购置税等手续齐全。
配置：手动空调、真皮座椅、导航、天窗、电动车窗、中控门锁。
静态检查：登记证书 VIN、发动机号与原车一致；绕车一周，车身四周漆面色彩一致，没有补漆现象；车门开启、关闭正常；各仪表正常工作；轮胎正常磨损；打开发动机舱盖，大梁及发动机舱盖没有发现事故痕迹；机油尺正常；大梁及各部件完好；行李箱整洁；备胎没有落地；工具齐全。
动态检查：起动车辆，发动机无杂音、运转平稳；冷却液温度正常，加速灵敏，制动稳定，变速器工作顺畅。</td></tr>
<tr><td>决策</td><td>每 6 人一组，每组选出一名负责人，负责人对小组任务进行分配，组员按负责人要求完成相关任务内容。
<table><tr><td>序号</td><td>个人职责(任务)</td><td>负责人</td></tr><tr><td>1</td><td></td><td></td></tr><tr><td>2</td><td></td><td></td></tr><tr><td>3</td><td></td><td></td></tr><tr><td>4</td><td></td><td></td></tr><tr><td>5</td><td></td><td></td></tr><tr><td>6</td><td></td><td></td></tr></table></td></tr>
<tr><td>制定计划</td><td>根据任务内容制定任务计划，并反复修改、讨论工作方案。</td></tr>
<tr><td>任务实施</td><td>各小组成员按照制定的工作计划查阅相关资料，制定采用重置成本法评估二手车价值方法的工作计划，并进行实施。
1. 检查待评估车辆技术状况，并进行量化

2. 计算该车成新率

3. 计算评估</td></tr>
<tr><td>检查评估</td><td>成果展示，小组自评与互评，并讨论、总结、反思学习过程中的不足，撰写工作报告并交流。</td></tr>
</table>

任务3.4　收益现值法确定二手车价格

能力标准

学完这一单元，你应获得以下能力：

- 掌握用收益现值法确定二手车价格。
- 掌握收益现值法适用范围。

任务分析

请以以下任务为指导，完成对相关知识的学习并进行练习：

收益现值法是通过估算被评估二手车在剩余寿命期内的预期收益，并折算为评估基准日的现值，对营运性质的车辆可以采用这种评估方法。

相关知识

一、收益现值法的基本概念

1. 收益现值法的基本原理

收益现值法是基于这样的假设，即人们之所以购买某辆二手车，主要是考虑这辆车能为自己带来一定的收益。任何一个理智的投资者在决定投资购买这辆二手车时，他所愿意支付的货币金额不会高于评估时求得的该车未来预期收益的折现值。

2. 收益现值法的应用前提和适用范围

收益现值法的应用基于以下几个前提：

1）被评估二手车必须是经营性车辆，且具有继续经营和获利的能力。

2）继续经营的预期收益可以预测而且必须能够用货币金额来表示。

3）二手车购买者获得预期收益所承担的风险也可以预测，并可以用货币衡量。

4）被评估二手车预期获利年限可以预测。

由以上应用的前提条件可见，运用收益现值法进行评估时，是以车辆投入使用后连续获利为基础的。在机动车的交易中，人们购买的目的往往不是在于车辆本身，而是车辆获利的能力。因此，收益现值法较适用投资营运的车辆。

3. 收益现值法的优缺点

（1）收益现值法的优点

1）投资决策相结合，容易被交易双方接受。

2）能真实和较准确地反映车辆本金化的价格。

（2）收益现值法的缺点

1）预期收益额和折现率以及风险报酬率的预测难度大。

2）受主观判断和未来不可预见因素的影响较大。

二、收益现值法评估的具体方法

1. 计算模型

应用收益现值法求二手车评估值的计算，实际上就是对被评估二手车未来预期收益进行折现的过程。被评估二手车的评估值等于剩余寿命期内各收益期的收益折现值之和。其基本计算公式为

$$P = \sum_{t=1}^{n} \frac{A_t}{(1+i)^t} = \frac{A_1}{(1+i)^1} + \frac{A_2}{(1+i)^2} + \cdots + \frac{A_n}{(1+i)^n}$$

式中，P 为评估值(元)；A_t 为未来第 t 个收益期的预期收益额(元)；n 为收益年期(即二手车剩余使用寿命的年限)；i 为折现率，在经济分析中如果不作其他说明，一般指年利率或收益率；t 为收益期，一般以年计。

由于二手车的收益期是有限的，所以上式中的 A_t 还包括收益期末车辆的残值，一般估算时忽略不计。

当 $A_1 = A_2 = \cdots = A_n = A$ 时，即 t 在 $1 \sim n$ 年未来收益都相同为 A 时，则有

$$P = A\left[\frac{1}{(1+i)^1} + \frac{1}{(1+i)^2} + \cdots + \frac{1}{(1+i)^n}\right] = A\,\frac{(1+i)^n - 1}{i(1+i)^n}$$

式中，$\frac{1}{(1+i)^t}$为第 t 个收益年期的现值系数；$\frac{(1+i)^n - 1}{i(1+i)^n}$为年金现值系数。

上式反映了收益率为 i，二手车预期在 n 年的收益期内每年的收益为 A 元，几年累计收益额“等值于”现值 P 元，那么，现在可接受的最大投资额应为 P 元。

2. 收益现值法各评估参数的确定

(1) 收益年期 n 的确定　收益年期(即二手车剩余使用寿命的年限)指从评估基准日到二手车报废的年限。各类营运车辆的报废年限在国家《汽车报废标准》中都有具体规定。如果剩余使用寿命期估算得过长，则计算的收益期就多，车辆的评估价格就高；反之，则会低估价格。因此，必须根据二手车的实际状况对其收益年期作出正确的评定。

(2) 预期收益额 A 的确定　运用收益现值法时，未来每年收益额的确定是关键。预期收益额是指被评估二手车在其剩余使用寿命期内的使用过程中，可能带来的年纯收益额。确定车辆预期收益额时应注意以下两点：

1) 预期收益额是通过预测分析获得的。对于买卖双方来说，判断车辆是否有价值，应判断该车辆是否能带来收益。对车辆收益能力的判断，不仅要看现在的情形，更重要的是关注未来的经营风险。

2) 收益额的构成。以企业为例，目前有几种观点：①企业税后利润；②企业税后利润与提取折旧额之和扣除投资额；③利润总额。在二手车评估业务中建议选择第一种观点，目的是准确反映预期收益额。其计算公式为

收益额 = 税前收入 - 应交所得税 = 税前收入 ×(1 - 所得税率)

税前收入 = 一年的毛收入 - 车辆使用的各种税费和人员劳务费等

(3) 折现率 i 的确定　折现率是指将未来预期收益额折算成现值的比率。从本质上讲，折现率是一种期望投资报酬率，是投资者在投资风险一定的情况下，对投资所期望的回报率。折现率由无风险报酬率和风险报酬率两部分组成，即

折现率(i) = 无风险报酬率 + 风险报酬率

无风险报酬率一般是指期间国库券利率，它实际上是一种无风险收益率。风险报酬率是指超过无风险收益率以上部分的投资回报率。在资产评估中，因资产的行业分布、种类、市场条件等的不同，其折现率亦不相同。因此，在利用收益法对二手车鉴定评估选择折现率时，应该进行本企业、本行业历年收益率指标的对比分析，以尽可能准确地估测二手车的折现率。但是，最后确定的折现率应该起码不低于国家债券或银行存款的利率。

三、收益现值法评估二手车实例

2012 年 4 月，某人打算在二手车市场购置一辆天语尚悦轿车用于个体出租车运营。该车的基本信息及经营预测如下：

2011 年 1 月购买，并于当月完成车辆登记手续，已行驶 36 万 km。目前车辆技术状况良好，能正常运行；如用于出租车运营，全年预计可出勤 340 天。根据市场经营经验，该车型每天平均毛收入约 1200 元，每天耗油费用 150 元，年检、保险、养路费及各种应支出费用折合平均每天 75 元，年日常维修保养费用约 12000 元，年平均大修费用约 8000 元，人员劳务费 96000 元。根据目前银行储蓄年利率、行业收益等情况，确定资金预期收益率为 15%，风险报酬率为 5%。

假设每年的纯收入相同，试结合上述条件评估该车可接受的最大投资额是多少?

评估步骤：

1）根据题目条件，评估方法采用收益现值法。

2）收益年期 n 的确定。从车辆登记日（2011 年 1 月）至评估基准日（2012 年 4 月）止，该车已使用 1 年 3 个月。据国家《汽车报废标准》的规定，出租车规定运营年限为 8 年，车辆剩余使用寿命为 6 年 9 个月。

3）预期收益额 A_t 的确定。根据题设条件，计算预计年毛收入，具体计算见表 3-9。

表 3-9　预计年收支

项目		金额
预计年收入/元		950 × 340 = 323000
预计年支出/元	年燃油消耗费用	150 × 340 = 51000
	年检、保险、养路费及各种应支出费用	75 × 340 = 25500
	年日常维修保养费用	12000
	年平均大修费用	8000
	人员劳务费	96000
预计年毛收入/元		130500

计算年预计纯收入。根据国家个人所得税条例，应缴纳所得税率为 30%，故年预计纯收入为

$$130500 \times (1-30\%) = 91350(\text{元})$$

预期收益额 A_t = 年预计纯收入，为 91350 元。

4）折现率 i 的确定。i = 无风险报酬率 + 风险报酬率 = 15% + 5% = 20%。

5）计算评估值 P：

$$P_1 = A\frac{(1+i)^n - 1}{i(1+i)^n} = 303990(\text{元})$$

$$P_2 = A\frac{(1+i)^n - 1}{i(1+i)^n} = 25516 \times 3/4 = 19137(\text{元})$$

$$P = 303990 + 19137 = 323127(\text{元})$$

任务实施

☞ 任务目标与要求

• 小组成员分工协作，利用网络、图书馆资料，依据任务工单分析制定工作计划，并通过小组自评或互评检查工作计划。

• 登记二手车基本信息，对现实技术状况进行检查，确定其成新率，运用收益现值法计算二手车评估值。

☞ 准备工作

• 小组接受工作任务，组长带领组内成员阅读任务工单，查阅相关资料，合理分工，制定任务计划，并检查计划有效性。

• 准备试验场地、试验车辆、试验器材。

☞ 实施指导

由教师为学生提供一辆二手车，车型不限，要求学生在规定时间内，完成车辆技术状况检查，并运用收益现值法评估车辆价值。

1. 收集资料

收集并验证与评估对象未来预期收益有关的数据资料，包括营运车辆的经营行情、经营前景、营运车辆的消费结构以及经营风险等。

2. 了解评估对象技术情况

充分了解被评估车辆的技术状况，对车辆进行静态检查、动态检查。

3. 确定预测预期收益、折现率

根据所了解的营运车辆经营行情、经营前景、消费结构以及经营风险等预测预期收益；了解行业投资报酬率和风险率，要选用国家权威部门发布的数据，确定合适的折现率。

4. 计算评估值

根据收益现值法计算模型计算车辆评估值。

5. 分析确定评估结果

根据计算结果，进行综合分析，最终确定车辆评估值。

<table>
<tr><td>项目</td><td colspan="5">评估二手车价值</td></tr>
<tr><td>任务</td><td colspan="3">收益现值法确定二手车价格</td><td>姓名</td><td></td></tr>
<tr><td>班级</td><td></td><td>组号</td><td></td><td>日期</td><td></td></tr>
<tr><td>任务目的</td><td colspan="5">● 对二手车技术状况进行检查。
● 采用收益现值法评估二手车价值。</td></tr>
<tr><td>任务描述</td><td colspan="5">按照学习领域课程安排，通过情景模拟，教师提供待鉴定评估车辆，参考资料、视频资料等教学资源，在教师指导下完成用收益现值法确定二手车价格这一教学任务。请各组对教师提供的车辆进行技术状况检查，运用收益现值法评估车辆价值。</td></tr>
</table>

（续）

<table>
<tr><th>项目</th><th>评估二手车价值</th></tr>
<tr><td>任务要求</td><td>通过教师的引导、自学和查找资料等方式，按照工作过程的完整性和连贯性(资讯—决策—计划—实施—检查)评估要求，逐步养成就业岗位的隐性工作方法，最终以小组协作形式完成二手车价值评估。</td></tr>
<tr><td>资讯</td><td>现有一待评估车辆，基本情况如下，请用收益现值法评估该车价值。
某人预购一辆桑塔纳普通型出租车，作为个体出租车经营使用，该车各项数据和情况如下：
出租车基本数据和情况
<table>
<tr><td>1. 评估基准日</td><td>2004 年 12 月 15 日</td></tr>
<tr><td>2. 初次登记年月</td><td>2000 年 12 月</td></tr>
<tr><td>3. 技术状况</td><td>正常</td></tr>
<tr><td>4. 每年营运天数</td><td>350 天</td></tr>
<tr><td>5. 每天毛收入</td><td>500 元</td></tr>
<tr><td>6. 日营业所得税</td><td>50 元</td></tr>
<tr><td>7. 每天燃油费用</td><td>120 元</td></tr>
<tr><td>8. 每年日常维修、保养费</td><td>6000 元</td></tr>
<tr><td>9. 每年保险及各项规费</td><td>12000 元</td></tr>
<tr><td>10. 营运证使用费</td><td>18000 元</td></tr>
<tr><td>11. 两名驾驶人劳务、保险费</td><td>60000 元</td></tr>
</table></td></tr>
<tr><td>决策</td><td>每 6 人一组，每组选出一名负责人，负责人对小组任务进行分配，组员按负责人要求完成相关任务内容。
<table>
<tr><th>序号</th><th>个人职责(任务)</th><th>负责人</th></tr>
<tr><td>1</td><td></td><td></td></tr>
<tr><td>2</td><td></td><td></td></tr>
<tr><td>3</td><td></td><td></td></tr>
<tr><td>4</td><td></td><td></td></tr>
<tr><td>5</td><td></td><td></td></tr>
<tr><td>6</td><td></td><td></td></tr>
</table></td></tr>
<tr><td>制定计划</td><td>根据任务内容制定任务计划，并反复修改、讨论工作方案。</td></tr>
<tr><td>任务实施</td><td>各小组成员按照制定的工作计划查阅相关资料，制定采用收益现值法评估二手车价值方法的工作计划，并进行实施。
1. 了解行业收益，预计车辆投入使用后收益
2. 查阅资料，选择合适的折现率
3. 计算评估</td></tr>
<tr><td>检查评估</td><td>成果展示，小组自评与互评，并讨论、总结、反思学习过程中的不足，撰写工作报告并交流。</td></tr>
</table>

任务3.5 清算价格法确定二手车价格

学完这一单元，你应获得以下能力：

- 掌握用清算价格法确定二手车价格。
- 掌握清算价格法适用范围。

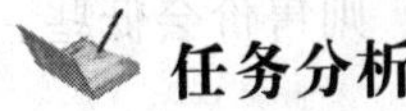

请以以下任务为指导，完成对相关知识的学习并进行练习：

清算价格法是以清算价格为依据来估算二手车价格的一种方法，对企业在停业或破产后，在一定的期限内拍卖的车辆采用这种方法确定评估值。

相关知识

一、清算价格法的基本概念

1. 清算价格法基本原理

清算价格法在原理上基本与现行市价法相同，所不同的是迫于停业或破产，清算价格往往大大低于现行市场价格。这是由于企业被迫停业或破产，急于将车辆拍卖、出售。

2. 清算价格法的应用前提和适用范围

（1）清算价格法的应用前提　以清算价格法评估车辆价格的前提条件有以下三点：

1）以具有法律效力的破产处理文件或抵押合同及其他有效文件为依据。

2）车辆在市场上可以快速出售变现。

3）所卖收入足以补偿出售车辆的附加支出总额。

（2）清算价格法的适用范围　清算价格法适用于企业破产、资产抵押和停业清理时要出售的车辆。

1）企业破产。当企业或个人因经营不善造成的亏损严重、到期不能清偿债务时，企业应依法宣告破产，法院以其全部财产依法清偿其所欠的债务，不足部分不再清偿。

2）资产抵押。资产抵押是以所有者资产作为抵押物进行融资的一种经济行为，是合同当事人一方用自己特定的财产（如机动车辆）向对方保证履行合同义务的担保形式。提供财产的一方为抵押人，接受抵押财产的一方为抵押权人。抵押人不履行合同时，抵押权人有权力将抵押财产在法律允许的范围内变卖，从变卖抵押物价款中优先受偿。

3）停业清理。停业清理是指企业由于经营不善导致严重亏损，已临近破产的边缘或因其他原因将无法继续经营下去，为弄清企业财物现状，对全部财产进行清点、整理和查核，为经营决策（破产清算或继续经营）提供依据，以及因资产损毁、报废而进行清理、拆除等的经济行为。

3. 影响清算价格的主要因素

在二手车评估中，影响清算价格的主要因素包括破产形式、债权人处置车辆的方式、车辆清理费用、拍卖时限、公平市价和参照车辆价格等。

（1）破产形式　如果企业丧失车辆处置权，出售的一方无讨价还价的可能，则以买方出价决定车辆售价；如果企业未丧失处置权，出售车辆一方尚有讨价还价余地，则以双方议价决定售价。

（2）债权人处置车辆的方式　按抵押时的合同契约规定执行，如公开拍卖或收回。

（3）车辆清理费用　在企业破产等情况下评估车辆价格时，应对车辆清理费用及其他费用给予充分的考虑。如果这些费用太高，拍卖变现后所剩无几，则失去了拍卖还债的意义。

（4）拍卖时限　一般来说，规定的拍卖时限长，售价会高些；时限短，则售价会低些。这是由资产快速变现原则产生的特定买方市场所决定的。

（5）公平市价　公平市价是指车辆交易成交时，使交易双方都满意的价格。在清算价格中卖方满意的价格一般不易求得。

（6）参照车辆价格　参照车辆价格是指在市场上出售相同或类似车辆的价格。一般来说，市场参照车辆价格高，车辆出售的价格就会高，反之则低。

二、清算价格法评估的具体方法

目前，对于清算价格的确定方法，从理论上还难以找到十分有效的依据，但在实践上仍有一些方法可以采用，主要方法有如下三种：

1. 评估价格折扣法

首先，根据被评估二手车的具体情况及所获得的资料，选择重置成本法、收益现值法及现行市价法中的一种方法确定被评估二手车的价格；然后，根据市场调查和快速变现原则，确定一个合适的折扣率。用评估价格乘以折扣率，所得结果即为被评估二手车的清算价格。例如，一辆旧桑塔纳轿车，经调查在二手车交易市场上成交价为 4 万元，根据销售情况调查，折价 20% 可以当即出售，则该车辆清算价格为 $4\times(1-20\%)=3.2$(万元)。

2. 模拟拍卖法

模拟拍卖法也称意向询价法。这种方法是根据向被评估二手车的潜在购买者询价的办法取得市场信息，最后经评估人员分析确定其清算价格的一种方法。用这种方法确定的清算价格受供需关系影响很大，要充分考虑其影响的程度。

例如，有 8t 自卸车 1 台，拟评估其拍卖清算价格。评估人员经过对两家运输公司、三个个体运输户征询意向价格，其报价分别为 7 万元、8.3 万元、7.8 万元、8 万元和 7.5 万元，平均价为 7.72 万元。考虑目前各种因素，评估人员确定清算价格为 7.5 万元。

3. 竞价法

竞价法是由法院按照破产清算的法定程序或由卖方根据评估结果提出一个拍卖的底价，在公开市场上由买方竞争出价，谁出的价格高就卖给谁。

三、清算价格法评估二手车实例

某法院将在近期内出售一辆扣押的国产丰田普拉多 4.0AT-GX 豪华型，至评估基准日该车已经使用了 3 年 6 个月，车况与新旧程度相符，试评估该车的清算价格。

分析：本次评估目的是债务清偿，应采用的评估方法为清算价格法。

评估步骤：

1）根据题目已知条件，采用重置成本法确定清算价格。

2）求已使用年限和规定使用年限。该车已使用3年6个月；该车辆使用年限为15年。

3）确定车辆成新率。被评估车辆技术状况与其新旧程度相符，决定采用使用年限法确定其成新率，被评估车辆成新率 C_Y 为

$$C_Y=\left(1-\frac{Y}{Y_g}\right)\times100\%=\left(1-\frac{42}{180}\right)\times100\%=77\%$$

4）确定车辆的重置成本全价。根据调查，全新的同型车目前售价为47万。根据相关规定，购置此型车时，要缴纳10%的车辆购置税，故被评估车辆的重置成本全价 B 为

$$B=470000\times(1+10\%)=517000(\text{元})$$

5）确定被评估车辆在公平市场条件下的评估值。根据调查了解，被评估车辆的功能性损耗及经济性损耗均很小，可忽略不计，故在公平市场条件下，该车的评估值为

$$P=BC=517000\times77\%=398090(\text{元})$$

6）确定折扣率。根据市场调查，折扣率取80%时，可在清算日内出售车辆，故确定折扣率为80%。

7）确定被评估车辆的清算价格为

$$\text{车辆的清算价格}=388090\times80\%=318472(\text{元})$$

任务实施

☞ 任务目标与要求

• 小组成员分工协作，利用网络、图书馆资料，依据任务工单分析制定工作计划，并通过小组自评或互评检查工作计划。

• 登记二手车基本信息，对现实技术状况进行检查，确定其成新率，运用清算价格法计算二手车评估值。

☞ 准备工作

• 小组接受工作任务，组长带领组内成员阅读任务工单，查阅相关资料，合理分工，制定任务计划，并检查计划有效性。

• 准备试验场地、试验车辆、试验器材。

☞ 实施指导

由教师为学生提供一辆二手车，车型不限，要求学生在规定时间内，完成车辆技术状况检查，并运用清算价格法评估车辆价值。

1. 用其他方法确定评估底价

采用清算价格法时，一般采用市场比较法、重置成本法和收益现值法或综合运用几种方法的组合来确定被评估车辆的评估底价。

如采用重置成本法确定被评估车辆价格基数的方法是：先确定重置成本，再计算成新率，最后确定评估值，即被评估车辆的评估底价。

2. 根据相关因素确定折扣率(或快速变现系数)

影响折扣率(或快速变现系数)大小的因素有：

1）被评估标的车辆市场接受程度是通用车型还是专用车型，例如运钞车就比一般的小客车难以变现。

2）要综合考虑车辆的欠费情况，欠费较多的车辆只能变换用途拆零出售，价格相对较低。

3）拍卖时限。变现时间的长短影响快速变现系数。变现时间越短，折扣率(或快速变现系数)就越低。

3. 确定清算价格

根据选取的折扣率，计算车辆清算价格。

<table>
<tr><td>项目</td><td colspan="5">评估二手车价值</td></tr>
<tr><td>任务</td><td colspan="3">清算价格法确定二手车价格</td><td>姓名</td><td></td></tr>
<tr><td>班级</td><td></td><td>组号</td><td></td><td>日期</td><td></td></tr>
<tr><td>任务目的</td><td colspan="5">● 对二手车技术状况进行检查。
● 采用清算价格法评估二手车价值。</td></tr>
<tr><td>任务描述</td><td colspan="5">按照学习领域课程安排，通过情景模拟，教师提供待鉴定评估车辆，参考资料、视频资料等教学资源，在教师指导下完成用清算价格法确定二手车价格这一教学任务。请各组对教师提供的车辆进行技术状况检查，运用清算价格法评估车辆价值。</td></tr>
<tr><td>任务要求</td><td colspan="5">通过教师的引导、自学和查找资料等方式，按照工作过程的完整性和连贯性(资讯—决策—计划—实施—检查)评估要求，逐步养成就业岗位的隐性工作方法，最终以小组协作形式完成二手车价值评估。</td></tr>
<tr><td>资讯</td><td colspan="5">现法院处理一辆抵押车辆，基本情况如下，请用清算价格法评估该车价值。
品牌：长安福特福克斯　　型号：SGM7165MTB
车辆类型：轿车　　国产/进口：国产
制造厂名称：长安福特　　车身颜色：白
燃油种类：汽油　　排量/功率：1.6L
初次登记日期：2010 年 8 月 05 日　　评估基准日：2013 年 7 月
行驶里程：67000km
手续、规费情况：行驶证、登记证书、购车发票、车辆保险、购置税等手续齐全。
配置：手动空调、真皮座椅、导航、天窗、电动车窗、中控门锁。
静态检查：登记证书 VIN、发动机号与原车一致；绕车一周，车身四周漆面色彩一致，没有补漆现象；车门开启、关闭正常；各仪表正常工作；轮胎正常磨损；打开发动机舱盖，大梁及发动机舱盖没有发现事故痕迹；机油尺正常；大梁及各部件完好；行李箱整洁；备胎没有落地，工具齐全。
动态检查：起动车辆，发动机无杂音、运转平稳；冷却液温度正常，加速灵敏，制动稳定，变速器工作顺畅。</td></tr>
<tr><td>决策</td><td colspan="5">每 6 人一组，每组选出一名负责人，负责人对小组任务进行分配，组员按负责人要求完成相关任务内容。
<table><tr><th>序号</th><th>个人职责(任务)</th><th>负责人</th></tr><tr><td>1</td><td></td><td></td></tr><tr><td>2</td><td></td><td></td></tr><tr><td>3</td><td></td><td></td></tr><tr><td>4</td><td></td><td></td></tr><tr><td>5</td><td></td><td></td></tr><tr><td>6</td><td></td><td></td></tr></table></td></tr>
</table>

（续）

项目	评估二手车价值
制定计划	根据任务内容制定任务计划，并反复修改、讨论工作方案。
任务实施	各小组成员按照制定的工作计划查阅相关资料，制定采用清算价格法评估二手车价值方法的工作计划，并进行实施。 1. 检查待评估车辆技术状况，并进行量化 2. 计算该车成新率 3. 确定折扣率 4. 确定车辆清算价格
检查评估	成果展示，小组自评与互评，并讨论、总结、反思学习过程中的不足，撰写工作报告并交流。

任务 3.6　事故车辆维修费用估算

能力标准

学完这一单元，你应获得以下能力：

- 掌握事故车辆维修费用的确定。
- 评估事故车辆价格。

任务分析

请以以下任务为指导，完成对相关知识的学习并进行练习：

对事故车辆，确定汽车损伤修理流程以及修理项目，并制定维修计划，确定修理费用，评估事故车辆价格。

相关知识

一、汽车损伤修理流程

汽车损伤修理流程如图 3-1 所示。

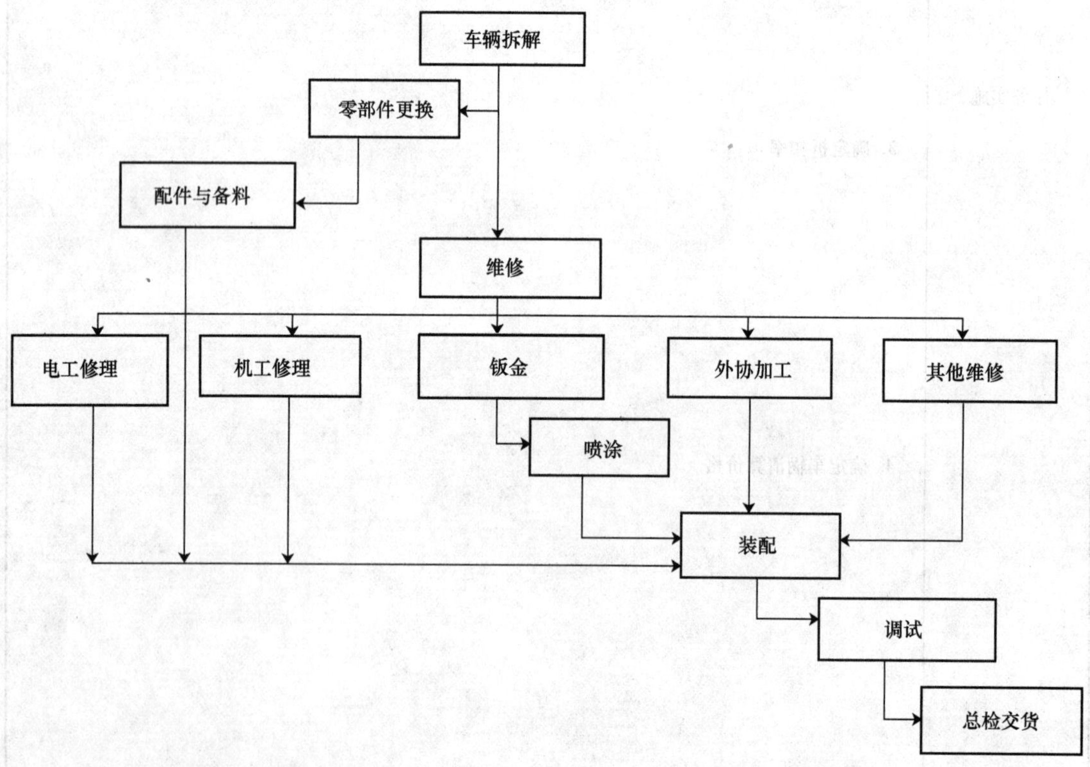

二、作业项目的确定

作业项目的确定可分为四项：更换项目的确定、拆装项目的确定、修理项目的确定与待查项目的确定。分述如下：

1. 更换项目的确定

需要更换的零部件一般可归纳为以下四种：

（1）无法修复的零部件 非承载式汽车中的车桥、悬架；转向系统中的所有零部件，如转向横拉杆的弯曲变形等；又如灯具的严重损毁、玻璃破碎等。

（2）工艺上不可修复使用的零部件 主要有胶粘的各种装饰条，如胶粘的风窗玻璃饰条，胶粘的门饰条、翼子板饰条等。这往往在保险汽车损失评估中产生争议。

（3）安全上不允许修理的零部件 从保证安全的角度考虑，不可修复使用的零部件是指那些对汽车安全起重要作用的零部件，如行驶系统中的所有零部件。这些零部件在受到明显的机械性损伤后，从安全的角度出发，基本上都不允许再使用，必须予以更换。

（4）无修复价值的零部件 是指从经济角度考虑，已无修复价值，即那些修复价值接近或超过零部件原价值的零部件。

2. 拆装项目的确定

有些零部件或总成并没有损伤，但是更换、修复、检验其他部件需要拆下该零部件或总成后再重新将其装回。

拆装项目的确定要求评估人员对被评估汽车的结构非常清楚，对汽车修理工艺也要了如指掌。在对被评估汽车拆装项目的确定有疑问时，可查阅相关的维修手册和零部件目录。

3. 修理项目的确定

在现行的汽车损失评估（各地的价格认证中心）以及绝大多数机动车保险条款中，受损汽车在零部件的修理方式上仍以修复为主，所以在工艺上、安全上允许的且具有修复价值的零部件应尽量修复。

4. 待查项目的确定

在车险查勘定损中，经常会遇到一些零件，用肉眼和经验一时无法判断其是否受损、是否达到需要更换的程度，甚至在车辆未修复前，就单独某零件用仪器都无法检测（除制造厂外），如转向节、悬架臂、副梁等，这些零件在定损工作中常被列为待查项目。然而，这些待查项目在车辆修理完工后大都成了更换项目。待查项目到底有多少确实需要更换，又确实更换了多少，这里到底有多少道德风险？这个问题始终困扰着保险公司的理赔定损人员。减少待查项目中道德风险的方法及步骤如下：

1）尽量减少待查项目。

2）拍照备查。

3）参与验收。

4）取走损坏件。

三、决定汽车损伤零部件更换与维修的“八条基本原则”

1. 质量与寿命有保证

维修后零部件的使用寿命应能达到新件寿命的80%以上，且应能与整车使用寿命相匹配。

2. 必须更换的零部件

1）影响安全的安全件，如转向系统的球头转向节，横、直拉杆，悬架系统的扭杆等。

2）修复后不能达到原有技术标准的，如发动机缸体、缸盖、飞轮壳、元宝梁等。

3）修复后不能恢复原有性能的，如钢圈、转向节等。

4）修复后会产生漏水、漏气的，如骨架、立柱、轮槽等。

5）无探伤条件的，对于安全件变形后需要探伤但无探伤条件而无法确定损伤情况的，必须更换，以确保行车安全。

6）无校正设备或检验设备时，对于无法保证维修质量的零件，必须更换，如汽车的侧梁、翼子板的内板(它是作为悬架系统的支撑)、发动机副梁、传动轴等重要零件，如无维修把握时，都必须更换。

3. 零部件修理费用与新购价格的关系

1）价格较低的：一般修理费用应小于等于新价格的30%。

2）中等价值的：一般修理费用应小于等于新价格的50%。

3）总成的修理费用：一般修理费用应小于等于新价格的75%。

4. 板件的损伤程度

1）对于结构性的板件，因在车身中起到承载的作用，需要仔细考虑整体更换车壳总成。

2）对于非全结构性的板件，在如前、后翼子板，发动机舱盖，车门外皮等，如无撕裂或开裂部位很小，均属于可修复的情况，一般不更换。

5. 特殊零部件的更换

特殊零部件包括以下五类：

(1) 仪表类　目前轿车多采用组合仪表，一般有明显碰伤、破损的都需要整体更换。某些车型的仪表可以单独更换。

(2) 电气元件　对于各种继电器、传感器等电气元件，尤其是ECU，通常情况下都无法修理，只能更换。

(3) 橡胶、塑料和玻璃制品

1）橡胶制品，包括轮胎和低值易损橡胶制品。

① 轮胎：在碰撞中发生轮胎损伤和爆裂，属于保险赔偿范围。但确定轮胎更换时，还需考虑轮胎的实际磨损状况，以便最后评定其实际价值。但在行驶中，轮胎被扎坏，则属于正常损坏，不在车损保险之列。

② 低值易耗橡胶制品，如软管、油封、缓冲垫、防尘罩、橡胶线等，都属于必须更换的低值易耗品。

2）塑料制品：目前汽车上塑料制品的应用越来越广。如利用玻璃钢型材等复合材料制造保险杠、翼子板等非结构件。当这些制品损伤不严重时，一般都可以用粘接或塑料焊接的方法修理，但若损伤严重，则应更换。

3）玻璃制品：车身玻璃为不可修复件，必须更换。

(4) 电镀装饰件　在碰撞中这类零件会失去装饰作用，必须更换。

(5) 车身附属设备　某些车主购车后，又自行增添了音响、装饰件等价值较高的设备。由于车损险的赔偿范围应限定于该车型的原厂配置。若车主未投保新增设备险，则不能赔偿，应由车主自行负担损伤的维修费用。

6. 关于外加工和专项修理

在目前的汽车维修市场上，出现了许多专项维修作业户，其维修质量有保证且价格合理。例如铝合金焊接专项维修户，可以对采用铝合金的发动机缸体、缸盖、变速器壳等进行铝合金焊接修理。这是一条降低维修成本、有效利用资源的好渠道。在决定此类零部件的修与换时，应充分考虑。

7. 老旧车型

对于某些老旧车型，其配件价格昂贵且在市场上很难买到，考虑到该车型离法定报废时限很短，一般采用修理的方法为好。

8. 商品车或3个月以内的新车

凡属于本例汽车上的损伤零部件，都必须更换。

四、汽车各项修理费用的计算与评估确定

1. 汽车维修费用的组成

汽车维修费用主要由工时费、材料费、外加工费和税费四项组成。

（1）工时费　工时费的计算方法为

$$工时费=工时定额\times工时费率$$

（2）材料费

1）指维修工作中所需要更换的零件与使用的材料的费用，如涂料及其配套的固化剂、稀释剂和需要添加的其他材料的费用。

2）一般维修所需要的消耗性材料不应包括在其中。如清洗零部件的油料、用品、钣金维修所需要的氧气、乙炔气、普通砂纸以及水、电消耗等。

3）某些低值易耗品，如塑料件、橡胶件、紧固件、电线、插头等所需的费用。

（3）外协加工费　是指维修过程中受自身条件所限，必须有外协或进行专项修理的实际发生的费用。对于外协加工费，不得自行加价。

（4）税费　是指维修厂家在向用户进行结算时必须收取的、按照国家规定要向税务部门上交的维修增值税。这是在维修费用估算中不能忽略的一项内容。

2. 确定维修费用所需资料

在定损工作中，确定维修费用所需资料主要包括汽车的维修手册、零配件价格表、喷涂材料的价格表，以及维修工时定额和工时费率等。

（1）零配件价格

1）对于修理厂家而言，配件的使用和销售是利润的一项主要来源。按照有关规定，修理厂家按照出厂价进货的零配件可加价30%；按照批发价进货的零配件可加价15%；按照零售价进货的零配件不准加价销售，但可收取3%的代购手续费。

2）由于受汽车市场整车销售价风云变幻的影响，维修配件的价格相应也存在很大的波动。因此，维修费用的估算是一项时效性很强的工作。而且，零配件进货的渠道不同，其价差也很大，对维修厂家的利润影响很大。所以，评估人员应随时掌握最新的零配件价格，才能进行较为准确的评估。

（2）喷涂材料的价格

1）喷涂材料主要包括原子灰、底漆、中涂漆、面漆、清漆和相应的固化剂、稀释剂等喷涂材料以及抛光蜡、美容用品等。

2）定损人员需要掌握、分析和计算的内容：汽车需要涂装修理的面积、采用何种涂装

修理方法、每升涂料可涂布的面积大小以及各种涂料的价格水平等，并应严格控制外修费用。

（3）维修工时定额和工时费率　维修工时定额和工时费率标准的种类有地方标准、维修厂家标准、汽车生产厂家及其4S店标准以及汽车维修车型系数等。

1）地方指导性标准：是由地方政府物价部门和地方汽车维修管理部门根据本地区维修业平均工时和本地区主要保有车型制定的指导性价格标准。它有利于统一和平衡本地区汽车的维修价格。一般也是保险定损的依据。

2）维修厂家标准：是指汽车维修厂家根据自身条件在地方指导性标准的基础上，适当上下浮动，并报当地汽车维修管理部门批准后执行的厂家标准。主要作为本厂定损人员的依据。

3）汽车生产厂家及其4S店标准：是指汽车生产厂家依据地方指导性标准制定的专一车型维修标准。这是当对该车型进行评估时，应重点参考的依据。

4）汽车维修车型系数：由于现代汽车技术的飞速发展及各类新车型的不断涌现，使得汽车修理技术的水平产生明显高低之分。为此，某些地区在维修收费标准中，也按车型档次制定了汽车维修车型系数标准。在具体计算维修费用时，应将基本维修标准乘以汽车维修车型系数，以应对各类不同档次的车型。

3. 维修工时的确定

确定维修工时是计算维修费用的关键，维修工时可分为以下9种：

（1）拆装工时　事故车的修理与正常车的修理区别很大，拆装工时占很大的比例。拆装工时分为以下三种形式：

1）显性拆装工时：是指为修理某项零部件而单纯拆装该项零部件所需要的工时。例如某碰撞车的两个车门需要整形，那么，单纯拆装这两个车门所需的工时，即为显性拆装工时。

2）隐性拆装工时：是指修理某些零部件时，需要首先拆除一些不需要修理的其他完好的零部件的工时。在修复后的装配过程也是如此。隐性拆装工时在碰撞车的修理工作中是常见现象。例如为校正或更换碰撞车损伤的纵梁和前翼子板的内板，首先要拆除已经损坏的散热器、散热器支架、冷凝器、风扇、翼子板等，这些零部件的拆装工时属于显性工时，并已经包括在这些零部件各自的单项修理工时之中。此外，还需拆除发动机，而发动机完好无损。所以，拆除发动机的工时即为拆除纵梁和前翼子板的内板的隐性拆装工时。

3）整车拆装工时：主要是针对非承载式车身汽车而言的。当该类车型发生翻车或严重碰撞时，一般会引起车架的严重变形。此时，为校正或更换车架，必须拆除车身，并拆下发动机、变速器、前后桥、悬架等几乎所有的汽车零部件。而在修复后，再按与拆卸相反的顺序逐一装复，这就是整车拆装工时。

（2）换件工时　在修理过程中，凡经鉴定已经损坏的零部件必须更换，更换此类零部件的工时称为换件工时。例如某轿车发生前部碰撞，经鉴定需要更换前保险杠衬板、散热器格栅、散热器框架、前照灯、翼子板等。更换这些零部件的工时，就应计为换件工时。

（3）整形工时（钣金工时）

1）凡事故车辆的钣金件变形，而对其进行整形修理所需要的工时，称为整形工时（钣金工时）。

2）钣金件的损伤程度分为轻度损伤、中度损伤和重度损伤三类。

① 轻度损伤：是指局部的、小范围的、不影响整体安装的轻度变形，如前翼子板、车门的轻微碰撞变形等。其钣金修理费用约为新零部件价格的10%～20%。

② 中度损伤：是指局部框架的变形或板件中等程度的损伤，如前门的立柱和中柱等。其钣金修理费用约为新零部件价格的20%～35%。

③ 重度损伤：是指板件和结构件已经变形，需要全部拆开进行整形校正修理，如平头货车的前门立柱、前围板、车门和驾驶室总成等。其钣金修理费用约为新零部件价格的35%～50%。

表3-10为某省轿车部分钣金件整形的工时定额，可供参考。

表3-10 轿车部分钣金件整形的工时定额参考表

项目＼变形程度	轻度	中度	重度	需要换件
1. 前围框架	6	9	12	16
2. 发动机室盖	10	15	20	
3. 前翼子板	8	10	12	
4. 前纵梁挡泥板总成	12	16	20	28
5. 前风窗框架	8	12	16	
6. 前门前立柱	10	15	20	25
7. 车门中柱	12	16	20	20
8. 车门	10	16	22	
9. 行李箱盖	10	15	20	
10. 后翼子板	10	15	20	24

（4）检修工时　是指事故车辆维修中，对其机械部分进行检查、调整和修理所需要的工时。如更换碰撞损坏的变速器壳体（也就是变速器总成大修）所需要的工时，即为检修工时。

在事故车辆维修中，当检修工时与总成大修或维修作业工时相同时，即可参考机修工时定额进行计算，但有时需增加拆装工时。

（5）电工工时　电工工时包括对电气设备的修理和配合其他工种作业而进行的灯具拆装、线路更换或修整、仪表台和仪表的拆装、蓄电池电解液的补充和充电、仪表传感器等的拆装以及发电机、起动机的检修等，均可参照电工工时定额确定。

（6）调整工时　包括总成检修后的调试与磨合，以及所有修理部位的检查等所需要的工时，称为调整工时。例如转向器、离合器、变速器以及四轮定位等修理后的路试检验等。

（7）辅助工时　辅助工时通常包括以下作业所耗费的工时：

1）把汽车安放到修理设备上并进行故障诊断。

2）用推拉、切割等方式拆卸撞坏的零部件。

3）相关零部件的校正与调整。

4）去除内漆层、沥青、油脂及类似物质。

5）修理生锈或腐蚀的零部件。

6）松动锈死或卡死的零部件。

7）检查悬架系统和转向系统的定位。

8）拆去打碎的玻璃。

9）更换防腐蚀材料。

10）修理作业中当温度超过60℃时，拆装主要电脑模块。

11）拆卸及装回车轮和轮毂罩。

上述各项虽然每项工时不大，但对于较大的碰撞事故，各作业项累计工时通常是不能忽视的。

（8）外协工时　是指尚未包括在正规外协加工费项目中的某些小量零星工时，如焊补散热器、安装玻璃或焊修铝合金制品等。

（9）喷涂维修工时及其费用

1）喷涂维修工时及其费用的计算方法。

① 喷涂维修总费用应按下式计算：

喷涂维修总费用＝喷烤漆材料费＋铲底及全车喷烤漆工时费＋烤漆房使用费＋利税

② 喷、烤漆材料费：包括原子灰、面漆、底漆、固化剂、稀释剂、砂布、砂纸、胶带等的费用。油漆种类分为普通漆、金属漆和珍珠漆等。金属漆价格一般高于普通漆，珍珠漆又高于金属漆。一般金属漆的整车喷烤价格约高出普通漆300元，而珍珠漆又高出金属漆约300元。

③ 铲底及全车喷、烤漆工时：铲底即车身底材去锈处理所需的工时。按照铲底面积将全车喷、烤漆工时分为三档。例如一辆桑塔纳轿车喷、烤普通漆的工时定额分为：

a. 铲底30%以下，全车喷、烤漆的工时为120h。

b. 铲底30%～60%，全车喷、烤漆的工时为160h。

c. 铲底60%以上全车喷、烤漆的工时为200h。

④ 烤漆房使用费：400～500元左右。

⑤ 利税：按以下公式计算

利税＝(喷、烤漆材料费＋铲底及全车喷、烤漆工时费＋烤漆房使用费)×18%

2）实例一

某辆桑塔纳事故车需要进行喷涂维修，试计算其喷涂维修总费用。

① 喷、烤漆的工时费：轿车的内部无需喷漆。一般事故车的铲底要求可按第二档计算，即铲底30%～60%，全车喷、烤漆的工时为160h。如工时费率参考价按7元/时计算，则全车喷、烤漆的工时费为160×7＝1120(元)。

② 喷、烤漆材料费：包括原子灰、面漆、底漆、固化剂、稀释剂、砂布、砂纸、胶带等。查资料可得，为860元。

③ 烤漆房使用费：约400元。

④ 利税：

利税＝(喷、烤漆材料费＋铲底及全车喷、烤漆工时费＋烤漆房使用费)×18%

＝(860＋1120＋400)×18%

＝428.4(元)

⑤ 喷涂维修总费用：

喷涂维修总费用 = 喷烤漆材料费 + 铲底及全车喷烤漆工时费 + 烤漆房使用费 + 利税

= 860 + 1120 + 400 + 428.4

= 2808.4(元)

≈ 2800(元)

3）轿车喷烤漆成本核算参考定额：轿车喷烤漆成本核算定额可参考表 3-11。

表 3-11 轿车喷烤漆成本核算参考定额

车型 / 项目	夏利 7100		普通桑塔纳	
	用量	金额(元)	用量	金额(元)
1. 原子灰	2 桶	120	3 桶	180
2. 面漆	1.2L		1.5L	
3. 固化剂	0.6L	450	0.75L	550
4. 稀释剂	0.7L		0.8L	
5. 底漆	1.3kg	45	2kg	80
6. 稀释剂	1.3kg		2kg	
7. 纱布	10 张		15 张	
8. 砂纸	15 张	30 张	20 张	50 张
9. 胶带	7 盘		10 盘	
10. 贴护纸				
11. 材料费合计		645		860
12. 普通漆内外喷	增加 250 元	895	增加 300 元	1160
13. 喷金属漆	增加 300 元		增加 300 元	
14. 烤漆房使用费		400		400
15. 外表全喷工时费	5 × 120	600	5 × 160 × 1.4	1120
16. 内、外喷工时费	5 × 120	750	5 × 200 × 1.4	1400
普通漆外表喷漆成本		1645		2380
增加 18% 的利税费		约 1900		约 2800
普通漆内、外表喷烤成本		约 1900		2680
金属漆外表喷烤成本		1945		2860
增加 18% 利税费		约 2300		约 3160

4）轿车车身各部件的单件喷烤漆费用：一般单件喷烤漆费用要高于整车的喷烤漆费用。这是因为单件喷烤漆的涂料及消耗要高于整车喷涂的使用量；同时底料处理的比例，单件也要高于整车。表 3-12 列出了桑塔纳轿车车身各部件的喷烤漆费用，可供计算时参考。

表 3-12 桑塔纳轿车车身各部件的喷、烤漆费用表

项目 / 序号	车身部件名称	喷、烤漆费用(元)
1	前围框架	100
2	发动机室盖(内、外)	450

（续）

序号 \ 项目	车身部件名称	喷、烤漆费用(元)
3	前纵梁挡泥板总成	100×2=200
4	轿车顶	400
5	前翼子板	200×2=400
6	后翼子板	250×2=500
7	车门	250×4=1000
8	行李箱盖(内、外)	300
9	前舱后围	100

4. 维修工时费确定

汽车工时费用包括更换、拆装项目的工时费，修理项目的工时费和辅助作业的工时费等。

必须注意：将各类工时累加时，并且各损失项目在修理过程中有重叠作业时，必须考虑将劳动时间减少。

（1）更换、拆装项目的工时费确定　汽车修理中更换项目与拆装项目的工时绝大多数是相似的，有时甚至是相同的，所以通常将更换与拆装作为同类工时处理。

汽车碰撞损失的更换、拆装项目工时的确定可以从《汽车维修工时定额与收费标准》中查找。

（2）修理件工时费确定　零件修理工时范围的确定非常复杂。实际中，评估人员应根据自己的理论知识和实践经验，结合评估基准点的实际情况与当地的《汽车维修工时定额与收费标准》，较准确地确定修理工时，见表3-13和表3-14。

表3-13　2006年修订的山东省汽车维修部分作业项目的工时标准(一)

轿车		工时/h	客车		工时/h	货车	工时/h
微型	MT	330	微型		316	微型	296
微型	AT	362					
普通型	MT	440	小型	普通	466	轻型	394
普通型	AT	476					
中级	MT	530	小型	TDI	486		
中级	AT	562	中型	普通	660	中型	502
中高级	MT	616					
中高级	AT	646	中型	TDI	690		
高级	MT	696	大型	普通	812	重型	608
高级	AT	736	大型	TDI	842		

表 3-14　2006 年修订的山东省汽车维修部分作业项目的工时标准(二)

序号	项目 \ 工时/h	微型		普通型		中级		中高级		高级	
		MT	AT	MT	AT	MT	AT	MT	AT	MT	AT
	整车工时合计	330	362	440	476	530	562	616	646	696	736
1	发动机附离合器	70	70	90	90	100	100	120	120	130	130
2	变速器附传动轴	18	50	28	60	38	70	44	80	50	50
3	前悬架(含前轮制动)	26	26	34	34	42	42	46	46	52	52
4	后桥后悬架(含后轮制动)	20	20	28	28	36	36	40	40	46	46
5	制动转向	20	20	24	24	30	30	40	40	48	48
6	空调采暖	10	10	14	14	20	20	24	24	30	30
7	电气(不含发动机)	34	34	40	40	50	50	56	56	64	64
8	车身车架	60	60	80	80	90	90	100	100	110	110
9	喷漆烤漆	60	60	90	90	110	110	130	130	150	150
10	竣工检测调试	12	12	12	12	14	14	16	16	16	16

5. 烤漆费用的确定

(1) 汽车油漆面积的计算方法　以平方米(m^2)为计价单位，不足 $1m^2$ 按 $1m^2$ 计算；第 $2m^2$ 按 $0.9m^2$ 计算；第 $3m^2$ 按 $0.8m^2$ 计算；第 $4m^2$ 按 $0.7\ m^2$，计算；第 $5m^2$ 按 $0.6m^2$ 计算；第 $6m^2$ 以后，每平方米按 $0.5\ m^2$ 计算。

【例】　某汽车需烤漆 $8.8m^2$，则其烤漆面积计算结果为：

$$烤漆面积 = 1 + 0.9 + 0.8 + 0.7 + 0.6 + 0.5 + 0.5 + 0.5 + 0.5 = 6(m^2)$$

(2) 确定汽车面漆漆种

1) 汽车面漆按其材质分为以下四类：

① 硝基喷漆。

② 单涂层烤漆(常为色漆)。

③ 双涂层烤漆(常为银粉漆或珠光漆)。

④ 变色烤漆。

2) 现代汽车面漆按其干燥和固化的方式分为喷漆或瓷漆两种。

喷漆与瓷漆的不同点，在于其干燥和固化的方式。喷漆通过溶剂的挥发而干燥，瓷漆和聚氨酯类漆的干燥则通过溶剂的挥发与油漆中分子的交联作用来实现。简单地说，喷漆的固化过程为物理变化，而瓷漆的固化过程是物理和化学变化的过程。其简单的鉴别方法如下：

现场用蘸有硝基漆稀释剂(俗称香蕉水)的白布摩擦漆膜，观察漆膜的溶解程度。如果漆膜溶解，并在白布上留下印迹，则是喷漆，反之则为瓷漆。

如果是瓷漆，再用砂纸在损伤部位的漆面轻轻打磨几下，鉴别是否喷涂了透明漆层：如果砂纸磨出白灰，就是有透明漆层；如果砂纸磨出颜色，就是单级有色漆层。

最后借光线的变化，用肉眼看一看颜色有无变化，如果有变化则为变色漆。

(3) 确定漆种单价　以下提供了一个收费参考价(表 3-15)。

表 3-15 汽车烤漆收费参考表 （单位：元/m^2）

	轿车					客车		货车	
	微型	普通型	中级	中高级	高级	普通	豪华	车厢	驾驶室
硝基喷漆						100		50	
单涂层烤漆	200	250	300	400	500	200	300		250
双涂层烤漆	300	350	400	500	600		400		
变色烤漆			600	700	800				

（4）汽车塑料件烤漆 由于塑料与金属薄板的物理性能不同，塑料烤漆与金属薄板表面烤漆也有一些差异。

因为漆对塑料有很好的附着性，多数硬塑料不需要使用塑料底漆，而柔性塑料由于易膨胀、收缩和弯曲，应在漆层的底层喷涂塑料底漆，并在面层漆中加入柔软剂，否则会产生开裂和起皮现象。

任务实施

☞ 任务目标与要求

• 小组成员分工协作，利用网络、图书馆资料，依据任务工单分析制定工作计划，并通过小组自评或互评检查工作计划。

• 登记二手车基本信息，对汽车损伤、技术状况进行检查，确定汽车损伤修理流程以及修理项目，并制定维修计划，确定修理费用，评估事故车辆价格。

☞ 准备工作

• 小组接受工作任务，组长带领组内成员阅读任务工单，查阅相关资料，合理分工，制定任务计划，并检查计划有效性。

• 准备试验场地、试验车辆、试验器材。

☞ 实施指导

由教师为学生提供一辆事故车辆，车型不限，要求学生在规定时间内，完成车辆技术状况检查，确定汽车损伤修理流程以及修理项目，并制定维修计划，确定修理费用，评估事故车辆价格。

1. 事故车辆损伤诊断与检测

鉴定事故车辆技术状况，对事故车辆损伤进行鉴定评估，确定损伤情况。

2. 事故车辆维修费用确定

根据车辆损伤情况，确定事故车辆维修费用。

3. 事故车辆价格评估

综合考虑事故车辆技术状况，评估事故车辆价格。

项目	评估二手车价值				
任务	事故车辆维修费用估算			姓名	
班级		组号		日期	
任务目的	• 对事故车辆技术状况进行检查，确定维修项目。 • 估算事故车辆维修费用。				

（续）

项目	评估二手车价值
任务描述	按照学习领域课程安排，通过情景模拟，教师提供待鉴定评估车辆，参考资料、视频资料等教学资源，在教师指导下完成事故车辆维修费用估算这一教学任务。请各组对教师提供的车辆进行技术状况检查，估算事故车辆维修费用。
任务要求	通过教师的引导、自学和查找资料等方式，按照工作过程的完整性和连贯性(资讯—决策—计划—实施—检查)评估要求，逐步养成就业岗位的隐性工作方法，最终以小组协作形式完成二手车价值评估。
资讯	简述汽车修理费用的估算过程
决策	每6人一组，每组选出一名负责人，负责人对小组任务进行分配，组员按负责人的要求完成相关任务内容。 <table><tr><td>序号</td><td>个人职责(任务)</td><td>负责人</td></tr><tr><td>1</td><td></td><td></td></tr><tr><td>2</td><td></td><td></td></tr><tr><td>3</td><td></td><td></td></tr><tr><td>4</td><td></td><td></td></tr><tr><td>5</td><td></td><td></td></tr><tr><td>6</td><td></td><td></td></tr></table>
制定计划	根据任务内容制定任务计划，并反复修改、讨论工作方案。
任务实施	各小组成员按照制定的工作计划查阅相关资料，制定事故车辆维修费用估算的工作计划，并进行实施。
检查评估	成果展示，小组自评与互评，并讨论、总结、反思学习过程中的不足，撰写工作报告并交流。

知识拓展三

一、二手车评估实用方法

1. “54321”法

即按照车辆经济使用寿命30万km为条件，将其分为5段，每段为6万km，每段价值依序为原车价的5/15、4/15、3/15、2/15、1/15。例如，一辆伊兰特1.6GL，已使用两年。目前新车指导价为10.48万元，优惠价约9万元左右，以9万元为重置价格，经济使用寿命为15年，跑了6万km，以9万元为重置价格，那么该车还值90000×(4+3+2+1)/15=60000元。

美、日、德产的车有效寿命一般都在30万km左右，超过30万km后，维修保养费可能比车本身价值还高。对于档次低的车，可调整有效寿命。

根据经验，此法估价基本上是八九不离十，买车亏不到哪里去。

2. “4321 法”

即第一年、第二年、第三年、第四年分别耗用车辆总价值的4/10、3/10、2/10、1/10。比如，还是上述伊兰特，在使用两年后，以9万元为重置价格，其残值为原价值的(2+1)/10，即90000×(2+1)/10=27000元。这种估价方法一般不管实际里程数是多少，仅考虑使用年限，不太适合私家车，而比较适合出租车等营运车。

值得一提的是，以上几种旧车估价方法计算出的结果，仅仅属于最终成交价的范围，而不能作为最终成交价。原因有两个：

一是以上方法是在车况基本良好、手续无缺失且没有看到车子的情况下进行的，而具体成交价需遵循市场行情，比如车辆状况、手续是否缺失、配置如何、里程数、新车市场价格动态、品牌和车型的知名度、配件和维修的情况等。

二是由于目前国内对车辆价值认定尚没有统一标准，且旧车经营的主体多是旧车经纪公司(个体户)，所以在交易的过程中成交价几乎都是商量出来的，行话就是“聊”出来的。

二、决定二手车保值率的六大要素

1. 品牌知名度越高的车型越保值

无论是市场还是消费者，都注重品牌的认可度和品牌在行业、市场中的影响力。良好的口碑会提升品牌价值，除非是发生重大事件，否则品牌价值一般都不容易贬值。

2. 汽车平时保养得越好越保值

毋庸置疑，良好的保养维护是车辆获得较高保值率的直接保证，在不考虑品牌和市场的前提下，单就产品而言，这个观点是“真理”。保持一个良好的车况，在延长车辆的使用寿命、延缓车辆保值率的递减速度的同时，更能在二手车交易时更加迅速地出手，获得更高的收益。

3. 新车售价的稳定性

价格越坚挺，车型越保值。根据汽车保值率的定义，这是一条亘古不变的真理。新车售价稳定性在汽车市场比较景气的阶段，价格波动呈现出稳定上升的态势。而在市场相对疲软状态下的时候，则会出现价格的波动。新车价格的稳定性对二手车市场的影响，对于在用车辆的价值保值状况产生了一定的影响因素。

4. 市场占有率越高的车越保值

市场占有率的高低对于二手车保值率有着决定性的影响，通常畅销车型都具有比较高的市场保有量，同时也具有较高的保值率。多数二手车消费者在购买前会考虑今后的维修是否便捷等后续问题，对于停产滞销车型，通常会有更多的顾虑。那些技术比较稳定、维修成本比较低、配件方便的车型，其保值率也相应较高。

5. 油耗越高的车型保值率越低

价格跌得最快的，肯定是“油老虎”。一般来说，新车每年的折价率在10%上下。日系、德系二手车的保值率普遍高于美系车，主要赢在“省油”——省油的车，每年折价不到7%；费油的车，这个数字可能会超过15%。在这项比拼中，SUV最不占优势。

6. 事故受伤程度越严重越影响保值率

无论是什么品牌的二手车型，一旦发生过严重碰撞事故，即使维护及时，它的保值率也会大打折扣。

三、故障对二手车评估价格的影响

1）汽车故障对二手车评估价格的影响大小取决于故障的部位、性质和严重程度。其中，应重点关注影响二手车价格的较大的故障，详见表3-16。

2）一般而言，为排除故障所花费的总的维修费用，就是应当从二手车评估价值中减除的部分，即因故障而导致的贬值量。

3）在实际评估过程中，要考虑到汽车的某一故障不是孤立的，它往往还会给汽车的其他性能带来不良影响。所以，故障所带来的贬值量一般大于所需要的总的维修费用。

表3-16　影响二手车价格较大的故障

部位	总成	故障现象、故障部位及原因	排除方法
发动机系统	曲柄连杆机构	气缸盖、气缸体裂纹与划伤的深度大于0.2mm	更换缸体或缸盖
		活塞卡缸或者拉缸	更换缸体与活塞
		活塞销过度磨损，且间隙大于0.025mm	更换活塞销
		连杆的弯曲与扭曲量超过规定值	更换连杆
		活塞顶部裂纹无法修补	更换活塞
	配气机构	气门、气门导管、气门座严重磨损；摇臂弯曲或扭曲，接头处过度磨损或开裂	更换新件
	燃油供给系统	输油管裂纹	更换新件
		喷油器故障	更换新件
	冷却系统	散热器泄漏、部分位置严重腐蚀	更换新件
		水泵故障（泵体、叶片轮、带轮、轮毂裂纹）	更换新泵
	润滑系统	齿轮泵的齿轮与泵壳间隙过大	更换新齿轮式机油泵
		转子泵内部间隙超过规定	更换新转子式机油泵
底盘系统	离合器	打滑（摩擦片磨损变薄、硬化、烧结、铆钉外露）	更换摩擦片
		分离不彻底（从动盘钢片破碎、翘曲）	更换从动盘
		接合发抖（减振器盘破裂，摩擦片过度磨损、硬化、烧结）	更换减振器盘或摩擦片
	变速器	液压操作系统泄漏（在主缸或分离缸处）	整体解体检修
		齿轮啮合困难（因同步器故障）	更换同步器
		换档困难（因变速器轴弯曲，或出现阶梯形磨损）	更换变速器轴
		漏油（壳体开裂、损坏）	检修或更换壳体
	传动轴	传动轴弯曲大于0.5mm 传动轴裂纹或断裂	更换传动轴
	后驱动桥	异响（因主减速器准双曲面齿轮磨损或损伤）	成对更换主减速器齿轮
		后轮转动异常（因轮辋拱曲变形过大）	更换轮辋
	动力转向器	因动力缸与转向泵严重磨损而引起的故障	检修后更换相应零部件

（续）

部位	总成	故障现象、故障部位及原因	排除方法
底盘系统	转向器	转向沉重，操作不灵敏（因转向器内部严重故障且无法调整）	更换转向器
		行驶中跑偏（因一边钢板弹簧折断）	更换钢板弹簧
	制动系统	制动失效（因空气压缩机严重损坏）	更换空气压缩机
	悬架	第一片钢板弹簧折断	更换钢板弹簧
车身	车身与车架	因过载或碰撞而引起车架和车身的严重变形	当无法修理时应予更换
电气设备	油漆	需大区域补漆或全涂装的油漆故障	表面涂装
	蓄电池	因使用不当使极板硫化、损坏或隔板击穿	换新蓄电池
	发电机	发电机内部的无法修复的故障	更换发电机
	起动机	起动机不转或严重的机械故障无法修复	更换起动机
	空调系统	因压缩机故障而不制冷	检修或更换
		因电动机故障而不制冷	检修或更换
		因冷凝器故障而不制冷	检修或更换
		因缺制冷剂或泄漏而不制冷	补充制冷剂

四、汽车的维修作业

1. 汽车维修作业的类型与总成大修的条件

（1）汽车维修作业的类型如下

1）汽车大修。

2）总成大修。

3）汽车小修。

4）零件修理。

5）汽车维护作业。

（2）汽车总成的大修条件

1）发动机总成符合下列条件之一时，应进行大修：

① 其任何一个气缸的磨损量达到0.04mm/100mm缸径。

② 气缸体破裂，以简单焊修方法不能修复者。

2）变速器总成符合下列条件之一时，应进行大修：

① 外壳破裂，以简单焊修方法不能修复的。

② 壳体变形或齿轮磨损引起脱档的（需要更换两对齿轮以上）。

③ 齿轮、齿轮轴及轴孔严重磨损或损坏发出异响的。

④ 驱动桥壳变形或桥壳及差速器壳破裂的。

⑤ 齿轮严重损坏而导致驱动桥发出异常响声的。

3）车架总成符合下列条件之一时，应进行大修：

① 车架断裂，需进行铆补、加固的。

② 车架变形，需拆散校正、重铆的。

4）车身总成符合下列条件之一时，应进行大修：

① 纵横梁损坏两根以上，或底板、栏板损伤三分之一以上的。

② 铁质车身骨架断裂、变形或蒙皮严重锈蚀面积达五分之一的。

5）驾驶室总成符合下列条件之一时，应进行大修：

① 驾驶室钣金件锈蚀，需修复面积达七分之一的。

② 驾驶室严重扭曲、骨架断裂的。

2. 汽车各类型维修作业的工艺内容和范围

（1）汽车大修作业范围　包括发动机总成、变速器总成、前桥总成、后桥总成、车架总成、客车车身总成、货车总成的解体、拆卸清洗、分类检验、备料、换件、零件修复、装配、总成的组装调试、竣工验收等全部过程。

（2）发动机总成大修作业范围　发动机总成大修的工艺标志是镗缸和磨曲轴。其作业范围包括发动机的解体、清洗、分类检验、换件，发动机机械加工、零件修复、总成装配、发动机涂漆、发动机电器修理、磨合、调试及竣工验收等全部过程。

（3）变速器及前、后桥总成大修作业范围　包括总成零部件的解体清洗、分类检验、换件、修复、装配、调试及竣工验收等全部过程。以上总成的大修标志是壳体变形、断裂、基孔磨损严重，需要进行机械加工、焊补、镶套校正或换新桥体。

（4）车架总成大修作业范围　当车架出现断裂、弯曲、扭曲、铆钉松动，必须拆卸其他总成才能修理时，可按车架大修工时计算，但拆装其他总成的工时另计。

（5）车身总成大修作业范围　客车车身和货车车身（驾驶室、车厢）总成大修作业包括：彻底修复横直梁及骨架的断裂、霉烂、变形等。其大修标志是横直梁及骨架断裂、较大面积更换蒙皮或外观霉烂、严重变形。

（6）汽车小修作业范围　主要包括个别零部件的修理、更换、润滑、故障排除、调整试车竣工验收等工作过程。汽车小修是指在基础件（如壳体、缸体、梁体）不用修复或更换的前提下，发生的各种零部件的修理过程；或发生在总成拆装过程中需要拆卸的附带零部件。其工时计算特点是单向性，可直接在工时定额表内查到。

（7）汽车维护作业　汽车维护作业分为一级维护和二级维护。其作业范围与内容详见交通行业标准 JT/T 201—1995《汽车维护工艺规范》（该标准已作废，但行业内仍在沿用）。凡维护作业范围之外的修理都属于分级项目，可附加计费。

3. 各类汽车维修作业的工时定额

（1）轿车大修的工时定额　轿车大修工时定额参考详见表 3-17。

表 3-17　轿车大修工时定额参考表　　（单位：工时）

车型 / 项目	微型	普通型	中级	中高级	高级
一、全车大修工时合计	1147	1452	1812	1926	2069
二、发动机及离合器大修工时合计	232	284	396	408	443
1. 发动机解体、清洗、检修、装配、磨合、调试	174	196	244	254	274
2. 发动机机械加工	32	58	68	70	75

（续）

项目 \ 车型	微型	普通型	中级	中高级	高级
3. 发动机电器	24	28	82	82	92
4. 发动机涂漆	2	2	2	2	2
三、底盘大修工时合计	268	310	394	418	442
1. 变速器、分动器及传动轴	45	54	74	76	80
2. 前桥、前悬架及转向器	60	61	80	83	90
3. 后桥(包括中桥)、后悬架	60	61	80	83	90
4. 制动系(不包括前后轮制动器)	35	36	45	45	50
5. 车架	40	54	60	70	70
6. 轮胎	8	12	16	16	16
7. 底盘机械加工	12	24	24	32	32
8. 底盘涂漆	8	8	8	8	8
四、车头、车身	250	350	400	418	460
五、篷垫	70	80	100	120	120
六、全车电系(不含发动机电器)	70	90	120	140	150
七、机械加工(不含发动机和底盘加工)	6	8	8	8	8
八、整车检验、调试	16	20	24	24	26
九、全车涂漆(不含发动机和底盘涂漆)	235	310	370	390	420

（2）轿车二级维护的工时定额　表3-18为轿车二级维护的工时定额参考表。

表3-18　轿车二级维护的工时定额参考表　（单位:工时）

项目 \ 车型	微型	普通型	中级前驱动	中级后驱动	高级
一、全车工时合计	41	41	41	41	41
二、维护作业前检测	1.5	1.5	1.5	1.5	1.5
三、维护作业	33	33	33	33	33
1. 发动机附离合器	8	8	8	8	8
2. 底盘合计	12	12	12	12	12
1）前桥及转向器	6	6	6	6	6
2）变速器、传动轴	1.5	1.5	1.5	1.5	1.5
3）后桥	3	3	3	3	3
4）制动	1.5	1.5	1.5	1.5	1.5
3. 车身、车架、悬架	6	6	6	6	6
4. 电器、仪表	6	6	6	6	6
5. 轮胎	1	1	1	1	1
四、竣工过程检验	1.5	1.5	1.5	1.5	1.5
五、上线检测	5	5	5	5	5

（3）汽车维修工时费计算实例一　某维修企业欲对一辆解放牌 CA1091 汽车进行二级维护，附发动机及离合器大修作业。其工时单价为 8 元，试对其维修工时费进行预算。

计算过程如下：

1）计算维修总工时：

① 二级维护的总工时为 72 工时。

② 二级维护中，发动机部分的维护工时为 15 工时。

③ 发动机附离合器的大修工时为 416 工时。

④ 发动机抬上、抬下的工时为 65 工时。

⑤ 故总工时为：

$$(72-15)+416+65=538(\text{工时})$$

2）计算维修总工时费：

$$\begin{aligned}\text{维修总工时费}&=\text{维修总工时}\times\text{工时单价}\\&=538\times8\\&=4304(\text{元})\end{aligned}$$

五、排除汽车故障所需维修费用的估算

（一）汽车维修费用的计算公式

1. 增值税小规模纳税人维修企业的汽车维修费用的计算公式

（1）汽车维修成本的计算公式

$$\text{汽车维修成本}=(\text{工时定额}\times\text{工时单价})+\text{材料费}+\text{厂外加工费}$$

（2）汽车维修收费标准的计算公式

$$\text{汽车维修费用}=\frac{\text{维修成本}\times(1+\text{企业管理费费率})}{1-(\text{税率}+\text{法宝规定税率})}$$

2. 增值税一般纳税人维修企业的汽车维修费用的计算公式

（1）汽车维修成本的计算公式

$$\begin{aligned}\text{汽车维修成本}&=(\text{工时定额}\times\text{工时单价})+\text{原始销售额}\\&=(\text{工时定额}\times\text{工时单价})+\frac{\text{含税的材料费}+\text{含税的厂外加工费})}{1+17\%}\end{aligned}$$

（2）汽车维修收费标准的计算公式

$$\text{汽车维修费用}=\frac{\text{维修成本}\times(1+\text{企业管理率})}{1-\text{法定规费率}}\times(1+17\%)$$

3. 上述公式中各项内容的说明

1）厂外加工费：是指本单位承担不了，需对外委托加工而发生的费用。

2）材料费：是指在汽车维修过程中所消耗的费用。

3）企业管理费率：它包括企业的利润，一般最高为 13%。

4）法定规费率：是指由上级管理部门批准征收的管理费和价格调节基金。

5）税率：对增值税小规模纳税人为 6%，对增值税一般纳税人为 17%。

6）工时单价：是指每一维修工时的收费标准(元/工时)。它以工时成本为依据而制定。工时成本包括：①维修个人的平均工资、奖金、福利费用；②修理设备和工具、加工设备、检

测设备、计量器具、生产辅助设备费用；③厂房等的折旧费；④水、电、油以及辅助材料消耗；⑤其他用于维修生产的支出费用等一般由企业所在地自行确定，在执行中容许下浮。

7）工时定额：是依据各类维修工艺技术规范和维修作业工序，按照社会平均水平，由各个省自行确定，在执行中容许下浮。

（二）汽车维修费用的计算实例

1. 增值税小规模纳税人维修企业的汽车维修费用的计算实例

某维修企业对一辆解放牌 CAl091 汽车进行二级维护，附发动机及离合器大修作业。该企业属于小规模纳税人，修理工时费为3766 元，材料费及厂外加工费为2500 元，企业管理费率为13%，税率为6%，价格调节基金为0.5%，试计算该车的维修费用。

计算过程如下：

$$维修成本 = 修理工时费 + 材料费及厂外加工费$$

$$= 3756 + 2500 = 6266（元）$$

$$维修费用 = \frac{维修成本 \times（1 + 企业管理率）}{1 -（税率 + 法宝规费率）}$$

$$= \frac{6266 \times（1 + 13\%）}{1 -（6\% + 0.5\%）}$$

$$= 7573（元）$$

2. 增值税一般纳税人维修企业的汽车维修费用的计算实例

上例中，若维修户为一般纳税人，修理工时费为3766 元，材料费及厂外加工费为2500 元，企业管理费率为13%，税率为17%，价格调节基金为0.5%，试计算该车的维修费用。

计算过程如下：

$$维修成本 = 修理工时费 + \frac{含税的材料费 + 含税的厂外加工费}{1 + 17\%}$$

$$= 3766 + \frac{2500}{1 + 17\%}$$

$$= 5837（元）$$

$$维修费用 = \frac{维修成本 \times（1 + 企业管理费率）}{1 -（税率 + 法定规费率）}$$

$$= \frac{5837 \times（1 + 13\%）}{1 - 0.5\%} \times（1 + 17\%）\approx 7756（元）$$

学习情境三习题

一、单项选择题

1. 二手车鉴定评估价以（　　）为基础。

A. 账面原值　　B. 税费附加值　　C. 技术鉴定　　D. 市场价格

2. 在用市场价格比较法评估二手车时，参照物的价格应为（　　）。

A. 新车的报价　　B. 预测的市价

C. 新车的现行市价　　D. 二手车市场的现行市价

3. 所谓有效市场的条件是( )。

A. 信息是真实可靠且市场是活跃的　　B. 有市无价的市场

C. 信息是真实的　　D. 市场是活跃的

4. 应用市场价格比较法中的成本比率法评估时，必须要( )。

A. 车辆的类别相同　　B. 使用年限可以不同

C. 车辆的使用年限相同　　D. 车辆的使用年限和类别均应相同

5. 有一辆轿车，已使用8年，一直正常使用，当前的重置成本为18.6万元，其综合成本比率 $U=27.33\%$，则该车的评估值为( )。

A. 5.01 万元　　B. 5.04 万元　　C. 5.06 万元　　D. 5.08 万元

6. 市场价格比较法中的比较因素是指( )。

A. 影响销售的因素　B. 影响外观的因素　C. 影响使用的因素　D. 影响价格的因素

7. 北京市规定排量在1.0L以下的出租车，规定使用年限由原来的8年减少至6年从而引起车辆的贬值，这种贬值属于( )。

A. 功能性贬值　　B. 实体性与经济性贬值

C. 实体性贬值　　D. 经济性贬值

8. 市场需求变化而引起的车辆贬值是( )。

A. 经济性贬值　　B. 功能性和经济性贬值

C. 实体性贬值　　D. 功能性贬值

9. 被评估车辆评估值 P 与重置成本 R、实体性贬值 DP、功能性贬值 D_f 和经济性贬值 D_e 的关系为( )。

A. $P=R-D_p-D_e+D_f$　　B. $P=R-D_p+D_e+D_f$

C. $P=R-D_p+D_f-D_e$　　D. $P=R-D_p-D_f-D_e$

10. 重置成本由( )构成。

A. 运输成本与使用成本　　B. 直接成本与间接成本

C. 出厂成本与销售成本　　D. 销售成本与运输成本

11. 用( )来确定重置成本，对于已淘汰的产品，或是进口车辆查询不到现时市场价格时，是一种很好的办法。

A. 现行市价法　B. 清算价格法　C. 重置成本法　D. 物价指数法

12. 直接法确定重置成本，关键是获得市场价格资料，在同等的条件下，评估人员应选择可能获得的( )。

A. 经销商报价　B. 最低的市场售价　C. 最高市场售价　D. 都不是

13. 用直接观察法来确定车辆的实体性贬值，其准确性取决于( )。

A. 设计水平　B. 使用经验　C. 实际评估经验　D. 制造水平

14. 计算实体性贬值时，采用寿命比率法(使用年限法)的公式是( )。

A. 实体性贬值 = 重置成本 × 已使用年限/规定使用年限

B. 实体性贬值 = 重置成本 × 规定使用年限/已使用年限

C. 实体性贬值 = 重置成本 × 规定使用年限/(已使用年限 + 规定使用年限)

D. 实体性贬值 = 重置成本 × 已使用年限/(规定使用年限 + 已使用年限)

15. 一辆旅游客车，剩余使用寿命还有 4 年，用寿命比率法计算该车成新率是(　　)。

A. 50%　　B. 60%　　C. 70%　　D. 80%

16. 用综合分析法来确定成新率时，综合调整系数取值应考虑如下(　　)影响因素。

A. 技术状况、维护保养、制造质量、工作性质、安全条件

B. 技术状况、维护保养、制造质量、实体性贬值、工作条件

C. 技术状况、维护保养、排放水平、工作性质、工作条件

D. 技术状况、维护保养、制造质量、工作性质、工作条件

17. 用部件鉴定法来求成新率，一般适用于(　　)的评估。

A. 价值中等的车辆　B. 价值低的老旧车辆　C. 价值高的车辆　D. 都不太适合

18. 收益现值法一般适用于(　　)。

A. 公务用车的评估　　B. 投入运营的车辆评估

C. 私家车的评估　　D. 单位班车的评估

19. 用收益现值法评估二手车价值时，若被评估车辆在剩余寿命期内，各年收益不等，则其价值的计算公式为(　　)。

A. $P=\frac{1+i}{A_1}+\frac{(1+i)^2}{A_2}+\cdots+\frac{(1+i)^n}{A_n}$

B. $P=\frac{A}{1+i}+\frac{A_2}{(1+i)^2}+\frac{A_3}{(1+i)^3}+\cdots+\frac{A_n}{(1+i)^n}$

C. $P=\frac{A_1}{(1+i)^1}\times\frac{A_2}{(1+i)^2}\times\frac{A_3}{(1+i)^3}\times\frac{A_n}{(1+i)^n}$

D. $P=\frac{A}{1+i}-\frac{A_2}{(1+i)^2}-\frac{A_3}{(1+i)^3}-\cdots-\frac{A_n}{(1+i)^n}$

20. 采用收益现值法评估二手车的价值时，需要确定的三个参数为(　　)。

A. 剩余寿命期 n、交易额和折现率　　B. 剩余寿命期 n、预期收益额和折现率

C. 剩余寿命期 n、预期收益额和折旧率　　D. 剩余寿命期 n、成新率和折现率

21. 按照经贸委《关于调整汽车报废标准若干规定的通知》的规定，9 座以上非营运载客汽车使用(　　)年。

A. 7　　B. 8　　C. 9　　D. 10

22. 运用收益法评估车辆时，其折现率的选择应该(　　)。

A. 与银行存款利率无一定关系　　B. 为银行存款利率

C. 小于银行存款利率　　D. 大于银行存款利率

23. 目前在对二手车用收益现值法评估时，建议无风险报酬率采用我国银行(　　)定期存款利率。

A. 3 年期　　B. 2 年期　　C. 5 年期　　D. 1 年期

24. 采用收益现值法评估二手车价值时，其主要缺点是(　　)，受较强的主观判断的影响大。

A. 计算公式不准确　　B. 计算复杂

C. 机动车剩余使用年限不确定　　D. 预期收益预测难度大

25. 因为二手车的技术状况和市场价格都随时间变化而变动，所以(　　)是非常重要的参数。

A. 评估基准日　B. 检验日期　C. 车辆的出厂日期　D. 初次注册登记日

26. 用收益现值法评估二手车时，收益率越高，那么二手车评估值(　　)。

A. 无法确定　B. 越低　C. 越高　D. 都不是

27. 国家宏观政策对于二手车评估值产生的影响主要是(　　)。

A. 功能性贬值　B. 各种陈旧性贬值　C. 实体性贬值　D. 经济性贬(升)值

28. 收益现值法中的年金现值系数$\frac{(1+i)^n-1}{i(1+i)^n}$可用(　　)来表示。

A. $(P/A,i,n)$　B. $(P/A,n,i)$　C. $(A/P,i,n)$　D. $(A/P,n,i)$

29. 二手车在非正常市场上的限制拍卖价格遵守的是(　　)。

A. 现行市价标准　B. 清算价格标准　C. 重置成本标准　D. 收益现值标准

30. 无论是国产车还是进口车，一律采用国内现行市场(　　)作为被评估车辆的重置成本全价。

A. 预测的价格　B. 销售商的报价　C. 二手车的价格　D. 新车的价格

31. 评估时要特别注意价格的时效性，所用资料要看能否反映(　　)的价格水平。

A. 出厂时日　B. 注册时　C. 评估基准日　D. 销售日

32. 评估时，应该使用评估对象(　　)的价格资料。

A. 销售地　B. 所在地　C. 出厂地　D. 库存地

33. 用物价指数法确定重置成本，若购买的原值不知或不准确，则(　　)。

A. 不能用物价指数法　　B. 可用系数法

C. 可以用物价指数法　　D. 可用间接法

34. 物价指数并不能反映技术先进性，所以，物价指数法只能适用于(　　)。

A. 更新重置成本　B. 复原重置成本　C. 制造成本　D. 使用成本

35. A、B 两台夏利出租车，重置价基本相同。其营运成本差别如下。A 车：每 100km 耗油量 6L 每年维修费用 0.5 万元。B 车：每 100km 耗油量 6.5L 每年维修费用 0.6 万元，按每日营运 200km，每年平均出车 250 天计算，每升油 5 元，所得税率为 10%，B 车还可运行 2 年，则 B 车的营运功能性贬值为(　　)。已知(P/A,10%.2) = 1.7355。

A. 2733.4 元　B. 2700.4 元　C. 2700 元　D. 2800 元

36. 在二手车鉴定评估中，通常采用较多的评估方法是(　　)。

A. 市场价格比较法　B. 清算价格法　C. 重置成本法　D. 收益现值法

37. 一辆 BJ1041 二手车，评估价为 2.3 万元。若要折价 15% 就可当即出售，则该车的价格应为(　　)。

A. 1.955 万元　B. 2.0 万元　C. 2.1 万元　D. 1.855 万元

38. 评估报告的有效期为(　　)。

A. 8 个月　B. 90 天　C. 1 年　D. 200 天

39. 因为二手车的技术状况和市场价格都随时间变化而变动，所以(　　)是非常重要的参数。

A. 评估基准日　　B. 检验日期　　C. 车辆的出厂日期　D. 初次注册登记日

二、判断题

1. 二手车继续使用价值是指二手车作为整车能继续使用而存在的价值。（　）

2. 二手车清算价值是二手车在强制条件下的变现价值。（　）

3. 二手车评估中，对于同一辆车，继续使用价值和清算价值的价值量不相等。（　）

4. 车辆的账面原值就是二手车鉴定评估的全部取价依据。（　）

5. 重置成本是在现时条件下，重新购置与被评估车辆相同或相近的全新车辆所需的成本。（　）

6. 在实际评估中，一般均适用更新重置成本作为重置成本全价，即被认为已考虑了其一次性功能性贬值和经济性贬值。（　）

7. 二手车的各种陈旧性贬值一般包括实体性贬值、功能性贬值和经济性贬值。（　）

8. 在用重置成本法评估时，其评估值应从重置成本中扣减在使用过程中的各种陈旧性贬值。（　）

9. 经济性贬值是由于外部经济环境发生变化，使车辆本身的使用性能落后，从而造成车辆的贬值。（　）

10. 一般来说，凡是属于所有权转让的交易类评估业务，可只按被评估车辆新车的现行市场成交价作为被评估车辆的重置成本全价，其他间接成本就略去不计。（　）

11. 属于企业产权变动的咨询类评估业务，其重置成本全价也应把间接成本忽略不计。（　）

12. 实际评估时，对于重置成本价值不高的老旧车辆，可采用使用年限法估算其成新率。（　）

13. 被评估车辆若已被淘汰或是进口车辆查询不到现实市场价格时，用物价指数来确定重置成本是一种好方法。（　）

14. 从理论上来说，成新率这一系数已酌情将营运性功能贬值和经济性贬值考虑进去了。（　）

15. 凡是经过大修的车辆，无疑是增加了车辆的使用寿命，对成新率的估算值应当增加。（　）

16. 一般来说，只要参照车辆与被评估车辆的类别相同，主要参数相同，结构性能相同，只是生产序号不同，只进行过局部改进的车辆，则可认为是完全相同。（　）

17. 成本比率估价法只适用于正常使用的车辆，对长期闲置或过度使用的车辆都不适用。（　）

18. 应用成本比率估价法评估的车辆应为同类型的车辆，但使用年限可以不同。（　）

19. 市场价格比较法在将参照物与被评估对象进行比较调整时，调整是针对参照物的价格进行的。（　）

20. 收益现值法使用于各种使用性质的车辆的评估。（　）

21. 收益现值法的计算实际上就是对被评估车辆未来预期收益进行折现的过程。（　）

22. 所谓折现，就是将未来的收益，按一定的折现率折算到评估基准日的现值。（　）

23. 将未来收益进行时间价值的计算，并换算成评估基准日这一时点价值过程为折现，

所使用的换算比率称为折现率。（　　）

24. 用收益现值法评估二手车的价值时，被评估车辆的评估值等于其剩余寿命期内收益的现值之和。（　　）

25. 在二手车评估时，通常采用税前的利润为其收益额。（　　）

26. 预期收益是指车辆使用中带来的当前收益的期望值。（　　）

27. 在二手车的评估中，折现率、收益率、回报率、报酬率都是说明二手车在营运中取得收益的收益率水平。（　　）

28. 折现率或收益率越高，二手车评估值就越高。（　　）

29. 折现率与银行存款利率是完全一样的。（　　）

30. 在二手车评估中，收益现值法适用于投资营运的车辆。（　　）

31. 二手车的剩余使用寿命是指从评估基准日起到报废的年限。（　　）

三、简答题

1. 采用市场价格比较法评估二手车时，参照物的市场销售价来源有哪几种？

2. 收益现值法的定义是什么？其适用范围如何？

3. 折现率由哪几部分构成？

4. 确定折现率有哪四个方面的原则？

四、计算题

1. 企业一辆带拖挂的货车，该车评估时已使用6年，经市场调查和展望，该车每年还能够给企业带来预期收入5万元，汽车投入经营本钱每年为2.2万元，企业所得税率为33%，同行业的投资回报率为10%，试评价该车的价值。

2. 一辆捷达出租车，初度登记日期为2000年4月，2005年10月欲将此出租车对外让渡，现已知该款全新捷达车的市场发卖价为7.8万元，该车终年使用在郊区或市郊，使用强度高，但工作条件较好。经查保养费较低，但整车使用状态普通。斟酌车辆购买税为10%，其余税费不计。利用综合分析法求成新率并评价该车价值。

3. 张峰同志于1999年11月花23万元购置一辆奥迪轿车作为家庭用车，于2006年10月在本地二手车交易市场交易，评估人员检查后确认该车初次登记日期为1999年12月，基本作为市内交通用，累计行驶12.9万km，维护保养情况一般，路试车况不理想。2006年该车的市场新车价为21.8万元。请用综合分析法计算成新率，并给出该车的评估值。

4. 李某2002年1月花23.5万元购置一辆帕萨特轿车作为私家用车，于2007年10月在本地旧机动车市场交易，该车初次登记日期为2002年2月，累计行驶9.0万km，使用条件较好，维护保养较好，动态检查情况一般。2007年该车的市场新车价格为20.8万元，用加权平均的方法确定成新率并估算该车价格。

5. 某机关1999年10月购置并上牌南京依维柯17座客车，该车采用改进型普通漆，参照依维柯金属漆选配价格和全新金属漆，17座客车市场销售价格为183800元，而金属漆较普通漆高出3000元，只考虑购置附加税10%，且该车综合调整系数取为0.7，评估该车在2006年6月的价格。

能力鉴定表三

项目					
班级		姓名		组长	
学号		组号		日期	

序号	能力目标	鉴定内容	鉴定结果	
			合格	不合格
1	专业技能	二手车成新率计算	□	□
2		现行市价法确定二手车价格	□	□
3		重置成本法确定二手车价格	□	□
4		收益现值法确定二手车价格	□	□
		清算价格法确定二手车价格	□	□
5	学习方法	是否主动进行任务实施	□	□
6		能否使用各种媒介完成任务	□	□
7		是否具备相应的信息收集能力	□	□
8	能力拓展	团队是否配合	□	□
9		调试方法是否具有创新	□	□
10		是否具有责任意识	□	□
11		是否具有沟通能力	□	□
12		总结与建议	□	□
鉴定结果	□合格	教师意见	教师签字	
	□不合格		日期	

备注：

① 请根据结果在相关的□内画√；

② 请指导教师重点对相关鉴定结果不合格的同学给予指导意见。

信息反馈表三

项　目：________________　组号：__________

姓　名：________________　日期：__________

请你在相应栏内打勾	非常同意	同意	没有意见	不同意	非常不同意
1 这一学习情景充分提供了二手车成新率计算、二手车价格评估等相关知识及拓展阅读？					
2 这一学习情景为我提供了确定二手车成新率、二手车评估价格的大量实践操作机会？					

（续）

请你在相应栏内打勾	非常同意	同意	没有意见	不同意	非常不同意
3 我现在对二手车成新率确定、二手车评估价格计算的理论知识已经掌握？					
4 这个学习情景配套的实验设备和器材充分齐全，能满足学习需要？					
5 该学习情景的内容选取合理，教学组织和安排有序？					
6 该学习情景的内容适合我的需求？					
7 该学习情景中组织了各种活动？					
8 该学习情景的不同单元融合得很好？					
9 学习中教师待人友善愿意提供帮助？					
10 通过该情景学习让我做好了参加二手车鉴定评估师考试的准备？					
11 该学习情景中所有的教学方法对我学习起到了帮助的作用？					
12 该学习情景提供的信息量适当？					
13 该学习情景鉴定是公平、适当的？					
你对改善本科目教学的建议：					

学习情景四　撰写二手车鉴定评估报告

学习情景描述

某单位预处置一辆二手金杯车，车辆基本信息如下：

1. 车辆基本信息

评估车辆的厂牌型号(金杯 RZH115LB)；号牌号码(粤 A1A×××)；发动机号(186××××)；车辆识别代号/车架号(00××××)；发动机排量(2400mL)；累计行驶里程(12 万 km)；登记日期(1999 年 6 月)；年审检验合格至 2007 年 4 月；公路规费、购置附加税、车船使用税和保险等证照与费用齐全有效。

2. 车辆配置

丰田 4Y 发动机和底盘，助力转向装置，制动前盘后鼓，电动窗，中控门锁，手动前后中央空调，单碟 CD 收音机，12 座皮座椅。

通过静态检查和动态检查发现：

静态检查：①发动机舱没有专业清洗过的痕迹，但是较清洁，说明两个问题：发动机没有渗漏油渍；该车工作条件和环境很好。另外，发动机怠速运转平稳，声音较安静，没有国产金杯车正常有的气门“哒哒”声。②底盘平整，传动轴总成和后桥及后悬架总成都无异常现象，排气管出口无锈蚀和积炭现象，轮胎较新、也无异常磨损现象。③车身钣金平整，漆面光泽正常，但前后保险杠重新做过喷漆。④车身内部仪表、灯光、音响、空调、离合器、加速踏板、电动车窗、门锁、座位调整装置等都很正常，车身地板钣金没有锈蚀现象，各部位卫生清洁，没有运货现象。

动态检查：起动正常，档位清晰、换档轻松，加速平稳，传动轴及尾部无异响，发动机加速声音较小，车辆提速及时，车身内外隔声较好。转向系灵活，无跑偏和发抖现象，转向盘向左和向右打到底转弯时，平顺且无异响。

通过检查该车辆技术状况，请二手车鉴定评估师出具一份二手车鉴定评估报告，要求有车辆技术状况检查结果以及价格估算过程和结果。

任务　撰写二手车鉴定评估报告

能力标准

学完这一单元，你应获得以下能力：

- 能够掌握撰写二手车评估报告的基本要求。
- 能够掌握二手车评估报告的编写步骤。
- 能够依据掌握资料独立撰写出被评估车辆的评估报告书。

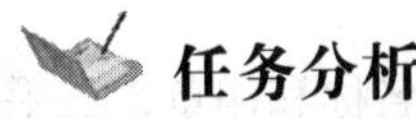

任务分析

请以以下任务为指导，完成对相关知识的学习并进行练习：

二手车鉴定评估报告是按照评估工作制度的规定，在完成评估工作后向委托方和有关方面提交的说明车辆评估过程和结果的书面报告，是二手车评估的结论性文件。通过这个任务学习，要求大家要能够正确填写二手车鉴定评估报告。

相关知识

一、二手车鉴定评估报告的作用

1）为被委托的车辆提供作价意见。二手车评估报告书是经具有汽车评估资格的机构根据委托评估的车辆的状况，由专业的二手车评估师遵循评估的原则和标准，按照法定的程序，运用科学的方法对被委托评估的车辆价值进行评估和估算后，通过报告书的形式提出作价的意见。该作价意见不代表任何当事人一方的利益，而是一种专家估价意见，具有较强的公正性和科学性，因而成为被委托评估车辆作价的参考依据。

2）二手车评估报告书是反映和体现评估工作情况，明确委托方、受托方及有关方面责任的根据，采用文字的形式，对受托方进行汽车评估的目的、背景、产权、依据、程序、方法等过程和评定的结果进行说明和总结，体现了评估机构的工作成果。同时，汽车鉴定评估报告也反映和体现了受委托的汽车评估机构与鉴定评估师的权利和义务，并以此来明确委托方和受托方的法律责任。在汽车现场评估工作完成后，评估机构和人员就要根据现场工作取得的有关资料和数据，撰写评估结果报告书，向委托方报告。负责评估的汽车评估师也同时在报告书上签字，并提出报告使用的范围及有效条件等具体条款。当然，汽车评估报告书也是评估机构履行评估协议和向委托方或有关方面收取评估费用的依据。

3）作为法庭辩论和裁决时确认财产价格的举证材料。

4）对二手车评估报告书进行审核，是管理部门完善汽车评估管理的重要手段。二手车评估报告书是反映评估机构和二手车评估师职业道德、职业能力水平、评估质量高低和机构内部管理机制完善程度的重要依据。有关管理部门通过审核二手车评估报告书，可以有效地对评估机构的业务开展情况进行监督和管理，对评估工作中出现的不足加以完善。

5）二手车评估报告书是建立评估档案和归集评估档案资料的重要信息来源。二手车评估机构和评估师在完成评估任务后，都必须按照档案管理的有关规定，将评估过程收集的资料、工作记录以及评估过程的有关工作底稿进行归档，以便进行评估档案的管理和使用。由于二手车评估报告是对整个评估过程的工作总结，其内容包括了评估过程的各个具体环节和各有关资料的收集和记录，所以，不仅评估书的底稿是评估档案归集的主要内容，而且撰写二手车评估报告过程中采用的各种数据、各个依据及工作底稿等都是二手车评估档案的重要信息来源。

二、撰写二手车鉴定评估报告基本要求

国家国有资产管理局以国资办发[1993]55号文发布了《关于资产评估报告书的规范意见》，对资产评估报告书的撰写提出了比较系统的规范要求，结合二手车鉴定评估的实际情况，主要要求如下：

1）鉴定评估报告必须依照客观、公正、实事求是的原则由二手车鉴定评估机构独立撰

写，如实反映鉴定评估的工作情况。

2）鉴定评估报告应有委托单位(或个人)的名称、二手车鉴定评估机构的名称和印章，二手车鉴定评估机构法人代表或其委托人和二手车鉴定评估师的签字，以及提供报告的日期。

3）鉴定评估报告要写明评估基准日，并且不得随意更改。所有在评估中采用的税率、费率、利率和其他价格标准，均应采用基准日的标准。

4）鉴定评估报告中应写明评估的目的、范围、二手车的状态和产权归属。

5）鉴定评估报告应说明评估工作遵循的原则和依据的法律法规，简述鉴定评估过程，写明评估的方法。

6）鉴定评估报告应有明确的鉴定估算价值的结果，鉴定结果应有二手车的成新率，应有二手车原值、重置价值、评估价值等。

7）鉴定评估报告还应有齐全的附件。

三、二手车鉴定评估报告书基本内容

二手车鉴定评估报告书主要包括以下内容。

1. 封面

二手车鉴定评估报告书的封面须包含下列内容：二手车鉴定评估报告书名称、鉴定评估机构出具鉴定评估报告的编号、二手车鉴定评估机构全称和鉴定评估报告提交日期等。有服务商标的，评估机构可以在报告封面载明其图形标志。

2. 首部

鉴定评估报告书正文的首部应包括标题和报告书序号。

(1) 标题　标题应简练清晰，含有“××××(评估项目名称)鉴定评估报告书”字样，位置居中偏上。

(2) 报告书序号　报告书序号应符合公文的要求，包括评估机构特征字，公文种类特征字(例如：评报、评咨和评函，评估报告书正式报告应用“评报”，评估报告书预报告应用“评预报”)，年份，文件序号，例如：××评报字(2010)第10号。

3. 绪言

写明该评估报告委托方全称、受委托评估事项及评估工作整体情况，一般应采用包含下列内容的表达格式。

“××(鉴定评估机构)接受××××的委托，根据国家有关资产评估的规定，本着客观、独立、公正、科学的原则，按照公认的资产评估方法，对××××(车辆)进行了鉴定评估。

本机构鉴定评估人员按照必要的程序，对委托鉴定评估车辆进行了实地查勘与市场调查，对其在××××年××月××日所表现的市场价值作出了公允反映。现将车辆评估情况及鉴定评估结果报告如下。”

4. 委托方与车辆所有方简介

1）应写明委托方和委托方联系人的名称、联系电话及住址。

2）应写明车主的名称。

5. 鉴定评估目的

应写明本次鉴定评估是为了满足委托方的何种需要，及其所对应的经济行为类型。例如，根据委托方的要求，本项目评估目的(在口处填√)：

□交易□转籍□拍卖□置换□抵押□担保□咨询□司法裁决

6. 鉴定评估对象

须简要写明纳入评估范围车辆的厂牌型号、号牌号码、发动机号、车辆识别代号/车架号、注册登记日期、年审检验合格有效日期、车辆购置税证号码、车船使用税缴纳有效期。

7. 鉴定评估基准日

写明车辆鉴定评估基准日的具体日期，式样如下。

鉴定评估基准日：××××年××月××日。

8. 评估原则

严格遵循“客观性、独立性、公正性、科学性”原则。

9. 评估依据

评估依据一般包括行为依据、法律法规依据、产权依据和评定及取价依据等。对评估中所采用的特殊依据也应在本节内容中披露。

(1) 行为依据　行为依据主要是指二手车鉴定评估委托书、法院的委托书等经济行为文件，如“二手车鉴定评估委托书第10号”。

(2) 法律、法规依据　法律、法规依据应包括车辆鉴定评估的有关条款、文件及涉及车辆评估的有关法律、法规等。

(3) 产权依据　产权依据是指被评估车辆的机动车登记证书或其他能够证明车辆产权的文件等。

(4) 评定及取价依据　评定及取价依据应为鉴定评估机构收集的国家有关部门发布的统计资料和技术标准资料，以及评估机构收集的有关询价资料和参数资料等，例如以下一些资料。

1) 技术标准资料：《最新资产评估常用数据与参数手册》。

2) 技术参数资料：被评估二手车的技术参数表。

3) 技术鉴定资料：车辆检测报告单。

4) 其他资料：现场工作底稿、市场询价资料等。

10. 评估方法及计算过程

简要说明评估人员在评估过程中所选择并使用的评估方法；简要说明选择评估方法的依据或原因；如评估时采用一种以上的评估方法，应适当说明原因并说明该资产评评估值确定方法；对于所选择的特殊评估方法，应适当介绍其原理与适用范围：简单说明各种评估方法计算的主要步骤等。

11. 评估过程

评估过程应反映二手车鉴定评估机构自接受评估委托起至提交评估报告的工作过程，包括接受委托、验证、现场查勘、市场调查与询证、评定估算和提交报告等过程。

12. 评估结论

给出被评估车辆的评评估格、金额(小写、大写)。

13. 特别事项说明

评估报告中陈述的特别事项是指在已确定评估结果的前提下，评估人员揭示在评估过程中已发现可能影响评估结论，但非评估人员执业水平和能力所能评定估算的有关事项；提示评估报告使用者应注意特别事项对评估结论的影响；揭示鉴定评估人员认为需要说明的其他问题。

14. 评估报告法律效力

揭示评估报告的有效日期；特别提示评估基准日的后期事项对评估结论的影响以及评估报告的使用范围等。常见写法如下：

1）本项评估结论有效期为90天，自评估基准日至× × × ×年× ×月× ×日止。

2）当评估目的在有效期内实现时，本评估结果可以作为作价参考依据；若超过90天，则需重新评估。另外在评估有效期内若被评估车辆的市场价格或因交通事故等原因导致车辆的价值发生变化，对车辆评估结果产生明显影响时，委托方也需重新委托评估机构重新评估。

3）鉴定评估报告书的使用权归委托方所有，其评估结论仅供委托方为本项目评估目的使用和送交二手车鉴定评估主管机关审查使用，不适用于其他目的；因使用本报告书不当而产生的任何后果与签署本报告书的鉴定评估师无关；未经委托方许可，本鉴定评估机构承诺不将本报告书的内容向他人提供或公开。

15. 鉴定评估报告提出日期

写明评估报告提交委托方的具体时间。评估报告原则上应在确定的评估基准日后1周内提出。

16. 附件

附件应包括：二手车鉴定评估委托书、二手车鉴定评估作业表、车辆行驶证、车辆购置税、车辆登记证书复印件、二手车鉴定评估师资格证书影印件、鉴定评估机构营业执照影印件、鉴定评估机构资质影印件和二手车照片等。

17. 尾部

写明出具评估报告的评估机构名称，并盖章；写明评估机构法定代表人姓名并签名；注册二手车鉴定评估师盖章并签名；高级注册二手车鉴定评估师审核签章以及报告日期。

四、编制二手车鉴定评估报告书注意事项

编制二手车鉴定评估报告书时应注意以下事项。

1. 实事求是，切忌出具虚假报告

报告书必须建立在真实、客观的基础上，不能脱离实际情况，更不能无中生有。报告拟定人应是参与鉴定评估并全面了解被评估车辆的主要鉴定评估人员。

2. 坚持一致性做法，切忌出现表里不一

报告书文字、内容要前后一致，正文、评估说明、作业表、鉴定工作底稿、格式甚至数据要一致，不能出现相互矛盾的不一致情况。

3. 提交报告书要及时、齐全和保密

在正式完成二手车鉴定评估报告工作后，应按业务约定书的约定时间及时将报告书送交委托方。送交报告书时，报告书及有关文件要送交齐全。

五、二手车鉴定评估书实例

二手车鉴定评估报告书

一、绪言

珠海市二手车鉴定评估机构（鉴定评估机构）接受 吴× × 的委托，根据国家有

关资产评估的规定，本着客观、独立、公正、科学的原则，按照公认的资产评估方法，对粤J59×××（车辆）进行了鉴定评估。本机构鉴定人员按照必要的程序，对委托鉴定评估车辆进行了实地查勘与市场调查，并对其 2011 年 10 月 22 日所表现的市场价值作了公允反映。现将车辆评估情况及鉴定评估结果报告如下：

二、委托方简介和委托费用

（一）委托方 吴××，委托方联系人 吴××，联系电话：1892308××××

（二）根据机动车行驶证所示，委托车辆车主 吴×× 。

（三）委托费用：人民币1000（元）

三、评估目的

根据委托方的要求，本项目评估目的（在□处填“√”）

√交易 □ 转籍 □ 拍卖 □ 置换 □ 抵押 □ 担保 □ 咨询□ 司法裁决

四、评估对象

评估车辆的厂牌型号（2706102×××××）；号牌号码（ 粤J59××× ）；发动机号（563×××）；车辆识别代号/车辆号（095×××××）；登记日期2005年12月20日；年审检验合格至2011年12月30日；公路规费交至2011年12月；购置附加税（费）证（齐全）；车船使用税（已交）。

五、鉴定评估基准日

鉴定评估基准日 2011 年 10 月 20 日。

六、评估原则

严格遵循“客观性、独立性、公正性、科学性”原则

七、评估依据

（一）行为依据

二手车评估委托书第1号

（二）法律、法规依据

1.《国有资产评估管理办法》　2.《国有资产评估管理办法实施细则》

3.《二手车流通管理办法》　4.《二手车流通管理办法实施细则》

5.《汽车报废标准》　6. 其他相关的法律、法规等。

（三）产权依据

委托鉴定评估车辆的机动车登记证书编号86×××× 。

（四）评定及取价依据

技术标准资料：《汽车标准汇编》。

技术参数资料：随车说明书。

技术鉴定资料：《汽车质检技术》和《汽车维修手册》。

八、评估方法（在□处填“√”）

√重置成本法　□现行市价法　□收益现值法　□其他[①]

计算过程如下：该车品牌是东风本田，行驶里程少，车辆保养良好，所以采用综合成新率法，首先根据该车使用年限成新率和行驶里程成新率计算理论成新率，之后评估人员在现场对该车的勘察中，分别对车辆的发动机、底盘、车身、内饰及电气系统进行鉴定打分计算现场查勘成新率。该车成新率计算如下。

使用年限法：使用年限成新率 =［1 - 二手车实际已使用年限（月）车辆规定的使用年限（月）］

×100%
=(1－58/180)×100%
=68%

行驶里程法：行驶里程成新率＝(1－二手车实际累计行驶里程/车辆规定的行驶里程)×100%

=(1－7/45)×100%
=84%

理论综合成新率：　　综合成新率＝(使用年限成新率＋行驶里程成新率)/2
=(68%＋84%)/2
=76%

汽车现场勘查打分计算实际综合成新率：76%×91%＝69%

二手车评估价：重置成本×实际综合成新率×100%＝145000×69%＝100050(元)

九、评估过程

按照接受委托、验证、现场查勘、评定估算、提交报告的程序进行。

十、评估结论

车辆评估价格100500元，　　金额大写 人民币拾万零伍拾元整

十一、特别事项说明②

十二、评估报告法律效力

(一) 本项评估结论有效期为90天，自评估基准日至 2012 年 1 月 22 日止。

(二) 当评估目的在有效期内实现时，本评估结果可以作为作价参考依据。超过90天，需重新评估。另外在评估有效期内若被评估车辆的市场价格或因交通事故等原因导致车辆的价值发生变化，对车辆评估结果产生明显影响时，委托方也需重新委托评估机构重新评估。

(三) 鉴定评估报告书的使用权归委托方所有，其评估结论仅供委托方为本项目评估目的使用和送交二手车鉴定评估主管机关审查使用，不适用于其他目的；因使用本报告书不当而产生的任何后果与签署本报告书的鉴定评估师无关；未经委托方许可，本鉴定评估机构承诺不将本报告书的内容向他人提供或公开。

附件：

一、二手车鉴定评估委托书。

二、二手车评估作业表和成新率估算明细表。

三、车辆行驶证、购置附加税(费)证复印件。

四、鉴定评估师职业资格证书复印件。

五、鉴定评估机构营业执照复印件。

六、二手车照片(要求外观清晰,车辆牌照能够辨认)。

注册二手车鉴定评估师(签字、盖章)　　　　复核人③(签字、盖章)

(二手车鉴定评估机构盖章)

2011年10月22日

① 利用两种或两种以上的评估方法对车辆进行鉴定评估，并以它们评估结果的加权值为最终评估结果的方法。

② 特别事项是指在已确定评估结果的前提下，评估人员认为需要说明在评估过程中已发现可能影响评估结论，但非评估人员执业水平和能力所评定估算的有关事项以及其他问题。

③ 复核人须具有高级鉴定评估师资格。

备注：本报告书和作业表一式三份，委托方二份，受托方一份。

二手车技术状况调查表

评估委托方：吴××　　　　评估基准日：2011年9月26日

明细表序号	2		车辆牌号	粤J59×××		厂牌型号	2706102×××××	
生产厂家	东风本田		已行驶里程	70000km		规定行驶里程	45万km	
购置日期	2005.8.2		登记日期	2005.8.5		规定使用年限	15年	
大修情况	无							
改装情况	无							
耗油量	8L/100km		是否达到环保要求	是		事故次数及情况	无	
现场查勘情况								
外形车身部分	颜色	灰色	光泽	好	褪色	无	锈蚀	无
	有无被碰撞	无	严重程度	无	修复	无	车灯是否齐全	是
	前、后保险杠是否完整	是	其他：					
车内装饰部分	装潢程度	一般	颜色	灰色	清洁	良好	仪表是否齐全	是
	座位是否完整	是						
发动机总成	动力状况评分	90	有无更换部件	无	有无修补现象	无	有无替代部件	无
	漏油现象	严重□　一般□　轻微□　无√						
底盘各部分	有无变形	无	有无异响	无	变速器状况	良好	后桥状况	良好
	前桥状况	良好	传动状况	良好	漏油现象	严重□　一般□　轻微□　无√		
	转向系统情况	良好			制动系统情况	良好		
电器系统	电源系统是否工作正常	是	发动机点火器是否工作正常	是	空调系统是否有效	是	音响系统是否正常工作	是
	其他							
鉴定意见	该车外观良好，未到达报废标准，具有可再交易性，车辆无大修和事故，无大碰撞痕迹；动力、转向和制动性能良好，车内电器设备齐全，内部装潢配置标配，汽车整体保养情况良好，购买后能够正常使用。							

资产占有单位技术人员签字：　　　　评估人员签字：蔡××

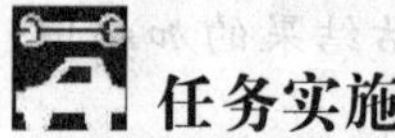

任务实施

☞ 任务目标与要求

• 小组成员分工协作，利用网络、图书馆资料，依据任务工单分析制定工作计划，并通过小组自评或互评检查工作计划。

• 对待评估二手车，确定其成新率。

☞ 准备工作

• 小组接受工作任务，组长带领组内成员阅读任务工单，查阅相关资料，合理分工，制定任务计划，并检查计划有效性。

• 准备试验场地、试验车辆、试验器材。

☞ 实施指导

由教师为学生提供不同类型二手车几辆，车型不限，要求学生在规定时间内，完成车辆价值评估，并填写二手车鉴定评估委托书。

1. 评估资料的分类整理

被评估二手车的有关背景资料、技术鉴定情况资料及其他可供参考的数据记录等评估资料是编制二手车鉴定评估报告的基础。一个较复杂的评估项目是由两个或两个以上的评估人员合作完成的，将评估资料进行分类整理，包括评估鉴定作业表的审核、评估依据的说明和最后形成评估的文字材料。

2. 鉴定评估资料的分析讨论

在整理资料工作完成后，应召集参与评估工作过程的有关人员，对评估的情况和初步结论进行分析讨论。如果发现其中有提法不妥、计算错误、作价不合理等方面的问题，要求进行必要的调整。若采用两种不同方法评估并得出两个不同结论的，需要在充分讨论的基础上得出一个正确的结论。

3. 鉴定评估报告书的撰写

评估报告的负责人应根据评估资料讨论后的修正意见，进行资料的汇总编排和评估报告书的撰写工作；然后将二手车鉴定评估的基本情况和评估报告书初稿得到的初步结论与委托方交换意见，听取委托方的反馈意见后，在坚持客观、公正、科学、可行的前提下，认真分析委托方提出的问题和意见，考虑是否应该修改评估报告书，对报告书中存在的疏忽、遗漏和错误之处进行修正，待修正完毕即可撰写出正式的二手车鉴定评估报告书。

4. 评估报告的审核

评估报告先由项目负责人审核，再报评估机构经理审核签发，同时要求二手车鉴定评估人员签字并加盖评估机构公章，送达客户签收；必须要求客户在收到评估书后，按送达回证上的要求认真填写并要求收件人签字确认。

<table>
<tr><td>项目</td><td colspan="4">撰写二手车鉴定报告书</td></tr>
<tr><td>任务</td><td colspan="2">撰写二手车鉴定报告书</td><td>姓名</td><td></td></tr>
<tr><td>班级</td><td></td><td>组号</td><td>日期</td><td></td></tr>
</table>

（续）

<table>
<tr><td>项目</td><td>撰写二手车鉴定报告书</td></tr>
<tr><td>任务目的</td><td>对二手车技术状况进行检查，评估车辆价格。
完成二手车鉴定评估报告书的撰写。</td></tr>
<tr><td>任务描述</td><td>按照学习领域课程安排，通过情景模拟，教师提供待鉴定评估车辆、参考资料、视频资料等教学资源，在教师指导下完成撰写二手车鉴定报告书这一教学任务。请各组对教师提供的车辆进行检查，对车辆进行检查，评估车辆价格，并完成二手车鉴定评估报告书的撰写。</td></tr>
<tr><td>任务要求</td><td>通过教师的引导、自学和查找资料等方式，按照工作过程的完整性和连贯性（资讯—决策—计划—实施—检查）评估要求，逐步养成就业岗位的隐性工作方法，最终以小组协作形式完成二手车动态检测。</td></tr>
<tr><td>资讯</td><td>掌握撰写二手车评估报告书的要求。</td></tr>
<tr><td>决策</td><td>每6人一组，每组选出一名负责人，负责人对小组任务进行分配，组员按负责人要求完成相关任务内容。
<table>
<tr><td>序号</td><td>个人职责（任务）</td><td>负责人</td></tr>
<tr><td>1</td><td></td><td></td></tr>
<tr><td>2</td><td></td><td></td></tr>
<tr><td>3</td><td></td><td></td></tr>
<tr><td>4</td><td></td><td></td></tr>
<tr><td>5</td><td></td><td></td></tr>
<tr><td>6</td><td></td><td></td></tr>
</table></td></tr>
<tr><td>制定计划</td><td>根据任务内容制定任务计划，并反复修改、讨论工作方案。</td></tr>
<tr><td>任务实施</td><td>各小组成员按照制定的工作计划查阅相关资料，制定撰写二手车鉴定评估报告书的工作计划，并进行实施。
二手车鉴定评估报告书见下面。</td></tr>
<tr><td>检查评估</td><td>成果展示，小组自评与互评，并讨论、总结、反思学习过程中的不足，撰写工作报告并交流。</td></tr>
</table>

二手车鉴定评估报告书

重庆××二手车评估公司评报字（2014）第00　号

一、绪言

________机动车评估有限公司接受____________的委托，根据国家有关资产评估的规定，本着客观、独立、公正、科学的原则，按照公认的资产评估方法，对渝________（车辆）进行了鉴定评估。本机构鉴定评估人员按照必要的程序，对委托鉴定评估车辆进行了实地查勘与市场调查，并对其在________年____月所表现的市场价值作出了公允反映。现将车辆评估情况及鉴定评估结果报告如下：

二、委托方

1. 单位名称：

2. 联 系 人：

3. 电　　话：

4. 根据机动车行驶证所示，委托车辆车主为____________。

三、评估方

1. 单位名称：重庆××二手车评估公司

2. 法定代表人：××

3. 资格等级：综合 B 级

4. 单位地址：重庆市沙坪坝区

四、评估目的

根据委托方的要求，本项目评估目的

□交易 □转籍 □拍卖 □置换 □抵押 □担保 □咨询 □司法裁决。

五、评估对象

评估车辆的厂牌型号：________________

车牌号码：________________

发动机号：________________

车辆识别代号 VIN：________________

车架号：________________

初始登记日：________________

六、鉴定评估基准日：________________

七、评估原则：严格遵循“客观性、独立性、公正性、科学性”原则。

八、评估依据

（一）行为依据：二手车评估委托书

（二）法律、法规依据

1. 原国家国有资产管理局《关于转发资产评估操作规范意见(试行)的通知》（国资办发[1996]23 号）。

2. 国家经贸委等部门《汽车报废标准》(国经贸经[1997]456 号)、《关于调整轻型载货汽车及其补充规定》(国经贸经[1998]407 号)、《关于调整汽车报废标准若干规定的通知》(国经贸资源[2000]1202 号)、《农用运输车报废标准》(国经贸资源[2001]234 号）等。

3. 国标 GB 7258－2012 机动车运行安全技术条件。

4. QCn29008 系列汽车产品质量检验。

5. 其他相关的法律、法规等。

（三）产权依据：委托鉴定评估车辆的机动车行驶证书

九、评估方法

□重置成本法　　□现行市价法　　□收益现值法　　□清算价格法

十、评估过程

按照接受委托、验证、现场查勘、评定估算、提交报告的程序进行。

1. 车辆技术装备(配置)：

2. 车辆技术状况(综合评价):

3. 评估计算:

① 重置价格:

② 成新率:

③ 综合调整系数:

④ 计估值计算:

十一、评估结论

车辆评估价格￥＿＿＿＿＿＿＿＿＿＿＿＿＿＿

大写人民币:＿＿＿＿＿＿＿＿＿＿＿＿＿＿＿

十二、特别事项说明

十三、评估报告法律效力

(一)本项评估结论有效期为90天,自评估基准日至　　年　月　日止;

(二)当评估目的在有效期内实现时,本评估结果可以作为作价参考依据。超过90天,需重新评估。另外在评估有效期内若被评估车辆的市场价格或因交通事故等原因导致车辆的价值发生变化,对车辆评估结果产生明显影响时,委托方也需重新委托评估机构重新评估;

(三)鉴定评估报告书的使用权归委托方所有,其评估结论仅供委托方为本项目评估目的使用和送交旧机动车鉴定评估主管机关审查使用,不适用于其他目的;因使用本报告书不当而产生的任何后果与签署本报告书的鉴定评估师无关;未经委托方许可,本鉴定评估机构承诺不将本报告书的内容向他人提供或公开。

(四)本次评估未见行驶证及购置本原件,本报告书的资料由委托方提供,其真实性由委托方负责。因资料失实造成评估意见有误的,本鉴定评估机构和评估人员不承担相应责任。

(五)本报告壹式肆份,评估方执壹份,委托方执叁份,具同等法律效力。

附件:

一、车辆鉴定评估委托书

二、二手车鉴定评估作业表

三、车辆行驶证、购置附加税(费)证复印件

四、鉴定评估师职业资格证书复印件

五、鉴定评估机构营业执照复印件

六、二手车照片(要求外观清晰,车辆牌照能够辨认)

评估机构:重庆××二手车鉴定评估公司

二手车鉴定评估师(签字、盖章):＿＿＿＿＿＿＿＿

复核人(签字、盖章):＿＿＿＿＿＿＿＿＿＿

二○一四年　　月　　日

机动车评估计算表

资产占有方			车牌号	
车辆名称型号			VIN 码	
车身颜色		发动机号	车架号	
初始登日				
分析计算				
综合评价				
撰写人员		评估时间		

重庆××二手车评估公司

知识拓展四

一、二手车鉴定估价实例——金杯 RZH115LB

（一）车辆基本信息

评估车辆的厂牌型号（金杯 RZH115LB）；号牌号码（粤 A1A×××）；发动机号（186×××）；车辆识别代号/车架号（0007××）；发动机排量（2400mL）；累计行驶里程（12 万 km）；登记日期（1999 年 6 月）；年审检验合格至 2007 年 4 月；公路规费、购置附加税、车船使用税和保险等证照与费用齐全有效。

（二）车辆配置

丰田 4Y 发动机和底盘，助力转向装置，制动前盘后鼓，电动窗，中控门锁，手动前后中央空调，单碟 CD 收音，12 座皮座椅。

（三）车辆检查

静态检查

发动机舱没有专业清洗过的痕迹，但是较清洁，说明两个问题：第一，发动机没有渗漏油渍；第二，该车工作条件和环境很好。另外，发动机怠速运转平稳，声音较安静，没有国产金杯车正常有的气门“哒哒”声。

底盘平整，传动轴总成和后桥及后悬架总成都无异常现象。排气管出口无锈蚀和积炭现象。轮胎较新，无异常磨损现象。车身钣金平整，漆面光泽正常，但前后护杠重新做过喷漆。

车身内部仪表、灯光、音响、空调、离合器踏板、加速踏板、电动窗、门锁、座位调节装置等都很正常。车身地板钣金没有锈蚀现象，各部位卫生清洁，没有运货现象。

起动正常，档位清晰、换档轻松，加速平稳，传动轴无异响，发动机加速声音较小，车辆提速及时，车身内外隔声较好。转向系统灵活，无跑偏和发抖现象，转向盘向左和向右打到底转弯时，平顺且无异响。

（四）车辆鉴定估价

1. 车况鉴定：技术状况较好

该车由沈阳产，但核心部分为进口件，属于广州政府机关车，使用强度不大，使用条件和行驶环境也较好，加之日常维护保养规范，整车动力性、操控感、可靠性和经济性等方面的综合表现较好。该车前后护杠重新做过喷漆，无损整车车况，反而使目测成新率更高，但该车使用年份较长，并不考虑成新率的增值。

2. 估算价格

该车是热门二手车交易类型，价格不高，但用途广，公务、商务和货运都可兼顾。所以本车估算的价格依据可以从三方面考虑：第一，用途所产生的收益现值；第二，技术状况及将来核心部件的维护成本；第三，使用年份的贬值及同类型新车产生的经济性贬值。

1）该车使用年限为 10 年，可申请延期使用，但最长延期年限不能超过 10 年。

2）该车预计年基本支出费用约 7520 元。其中，路费 3000 元，年票 980 元，交强险 1100 元，车船使用税 240 元，年审费 200 元（10 年延期后年审 2 次），维修保养费 2000 元。

3）价值举例：该车带驾驶人给一家公司用于商务或公务，每月可回利4500元，除去驾驶人劳务费2000元和月基本支出费用626元(7520元按12个月分摊)，还剩余1874元。那么该车一年可获利22488元。

4）综合考虑以上1）、2）、3）三点，该车剩余年限2年半，累计可获利5.62万元(2.5年×22488元/年)，但同时要考虑资金收益率、银行利率及风险率，三项累计约15%，最后该车的估价应为4.78万元左右(5.62×85%)。

3. 重置成本法估价

评估值P=重置成本×成新率

1）类似配置的“金杯阁瑞斯”市场成交价为16万元，作为本车的重置成本。

2）成新率=(1-已使用年限/规定使用年限)×综合调整系数×100% =[1-7年5个月(折合89个月)/10年(折合120个月)]×1.1×100% =28%

3）综合调整系数取1.1。经过对车辆的技术鉴定和全面了解，各影响综合调整系数取值为：①技术状况好，取1.2；②维护情况好，取1.1；③制造质量属国产名牌，取1；④工作性质属公务车，取1；⑤工作条件好，取1。采用加权平均法估算综合调整系数为

$$1.2\times30\%+1.1\times25\%+1\times20\%+1\times15\%+1\times10\%=1.1$$

4）评估值P=重置成本×成新率=16×28%=4.48万元

4. 买卖双方成交参考底价

综合“收益现值法估价”和“重置成本法估价”两种估价结果，参照现行市价，最后确定该车市场成交价约为5万元左右。

二、二手车鉴定估价实例——捷达FV7160ATi

(一) 车辆基本信息

车牌号码“粤A0C×××”，银色，初次登记日期为2003年4月，累计行驶6万多km，使用性质为非营运单位车，排量1.6L，环保标准“欧2”。

(二) 车辆配置

ABS、双气囊、自动变速器、制动前盘后鼓、电动门窗和后视镜、手动空调、电子防盗、CD收音机、加装皮座椅。

(三) 车辆检查

1. 静态检查

发动机舱正常，发动机怠速及声音平稳，无异响，无渗漏，前围及前纵梁无事故痕迹，线路和管路无改动现象；底盘大梁、管路及传动机构正常，轮胎磨损也无异常现象；车身外部油漆局部有刮花现象，护罩前围板重新做过喷漆；车身内部仪表、灯光、音响、空调、档位、离合器、安全气囊、加速踏板、制动踏板、电动车窗、车门锁拉手等无异常现象。

2. 动态检查

起动正常，怠速正常平稳，传动装置无异响，悬架刚性正常、无异响，转向系灵活，无发抖、发飘和跑偏现象。

(四) 车辆鉴定估价

1. 车况鉴定：技术状况较好

该车属低档车，采用整车观测法，结合静态和动态检查，鉴定车辆技术状况。该车为单

位车，使用强度正常，工作条件较好，日常维护保养正常，整车动力性、经济性、可靠性、排放污染等与车辆新旧程度相适应，护罩前围板重新做过喷漆修复，无损整车状况。

2. 估算价格

采用重置成本法计算价格。

1）重置成本该型号新车价为10.5万左右。

2）成新率。采用使用年限法计算成新率：

成新率 =（1 - 已使用年限/规定使用年限）× 综合调整系数 × 100%。

3）综合调整系数：该车品牌性能和价格比较稳定，技术状况较好，工作性质和工作条件也较好，对成新率的估算有增加的可能，但考虑捷达最低配置型新车价格为7.8万元左右，而且5～10万的国产同类型新车也比较多，受此影响，所以取综合调整系数为0.9。

4）估算价格：

P = 重置成本 × 成新率 × 综合调整系数 × 100% = 10.5 ×［1 - 3年7个月（折合43个月）/15年（折合180个月）］× 0.9 × 100% = 7.18万

5）买卖双方成交参考底价：约7.1万元。

学习情境四习题

一、单项选择题

1. 评估报告的有效期为(　　)。

A. 8个月　　B. 90天　　C. 1年　　D. 200天

2. 涉及企、事业单位等国有资产的评估，则一定要有(　　)。

A. 协议书、电传文书、作业表、报告书

B. 协议书、委托书、电子文稿、报告书

C. 邀请函、委托书、作业表、报告书

D. 协议书、委托书、作业表、报告书

3. 评估报告评定依据中的技术鉴定资料主要有(　　)。

A. 物价指数、股票利率　　B. 参数表、技术手册

C. 市场价格、银行利率　　D. 检测报告书

4. 评估报告中的取价依据主要有(　　)。

A. 安全及排放标准等　　B. 状态报告书等

C. 市场价格、物价指数等　　D. 参数表、技术规范等

5. 在评估报告的有效期内，评估结果可作为二手车价格的参考依据，超过有效期，原评估结果(　　)。

A. 继续有效　　B. 将原评估值增加20%

C. 无效　　D. 仍可作为价格依据

6. 评估报告中的评估原则应遵循(　　)的原则。

A. 客观性、自立性、公正性、科学性、一般性

B. 透明性、独立性、公正性、科学性、专业性

C. 客观性、独立性、公正性、科学性、专业性
D. 客观性、自立性、公正性、科学性、专业性
7. 评估报告评定依据中的技术标准资料主要是指(　　)。
A. 安全标准和排放标准　　B. 制动效能检测报告
C. 行驶里程检测报告　　D. 技术手册
8. 评估报告的评估依据内的参数资料主要有(　　)。
A. 市场价格、股票利率　　B. 厂家有关的参数表、使用说明书、技术规范
C. 安全标准、排放标准　　D. 检测报告、状态报告书
9. 鉴定评估报告书的使用权归(　　)所有。
A. 委托方　　B. 评估机构　　C. 委托方　　D. 评估师
10. 二手车的评估的理论依据是(　　)。
A. 国有资产评估管理办法　　B. 汽车报废标准
C. 二手车流通管理办法　　D. 资产评估学
11. 二手车的评估的依据有(　　)。
A. 立法依据、行为依据、产权依据、取价依据
B. 行为依据、法律法规依据、产权依据、目的依据
C. 立法依据、目的依据、行为依据、产权依据
D. 行为依据、法律法规依据、产权依据、取价依据
12. 二手车产权依据是(　　)。
A. 车牌号　　B. 机动车登记证　　C. 行驶证　　D. 税费登记证
13. 二手车评估的行为依据是(　　)。
A. 价比表或评估报告　　B. 技术规范使用手册
C. 委托书或协议书　　D. 检验报告、状态书

二、判断题

1. 评估报告是评估师在完成鉴定评估工作以后，向委托方提供鉴定评估工作的总结。(　　)
2. 评估报告是评估师向委托方传达评估调查、分析工作及评估结论的重要文件。(　　)
3. 评估报告中不必对为什么要评估作出说明。(　　)
4. 评估基准日是评估师在评估鉴定车辆和选取市场价格标准所依据的基准时间。(　　)
5. 评估报告也无需写明评估工作过程中应遵循的各项原则。(　　)
6. 机动车的产权依据应是机动车的行驶证。(　　)
7. 二手车鉴定评估作业表也是存档备查的重要文件。(　　)
8. 评估报告的内容必须正确无误，评估师必须对报告的正确性负责。(　　)

三、简答题

1. 评估报告的基本要求是什么？
2. 请正确描述二手车鉴定评估报告书的法律效力。

能力鉴定表四

项目					
班级		姓名		组长	
学号		组号		日期	
序号	能力目标	鉴定内容		鉴定结果	
				合格	不合格
1	专业技能	二手车鉴定评估报告作用		□	□
2		二手车鉴定评估报告基本要求		□	□
3		二手车鉴定评估报告作用内容		□	□
4		填写、撰写二手车鉴定评估报告		□	□
5	学习方法	是否主动进行任务实施		□	□
6		能否使用各种媒介完成任务		□	□
7		是否具备相应的信息收集能力		□	□
8	能力拓展	团队是否配合		□	□
9		调试方法是否具有创新		□	□
10		是否具有责任意识		□	□
11		是否具有沟通能力		□	□
12		总结与建议		□	□
鉴定结果	□合格 □不合格	教师意见		教师签字	
				日期	

备注：①请根据结果在相关的□内画√；

②请指导教师重点对相关鉴定结果不合格的同学给予指导意见。

信息反馈表四

项　　目：____________　　组号：__________

姓　　名：____________　　日期：__________

请你在相应栏内打勾	非常同意	同意	没有意见	不同意	非常不同意
1 这一学习情景充分提供了关于二手车鉴定评估报告相关知识及拓展阅读？					
2 这一学习情景为我提供了撰写二手车鉴定评估报告的实践操作机会？					
3 我现在对二手车鉴定评估报告理论知识已经掌握？					

（续）

请你在相应栏内打勾	非常同意	同意	没有意见	不同意	非常不同意
4 这个学习情景配套的实验设备和器材充分齐全，能满足学习需要？					
5 该学习情景的内容选取合理，教学组织和安排有序？					
6 该学习情景的内容适合我的需求？					
7 该学习情景中组织了各种活动？					
8 该学习情景的不同单元融合得很好？					
9 学习中教师待人友善愿意帮忙？					
10 通过该情景学习让我做好了参加二手车鉴定评估师的准备？					
11 该学习情景中所有的教学方法对我学习起到了帮助的作用？					
12 该学习情景提供的信息量适当？					
13 该学习情景鉴定是公平、适当的？					
你对改善本科目的教学建议：					

学习情景五　二手车交易

学习情景描述

王先生到某二手车交易市场想要转让家庭自用上海大众帕萨特1.8T自动豪华型，登记日期为2008年4月，行驶里程为16.5万km；当时包牌价为25万元；现时重置成本为新款同型号包牌23万元；评估基准日为2014年8月；车辆配置为1.8T涡轮增压发动机，该车装载自动空调、定速巡航、室内通风系统、阻尼式车顶拉手、自动可调外后视镜、防眩目车内后视镜以及4声道8扬声器车载音响系统等。

静态检查：远看整车漆面及线条平整，车门与车身没有明显色差，车身四周略有轻微刮痕，除左后轮毂有局部的钣金加工修复痕迹外，各曲线结合部位线条流畅。内饰成色略显老旧，个别部位有明显污渍，电动门窗、车内外照明灯光、仪表显示，功能控制等均正常有效。打开发动机舱盖观察翼子板两边和龙门架未发现事故痕迹，整体较清洁，布线有条理，线路和管路无改动现象。检查发现变速器底部有少许机油，初步判断是油封渗油，在随后对该车的路试中，将着重对发动机和变速器进行全面的测试。

动态检查：从怠速、起动以及在不同的路况和速度下，发动机的动力输出、变速器加减档的变换接合都十分畅顺，没有明显的振动和冲击，但悬架和减振部分有轻微的异响，须做进一步的检修。转向灵活，无发抖跑偏等现象。

请你指导王先生完成二手车交易。

任务5.1 二手车收购评估

能力标准

学完这一单元，你应获得以下能力：

- 掌握二手车收购价格评估方法——快速折旧法。
- 综合考虑二手车收购价格影响因素，最终确定二手车收购价格。

任务分析

请以以下任务为指导，完成对相关知识的学习并进行练习：

理解二手车收购评估思路和方法，了解二手车收购价格确定的方法，在此基础上确定二手车收购价格，重点掌握快速折旧法。

相关知识

一、二手车收购评估思路与方法

二手车收购评估有其特定的目的，其评估的方法是在二手车鉴定评估的基础上充分考虑市场的供求关系，对评估的价格做快速变现的特殊处理。

1. 以清算价格的思想方法估算收购价格

清算价格的特点是企业（或个人）由于破产或其他原因（如急于转向投资、急还贷款等），要求在一定的期限内将车辆快速转卖变现。顾客要求快速转卖变现，因此其收购评估价大大低于二手车市场成交的同类型车辆的公平市价，一般来说也低于车辆现时状态客观存在的价格。

2. 以评估价格为基准的思想方法估算收购价格

这种方法是先以重置成本法、现行市价法和综合评估法对二手车进行鉴定，估算出现时的客观评估价格，再根据快速变现原则，估定一个折扣率并以此估算收购价格。如运用重置成本法估算某机动车辆价值为3万元，根据市场销售情况调查，估定折扣率为20%可当即出售，则该车辆收购价格为2.4万元。

3. 以年限折旧的思想方法估算收购价格

机动车辆的折旧，是采用使用年限法计算折旧额。在所有折旧方法中，使用年限法是应用最广泛的方法。但是使用年限法不能反映当代科学技术进步的客观要求，不能准确反映机动车辆价值损耗的客观实际，因此，推荐应用年限折旧的思想方法来估算收购价格。

二、二手车收购价格确定

1. 二手车收购价格计算

二手车收购价格的计算是指在被收购车辆手续齐全的前提下对车辆实体价格的确定。如果所缺失的手续能以货币支出补办，则收购价格应扣除补办手续的货币、时间和精力的支出成本。

（1）运用重置成本法或现行市价法　对二手车进行鉴定评估，然后根据快速变现的原则，估定一个折扣率，将被收购车辆的估算价格乘以折扣率，即得二手车的收购价格。用数学式表示为

$$收购价格 = 评估价格 \times 折扣率$$

（2）运用综合评估法　对二手车确定重置成本，再根据折扣率计算收购价格。

折扣率是指车辆能够当即出售的清算价格与现行市场价格之比值。它的确定是经营者经过对市场销售情况的充分调查和了解凭经验而估算的。

收购价格可以用以下公式计算

$$收购价格 = 评估价格 - (消耗成本 + 维修保养费)$$

（3）运用快速折旧法　首先计算出旧机动车已使用年数累计折旧额，然后将重置成本全价减去累计折旧额，再减去车辆需要维修换件的总费用，即得二手车收购价格。用数学式表达为

$$收购价格 = 重置成本全价 - 累计折旧额 - 维修费用$$

重置成本全价一律采用国内现行市场价格作为被收购车辆的重置成本全价。一般采用年份数求和法和余额递减折旧法两种快速折旧法求年折旧额。

1）年份数求和法

$$D_t = (K_O—S_v) \times \frac{N+1-t}{\frac{N(N+1)}{2}}$$

式中，D_t为机动车年折旧额；K_O为机动车原值；S_v为机动车残值，一般忽略不计；N 为机动车规定的折旧年限；t 为机动车在使用期限内某一确定年度；$\frac{N+1-t}{\frac{N(N+1)}{2}}$为递减系数（或年折旧率）。

2）余额递减折旧法

$$D_t = K_o \times a(1-a)t-1$$

式中，a 为折旧率，$a = b/N$。

当 $b=1$ 时，其折旧率 $a=1/N$ 为直线，为直线法的折旧率；当 $b=2$ 时，其折旧率 $a = 2/N$ 称为双倍余额递减法。

应用该公式计算时，在使用期终仍有余额，为了使折旧总额到使用期终分摊完毕，到一定年度后，要改用直线折旧法。

2. 二手车收购定价确定

1）二手车收购要充分考虑车辆的完全价值，即车辆实体的产品价值和车辆牌证、税费等各项手续的价值。如果收购车辆的证件和规费凭证不全，不但会造成经济损失，而且可能带来转籍过户中意想不到的麻烦和许多难以解决的后续问题。

2）二手车收购要密切注意市场的微观环境，也要关注宏观环境，即注意国家宏观政策、国家和地方法规的因素变化引致的车辆经济性贬值。如某车辆燃油消耗量较高，这点在实行公路养路费的环境中可能不会引起足够的注意。但国家实施将公路养路费改征燃油附加税后，则这辆车会因为油耗量高、附加费用高而难以销售出手。很明显，收购这辆车不能给公司带来经济效益。

3）二手车收购后应支出的费用。二手车收购除了支付车辆产品的货币以外，从收购到售出时限内，还要支出的费用有：保险费、日常保养维修费、停车费、收购支出的货币利息和其他管理费等。

4）二手车的收购要防止收购偷盗车、伪劣拼装车，要预防收购那些伪造手续凭证，伪造车辆档案的车辆。一旦有所失误，不仅给公司造成直接经济损失，更重要的是造成社会的不良影响从而损害公司的公众形象。

三、二手车收购评估与二手车鉴定评估的区别

二手车的收购是二手车交易市场的经营业务之一，二手车的收购评估与二手车鉴定评估的实质都是对二手车作现时价格评估，但两者相比较有明显的区别，主要表现如下。

1. 二者评估的主体不同

二手车收购评估的主体是买卖当事人，它是以购买者的身份与卖方进行的价格估算与洽谈，根据供求价格规律可以讨价还价，自由定价；而二手车的鉴定评估是公正性、服务性的买卖中间人，它遵循独立的原则，通过对评估车辆的技术鉴定的全面判断来反映其客观价格，不可以随意变动。

2. 二者评估的目的不同

二手车收购评估是购买者当事人估算车辆价格，以求把握事实真相，心中有数地与卖主讨价还价，它是以经营为目的的；二手车鉴定评估是受委托人委托，为被评估对象将要发生的经济行为提供价值依据，它是以服务为目的的。

3. 二者评估的思想和方法不同

二手车鉴定评估，它要求严格遵守国家颁布的有关评估法规，按特定的目的选择与之相匹配的评估标准和方法，具有约束性；二手车收购评估接受国家有关评估法规的指导，根据评估目的，参照评估的标准和方法进行，具有灵活性。

4. 二者评估的价值概念不同

虽然鉴定评估与收购评估其价位概念都具有交易价值和市场价值，但收购价格受快速变现原则的影响，其价格大大低于“市场价格”。

四、二手车收购评估实例

陈先生欲转让一辆桑塔纳轿车，经与二手车交易中心洽谈，由中心收购该车辆。该车的初次登记日期为2010年2月。转让日期为2013年8月，已使用了3年6个月。该车型现行市场购置价为8万元，残值忽略不计。试用快速折旧法计算收购价格。

1. 采用年份数求和法计算其累计折旧

根据年份数求和法计算公式，其计算结果见表5-1。这里 $K_0=8$ 万元，$S_v=0$，$N=15$ 年，t 从2010年6月到2013年12月共4个年度。

表5-1　用年份数求和法计算折旧额

时间	重置价格/元	递减系数	年折旧额/元	累计折旧额/元
2001.7—2002.1	80000	15/120	10000	10000
2002.2—2003.1		14/120	9333	19333
2003.2—2004.1		13/120	8667	28000
2004.2—2005.1		12/120	8000	36000

车辆已使用3年6个月，则累计折旧额为

$$\frac{28000\text{元}+36000\text{元}}{2}=32000\text{元}$$

2. 采用余额递减折旧法计算其累计折旧

根据余额递减折旧法计算公式，其计算结果见表5-2。这里，折旧率 a 按直线折旧率 $\frac{1}{N}$ 的两倍取值，即有 $a=\frac{2}{N}=\frac{2}{15}=13.3\%$。

表5-2　用双倍余额递减法计算累计折旧额

时间	重置价格/元	折旧率（%）	年折旧额/元	累计折旧额/元
2001.2—2002.1	80000	13.3	10640	10640
2002.2—2003.1	69360	13.3	7998	18638
2003.2—2004.1	61362	13.3	6135	24773
2004.2—2005.1	55227	13.3	4787	29560

车辆使用3年6个月，则累计折旧额为

$$\frac{24773\text{元}+29560\text{元}}{2}=27167\text{元}$$

3. 其他费用

根据技术状况鉴定，左前轮行驶偏位，右前轮的轴承失效换件，需维修费700元，变速器漏油失效换件，需维修费1200元。上述费用合计为：700元+1200元=1900元。

4. 收购评估

用年份数求和法计算收购评估为：80000元-32000元-1900元=46100元。

用双倍余额递减计算收购评估为：80000元-27167元-1900元=50933元。

任务实施

☞ 任务目标与要求

• 小组成员分工协作，利用网络、图书馆资料，依据任务工单分析制定工作计划，并通过小组自评或互评检查工作计划。

• 登记二手车基本信息，对现实技术状况进行检查，运用快速折旧法计算二手车收购价格。

☞ 准备工作

• 小组接受工作任务，组长带领组内成员阅读任务工单，查阅相关资料，合理分工，制定任务计划，并检查计划有效性。

• 准备试验场地、试验车辆、试验器材。

☞ 实施指导

由教师为学生提供不同类型二手车几辆，车型不限，要求学生在规定时间内，完成车辆技术状况检查，评定车辆技术状况，并综合考虑市场因素，确定二手车收购价格。

1. 用快速折旧法计算车辆累计折旧额

运用年份数求和法或余额递减折旧法计算年折旧额，再将已使用年限内各年的折旧额汇总累加，即为累计折旧额。

2. 车辆技术鉴定，确定维修费用

对车辆现实技术状况进行检查，确定需要维修和换件的费用总支出。

3. 确定收购价格

收购价格=重置成本全价-累计折旧额-维修费用

<table>
<tr><td>项目</td><td colspan="4">二手车交易</td></tr>
<tr><td>任务</td><td colspan="2">确定二手车收购价格</td><td>姓名</td><td></td></tr>
<tr><td>班级</td><td></td><td>组号</td><td>日期</td><td></td></tr>
<tr><td>任务目的</td><td colspan="4">对二手车技术状况进行检查，确定维修费用。
采用快速折旧法评估二手车收购价格。</td></tr>
<tr><td>任务描述</td><td colspan="4">按照学习领域课程安排，通过情景模拟，教师提供待鉴定评估车辆、参考资料、视频资料等教学资源，在教师指导下完成二手车收购价格评估这一教学任务。</td></tr>
<tr><td>任务要求</td><td colspan="4">通过教师的引导、自学和查找资料等方式，按照工作过程的完整性和连贯性(资讯—决策—计划—实施—检查评估要求，逐步养成就业岗位的隐性工作方法，最终以小组协作形式完成二手车动态检测。</td></tr>
</table>

(续)

<table>
<tr><td>项目</td><td colspan="3">二手车交易</td></tr>
<tr><td>资讯</td><td colspan="3">掌握二手车收购价格计算方法。</td></tr>
<tr><td rowspan="8">决策</td><td colspan="3">每6人一组，每组选出一名负责人，负责人对小组任务进行分配，组员按负责人要求完成相关任务内容。</td></tr>
<tr><td>序号</td><td>个人职责(任务)</td><td>负责人</td></tr>
<tr><td>1</td><td></td><td></td></tr>
<tr><td>2</td><td></td><td></td></tr>
<tr><td>3</td><td></td><td></td></tr>
<tr><td>4</td><td></td><td></td></tr>
<tr><td>5</td><td></td><td></td></tr>
<tr><td>6</td><td></td><td></td></tr>
<tr><td>制定计划</td><td colspan="3">根据任务内容制定任务计划，并反复修改、讨论工作方案。</td></tr>
<tr><td>任务实施</td><td colspan="3">各小组成员按照制定的工作计划查阅相关资料，制定下列二手车收购价格评估工作计划，并进行实施。
2007 年 1 月，某二手车销售公司欲收购一辆南京菲亚特轿车，车辆基本情况如下。
车型：南京菲亚特西耶那 1.5EL；型号：NJ7153；注册登记日期：2004 年 2 月；行驶里程：38000km；车辆基本配置：排量 1.461 L，发动机型号 178E5027，直列 4 缸 8 气门多点电喷发动机，5 档手动变速器，发动机最大功率 62.5 kW，配有转向助力装置、ABS、EBD、前门电动窗、防眩目后视镜、中控锁(无遥控装置)、发动机防盗装置，手动空调系统、单碟 CD 及调频收音机 4 扬声器音响系统、后头枕和钢轮毂。
经核对相关税费票据、证件(照)齐全有效。该车目前市场行情价为 7.8 万元，试确定其收购价格(残值忽略不计)。</td></tr>
<tr><td>检查评估</td><td colspan="3">成果展示，小组自评与互评，并讨论、总结、反思学习过程中的不足，撰写工作报告并交流。</td></tr>
</table>

任务 5.2　二手车销售定价

能力标准

学完这一单元，你应获得以下能力：

- 了解二手车销售定价影响因素以及销售定价目标。
- 掌握二手车销售定价方法，并采用合适的方法，确定二手车销售价格。

任务分析

请以以下任务为指导，完成对相关知识的学习并进行练习：

二手车销售价格是决定二手车流通企业收入和利润的唯一因素。因此，企业必须根据成本、需求、竞争及国家方针、政策、法规并运用一定的定价方法和技巧对其产品制定切实可行的价格政策。

相关知识

一、二手车销售定价的影响因素

(一) 成本因素

产品成本是定价的基础和最低界限，二手车的销售价格如果不能保证成本，企业的经营活动就难以维持。二手车流通企业销售定价应分析价格、需求量、成本、销量、利润之间的关系，正确地估算成本，以作为定价的依据。二手车销售定价时应考虑收购车辆的总成本费用。总成本费用由固定成本费用和变动成本费用之和构成。

1. 固定成本费用

固定成本费用是指在既定的经营目标内，不随收购车辆的变化而变动的成本费用，一般分摊在这一经营项目的固定资产的折旧、管理费等项支出中。

2. 固定成本费用摊销率

固定成本费用摊销率是指单位收购价值所包含的固定成本费用，即固定成本费用与收购车辆总价值之比。如某企业根据经营目标，预计某年度收购200万元的车辆价值，分摊固定成本费用2万元，则单位固定成本费用摊销率为1%。如花费6万元收购一辆旧桑塔纳轿车，则应该将600元计入固定成本费用。

3. 变动成本费用

变动成本费用指收购车辆随收购价格和其他费用而相应变动的费用，主要包括车辆实体的价格、运输费、公路养路费、保险费、日常维护费、维修翻新费、资金占用的利息等。

由上面的成本分析可知，一辆二手车收购的总成本费用是这辆车应分摊的固定成本费用与变动成本费用之和，用数学式表达为

一辆二手车的总成本费用 = 收购价格 × 固定成本费用摊销率 + 变动成本费用

(二) 供求关系

在市场经济中，产品的价格由买卖双方的相互作用来决定，以市场供求为前提，所以决定价格的基本因素有两个，即供给与需求。若供大于求，价格会下降；若供小于求，则价格会上升。这就是市场供求规律。供求关系必然会成为影响价格形成的重要因素，它是制定产品价格的一个重要前提。所以企业在定价决策时，除以产品价值为基础外，还可以自觉运用供求关系来分析和制订产品的价格。

对于二手车来说，其需求弹性较强，即二手车价格的上升(或下降)会引起需求量较大幅度的减少(增加)。因此，我们在估算二手车的销售价格时，应该把价格定得低一些，应该以薄利多销达到增加赢利、服务顾客的目的。

(三) 竞争状况

在产品供不应求时，企业可以自由地选择定价方式。而在供大于求时，竞争必然随之加剧，定价方式的选择只能被动地根据市场竞争的需要来进行。为了稳定维持自己的市场份额，二手车的销售定价要考虑本地区同行业竞争对手的价格状况，根据自己的市场地位和定价的目标，选择与竞争对手相同的价格，甚至低于竞争对手的价格进行定价。

(四) 国家政策法令

任何国家对物价都有适度的管理，所不同的是，各个国家和地区对价格的控制程度、范围、

方式等存在着一定的差异，完全放开和完全控制的情况是没有的。一般而言，国家可以通过物价部门直接对企业定价进行干预，也可以用一些财政、税收手段对企业定价实行间接影响。

二、二手车销售定价目标

二手车销售定价的目标是指二手车流通企业通过制订价格水平，凭借价格产生的效用来达到预期目的要求。企业在定价以前，必须根据企业的内部和外部环境，定出既不违背国家的方针政策，又能协调企业的其他经营目标的价格。企业定价目标类型较多，二手车流通企业要根据自己树立的市场观念和市场微观、宏观环境，确立自己的销售定价目标。企业定价目标主要有两大类，即获取利润目标和占领市场目标。

（一）获取利润目标

利润是考核和分析二手车流通企业营销工作好坏的一项综合性指标，是二手车流通企业最主要的资金来源，以利润为定价目标有 3 种具体形式：预期收益、最大利润和合理利润。

1. 获取预期收益目标

预期收益目标是指二手车流通企业以预期利润(包括预交税金)为定价基点，并以利润加上商品的完全成本构成价格出售商品，从而获取预期收益的一种定价目标。预期收益目标有长期和短期之分，大多数企业都采用长期目标。预期收益高低的确定，应当考虑商品的质量与功能、同期的银行利率、消费者对价格的反应以及企业在同类企业中的地位和在市场竞争中的实力等因素。预期收益定得过高，企业会处于市场竞争的不利地位；定得过低，又会影响企业投资的回收。一般情况下，预期收益适中，可能获得长期稳定的收益。

2. 获取最大利润目标

最大利润目标是指二手车流通企业在一定时期内综合考虑各种因素后，以总收入减去总成本的最大差额为基点，确定单位商品的价格，以取得最大利润的一种定价目标。最大利润是企业在一定时期内可能并准备实现的最大利润总额，而不是单位商品的最高价格，最高价格不一定能获取最大利润。当企业的产品在市场上处于绝对有利地位时，往往采取这种定价目标，它能够使企业在短期内获得高额利润。最大利润一般应以长期的总利润为目标，在个别时期，甚至允许以低于成本的价格出售，以便招徕顾客。

3. 获取合理利润目标

合理利润目标是指二手车流通企业在补偿正常情况下社会平均成本的基础上，适当地加上一定量的利润作为商品价格，以获取正常情况下合理利润的一种定价目标。企业在自身力量不足、不能实行最大利润目标或预期收益目标时，往往采取这一定价目标。这种定价目标以稳定市场价格、避免不必要的竞争、获取长期利润为前提，因而商品价格适中，顾客乐于接受，政府积极鼓励。

（二）占领市场目标

以市场占有率为定价目标是一种志存高远的选择方式。市场占有率是指一定时期内某二手车流通企业的销售量占当地细分市场销售总量的份额。市场占有率高，意味着企业的竞争能力较强，说明企业对消费信息把握得较准确、充分。资料表明，企业利润与市场占有率正向相关。提高市场占有率，是增加企业利润的有效途径。

由于企业所处的市场营销环境不同，自身条件与营销目标不同，企业定价目标也大相径庭。因此，二手车流通企业应在综合考虑市场环境、自身实力及经营目标的基础上，将获取利润目标和占领市场目标结合起来，兼顾企业的眼前利益与长远利益，来确定适当的定价目标。

三、二手车销售定价方法

定价方法是二手车流通企业为了在目标市场实现定价目标，给产品制定基本价格和浮动范围的技术思路。由于成本、需求和竞争是影响企业定价的最基本因素，产品成本决定了价格的最低限。产品本身的特点，决定了需求状况，从而确定了价格的最高限，竞争者产品与价格又为定价提供了参考的基点，也因此形成了以成本、需求、竞争为导向的3大基本定价思路。

(一) 成本导向定价法

1. 成本加成定价法

成本加成定价法也称为加额定价法、标高定价法或成本基数法，是一种比较普遍应用的定价方法。它首先确定单位产品总成本(包括单位变动成本和平均分摊的固定成本)，然后在单位产品总成本的基础上加上一定比例的利润，从而形成产品的单位销售价格。该方法的计算公式为

$$单位产品价格 = 单位产品总成本 \times (1 + 成本加成率)$$

由此可以看到，成本加成定价法的关键是成本加成率的确定。一般来说，加成率应与单位产品成本成反比，和资金周转率成反比，与需求价格弹性成反比，需求价格弹性不变时加成率也应保持相对稳定。

2. 目标收益定价法

目标收益定价法又称投资收益率定价法，是根据企业的投资总额、预期销量和投资回收期等因素来确定价格。在产品供不应求的条件下，或产品需求的价格弹性很小的细分市场中，目标收益法具有一定的应用价值。

3. 边际成本定价法

边际成本是指每增加或减少单位产品所引起的总成本的增加或减少。采用边际成本定价法时是以单位产品的边际成本作为定价依据和可接受价格的最低界限。在价格高于边际成本的情况下，企业出售产品的收入除完全补偿变动成本外，尚可用来补偿一部分固定成本，甚至可能提供利润。在竞争激烈的市场条件下具有极大的定价灵活性，对于有效地应对竞争、开拓新市场、调节需求的季节差异、形成最优产品组合可以发挥巨大的作用。

(二) 需求导向定价法

需求导向定价法是以消费者的认知价值、需求强度及对价格的承受能力为依据，以市场占有率、品牌形象和最终利润为目标，真正按照有效需求来策划价格。需求导向定价法又称顾客导向定价法，是二手车流通企业根据市场需求状况和消费者的不同反应分别确定产品价格的一种定价方式。其特点是：平均成本相同的同一产品价格随需求变化而变化，一般是以该产品的历史价格为基础，根据市场需求变化情况，在一定的幅度内变动价格，以致同一商品可以按两种或两种以上的价格销售。这种差价可以因顾客的购买能力、对产品的需求情况、产品的型号和式样以及时间、地点等因素不同而采用不同的形式。

（三）竞争导向定价法

竞争导向定价法是以企业所处的行业地位和竞争定位而制定价格的一种方法，是二手车流通企业根据市场竞争状况确定商品价格的一种定价方式。其特点是：价格与成本和需求不发生直接关系。它主要以竞争对手的价格为基础，并与竞争品价格保持一定的比例。即竞争品价格未变，即使产品成本或市场需求变动了，也应维持原价；竞争品价格变动，即使产品成本和市场需求未变，也要相应地调整价格。

其中成本加成定价法深受企业界欢迎，主要是由于如下 3 个优势：

（1）定价工作简化　由于成本的不确定性一般比需求的不确定性小得多，定价着眼于成本可以使定价工作大大简化，不必随时依需求情况的变化而频繁地调整，因而大大地简化了企业的定价工作。

（2）可降低价格竞争程度　只要同行业企业都采用这种定价方法，那么在成本与加成率相似的情况下价格也大致相同，这样可以使价格竞争减至最低限度。

（3）对买卖双方都较为公平　卖方不利用买方需求量增大的优势趁机哄抬物价因而有利于买方，固定的加成率也可以使卖方获得相当稳定的投资收益。因此，这里推荐用成本加成法来对二手车销售进行定价。

四、二手车销售最终价格的确定

二手车流通企业通过以上程序制定的价格只是基本价格，只确定了价格的范围和变化的途径。为了实现定价目标，二手车流通企业还需要考虑国家的价格政策、用户的要求、产品的性价比、品牌价值及服务水平，应用各种灵活的定价战术对基本价格进行调整，同时将价格策略和其他营销策略结合起来，如针对不同消费心理的心理定价和让利促销的各种折扣定价等，以确定具体的最终价格。

五、二手车销售价格确定实例

品牌型号(一汽大众捷达 CIF)；号牌号码(辽 A55×××)；发动机号码(EK5×××)；车辆识别代号/车架号(LHK3542589×××××××)；注册登记日期(2005 年 12 月 20 日)；年审检验合格至 2010 年 4 月；车辆购置税完税证明(有)。

某 4S 店于 2010 年 4 月收购，收购价格为 4.40 万元。

该车欲于 2010 年 10 月销售，其销售价格确定方法如下。

（1）固定成本费用摊销率的确定　根据该 4S 店的固定成本构成情况分析，分摊在二手车销售这一块的固定成本摊销率为 1%。

（2）变动成本的确定

1）该车实体价格即为收购价格：4.40 万元。

2）收购车辆时的运输费用合计为 65 元。

3）从收购日起到预计的销售日，分摊在该车上的日常维护费用约 400 元。

4）该车收购后，维修翻新费用合计 3200 元。

5）车辆存放期间，银行的活期存款年利率为 0.36%。

该二手车的变动成本 =(收购价格 + 运输费用 + 维护费用 + 维修翻新费用)×(1 + 利率)

$$=(44000+65+400+3200)\times(1+\frac{10-4}{12}\times0.36\%)=47751(\text{元})$$

该二手车的总成本费用 = 收购价格 × 固定成本费用摊销率 + 变动成本

$$=44000\times1\%+47751=48191(\text{元})$$

3. 确定销售价格

按成本加成定价法，本车型属于大众车型，市场保有量较大，且销售情况平稳。根据销售时日的市场行情，一般成本加成率在6%左右。因此该车的销售价格为

二手车销售价格 = 该车总成本 ×（1 + 成本加成率）

$$=48191\times(1+6\%)=51082(\text{元})$$

4. 确定最终价格

1）该4S店目前处于比较稳定的经营时期，二手车经销状况也比较稳定，故应取获取合理利润为目标，所以成本加成率不作调整，即仍取6%。

2）该车不准备采用折扣定价策略，而上述计算结果中有精确的尾数，即采用尾数定价策略，也不再做调整。

故该二手车的最终销售价格确定为51082元

任务实施

☞ 任务目标与要求

- 小组成员分工协作，利用网络、图书馆资料，依据任务工单分析制定工作计划，并通过小组自评或互评检查工作计划。
- 采用合理定价方法，确定二手车销售价格。

☞ 准备工作

- 小组接受工作任务，组长带领组内成员阅读任务工单，查阅相关资料，合理分工，制定任务计划，并检查计划有效性。
- 准备试验场地、试验车辆、试验器材。

☞ 实施指导

由教师为学生提供不同类型二手车几辆，车型不限，要求学生在规定时间内，综合考虑影响价格的各种因素，制定二手车销售价格，其中成本加成定价法使用最多。

1. 固定成本费用摊销率确定

根据二手车经销店固定成本构成情况分析，确定分摊在二手车销售上的固定成本摊销率。

2. 变动成本确定

对每辆二手车，确定收购这辆车所需的变动成本。

3. 确定销售价格

运用成本加成定价法，确定二手车销售价格。

4. 确定最终价格

综合考虑国家的价格政策、用户的要求、产品的性价比、品牌价值及服务水平，应用各种灵活的定价战术对基本价格进行调整，确定最终价格。

零部件上千差万别，尤其对于个别已经停产车型更换零部件将越来越麻烦。

（二）二手车置换授权经销商

二手车置换授权经销商是我国二手车置换运作的中介主体。二手车置换授权经销商的车辆置换服务将消费者淘汰旧车和购买新车的过程结合在一起，一次完成甚至一站完成，为用户解决了先要卖掉旧车再去购买新车的麻烦。我国汽车置换授权经销商的二手车置换服务一般具有以下特点。

1）打破车型限制。与以往的一些开展二手车置换的厂家或品牌专卖店不同，二手车置换授权经销商对所要置换的旧车以及选择购买的新车，都没有品牌及车型的限制，可以任意置换。二手车置换授权经销商采用汽车连锁超市的模式经营新车的销售，连锁超市中经营的汽车品牌众多，可以满足消费者的不同需求，也可根据顾客的要求，到指定的经销商处为顾客购进指定的车辆，真正做到了无品牌限制的置换。

2）让利置换，旧车增值。二手车置换授权经销商将车辆置换作为顾客购买新车的一项增值服务，与顾客将旧车出售给二手车经纪公司不同，二手车置换授权经销商通常是以二手车交易市场二手车收购的最高价格甚至高出的价格，确定二手车价格，经双方认可后，置换二手车的钱款直接冲抵新车的价格。

二手车置换授权经销商有自己的二手车经纪公司，同时与二手车交易市场中的众多经纪公司保持联系，保证市场信息渠道的畅通，以及所置换的旧车能够有快速的通路。车况较好的旧车，二手车置换授权经销商经过整修后，补充到租赁车队中投放低端租车市场，用租赁收入弥补旧车的增值部分后，到二手车车市场处置；或者发挥二手车置换授权经销商租车网络优势，在中小城市租赁运营。

3）“全程一对一”的置换服务。二手车置换授权经销商汽车连锁销售提供的车辆置换服务，是一种“全程一对一”的服务模式。由于二手车置换授权经销商的业务涉及汽车租赁、销传、汽车金融以及二手车经纪，因此顾客在二手车置换授权经销商选择置换的购车方式后，从旧车定价、过户手续，到新车的贷款、购买、保险、牌照等过程都由二手车置换授权经销商公司内部的专业部门完成，保证了效率和服务水准。

4）完善的售后服务。在二手车置换授权经销商通过置换购买的新车，二手车置换授权经销商将提供包括保险、救援、替换车、异地租车等服务在内的完善的售后服务。对于符合条件的顾客，二手车置换授权经销商还提供更加个性化的车辆保值回购计划，使顾客可以无须考虑再次更新时的车辆残值，安心使用车辆。

三、二手车置换质量认证

二手车置换中一个最重要、最容易引起争议的问题就是置换旧车的质量问题。和新车交易相比，二手车市场存在很多不透明的地方，二手车评估本身就比较复杂，加上二手机动车交易又是“一旦售出，后果自理”，所以在购买二手车的时候，大部分的消费者并不信任卖家。为了保障交易双方权益、减少纠纷，国外汽车厂商从20世纪90年代就开始对汽车进行质量认证，我国的汽车厂商也从这两年开始进行这一业务。汽车厂家利用自己的技术、设备、人员以及信誉优势，对回购的二手车进行检测、修复，给当前庞大的二手车消费群体提供“放心车”“明白车”，即使价格高于其他市场上的二手车，消费者也认为值得。同时汽车厂家介入二手车市场也为规范二手车市场、降低交通安全隐患带来积极影响。

（一）认证的基本概念

经汽车厂商授权的汽车经销商将收上来的该品牌二手车进行一系列检测、维修之后，使该车成为经品牌认证的车辆，销售出去之后可以给予一定的质量担保和品质保证，这一过程通称为认证。

二手车认证方案的开展是市场对二手车刮目相看的首要原因，现在已经得到广泛的支持，很多汽车生产厂家还针对二手车推出一些令人鼓舞的消费措施。目前，认证方案项目一般包括：合格的质量要求、严格的检测标准、质量改进保证、过户保证以及比照新车销售推出的送货方案，一些大公司开展的认证还包括提供与新车一样利率的购车贷款。通过认证，顾客和经销商双方都从中得到了实惠。首先顾客对自己购买二手车的心态更加趋于平和，相应地经销商也实现了认证车辆的溢价销售。而且，顾客再不会有车刚到手就发生故障的经历，经销商也不必再面对恼怒顾客的争吵。

（二）我国的二手车认证

我国的二手车认证主要是在一些合资企业中开展，其中以上汽通用公司和一汽大众公司为代表。我国一般的二手车认证流程如图 5-1 所示。

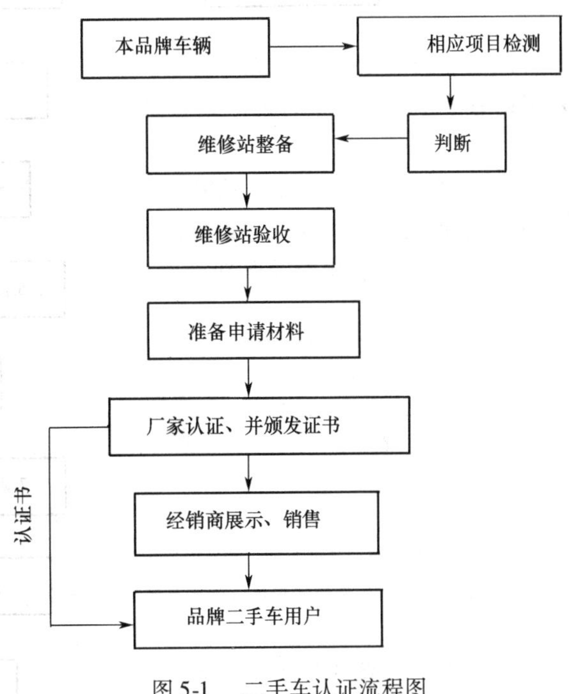

图 5-1　二手车认证流程图

1. 上汽通用公司的二手车认证

上海通用汽车认证的二手车要经过多道程序的严格筛选。首先，认证的二手车有自己统一的品牌，是和诚信谐音的“诚新”，能通过认证，并打上这个牌子的二手车要达到以下条件：首先是无法律纠纷，非事故车，无泡水经历；其次使用不超过 5 年，行驶 10 万千米以内；原来用途不是用于营运和租赁。

上汽通用的二手车认证有 106 项检验项目，这 106 项检验要进行两次，进场第一次，整修后还要进行一次，106 项检验主要包括车身、电气、底盘、制动等 6 大类，基本囊括了整个汽车的零配件。通过筛选的二手车，经过整修，再进行 106 项检测，全部合格后才能获得上海通用汽车公司的认证书。经认证过的二手车出售后能获得半年 1 万千米的质量保证。在质保期间，如果车辆出现质量问题，客户可以在全国联网的品牌专业维修店获得免费修理和零配件更换。

2. 一汽大众的二手车认证

一汽大众的二手车认证有 141 项检测标准，包括发动机（检查压缩比、排放、点火正时等 11 项）；离合器（离合器线束调整、噪声检测等 5 项）；变速器（变速器各档位操控性、变速器油油位等 8 项）；悬架（减振器泄漏等 5 项）；传动系统（差速器泄漏和噪声等 4 项）；转向系统（转向齿条等 7 项）；制动（制动蹄片磨损情况等 8 项）；制冷系统（管道泄漏等 4 项）；轮胎轮辋（前轮定位等 5 项）；仪表（仪表灯亮度等 15 项）；灯光系统（车内外灯光光线、报警灯

（续）

项目	二手车交易
制定计划	根据任务内容制定任务计划，并反复修改、讨论工作方案。
任务实施	各小组成员按照制定的工作计划查阅相关资料，制定二手车置换工作计划，并进行实施。
检查评估	成果展示，小组自评与互评，并讨论、总结、反思学习过程中的不足，撰写工作报告并交流。

任务5.4　二手车交易过户

能力标准

学完这一单元，你应获得以下能力：

- 了解二手车交易类型、交易程序、二手车过户转移登记程序。
- 能够引导客户完成二手车交易，签订二手车交易合同，并办理过户转移登记手续。

任务分析

请以以下任务为指导，完成对相关知识的学习并进行练习：

目前，我国没有统一的二手车交易程序标准，各地二手车交易市场在完成二手车交易的过程中可能程序有差异，但主要程序是基本相同的。下面以北京市二手车交易为例，讲述二手车交易的基本程序。

相关知识

一、二手车交易类型

二手车交易是一种产权交易，是实现二手车所有权从卖方到买方的转移过程。二手车必须完成所有权转移登记（即过户）才算是合法、完整的交易。根据《二手车流通管理办法》规定，二手车交易有以下几种类型。

1. 直接交易

二手车直接交易是指二手车所有人不通过经销企业、拍卖企业和经纪机构将车辆直接出售给买方的交易行为。交易可以在二手车交易市场内进行，也可以在场外进行。

2. 中介经营

中介经营是指二手车买卖双方通过中介方的帮助而实现交易，中介方收取约定佣金的一种交易行为。中介经营包括二手车经纪、二手车拍卖等。

1）二手车经纪。二手车经纪是指二手车经纪机构以收取佣金为目的，为促成他人交易二手车而从事居间、经纪或者代理等经营活动。

2）二手车拍卖。二手车拍卖是指二手车拍卖企业以公开竞价的形式将二手车转让给最高应价者的经营活动。

3. 二手车销售

二手车销售是指二手车销售企业收购、销售二手车的经营活动。

二手车置换也是一种二手车经销行为。所谓二手车置换就是客户在汽车销售公司购买新车时，将目前在用的汽车经过该公司的检测估价后以一定的折价抵扣部分新车款的一种交易方式。目前二手车置换业务主要在同品牌的车型中开展，汽车销售企业将置换的汽车经过一定的检测、维修后，作为一辆认证二手车卖给消费者。我国已有部分汽车品牌开展了认证二手车销售业务，如上海通用“诚新二手车”。

二手车典当不赎回情况也可以算作一种二手车销售。二手车典当是指二手车所有人将其拥有的、具有合法手续的车辆质押给典当公司，典当公司支付典当当金，封存质押车辆，双方约定在一定期限内由出典人（二手车所有人）结清典当本息、赎回车辆的一种贷款行为。典当时二手车所有人须持合法有效的手续到典当行办理典当手续，由典当行工作人员和车主当面查验，填写《机动车抵押/注销抵押登记申请表》，此申请表必须交到车辆管理所备案，然后封入典当公司的专业车辆库房。如果到约定的赎回期限二手车所有人不赎回车辆，则典当行就可以依据协议自行处置该车，如出售。

二、交易相关规定

1. 二手车交易地点

二手车应在车辆注册登记所在地交易，也就是说，二手车不允许在异地交易。

2. 二手车办理转移登记手续地点

二手车转移登记手续应按照公安部门有关规定在原车辆注册登记所在地公安机关交通管理部门办理。需要进行异地转移登记的，由车辆原属地公安机关交通管理部门办理车辆转出手续，在接收地公安机关交通管理部门办理车辆转入手续。

3. 建立二手车交易档案

交易后，二手车交易市场经营者、经销企业、拍卖公司应建立交易档案。交易档案主要包括以下内容：

1）法定证明、凭证复印件（主要包括车辆号牌、机动车登记证书、机动车行驶证和机动车安全技术检验合格标志）。

2）购车原始发票或者最近一次交易发票复印件。

3）买卖双方身份证明或者机构代码证书复印件。

4）委托人及授权代理人身份证或者机构代码证书，以及授权委托书复印件。

5）交易合同原件。

6）二手车经销企业的“车辆信息表”、二手车拍卖公司的“拍卖车辆信息”和“二手车拍卖成交确认书”。

7）其他需要存档的有关资料。一般交易档案保留期限不少于3年。

三、二手车交易程序

二手车交易不像一般商品交易那么简单，需要遵守相关的政策规定，按照一定的交易程序进行，这样才能保障买卖双方的利益。不论是哪一种交易类型，都必须办理过户相关手续，实现车辆所有权变更。目前，我国没有统一的二手车交易程序标准，各地二手车交易市场在完成二手车交易过程中具体流程有差异，但主要程序是基本相同的。下面以北京市二手车交易为例，介绍二手车交易的基本程序。根据二手车交易类型和开具销售发票的权限，二手车交易程序有以下几种：

3. 二手车拍卖交易程序

根据《二手车流通管理办法》规定，二手车拍卖企业也能够直接给买受人开具二手车销售统一发票，所以在拍卖会结束后，买受人和拍卖企业签订成交确认书（相当于二手车交易合同）、交款得到二手车销售统一发票，凭成交确认书到指定地点提车，然后携带发票和要求的证件去相关部门办理车辆相关证件及手续的变更。二手车拍卖交易流程如图 5-5 所示。有些拍卖企业虽然有二手车拍卖业务，但没有开具二手车销售统一发票的资格，此时，在交款后需要到指定的二手车交易市场办理相关过户手续，由市场按规定开具二手车销售统一发票。

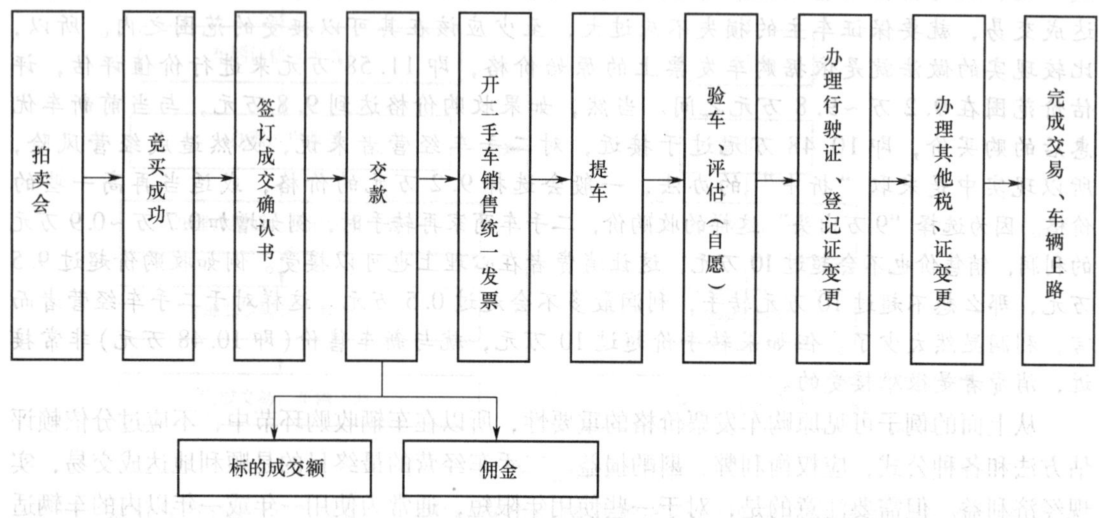

图 5-5　二手车拍卖交易流程

有关车辆的合法性手续，二手车拍卖企业在接受拍卖委托时已经查验过，可以通过二手车拍卖成交确认书加以保证。

四、办理车辆转移登记

1. 办理程序

二手车交易像买房子一样属于产权交易范畴，涉及相关的证明文件和必要手续。二手车交易后必须办理这些证明文件的转移登记手续，以完成手续完备的、合法的成交。机动车产权证明是《机动车登记证书》《机动车行驶证》和机动车号牌。根据买卖双方的住所是否在同一车辆管理所管辖区内，机动车产权转移登记手续可分为同一车辆管理所管辖区内的所有权转移登记（即同城转移登记）和不同车辆管理所管辖区的所有权转移登记（即异地转移登记）两种登记方式。

二手车同城转移登记手续应当在原车辆注册登记所在地公安交通管理部门办理。需要进行异地转移登记的，由车辆原属地公安交通管理部门办理车辆迁出手续，在接收地公安交通管理部门办理车辆迁入手续。办理二手车转移登记手续的流程如图 5-6 所示。

2. 二手车办理转移登记所需的手续及证件

二手车在同城交易和所有权转移登记时，需要的手续和证件有：

1）买卖双方个人身份证原件及复印件或者买卖双方单位法人代码原件及复印件（须在年

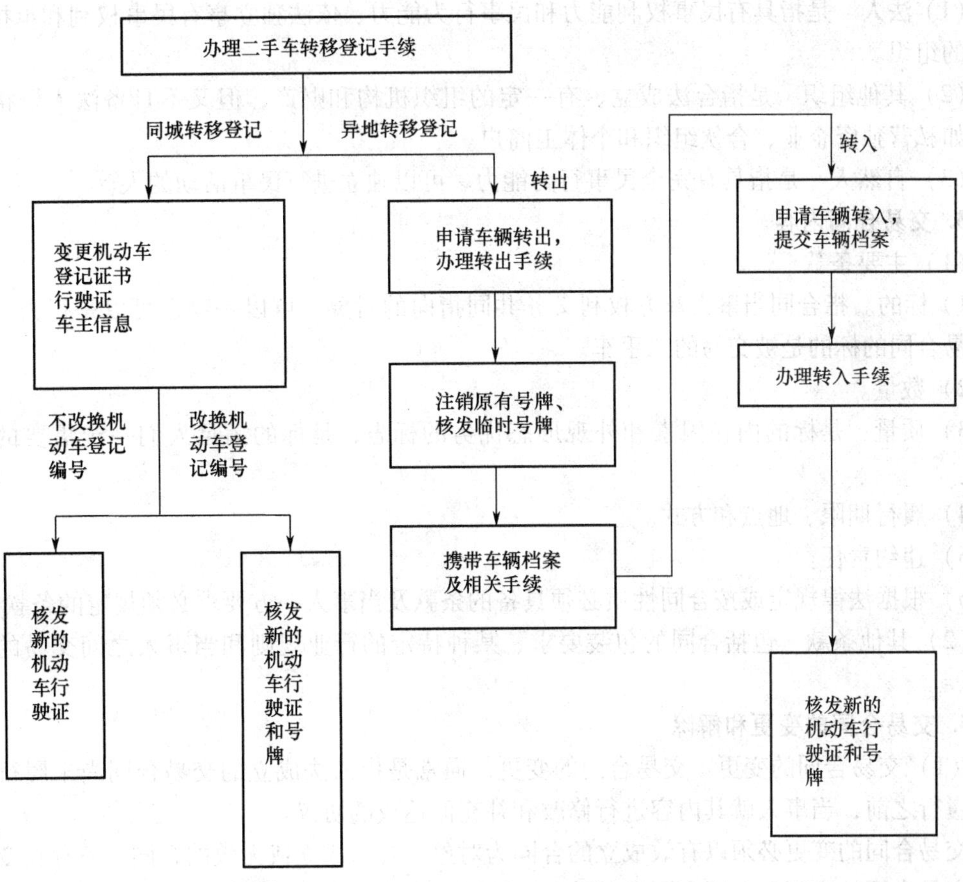

图5-6 办理二手车转移登记手续的流程

检有效期之内）。

2）车辆原始购置发票或上次交易过户发票原件及复印件。

3）过户车辆的《机动车登记证书》原件及复印件。

4）过户车辆的《机动车行驶证》原件及复印件。

5）二手车买卖合同。

6）外地户口需持暂住证。

7）过户车辆到场。

五、二手车交易合同

1. 订立二手车交易合同的基本准则

二手车交易合同是指二手车经营公司、经纪公司与法人、其他组织和自然人相互之间为实现二手车交易的目的，明确相互权利义务关系，所订立的协议。

订立交易合同时必须遵守这些基本原则：合法原则、平等互利、协商一致原则。

2. 交易合同主体

二手车交易合同的主体是指为了实现二手车交易目的，以自己名义签订交易合同，享有合同权利、承担合同义务的组织和个人。根据《中华人民共和国合同法》的规定，我国合同当事人从其法律地位来划分，可分为以下几种：

（1）法人　是指具有民事权利能力和民事行为能力、依法独立享有民事权利和承担民事义务的组织。

（2）其他组织　是指合法成立、有一定的组织机构和财产，但又不具备法人资格的组织，如私营独资企业、合伙组织和个体工商户。

（3）自然人　是指具有完全民事行为能力、可以独立进行民事活动的人。

3. 交易合同内容

（1）主要条款

1）标的。指合同当事人双方权利义务共同指向的对象，可以是物也可以是行为。二手车交易合同的标的是被交易的二手车。

2）数量。

3）质量：是标的内在因素和外观形态优劣的标志，是标的满足人们一定需要的具体特征。

4）履行期限、地点和方式。

5）违约责任。

6）根据法律规定或按合同性质必须具备的条款及当事人一方要求必须规定的条款。

（2）其他条款　包括合同的包装要求、某种特定的行业规则和当事人之间交易的惯有规则。

4. 交易合同的变更和解除

（1）交易合同的变更　交易合同的变更，通常是指依法成立的交易合同尚未履行或未完全履行之前，当事人就其内容进行修改和补充而达成的协议。

交易合同的变更必须以有效成立的合同为对象，凡未成立或无效的合同，不存在变更问题。交易合同的变更是在原合同的基础上，达成一个或几个新的合同作为修正，以新协议代替原协议。所以，变更作为一种法律行为，使原合同的权利义务关系消灭，产生新权利义务关系。

（2）交易合同的解除　交易合同的解除是指交易合同订立后，没有履行或没有完全履行以前，当事人依法提前终止合同。

（3）交易合同变更和解除的条件　合同法规定，凡发生下列情况之一，允许变更或解除合同：

1）当事人双方经协商同意，并且不因此损害国家利益和社会公共利益。

2）由于不可抗力致使合同的全部义务不能履行。

3）由于另一方在合同约定的期限内没有履行合同。

5. 违约责任

违约责任，是指交易合同一方或双方当事人由于自己的过错造成合同不能履行或不能完全履行，依照法律或合同约定必须承受的法律制裁。

（1）违约责任的性质

1）等价补偿。凡是已给对方当事人造成财产损失的，就应当承担补偿责任。

2）违约惩罚。合同当事人违反合同的，无论这种违约是否已经给对方当事人造成财产损失，都要依照法律规定或合同约定，承担相应的违约责任。

（2）承担违约责任的条件

1）要有违约行为。要追究违约责任，必须有合同当事人不履行或不完全履行的违约行为。它可分为作为违约和不作为违约。

2）行为人要有过错。过错是指当事人违约行为主观上出于故意或过失。故意是指当事人应当预见自己的行为会产生一定的不良后果，但仍用积极的不作为或者消极的不作为希望或放任这种后果的发生。过失是指当事人对自己行为的不良后果应当预见或能够预见到，而由于疏忽大意没有预见到或虽已预见到但轻信可以避免，以致产生不良后果。

（3）承担违约责任的方式

1）违约金。指合同当事人因过错不履行或不适当履行合同，依据法律规定或合同约定，支付给对方一定数额的货币。

根据《合同法》及有关条例或实施细则的规定，违约金分为法定违约金和约定违约金。

2）赔偿金。指合同当事人一方过错违约给另一方当事人造成损失超过违约金数额时，由违约方当事人支付给对方当事人的一定数额的补偿货币。

3）继续履行。指合同违约方支付违约金、赔偿金后，应对方的要求，在对方指定或双方约定的期限内，继续完成没有履行的那部分合同义务。

违约方在支付了违约金、赔偿金后，合同关系尚未终止，违约方有义务继续按约履行，最终实现合同目的。

6. 合同纠纷处理方式

合同纠纷指合同当事人之间因对合同的履行状况及不履行的后果所发生的争议。根据《合同法》及有关条例的规定，我国合同纠纷的解决方式一般有协商解决、调解解决、仲裁和诉讼四种方式。

（1）协商解决　是指合同当事人之间直接磋商，自行解决彼此间发生的合同纠纷。这是合同当事人在自愿、互谅互让基础上，按照法律、法规的规定和合同的约定，解决合同纠纷的一种方式。

（2）调解解决　是指由合同当事人以外的第三人（交易市场管理部门或二手车交易管理协会）出面调解，使争议双方在互谅互让基础上自愿达成解决纠纷的协议。

（3）仲裁　是指合同当事人将合同纠纷提交国家规定的仲裁机关，由仲裁机关对合同纠纷作出裁决的一种活动。

（4）诉讼　是指合同当事人之间发生争议而合同中未规定仲裁条款或发生争议后也未达成仲裁协议的情况下，由当事人一方将争议提交有管辖权的法院，按诉讼程序审理作出判决的活动。

7. 二手车质量保证

二手车质量保证就是在二手车销售的同时，销售商承诺对车辆进行有条件、有范围、有限期的质量保证，并切实履行承诺的责任和义务。

二手车的质量保证是二手车销售环节中不可或缺的重要一环。没有质量保证的二手车销售是不完整的销售。

（1）二手车质量保证的意义

1）保护消费者权益。长期以来，二手车交易存在车辆信息不透明、买卖双方信息不对称问题，消费者时刻面临着质量欺诈、价格欺诈和购买非法车辆等风险。消费者对所购买的二手车，最难以把握的是车辆原来的使用状况和技术状况。尤其是车辆买到手后，各种故障便在短时间内连连发生，使消费者对二手车的质量可靠性心存疑虑，因此希望二手车销售商能提供质量保证。为二手车消费者提供质量担保，是销售商保护消费者权益的具体体现，同时也是一种社会责任。

2）促进二手车行业的规范发展。以前，二手车买卖成交后，销售商的责任即告结束，对此后车辆出现的各种故障全不负责。这一方面使得消费者的权益得不到充分保障；另一方面，一些不法销售商又有恃无恐地干着坑蒙拐骗的勾当。这使二手车交易在消费者的心目中形成了二手车都是技术状况差和问题多等不好的印象，很多消费者不敢购买二手车，极大地损害了二手车交易行业的发展。事实上，二手车交易中大多数纠纷都是由于售后发现质量问题而引起的。

实行二手车质量保证可以从根本上消除这种畏惧心理，激发中低收入者潜在的购车能量。在鼓励、扶持那些诚实守信、规范运作的经营企业的同时，行业管理部门还将规范、监督和约束那些不讲信誉、不讲服务的销售行为，逐步净化二手车的消费环境，提升行业的社会形象。可以说，在我国诚信体系尚不完善的情况下，承诺服务将更好地推动二手车行业发展。

3）有利于经营品牌的创立。二手车交易与新车销售一样，是一个与服务密切相关的经营行为。二手车销售企业实行二手车质量保证，将服务延伸到售后，切实履行保护消费者利益的责任，赢得消费者的信任，有利于创立二手车经营品牌。这给二手车直接交易、中介经营带来非常大的比较优势，体现了品牌经销商的优势所在，也成为鉴定二手车经营企业之间诚信差异、品牌优劣的重要标志。这方面的工作谁做得好，谁就赢得市场。

4）有利于开辟新的交易方式。目前，在二手车交易中，通常采用到有形市场现场看车的方式来确定车辆状况。这种方式对买卖双方均耗时、费力、效率低，是一种比较原始的方式。随着社会车辆的逐渐增多，二手车交易的日趋活跃，这种低效率的交易方式对提高交易量的制约影响将日益凸显。

因此，交易方式的拓展将是一个现实的课题。如开展网上交易形式等，将有形市场与无形市场结合，有利于扩大二手车交易的范围，促成二手车这一社会资源得到更合理的配置。实现这种新的交易模式的重要前提，是经营企业诚信体系的建立、二手车质量保证的承诺以及社会和消费者对此承诺的高度认同。

（2）二手车质量保证的前提及质量保证期　二手车质量保证很重要，但并不是所有销售的二手车都能得到质量保证。根据我国目前二手车发展水平，这种质量保证只能是有条件、有范围和有限期的质量保证。

1）提供质量保证的企业。根据《二手车交易规范》规定，二手车质量保证只对二手车经销企业要求，对直接交易，经纪、拍卖和鉴定评估等中介交易形式无要求。

2）二手车质量保证的前提。根据《二手车交易规范》规定，二手车经销企业向最终用户销售二手车应提供质量保证的前提是：使用年限在3年以内或行驶里程在6万km以内的车辆(以先到者为准,营运车除外)。

3）二手车质量保证期限。根据《二手车交易规范》规定，二手车经销企业向最终用户销售二手车时，应向用户提供不少于3个月或5000km(以先到者为准)的质量保证。

4）二手车质量保证的范围。根据《二手车交易规范》规定，二手车质量保证范围为发动机系统、转向系统、传动系统、制动系统和悬架系统等。

（3）二手车的售后服务　如果说二手车经销企业在向最终用户销售二手车时提供质量保证是让买主买得放心，那么，如果同时也向用户提供售后服务，则是让买主使用无忧，消除对二手车使用的担心。

1）二手车售后服务的规定。根据《二手车交易规范》规定：二手车经销企业向最终用户提供售后服务时，应向其提供售后服务清单；在提供售后服务的过程中，不得擅自增加未经客户同意的服务项目；二手车经销企业应建立售后服务技术档案，售后服务技术档案保存时间不少于3年。

2）售后服务技术档案内容。售后服务技术档案包括车辆基本资料、客户基本资料、维修保养记录等内容。

① 车辆基本资料：主要包括车辆品牌型号、车牌号码、发动机号、车架号、出厂日期、使用性质、最近一次转移登记日期、销售时间和地点等。

② 维修保养记录：主要包括维修保养的时间、里程和项目等。

这样，有了质量保证和售后服务的承诺，再加上交易合同的保证，车辆的真实信息将难以隐瞒，二手车交易变得更加透明，真正成为一种“阳光交易”。

任务实施

☞ 任务目标与要求

• 小组成员分工协作，利用网络、图书馆资料，依据任务工作单分析制定工作计划，并通过小组自评或互评检查工作计划。

• 完成二手车交易过户，转移登记，其他税、证变更业务。

☞ 准备工作

• 小组接受工作任务，组长带领组内成员阅读任务工单，查阅相关资料，合理分工，制定任务计划，并检查计划有效性。

• 准备试验场地、试验车辆、试验器材。

☞ 实施指导

一、办理交易过户业务

由教师为学生提供二手车，车型不限，要求学生完成二手车交易过户。

二手车过户过程实际上是分为两个步骤：车辆交易过户和转移登记过户。两个步骤缺一不可。交易过户业务在二手车交易市场里办理，获取《二手车销售统一发票》。转移登记过户业务在车管所办理，主要完成《机动车登记证书》的变更登记、核发《机动车行驶证》及机动车号牌。办理二手车交易时，如果原车主不来，可以授权委托其他人来办理交易及过户手续，但必须签署有授权委托书。此委托书只在办理交易过户业务时使用，而办理转移登记过户业务不用。典型的授权委托书如下：

<table>
<tr><td>
授权办理旧机动车交易、过户委托书
本委托书现有旧机动车一辆，车辆号牌为：__________
车辆型号为：__________________需出售。现委托__________
以委托人的名义办理上述旧机动车的交易、过户事宜。
委托人(签章)__________
______年____月____日
注明：
◆ 此原件(或复印件)应由委托人主动向购买旧车的当事人提供，并为《北京市东方旧机动车买卖合同》的附件、经办人身份证复印件。
◆ 以下手续由本委托人提供：(1)车辆登记证书原件；(2)本人身份证或单位法人代码证书。
</td></tr>
</table>

1. 验车

验车是买卖双方到二手车交易市场办理过户业务的第一道程序，由市场主办方委派负责过户的业务人员办理。验车的目的主要是检查车辆和行驶证上的内容是否一致，对车辆的合法性进行验证。检查的内容包括：车主姓名、车辆名称、车辆的号牌号码、车辆类型、车辆识别代码、发动机号、排气量、初次登记日期等。经检查无误后，填写“车辆检验单”，见表5-3，进入查验手续阶段。

表5-3 北京市东方旧机动车交易市场车辆检验单

<table>
<tr><td>
卖方：______________________________ 电话：__________
买方：______________________________ 电话：__________
号牌号码__________________________车辆类型__________________
车辆名称__________________________使用性质__________________
车辆识别代号______________________发动机号__________________
排气量______________年份______________颜色__________________
注册登记日期__________________________登记证号__________________
原始车价______________交易管理费______________有效期__________
验车员______________________ 年 月 日
备注：

号牌号码__________________登记日期______________年份__________
厂牌名称__________________颜色__________________排气量__________
车辆类型__________________使用性质__________________
原购车价__________________经办人__________________
年 月 日
</td></tr>
</table>

2. 验手续

验手续主要查验车辆手续和机动车所有人身份证明。目的是检验买卖双方所提供的所有手续是否具备办理过户的条件，检查有无缺失以及不符合规定的手续。

(1) 车辆手续检查　主要检查机动车登记证书、机动车行驶证、机动车号牌、机动车来历证明以及车辆购置税、车船使用税和车辆保险单等税费缴付凭证。

(2) 机动车所有人身份证明　机动车所有人身份证明是证实车主身份的证明，目的是查验机动车所有人是否合法拥有该车的处置权。如果车主为自然人，则身份证件为个人身份证。本市个人，只需身份证原件；外地个人，需身份证原件和暂住证原件。如果车主为企业，则身份证件为企业的法人代码证书。如果车主为外籍公民，则身份证件为其护照及工作(居留)证。

3. 查违法

查违法就是查询交易的二手车是否有违法行为记录。具体方法是登录车辆管理部门的信息数据库或查询网站进行查询。

4. 签订交易合同

根据《二手车流通管理办法》规定，二手车交易双方应该签订交易合同，要在合同当中对二手车的状况、来源的合法性、费用负担以及出现问题的解决方法等各方面进行约定，以便分清各自的责任和义务。

5. 交纳手续费

手续费俗称过户费，是指在二手车交易市场中办理交易过户业务相关手续的服务费用。

2005 年 10 月颁布实施《二手车流通管理办法》之前，二手车过户费的收取是按照车辆评估价值的一定比例征收的，也是二手车交易市场的主要利润来源。

6. 开具二手车销售统一发票

二手车销售发票是二手车的来历证明，是办理转移登记手续变更的重要文件，因此，它又被称为”过户发票”。过户发票的有效期为一个月，买卖双方应在此期间内，到车辆管理部门办理机动车行驶证、机动车登记证的相关变更手续。

开具的发票必须经驻场工商部门审验合格后，在已经开具的“二手车销售统一发票”上加盖“工商行政管理局旧机动车市场管理专用章”后才能生效，这个步骤称为“工商验证”。

7. 二手车交易完成后卖方应向买方交付的手续

二手车交易完成后，卖方应当及时向买方交付车辆、号牌及车辆法定证明/凭证。车辆法定证明/凭证主要包括：机动车登记证书、机动车行驶证、有效的机动车安全技术检验合格标志、车辆购置税完税证明、车船使用税缴付凭证、车辆保险单。

二、办理车辆转移登记

1. 同城车辆所有权转移登记

(1) 过户登记的程序　现车主提出申请，填写《机动车转移登记申请表》(表 5-4)→机动车检测站查验车辆(同时对超过检验周期的机动车进行安全检测)→车辆管理所受理审核资料→在《机动车登记证书》上记载过户登记事项(对需要改变机动车登记编号的,确定机动车登记编号)→收回原机动车号牌和《机动车行驶证》→重新核发机动车号牌和《机动车行驶证》(对不需要改变机动车登记编号的,只需重新核发《机动车行驶证》)。

表 5-4　机动车转移登记申请表

机动车登记证书编号				号牌号码	
申请事项	□机动车在车辆管理所管辖区内的转移登记　□ 机动车转出车辆管理所管辖区的转移登记				
现机动车所有人	姓名/名称			联系电话	
	住所地址			邮政编码	
	身份证明名称		号码		□常住人口 □暂住人口
	居住/暂住证明名称			号码	
机动车	机动车使用性质	□公路客运 □公交客运 □出租客运 □租赁 □货运 □旅游客运 □非营运 □警用 □消防 □救护 □工程抢救 □营转非			
	机动车获得方式	□购买 □中奖 □仲裁裁决 □继承 □赠予 □协议抵偿债务 □资产重组 □资产整体买卖 □调拨 □法院调解、裁定、判决			
	机动车品牌型号				
	车辆识别代号/车架号				
	发动机号码				
相关资料	来历凭证	□销售/交易发票 □《调解书》□《裁定书》□《判决书》□《仲裁裁决书》 □相关文书 □批准文件 □调拨证明 □权益转让证明书			
	其他	□《中华人民共和国海关监管车辆解除监管证明书》 □《协助执行通知书》□《公证书》 □《身份证明》　□行驶证			现机动车所有人： （个人签字/单位盖章） 年　月　日
事项明细	转入地车辆管理所名称			车辆管理所	
申请方式	□由现机动车所有人申请 □现机动车所有人委托＿＿＿＿＿＿代理申请				
代理人	姓名/名称			联系电话	
	住所地址				
	身份证明名称		号码		代理人： （个人签字/单位盖章） 年　月　日
	经办人	姓名			
	经办人	身份证明名称	号码		
	经办人	住所地址			
	经办人	签字	年　月　日		

（2）过户登记需要的材料　办理过户登记需要准备机动车转移登记申请表、现车主的身份证明、《机动车登记证书》（原件）、《机动车行驶证》（原件）、机动车来历凭证（二手车交易的机动车来历凭证就是二手车销售统一发票）、车辆购置税完税证明、所购买的二手车。如果是解除海关监管的机动车，应当提交监管海关出具的《中华人民共和国海关监管车辆解除监管证明书》。

2. 异地车辆所有权转移登记

二手车交易后，如果新车主和原车主的住所不在同一城市里，不能直接办理《机动车登记证书》和《机动车行驶证》的变更，需要到新车主住所所属的车辆管理所管辖区内办理。这就牵涉二手车转出和转入登记问题。

（1）转出登记 由现车主提出申请（填写《机动车转移登记申请表》）→车辆管理所受理审核资料→确认车辆并在《机动车登记证书》上记载转出登记事项。收回机动车号牌和《机动车行驶证》。核发临时行驶车号牌，密封机动车档案→交机动车所有人。

根据《机动车登记规定》，二手车交易后且现车主的住所不在原车辆管理所管辖区的，现车主应当于机动车交付之日（以二手车销售发票上登记日期为准）起30日内，向原二手车管辖地车辆管理所提出转移登记申请，填写《机动车转移登记申请表》，有些地方还要求车主签订外迁保证书。

转出登记需要携带这些资料，机动车转移登记申请表、现车主的身份证明、《机动车登记证书》（原件）、机动车来历凭证（二手车销售发票注册登记联原件）、交回机动车号牌和《机动车行驶证》。如果属于解除海关监管的机动车，应当提交监管海关出具的《中华人民共和国海关监管车辆解除监管证明书》。

（2）转入登记 办理转入登记车辆必须符合以下条件现车主的住所属于本地车管所登记规定范围的、转入机动车符合国家机动车登记规定的。如果符合条件按照以下规定办理转入登记：

1）机动车档案转出原车辆管理所后，机动车所有人必须在90日内携带车辆及档案资料到住所地车辆管理所申请机动车转人登记。

2）车主提出申请→交验车辆→车辆管理所受理申请→审核资料→在《机动车登记证书》上记载转入登记事项→核发机动车号牌、《机动车行驶证》和检验合格标志。

3）转入登记需要的资料：机动车注册登记/转入申请表、车主的身份证明、《机动车登记证书》、机动车密封档案（原封条无断裂、破损）、申请办理转人登记的机动车的标准照片。如果为海关监管的机动车，还应当提交监管海关出具的《中华人民共和国海关监管车辆进（出）境领（销）牌照通知书》。

三、办理其他税、证变更

二手车交易中，买方在变更车辆产权之后还需要进行车辆购置税、养路费、保险合同等文件的变更。各地在变更时对文件的要求不同，可以先到规定办理的单位窗口咨询一下。

1. 车辆购置税的变更

车辆购置税的征收部门是车辆登记注册地的主管税务机关，办理变更时，需填写《车辆变动情况登记表》，并携带以下资料办理。

（1）办理购置税同城过户需提供手续

1）新车主的身份证明。

2）二手车交易发票。

3）《机动车行驶证》。

4）车辆购置税完税证明（正本）。

（2）办理车辆购置税转籍（转出）所需提供手续

1）车主身份证明。

2）车辆交易有效凭证原件（二手车交易发票）。

3）车辆购置税完税证明（正本）。

4）公安车管部门出具的车辆转出证明材料。

2. 车辆保险合同的变更

新《保险法》明确了二手车新车主可直接承继原车主的权利义务，无需前往保险公司办理过户手续，但是该条款同时规定，保险标的转让，被保险人或者受让人应当及时通知保险公司。因保险标的转让导致危险程度显著增加的，保险公司自收到通知之日起30日内，可以按照合同约定增加保险费或者解除合同。如果被保险人、受让人未履行规定的通知义务，因转让导致保险标的危险程度显著增加而发生的保险事故，保险公司将不承担赔偿保险金的责任。

车辆保险合同变更需要填写一份汽车保险过户申请书，并携带保险单和已过户的机动车行驶证，找保险公司的业务部门办理。一般情况下，保险公司都会受理并出具一张变更被保险人的批单，批单上面写明了被保险人的变化情况。

<table>
<tr><td>项目</td><td colspan="5">二手车交易</td></tr>
<tr><td>任务</td><td colspan="3">● 二手车交易过户</td><td>姓名</td><td></td></tr>
<tr><td>班级</td><td></td><td>组号</td><td></td><td>日期</td><td></td></tr>
<tr><td>任务目的</td><td colspan="5">● 了解二手车交易类型、交易程序、二手车过户转移登记程序。
● 能够引导客户完成二手车交易，签订二手车交易合同，并办理过户转移登记手续。</td></tr>
<tr><td>任务描述</td><td colspan="5">按照学习领域课程安排，通过情景模拟，教师提供待鉴定评估车辆，参考资料、视频资料等教学资源，在教师指导下完成二手车交易过户这一教学任务。请各组通过情景模拟、角色扮演完成不同类型二手车的交易过户。</td></tr>
<tr><td>任务要求</td><td colspan="5">通过教师的引导、自学和查找资料等方式，按照工作过程的完整性和连贯性（资讯—决策—计划—实施—检查）评估要求，逐步养成就业岗位的隐性工作方法，最终以小组协作形式完成二手车交易过户。</td></tr>
<tr><td>资讯</td><td colspan="5">掌握二手车交易过户手续办理；
了解二手车交易合同签订。</td></tr>
<tr><td rowspan="8">决策</td><td colspan="5">每6人一组，每组选出一名负责人，负责人对小组任务进行分配，组员按负责人要求完成相关任务内容。</td></tr>
<tr><td>序号</td><td>个人职责（任务）</td><td colspan="3">负责人</td></tr>
<tr><td>1</td><td></td><td colspan="3"></td></tr>
<tr><td>2</td><td></td><td colspan="3"></td></tr>
<tr><td>3</td><td></td><td colspan="3"></td></tr>
<tr><td>4</td><td></td><td colspan="3"></td></tr>
<tr><td>5</td><td></td><td colspan="3"></td></tr>
<tr><td>6</td><td></td><td colspan="3"></td></tr>
<tr><td>制定计划</td><td colspan="5">根据任务内容制定任务计划，并反复修改、讨论工作方案。</td></tr>
<tr><td>任务实施</td><td colspan="5">各小组成员按照制定的工作计划查阅相关资料，制定二手车交易过户工作计划，完成二手车交易合同填写，并进行实施。</td></tr>
<tr><td>检查评估</td><td colspan="5">成果展示，小组自评与互评，并讨论、总结、反思学习过程中的不足，撰写工作报告并交流。</td></tr>
</table>

附表：二手车交易合同

二手车交易合同

合同编号：________________________

签订时间：______年______月______日

甲方：(售车方)________________________

乙方：(购车方)________________________

第一条 目的

依据国家有关法律、法规和本市有关规定，甲、乙双方在自愿、平等和协商一致的基础上，就订立二手车买卖合同，并完成其他委托的服务事项达成一致，订立本合同。

第二条 当事人及车辆情况

一、甲方(售车方)基本情况

(1) 单位代码证号□□□□□□□□□□□□□□□□一□，经办人________________________，身份证号码□□□□□□□□□□□□□□□□□□□□□，单位地址________________________，联系电话________________________。

(2) 自然人身份证号码□□□□□□□□□□□□□□□□□□□□□，现常住地址________________________，联系电话________________________。

二、乙方(购车方)基本情况

(1) 单位代码证号□□□□□□□□□□□□□□□□□□，经办人________________________，身份证号码□□□□□□□□□□□□□□□□□□□□□，

单位地址________________________，联系电话________________________。

(2) 自然人身份证号码□□□□□□□□□□□□□□□□□□□□□，

现常住地址________________________，联系电话________________________。

三、出售车辆基本情况

车辆牌号________________________，车辆类别________________________。

厂牌型号________________________，颜色________________________。

初次登记时间________________________，登记证号________________________。

发动机号码________________________，车架号码________________________。

行驶里程____________km，允许使用年限至______年______月______日。

车辆年检签证有效期至______年______月。

车辆购置费完税交纳证号__________/免税交纳(有证/无证)。

车辆保险险种：1. __________ 2. __________ 3. __________ 4. __________

保险有效期截止日期：__________年__________月__________日。

配置：____。

其他情况：____。

第三条 车辆价款。

经协商一致，本车价款定为人民币________元(大写：________元)，上述价款包括车辆、备胎等附件。过户手续费为人民币________元(大写：________元)，由________方负责。

第四条 付款及交付、过户

1. 乙方于合同签订后(当日/________日)内支付价款________%(人民币：________元,大写________元)作为定金支付给甲方；支付方式：(现金/指定账户)。

2. 甲方于合同签订(当日/________日)内，将本车(过户/转籍)所需的有关证件原件及复印件交付给________方，由________方负责办理(过户/转籍)手续。

（续）

3. 乙方于(过户/转籍)事项完成后(当日/________日)内向甲方支付剩余价款(人民币________元,大写:________ ____元)；支付方式：(现金/指定账户)。

第五条　双方的权利和义务

1. 甲方承诺车辆出让时不存在任何权属上的法律问题和各类尚未处理完毕的交通违章记录，所提供的证件、证明均真实、有效，无伪造情况；否则，致使出让车辆不能过户、转籍的，乙方有权单方解除本合同或终止本合同的履行，甲方应接受退回的车辆，并向乙方双倍返还定金和支付实际发生的费用。________方如在收取有关文件、证明后________日内未办理(过户/转籍)手续或由于________方的过失导致(过户/转籍)手续不能办理或不能在合理期限内完成(双方约定该合理期限为收取文件、证明后的________日内)，除非有正当理由或不可抗力，否则________方可单方终止本合同，并要求________方双倍返还定金和支付实际发生的费用。

2. 乙方承诺已对受让车辆的配置、技术状况和原使用性质了解清楚，该车能根据居住管辖地车辆落籍规定办理落籍手续。如由于乙方的过失导致(过户/转籍)手续不能办理，则甲方可单方终止本合同，并不返还定金，已经发生的费用应乙方承担。

本合同签订后，乙方如未按本合同规定的时间支付定金，甲方有权单方解除本合同，并要求乙方赔偿相应的经济损失。

第六条　合同在履行中的变更及处理

本合同在履行期间，任何一方要求变更合同条款的，应及时书面通知对方，并征得对方的同意后，在约定的时限________天内，签订补充条款，注明变更事项。未书面告知对方，并征得对方同意，擅自变更造成的经济损失，由责任方承担。本合同履行期间，双方因履行本合同而签署的补充协议及其他书面文件，均为本合同不可分割的一部分，具有同等效力。

第七条　违约责任

甲、乙双方如发生违约行为，违约方给守约方造成的经济损失，由守约方按照法律、法规的有关规定和本合同有关条款追偿。

第八条　风险承担

本车在过户、转籍手续完成前由甲方作为所有人承担一切风险责任；本车在过户、转籍手续完成后乙方作为所有人承担一切风险责任。

第九条　其他规定

本合同未约定的事项，按照《中华人民共和国合同法》以及有关法律、法规的规定执行。

第十条　发生争议的解决办法

甲、乙双方在履行本合同过程中发生争议，由双方协商解决；协商不成的，提请二手车交易市场或二手车交易管理协会调解。调解成功的，双方应当履行调解协议；调解不成的，按本合同约定的下列第(　　)项进行解决：

1. 向仲裁委员会申请仲裁；

2. 向法院提起诉讼。

第十一条　合同效力和订立数量

本合同内，空格部分填写的文字，其效力优于印刷文字的效力。本合同所称“日”，均指工作日。

本合同经双方当事人签字、盖章后生效；本合同一式三份，由甲方、乙方、二手车交易市场各执一份，均具有同等的法律效力。

甲方：出售方(名称)：________________________

法定代表人/自然人：________________________

经办人：(签章)________________________

开户银行：________________________

账号：________________________

乙方：购车方(名称)：________________________

（续）

法定代表人/自然人：（签章）________
经办人：（签章）________
开户银行：________
账号：________

知识拓展五

一、二手车营销内容

二手车市场营销可理解为与市场有关的企业经营活动，即以满足人们的某种需要和欲望为目的，通过市场将潜在交换变为现实交换的活动。二手车市场营销活动内容十分丰富，它包括市场营销研究、市场需求预测，车辆信息收集与发布、二手车的鉴定评估、收购与销售、代购代销、寄售租赁、检测维修、配件供应、车辆美容等多功能服务。

1. 二手车收购

二手车收购即对社会上的二手车进行统一的收购，以免二手车的浪费。要开展二手车的收购，首先就要建立起一个二手车的质量认证和价格评估体系。通过该体系对每一辆欲收购的二手车进行统一的质量认证和价格评估，从而以统一的价格标准收购符合质量要求的二手车。

能否成功发挥二手车收购功能的关键在于是否能建立起一个二手车的收购网络。这个网络可以由散点的二手车社会回收站和固定的大批量二手车的收购点两部分组成。前者主要是针对私车用户的待更新的二手车而设，而后者则是针对成批定期的二手车单位收购而设。例如，据调查，上海的出租车公司，平均两三年左右对其出租车进行一次大更新，这些开了两年左右的出租车在性能等方面尚好，但行驶里程数很高，出租车每日的高行驶里程数使这些车的维修和保养费用太高，而私人用户则不存在 24 小时开车的问题，因而便存在了出租车淘汰成二手私家车的可能性。因此，可以根据出租车公司出租车的更新期，定期、大批量地对这些车加以收购。

2. 二手车整修翻新

通过对二手车的整修翻新，可以大大提升二手车的价值和二手车贸易公司在客户中的影响。目前，这项业务已在欧美国家广泛开展，德国的二手车贸易公司几乎在销售的同时全部加上整修翻新业务，以提高收益率，创造公司整体形象。通常来说，开展二手车的整修翻新工作可以有以下几个途径：

1）建立二手车整修翻新工厂，对所有收购来的二手车进行规模化的统一整修翻新。

2）建立二手车整修翻新站，为二手车用户提供整修翻新服务。

3. 二手车配送

各地区二手车的保有量和消费量不同，各地环境也不同，需要在各地区间开展二手车的配送业务，平衡各地区的二手车供需关系，推动二手车贸易市场的发展，同时需建立一个国际二手车配送网络，为开展国际二手车贸易奠定基础。

配送功能的开展主要分为国内和国际两部分来进行。

(1) 国内的配送　一方面，根据保有量的不同，可以在我国经济发达地区，如上海，和其他一些经济欠发达地区之间开展二手车的配送业务；另一方面，根据消费观念的不同，可以在我国经济发达地区，如上海，和其他的一些消费观念较落后、一般车主不愿将自己的车折价或低价卖出而造成廉价二手车车源不足的地区之间开展二手车的配送业务。此外，由于上海的环保要求较高，对汽车排气量等指标要求都较严，而其他有些城市的要求则相对低一点，故一些不符合上海环保要求的二手车也可以配送到其他城市，而不造成二手车资源的浪费。

(2) 国际的配送　根据各国经济水平和汽车工业发展的不平衡，可以在各国间开展二手车的配送业务，以平衡国际二手车的资源分配。同时也可以为国内的二手车消费者积极引进国外的二手车，开拓国际二手车资源。

以上两部分都要求建立二手车的物流系统，以对国内外的二手车资源进行统一的配送。

4. 二手车销售

在开展二手车的销售之前，首先要对二手车销售区域进行统一的规划，然后在此基础上，以各个销售区域为单位进行二手车的销售。二手车主要有以下几种销售方式：

(1) “二手车超市”销售　以某二手车贸易公司的总体品牌为出发点建立二手车超市，对各种不同品牌的二手车进行统一销售。

(2) 特许经营销售　这就需要建立二手车贸易特许经营体系，建立二手车销售网点，通过二手车贸易公司的特许经销商对各种品牌的二手车进行统一销售。

(3) 与新车同地销售　借用新车经销商的展示厅的一部分来展示与新车相同品牌的二手车，即借新车的销售来促进二手车的销售。

(4) 互联网销售　在网上建立二手车贸易平台，通过互联网进行二手车销售。

5. 二手车置换

二手车置换即通过“以旧换新”来开展二手车贸易，简化更新程序，并使二手车市场和新车市场互相带动，共同发展。客户既可通过支付新旧车之间的差价来一次性完成车辆的更新，也可选择通过其原有二手车的再销售来抵扣购买新车的分期付款。

发挥二手车贸易置换功能的关键在于对物流、资金流进行控制与协调，与汽车维修、车辆流通等相关领域以及车辆管理所、客管处、工商、税务等政府机关进行横向沟通和纵向疏导工作。

6. 二手车租赁

该功能可分为用户个人租车、公司租车和长期租赁三个部分，开展二手车租赁服务规范化很重要。实行统一的租赁价格，可以避免二手车租赁公司因竞争加剧而导致价格下降、利润减少等情况出现，是保证租赁利润的重要条件。

另外，目前在国外还兴起一种被称为“租售”的二手车租赁贸易新方式，即在客户购买二手车之前可以先租赁二手车一段时期并按规定支付租金，租赁期满后用户可根据租赁期中对该车的满意程度，依照租售合同中的相应条款决定是否购买该车。

7. 二手车售后服务

现今，在贸易领域，售后服务的地位越来越重要，因而，要成功开展二手车贸易，就要充分发挥其售后服务功能。可以通过形成一个统一的二手车售后服务体系，来提高用户对该二手车贸易的信任度和满意程度。开展二手车的售后服务既可以由二手车贸易公司独立开展，也可采取与各地维修商相联合的方式来开展。如二手车贸易公司可与目前国内维修站点最多的大众公司合作，向客户推出购买二手车后半年免维修费的售后服务，即客户购二手车后半年内车辆发生非事故性故障均可凭注明购买日期的贸易公司售后服务卡前往任何一个大众维修站进行免费维修，其维修费用由贸易公司与大众维修站按商定办法定期统一支付。

二手车贸易与二手车交易的一个最大的不同点就是要综合上面提到的七大功能，以贸易网络为基础，开展全过程、全方位的二手车贸易。全过程是指，对于个人客户来说，二手车贸易应渗入二手车售前、售中及售后服务全过程中；而对于汽车厂商来说，二手车贸易又应提供从零配件购入到整车出售的一条龙服务。可以说是要从二手车的收购到售后服务全过程地开展二手车贸易。

二、二手车交易市场分析

1. 影响二手车交易市场营销的环境

二手车流通企业在市场营销过程中，许多因素会对其产生影响。这些因素有的是企业内部的，有些是企业外部的。所谓“市场营销环境”，是指作用于企业营销活动的一切外界因素和力量的总和。

(1) 影响二手车交易市场营销的微观环境　微观环境包括企业本身及其二手车交易市场的经纪人、顾客、竞争者和各种公众，这些都会影响其企业的营销活动。

1）企业本身。它包括市场营销管理部门、其他职能部门和最高管理层，如董事会、经理、职工、物资厅(局)、公安、工商、税务、物价等行业主管部门和市场监督管理部门。

2）经纪人。指在二手车流通企业的组织下，为买卖双方撮合成交，以取得一定佣金的人。

3）顾客。指二手车交易的买主、卖主和二手车流通企业的服务对象。

4）竞争者。主要指本地区从事二手车交易的流通企业和开展以旧换新业务活动的生产企业和经销商。

5）公众。指对二手车流通企业实现目标的能力具有实际或潜在利害关系和影响力的一切团体和个人，它包括金融公众、媒介公众、政府公众、群众团体、当地公众、一般公众、内部公众。

(2) 影响二手车交易市场的宏观环境　宏观环境是指那些给市场造成机会和环境威胁的主要社会力量，它包括人口环境、经济环境、自然环境、政治和法律环境以及社会和文化环境。

1）人口环境。市场由三个主要因素构成，即有某种需要的人为满足这种需要的购买能力和购买欲望。由此可知，二手车交易市场主要是由那些想买二手车并且有购买力的人构成，而且这种人越多，市场的规模就越大。

2）经济环境。由市场构成因素可知，购买力是构成市场和影响市场规模大小的一个重要因素。一个地区社会购买力越强，这个地区社会车辆的保有量越多，二手车交易市场的规模可能越大。而社会购买力又直接或间接受消费者收入水平、价格水平、储蓄、信贷等经济因素的影响。

3）自然环境。目前自然环境面临的主要问题是，机动车的燃料日益短缺；环境污染日益增加；政府对自然资源的管理和环境污染的干预日益加强。

4）政治和法律的环境。国家的法令、条例，特别是经济立法，对市场消费需求的形成和实现，对机动车的交易、交易价格等都起着至关重要的作用。

5）社会和文化环境。人们生活在社会环境之中，必然会形成某种特定的文化，包括一定的态度和看法、价值观念、道德规范以及世代相传的风俗习惯等。

对上述影响二手车交易市场营销的环境进行了解和分析之后，企业必须建立适当的系统，指定一些专业人员，采取适当的措施，经常监视和预测其周围的市场营销环境的发展变化，并善于分析和鉴别由于环境变化而引发的机会和威胁，及时采取适当的对策，使其经营管理与其市场营销环境的发展变化相适应。

2. 二手车交易动机

(1) 顾客买卖二手车是一种需要　机动车辆具有生产资料和生活资料的双重属性。随着市场经济体制的建立和发展，各经济组织、各行政事业单位根据自己的需要将机动车辆使用于市场经济的各个领域，在变化的市场经济环境中，人们根据自己生产、工作和生活的需要，不断地调整和配置车辆的用途，使得这些车辆的流动和转让成为一种必然，成为一种经济现象。

(2) 顾客买卖二手车的心理动机　二手车辆交易双方，因为需要不同，经济条件、购买能力不同，再加上社会的、周围的各种环境的影响作用，使得他们在买卖时的心理活动也就不同，于是形成了各式各样的交易动机。从各自的表现特点，粗略归纳为如下三类：

1）求实心理动机。这种动机以注重车辆的使用价值为主要特征，他们购买或转让车辆时，重视车辆的实际效用，经济实惠，省钱省事。

2）求新心理动机。以这种动机为主要特征的购买者，大多数是经济条件较好，购买能力很强。他们使用、购买车辆时追求"时髦、新颖"，他们喜欢尝新。

3）求名心理动机。这种动机以追求名牌、优质车辆为主要特征。他们重视车辆的品牌和品质，他们以品牌车型象征自己的名誉、地位、购买能力，满足自己优越感的心理需要。

上述心理动机中，以求实心理动机为主要特征的顾客多数是二手车的购买者或转让者，他们根据自己的实际需要，通过交易都获得了更多的使用价值。而以后两种心理动机为特征的顾客基本上是二手车的转让者，受这些心理动机的驱使，他们不断卖旧车、换新车、换名牌车。

3. 二手车消费者购买决策过程

(1) 参与购买的角色　人们在购买决策过程中可能扮演不同的角色，包括：发起者，即首先提出或有意向购买二手车的人；影响者，即其看法或建议对最终决策具有一定影响的人；决策者，即对是否买、为何买、如何买、何处买等方面的购买决策作出完全或部分最后决定的人；购买者，即实际采购人；使用者，即实际使用车辆的人。

(2) 购买行为　当消费者购买一辆价值较高、有风险的而且又非常有意义的车辆时，由于车辆品牌差异大，车辆的新旧程度与价格是否相当，购买者需要有一个学习过程来广泛了解产品性能、特点，通过反复调查来了解、权衡车辆新旧程度与价格的关系，从而对车辆产生某种看法，最后决定是否购买。

(3) 购买决策过程　在购买二手车的复杂行为中，购买者的购买决策过程由引起需要、产生动机、收集信息、比较挑选、决定购买和购买后的感受等阶段构成。

购买者产生需要和动机之后，就要寻找某些相关信息。购买者信息来源主要有个人来源

(家庭、朋友、邻居、熟人)、市场来源(广告、车辆展示、销售人员、旧车市场)、经验来源(实际使用、联想、推断)。在这一阶段，购买者要寻求的中心问题是："该买什么样的车?""哪里买?"

比较挑选阶段，是购买者决定购买的前奏，他们根据得来的信息，了解市场上有可能销售的旧车品牌，进行考虑并选择。这需要进行比较、评价、衡量。他们往往根据购买目的设想出一种"理想"的品牌和车辆，然后在市场上找到实际品牌车辆，通过比较，衡量车辆的效用大小、新旧程度与价格的关系乃至今后收益的大小等，找到接近理想的品牌车辆。

顾客选定购买对象后，还没有最后采取购买行为，他们还要根据选定对象的过户手续的繁简、费用大小、资金的筹措等，最后作出具体决定。购买决定一经确定，随即采取购买行为。

顾客购买后，通过维修、维护试用后，通常会对自己的选择进行检验和反省。如购买这辆车是否明智、效用是否理想、价格与新旧程度是否相当、是否实惠或吃亏、服务是否周到等，如得出满意的结论，购买者自觉不自觉地将成为义务宣传员。

学习情景五习题

一、单项选择题

1. 王某欲购联合国所属在华机构转让的自用车辆一台，若交易成功，除二手车价款外，王某应缴(　　)。

A. 消费税　　B. 教育费附加　　C. 城建税　　D. 车船使用税和车辆购置税

2. 拍卖行二手车拍卖数据库中的价格资料，可作为(　　)。

A. 可作为新车的销售价　　B. 参照物的参考价格

C. 评估车辆的价格　　D. 可作为预售的价格

3. 以下(　　)不属于二手车交易过程中发生的费用。

A. 车辆检测费　B. 车辆购置税　　C. 车辆评估费　　D. 经营手续费

4. 二手车买卖合同，因本合同发生争议，有当事人协商或调解解决；协商或调解不成，按(　　)方式解决。

A. 由二手车市场解决　　B. 提交仲裁委员会或依法向人民法院起诉

C. 由第三方参与协商解决　　D. 由政府机关部门出面解决

5. 二手车买卖合同发生争议，(　　)不属于正确的解决方式。

A. 仲裁　　B. 单方处理　　C. 协商　　D. 诉讼

6. (　　)不属于二手车买卖合同附件二中车辆相关凭证。

A. 机动车行驶证　　B. 驾驶证　　C. 机动车登记证书　　D. 车辆保险单

7. 依照相关法规，下列(　　)不能开具二手车销售统一发票。

A. 二手车经纪公司　　B. 二手车拍卖公司

C. 二手车交易公司　　D. 二手车经销公司

8. 二手车买卖合同共有(　　)个方面的内容。

A. 六　　B. 八　　C. 五　　D. 七

二、判断题

1. “二手车买卖合同”是保护二手车交易双方合法权益的重要文件。 ( )
2. 所谓公平市场，就是指这个市场应该具备公平交易的条件。 ( )
3. 二手车交易成功后，应先办理机动车登记手续，后办理保险批改手续。 ( )
4. 二手车转出时，可以带原号牌一起转出。 ( )
5. 对办理了抵押登记的机动车，不能办理过户登记。 ( )
6. 对超过检验周期的二手车，应先进行安全检测，之后才能办理过户手续。 ( )
7. 机动车过户后，应重新核发《机动车行驶证》。 ( )
8. 二手车交易成功后，如果没有办理保险批改手续，则原保险的受益人为原车主。 ( )
9. 二手车交易后，对于购置附加税可以不进行变更。 ( )
10. 刚买的新车，在二手车市场交易时，应会大幅降价，其根本原因在于买卖双方的信息不对称性。 ( )
11. 当机动车作为固定资产时，才存在折旧基金。 ( )
12. 一般情况下，在机动车估价时，可以用折旧额替代实体性贬值。 ( )
13. 一般情况下，使用年限大于折旧年限。 ( )
14. 汽车属于经验商品。 ( )
15. 按信息不对称性的解释，不对称的存在对掌握信息的一方有利。 ( )
16. 高质量的二手车，卖主往往愿意买主知道真实的车辆信息。 ( )
17. 二手车性能与质量信息的最好来源是权威机构的认证。 ( )
18. 运用现行市价法确定二手车收购价格时，所应用的折扣率是指车辆能够当即出售的清算价格与现行市场价格之比值。 ( )
19. 用快速折旧法计算折旧额时，要用到机动车原值，即机动车的账面原值。 ( )
20. 当某种产品的需求弹性小时，提高价格可以增加企业利润。 ( )
21. 预期收益定得高些，二手车经销企业在未来就会有更大的利润。 ( )
22. 要想获取最大利润，二手车经销企业必须采用高的销售价格。 ( )
23. 用单位产品总成本和成本加成率即可计算二手车的销售定价，因而可以认为成本加成率与单位产品总成本成正比。 ( )
24. 只有当二手车的销售价格高于其边际成本时，才有可能为企业创造利润。 ( )
25. 当采用竞争导向定价法确定二手车销售价格时，其价格与成本和需要无关。 ( )
26. 在汽车置换授权经销商处进行旧车置换时，旧车的价格往往高于市场价格。 ( )
27. 二手车认证使二手车经销商利润降低，但顾客会得到实惠。 ( )

三、简答题

1. 二手车质量保证有什么意义？
2. 二手车交易完成后，卖方应办理哪些手续？

能力鉴定表五

<table>
<tr><td>项目</td><td colspan="6">二手车交易</td></tr>
<tr><td>班级</td><td colspan="2"></td><td>姓名</td><td></td><td>组长</td><td></td></tr>
<tr><td>学号</td><td colspan="2"></td><td>组号</td><td></td><td>日期</td><td></td></tr>
<tr><td rowspan="2">序号</td><td rowspan="2">能力目标</td><td colspan="3" rowspan="2">鉴定内容</td><td colspan="2">鉴定结果</td></tr>
<tr><td>合格</td><td>不合格</td></tr>
<tr><td>1</td><td rowspan="4">专业技能</td><td colspan="3">二手车收购评估</td><td>□</td><td>□</td></tr>
<tr><td>2</td><td colspan="3">二手车销售定价</td><td>□</td><td>□</td></tr>
<tr><td>3</td><td colspan="3">二手车置换</td><td>□</td><td>□</td></tr>
<tr><td>4</td><td colspan="3">二手车交易过户</td><td>□</td><td>□</td></tr>
<tr><td>5</td><td rowspan="3">学习方法</td><td colspan="3">是否主动进行任务实施</td><td>□</td><td>□</td></tr>
<tr><td>6</td><td colspan="3">能否使用各种媒介完成任务</td><td>□</td><td>□</td></tr>
<tr><td>7</td><td colspan="3">是否具备相应的信息收集能力</td><td>□</td><td>□</td></tr>
<tr><td>8</td><td rowspan="5">能力拓展</td><td colspan="3">团队是否配合</td><td>□</td><td>□</td></tr>
<tr><td>9</td><td colspan="3">调试方法是否具有创新</td><td>□</td><td>□</td></tr>
<tr><td>10</td><td colspan="3">是否具有责任意识</td><td>□</td><td>□</td></tr>
<tr><td>11</td><td colspan="3">是否具有沟通能力</td><td>□</td><td>□</td></tr>
<tr><td>12</td><td colspan="3">总结与建议</td><td>□</td><td>□</td></tr>
<tr><td rowspan="2">鉴定结果</td><td>□合格</td><td rowspan="2">教师意见</td><td colspan="2" rowspan="2"></td><td>教师签字</td><td></td></tr>
<tr><td>□不合格</td><td>日期</td><td></td></tr>
</table>

备注：①请根据结果在相关的□内画√；

②请指导教师重点对相关鉴定结果不合格的同学给予指导意见。

信息反馈表五

项　　目：＿＿＿＿＿＿＿＿＿＿　　组号：＿＿＿＿＿＿

姓　　名：＿＿＿＿＿＿＿＿＿＿　　日期：＿＿＿＿＿＿

请你在相应栏内打勾	非常同意	同意	没有意见	不同意	非常不同意
1 这一学习情景充分提供了二手车收购评估、二手车销售定价、二手车置换、二手车交易过户等相关知识及拓展阅读？					
2 这一学习情景为我提供了关于二手车收购评估、二手车销售定价、二手车置换、二手车交易过户等大量的实践操作机会？					

（续）

请你在相应栏内打勾	非常同意	同意	没有意见	不同意	非常不同意
3 我现在对的二手车收购评估、二手车销售定价、二手车置换、二手车交易过户等理论知识已经掌握？					
4 这个学习情景配套的实验设备和器材充分齐全，能满足学习需要？					
5 该学习情景的内容选取合理，教学组织和安排有序？					
6 该学习情景的内容适合我的需求？					
7 该学习情景中组织了各种活动？					
8 该学习情景的不同单元融合得很好？					
9 学习中教师待人友善愿意帮忙？					
10 通过该情景学习让我做好了参加二手车鉴定评估师的准备？					
11 该学习情景中所有的教学方法对我学习起到了帮助的作用？					
12 该学习情景提供的信息量适当？					
13 该学习情景鉴定是公平、适当的？					
你对改善本科目的教学建议：					

附录A　二手车鉴定评估技术规范

1. 范围

本标准规定了二手车鉴定评估的术语和定义、企业要求、作业流程和方法等技术要求。

本标准适用于从事二手乘用车鉴定评估的活动。从事其它二手车鉴定评估，以及其它涉及汽车鉴定评估活动参照执行。

2. 规范性引用文件

下列规范所包含的条文，通过在本规范中引用而构成本规范的条文。本规范出版时，所示版本均为有效。所有规范都会被修订，使用本规范的各方应探讨使用下列规范最新版本的可能性。凡是不注明日期的引用文件，其最新版本适用于本规范。

《机动车运行安全技术条件》(GB 7258－2012)。

3. 术语和定义

本规范采用下列定义：

3.1　二手车(Used Automobile)

本规范所述二手车是指从办理完注册登记手续到达到国家强制报废标准之前进行交易并转移所有权的汽车。

3.2　二手车鉴定评估(Appraisal and Inspection)

是指对二手车进行技术状况检测、鉴定，确定某一时点价值的过程。

3.2.1　二手车技术状况鉴定(Technical Inspection)

对车辆技术状况进行缺陷描述、等级评定。

3.2.2　二手车价值评估(Evaluation)

根据二手车技术状况鉴定结果和鉴定评估目的，对目标车辆价值评估。价值评估方法主要包括现行市价法、重置成本法。

3.2.2.1　现行市价法(Current Market Price Method)

根据车辆技术状况按照市场现行价格计算出被评估车辆价值的方法。

3.2.2.2　重置成本法(Replacement Cost Method)

按照相同车型市场现行价格重新购置一个全新状态的评估对象，用所需的全部成本减去评估对象的实体性、功能性和经济性陈旧贬值后的差额，以其作为评估对象现时价值的方法。

3.3　二手车鉴定评估机构(Appraisal and Inspection Enterprises)

从事二手车鉴定评估经营活动的第三方服务机构。

3.4 二手车鉴定评估师(Appraiser)与高级二手车鉴定评估师(Advanced Appraiser)

分别指依法取得二手车鉴定评估师、高级二手车鉴定评估师国家职业资格的人员。

4 二手车鉴定评估机构条件和要求

4.1 场所

经营面积不少于200m^2。

4.2 设施设备

4.2.1 具备汽车举升设备。

4.2.2 车辆故障信息读取设备、车辆结构尺寸检测工具或设备。

4.2.3 具备车辆外观缺陷测量工具、漆面厚度检测设备。

4.2.4 具备照明工具、照相机、螺钉旋具(螺丝刀)、扳手等常用操作工具。

4.3 人员

具有3名以上二手车鉴定评估师，1名以上高级二手车鉴定评估师。

4.4 其他

4.4.1 具备电脑等办公设施。

4.4.2 具备符合国家有关规定的消防设施。

5 二手车鉴定评估程序

5.1 二手车鉴定评估作业流程

二手车鉴定评估机构开展二手车鉴定评估经营活动按图一流程作业，并按附录四填写《二手车鉴定评估作业表》。二手车经销、拍卖、经纪等企业开展业务涉及二手车鉴定评估活动的，参照图一有关内容和顺序作业，即查验可交易车辆—登记基本信息—判别事故车—鉴定技术状况，并参照附录三填写《二手车技术状况表》。

5.2 受理鉴定评估

了解委托方及其车辆的基本情况，明确委托方要求，主要包括委托方要求的评估目的、评估基准日、期望完成评估的时间等。

5.3 查验可交易车辆

5.3.1 查验机动车登记证书、行驶证、有效机动车安全技术检验合格标志、车辆购置税完税证明、车船使用税缴付凭证、车辆保险单等法定证明，查看凭证是否齐全，并按照表一检查所列项目是否全部判定为“Y”。

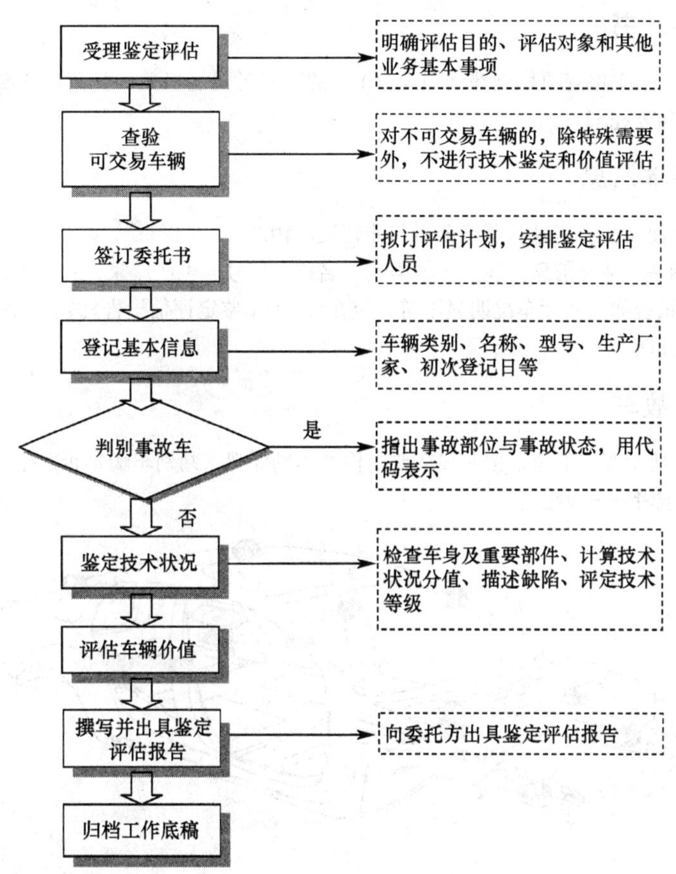

图 1　二手车鉴定评估作业流程

表 1　可交易车辆判别表

序　号	检 查 项 目	判　　别
1	是否达到国家强制报废标准	Y 否　N 是
2	是否为抵押期间或海关监管期间	Y 否　N 是
3	是否为人民法院、检察院、行政执法等部门依法查封、扣押期间的车辆	Y 否　N 是
4	是否为通过盗窃、抢劫、诈骗等违法犯罪手段获得的车辆	Y 否　N 是
5	发动机号与机动车登记证书登记号码是否一致，且无凿改痕迹	Y 是　N 否
6	车辆识别代号或车架号码与机动车登记证书登记号码是否一致，且无凿改痕迹	Y 是　N 否
7	是否走私、非法拼组装车辆	Y 否　N 是
8	是否法律法规禁止经营的车辆	Y 否　N 是

5.3.2　如发现上述法定证明、凭证不全或者表一检查项目任何一项判别为“N”的车辆，应告知委托方，不需继续进行技术鉴定和价值评估(司法机关委托等特殊要求的除外)。

5.3.3　发现法定证明、凭证不全或者表一中第 1 项、第 4 项 ~ 8 项任意一项判断为“N”的车辆，应及时报告公安机关等执法部门。

5.4 签订委托书

对相关证照齐全、表1检查项目全部判别为“Y”的，或者司法机关委托等特殊要求的车辆，按附录一签署二手车鉴定评估委托书。

5.5 登记基本信息

5.5.1 登记车辆使用性质信息，明确营运与非营运车辆。

5.5.2 登记车辆基本情况信息，包括车辆类别、名称、型号、生产厂家、初次登记日期、表征行驶里程等。如果表征行驶里程如与实际车况明显不符，应在《二手车鉴定评估报告》或《二手车技术状况表》有关技术缺陷描述时予以注明。

5.6 判别事故车

5.6.1 参照图2所示车体部位，按照表2要求检查车辆外观，判别车辆是否发生过碰撞、火烧，确定车体结构是完好无损或者有事故痕迹。

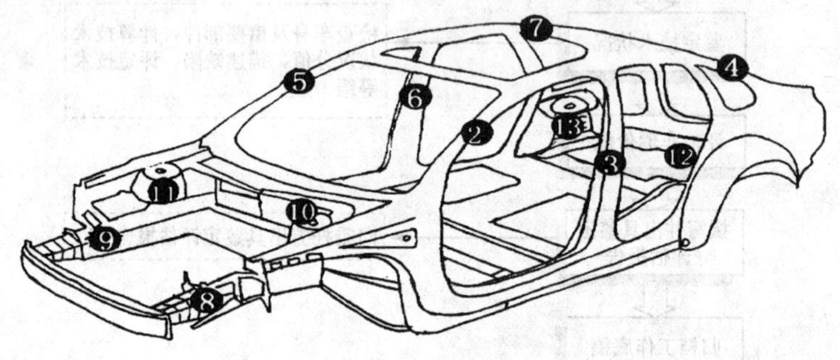

2—左A柱　　6—右B柱　　10—左减振器悬架部位

3—左B柱　　7—右C柱　　11—右减振器悬架部位

4—左C柱　　8—左纵梁　　12—左后减振器悬架部位

5—右A柱　　9—右纵梁　　13—右后减振器悬架部位

图2　车体结构示意图

5.6.2 使用漆面厚度检测设备配合对车体结构部件进行检测；使用车辆结构尺寸检测工具或设备检测车体左右对称性。

5.6.3 根据表2、表3对车体状态进行缺陷描述，即车身部位+状态。例如：4SH，左C柱有烧焊痕迹。

5.6.4 当表2中任何一个检查项目存在表3中对应的缺陷时，则该车为事故车。

5.6.5 事故车的车辆技术鉴定和价值评估不在本规范的范围之内。

表2　车体部位代码表

序　号	检 查 项 目	序　号	检 查 项 目
1	车体左右对称性	8	左前纵梁
2	左A柱	9	右前纵梁
3	左B柱	10	左前减振器悬架部位
4	左C柱	11	右前减振器悬架部位
5	右A柱	12	左后减振器悬架部位
6	右B柱	13	右后减振器悬架部位
7	右C柱		

表3 车辆缺陷状态描述对应表

代表字母	BX	NQ	GH	SH	ZZ
缺陷描述	变形	扭曲	更换	烧焊	褶皱

5.7 鉴定车辆技术状况

5.7.1 按照车身、发动机室、驾驶室、起动、路试、底盘等项目顺序检查车辆技术状况。

5.7.2 根据检查结果确定车辆技术状况的分值。总分值为各个鉴定项目分值累加，即鉴定总分 = ∑项目分值，满分100分。

5.7.3 根据鉴定分值，按照表4确定车辆对应的技术等级。

表4 车辆技术状况等级分值对应表

技术状况等级	分值区间	技术状况等级	分值区间
一级	鉴定总分≥90	四级	鉴定总分<20
二级	60≤鉴定总分<90	五级	事故车
三级	20≤鉴定总分<60		

5.8 评估车辆价值

5.8.1 按照车辆有关情况，确立估值方法，并对车辆价值进行估算。

5.8.2 估值方法选用原则：一般情况下，推荐选用现行市价法；在无参照物、无法使用现行市价法的情况下，选用重置成本法。

5.8.3 现行市价法的运用方法：评估价值为相同车型、相同配置和相同技术状况鉴定检测分值的车辆近期的交易价格；如无参照，可从本区域本月内的交易记录中调取相同车型、相近分值，或从相邻区域的成交记录中调取相同车型、相近分值的成交价格，并结合车辆技术状况鉴定分值加以修正。

5.8.4 当无任何参照体时，使用重置成本法计算车辆价值。

车辆评估价值 = 更新重置成本 × 综合成新率

（1）更新重置成本为相同型号、配置的新车在评估基准日的市场零售价格。

（2）综合成新率由技术鉴定成新率与年限成新率组成，即

$$综合成新率 = 年限成新率 \times \alpha + 技术鉴定成新率 \times \beta。$$

其中，年限成新率 = 预计车辆剩余使用年限/车辆使用年限（乘用车使用年限15年，超过15年的按实际年限计算；有年限规定的车辆、营运车辆按实际要求计算）；技术鉴定成新率 = 车辆技术状况分值/100；α、β分别为技术鉴定成新率与年限成新率系数，由评估人员根据市场行情等因素确定，且$\alpha + \beta = 1$。

技术鉴定成新率 × β，相当于实体性陈旧贬值与功能性陈旧贬值后，车辆剩余的价值率；年限成新率 × α，相当于经济性陈旧贬值后，车辆剩余的价值率。

5.9 撰写及出具鉴定评估报告

5.9.1 根据车辆技术状况鉴定等级和价值评估结果等情况，按照附录二要求撰写《二手车鉴定评估报告》，做到内容完整、客观、准确，书写工整。

5.9.2 按委托书要求及时向客户出具《二手车鉴定评估报告》，并由鉴定评估人与复核人签章、鉴定评估机构加盖公章。

5.10 归档工作底稿

将《二手车鉴定评估报告》及其附件与工作底稿独立汇编成册，存档备查。档案保存一般不低于5年；鉴定评估目的涉及财产纠纷的，其档案至少应当保存10年；法律法规另有规定的，从其规定。

6. 正常车辆技术状况鉴定有关要求

6.1 车身

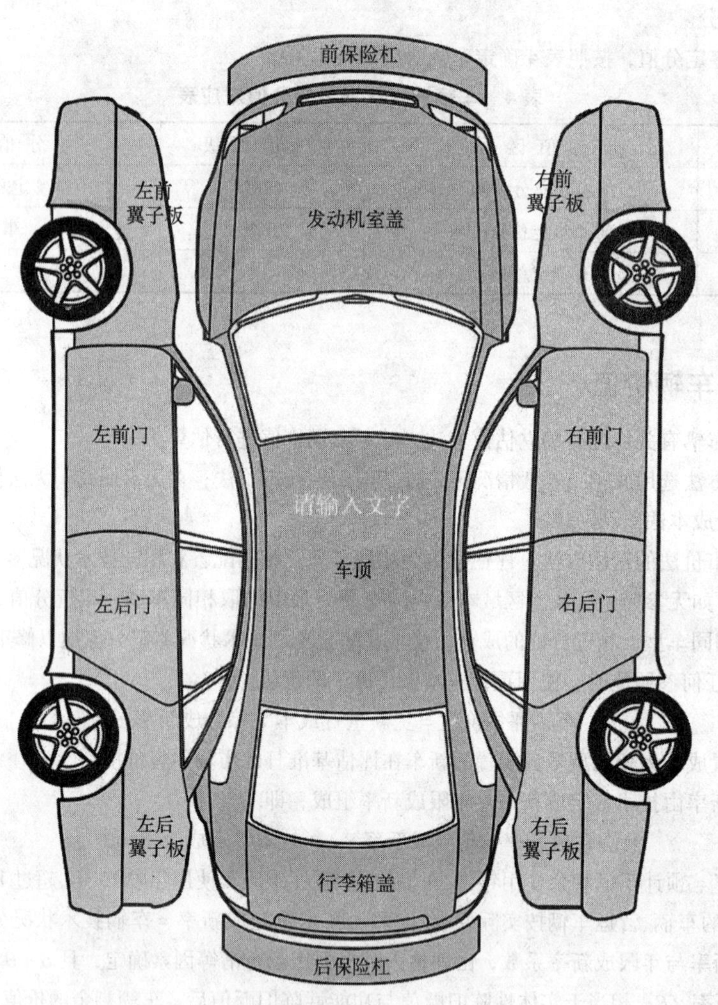

图3 车身外观展开示意图

6.1.1 参照图3标示，按照表5、表6要求检查26个项目，程度为1的扣0.5分，每增加1个程度加扣0.5分。共计20分，扣完为止。轮胎部分需高于程度4的标准，不符合标准扣1分。

6.1.2 使用车辆外观缺陷测量工具与漆面厚度检测检测仪器结合目测法对车身外观进行检测。

6.1.3 根据表5、表6描述缺陷，车身外观项目的转义描述为：

车身部位 + 状态 + 程度

例如：21×S2对应描述为：左后车门有锈蚀，面积大于100mm×100mm，小于或等于200mm×300mm。

表5　车身外观部位代码对应表

代　码	部　位	代　码	部　位
14	发动机室盖表面	27	后保险杠
15	左前翼子板	28	左前轮
16	左后翼子板	29	左后轮
17	右前翼子板	30	右前轮
18	右后翼子板	31	右后轮
19	左前车门	32	前照灯
20	右前车门	33	后尾灯
21	左后车门	34	前风窗玻璃
22	右后车门	35	后风窗玻璃
23	行李箱盖	36	四门风窗玻璃
24	行李箱内侧	37	左后视镜
25	车顶	38	右后视镜
26	前保险杠	39	轮胎

表6　车身外观状态描述对应表

代码	HH	BX	XS	LW	AX	XF
描述	划痕	变形	锈蚀	裂纹	凹陷	修复痕迹

程度：1——面积小于或等于100mm×100mm

2——面积大于100mm×100mm并小于或等于200mm×300mm

3——面积大于200mm×300mm

4——轮胎花纹深度小于1.6mm

6.2　发动机室

按表7项要求检查10个项目。选择A不扣分，第40项选择B或C扣15分；第41项选择B或C扣5分；第44项选择B扣2分，选择C扣4分；其余各项选择B扣1.5分，选择C扣3分。共计20分，扣完为止。

如检查第40项时发现机油有冷却液混入、检查第41项时发现缸盖外有机油渗漏，则应在《二手车鉴定评估报告》或《二手车技术状况表》的技术状况缺陷描述中分别予以注明，并提示修复前不宜使用。

表7　发动机室检查项目作业表

序号	检查项目	A	B	C
40	机油有无冷却液混入	无	轻微	严重
41	缸盖外是否有机油渗漏	无	轻微	严重
42	前翼子板内缘、散热器框架、横拉梁有无凹凸或修复痕迹	无	轻微	严重
43	散热器格栅有无破损	无	轻微	严重
44	蓄电池电极桩柱有无腐蚀	无	轻微	严重
45	蓄电池电解液有无渗漏、缺少	无	轻微	严重

（续）

序号	检查项目	A	B	C
46	发动机传动带有无老化	无	轻微	严重
47	油管、水管有无老化或裂痕	无	轻微	严重
48	线束有无老化、破损	无	轻微	严重
49	其他	只描述缺陷，不扣分		

6.3 驾驶室

按表 8 要求检查 15 个项目。选择 A 不扣分，第 50 项选择 C 扣 1.5 分；第 51、52 项选择 C 扣 0.5 分；其余项目选择 C 扣 1 分。共计 10 分，扣完为止。

如检查第 60 项时发现安全带结构不完整或者功能不正常，则应在《二手车鉴定评估报告》或《二手车技术状况鉴定书》的技术状况缺陷描述中予以注明，并提示修复或更换前不宜使用。

表 8 驾驶室检查项目作业表

序号	检 查 项 目	A	C
50	车内是否无水泡痕迹	是	否
51	车内后视镜和座椅是否完整、无破损、功能正常	是	否
52	车内是否整洁、无异味	是	否
53	转向盘自由行程转角是否小于 15°	是	否
54	车顶及周边内饰是否无破损、松动、裂缝和污迹	是	否
55	仪表台是否无划痕，配件是否无缺失	是	否
56	变速杆手柄及护罩是否完好、无破损	是	否
57	储物盒是否无裂痕，配件是否无缺失	是	否
58	天窗是否移动灵活、关闭正常	是	否
59	门窗密封条是否良好、无老化	是	否
60	安全带结构是否完整、功能是否正常	是	否
61	驻车制动系统是否灵活有效	是	否
62	玻璃窗升降器、车窗工作是否正常	是	否
63	左、右后视镜折叠装置工作是否正常	是	否
64	其他	只描述缺陷，不扣分	

6.4 起动

按表 9 要求检查 10 个项目。选择 A 不扣分，第 65、66 项选择 C 扣 2 分；第 67 项选择 C 扣 1 分；第 68 至 71 项，选择 C 扣 0.5 分；第 72、73 项选择 C 扣 10 分。共计 20 分，扣完为止。

如检查第 66 项时发现仪表板指示灯显示异常或出现故障报警，则应查明原因，并在《二手车鉴定评估报告》或《二手车技术状况鉴定书》的技术状况缺陷描述中予以注明。

优先选用车辆故障信息读取设备对车辆技术状况进行检测。

表 9 起动检查项目作业表

序号	检 查 项 目	A	C
65	车辆起动是否顺畅(时间少于 5s,或一次起动)	是	否
66	仪表板指示灯显示是否正常，无故障报警	是	否
67	各类灯光和调节功能是否正常	是	否
68	泊车辅助系统工作是否正常	是	否
69	制动防抱死系统(ABS)工作是否正常	是	否
70	空调系统风量、方向调节、分区控制、自动控制、制冷工作是否正常	是	否
71	发动机在冷、热车条件下怠速运转是否稳定	是	否
72	怠速运转时发动机是否无异响，空档状态下逐渐增加发动机转速，发动机声音过渡是否无异响	是	否
73	车辆排气系统是否无异常	是	否
74	其他	只描述缺陷，不扣分	

6.5 路试

按表 10 要求，检查 10 个项目。选择 A 不扣分，选择 C 扣 2 分。共计 15 分，扣完为止。

如果检查第 80 项时发现制动系统出现制动距离长、跑偏等不正常现象，则应在《二手车鉴定评估报告》或《二手车技术状况表》的技术缺陷描述中予以注明，并提示修复前不宜使用。

表 10 路试检查项目作业表

序号	检 查 项 目	A	C
75	发动机运转、加速是否正常	是	否
76	车辆起动前踩下制动踏板，保持 5 ~ 10s，踏板无向下移动的现象	是	否
77	踩住制动踏板起动发动机，踏板是否向下移动	是	否
78	行车制动系最大制动效能在踏板全行程的 4/5 以内达到	是	否
79	行驶是否无跑偏	是	否
80	制动系统工作是否正常有效、制动不跑偏	是	否
81	变速器工作是否正常、无异响	是	否
82	行驶过程中车辆底盘部位是否无异响	是	否
83	行驶过程中车辆转向部位是否无异响	是	否
84	其他	只描述缺陷，不扣分	

6.6 底盘

按表 11 要求检查 8 个项目。选择 A 不扣分，第 85、86 项，选择 C 扣 4 分；第 87、88 项，选择 C 扣 3 分；第 89、90、91 项，选择 C 扣 2 分。共计 15 分，扣完为止。

表 11 底盘检查项目作业表

序号	检查项目	A	C
85	发动机油底壳是否无渗漏	是	否
86	变速器是否无渗漏	是	否
87	转向节臂球销是否无松动	是	否
88	三角臂球销是否无松动	是	否
89	传动轴十字轴是否无松框	是	否
90	减振器是否无渗漏	是	否
91	减振弹簧是否无损坏	是	否
92	其他	只描述缺陷，不扣分	

6.7 功能性零部件

对表 12 所示部件功能进行检查。结构、功能坏损的，直接进行缺陷描述，不计分。

表 12 车辆功能性零部件项目表

序号	类别	零部件名称	序号	类别	零部件名称
93	车身外部件	发动机室盖锁止	105	随车附件	备胎
94		发动机舱盖液压撑杆	106		千斤顶
95		后门/行李箱液压支撑杆	107		轮胎扳手及随车工具
96		各车门锁止	108		三角警示牌
97		前后刮水器	109		灭火器
98		立柱密封胶条	110	其他	全套钥匙
99		排气管及消音器	111		遥控器及功能
100		车轮轮毂	112		喇叭高低音色
101	驾驶室内部件	车内后视镜	113		玻璃加热功能
102		座椅调节及加热			
103		仪表板出风管道			
104		中央集控			

6.8 拍摄车辆照片

6.8.1 外观图片。分别从车辆左前部与右后部 45°角拍摄外观图片各 1 张。拍摄外观破损部位带标尺的正面图片 1 张。

6.8.2 驾驶室图片。分别拍摄仪表台操纵杆、前排座椅、后排座椅正面图片各 1 张，拍摄破损部位带标尺的正面图片 1 张。

6.8.3 拍摄发动机室图片 1 张。

7. 二手车鉴定评估机构经营管理

7.1 有规范的名称、组织机构、固定场所和章程，遵守国家有关法律、法规及行规行约，客观公正地开展二手车鉴定评估业务。

7.2　在经营场所明显位置悬挂二手车鉴定评估机构核准证书和营业执照等证照，张贴二手车鉴定评估流程和收费标准。

7.3　二手车鉴定评估人员应严格遵守职业道德、职业操守和职业规范。

7.4　开展二手车鉴定评估活动应坚持客观、独立、公正、科学的原则，按照关联回避原则，回避与本机构、评估人有关联的当事人委托的鉴定评估业务。

7.5　建立内部培训考核制度，保证鉴定评估人员职业素质和鉴定评估工作质量。

7.6　建立和完善二手车鉴定评估档案制度，并根据评估对象及有关保密要求，合理确定适宜的建档内容、档案查阅范围和保管期限。

附录一　二手车鉴定评估委托书(示范文本)

委托书编号：__________

委托方名称(姓名)：　　　　　　　　法人代码证(身份证)号：

鉴定评估机构名称：　　　　　　　　法人代码证：

委托方地址：　　　　　　　　　　　鉴定评估机构地址：

联系人：　　　　　　　　　　　　　电话：

因 □交易 □典当 □拍卖 □置换 □抵押 □担保 □咨询 □司法裁决需要，委托人与受托人达成委托关系，号牌号码为__________，车辆类型为__________，车架号(VIN码)为__________的车辆进行技术状况鉴定并出具评估报告书，______年______月______日前完成。

委托评估车辆基本信息

<table>
<tr><td rowspan="7">车辆情况</td><td>厂牌型号</td><td colspan="2"></td><td>使用用途</td><td>营运 □
非营运 □</td></tr>
<tr><td>总质量/座位/排量</td><td colspan="2"></td><td>燃料种类</td><td></td></tr>
<tr><td>初次登记日期</td><td colspan="2">年　月　日</td><td>车身颜色</td><td></td></tr>
<tr><td>已使用年限</td><td>年　个月</td><td colspan="2">累计行驶里程(万公里)</td><td></td></tr>
<tr><td>大修次数</td><td>发动机(次)</td><td></td><td>整车(次)</td><td></td></tr>
<tr><td>维修情况</td><td colspan="4"></td></tr>
<tr><td>事故情况</td><td colspan="4"></td></tr>
<tr><td>价值反映</td><td>购置日期</td><td colspan="2">年　月　日</td><td>原始价格(元)</td><td></td></tr>
<tr><td colspan="6">备注：</td></tr>
</table>

委托方：(签字、盖章)　　　　　　　　受托方：(签字、盖章)

(二手车鉴定评估机构盖章)

年　月　日　　　　　　　　　　　　年　月　日

1. 委托方保证所提供的资料客观真实，并负法律责任。

2. 仅对车辆进行鉴定评估。

3. 评估依据：《机动车运行安全技术条件》和《二手车鉴定评估技术规范》等。

4. 评估结论仅对本次委托有效，不做他用。

5. 鉴定评估人员与有关当事人没有利害关系。

6. 委托方如对评估结论有异议，可于收到《二手车鉴定评估报告》之日起10日内向受托方提出，受托方应给予解释。

附录二　二手车鉴定评估报告(示范文本)

××××鉴定评估机构评报字(20　年)第××号

一、绪

________(鉴定评估机构)接受________的委托，根据国家有关评估及《二手车流通管理办法》和《二手车鉴定评估技术规范》的规定，本着客观、独立、公正、科学的原则，按照公认的评估方法，对号牌号码为________的车辆进行了鉴定。本机构鉴定评估人员按照必要的程序，对委托鉴定评估的车辆进行了实地查勘与市场调查，并对其在______年______月______日所表现的市场价值做出了公允反映。现将该车辆鉴定评估结果报告如下：

二、委托方信息

委托方：________________　委托方联系人：________________

联系电话：________________　车主姓名/名称：(填写机动车登记证书所示的名称)

三、鉴定评估基准日

____________年__________月__________日

四、鉴定评估车辆信息

厂牌型号：________________　号牌号码：________________

发动机号：________________　车辆VIN码：________________

车身颜色：__________表征里程：__________初次登记日期：____________

年审检验合格至：______年______月　交强险截止日期：______年______月

车船税截止日期：______年______月

是否查封、抵押车辆：□是　□否　车辆购置税(费)证：　□有　□无

机动车登记证书：　□有　□无　机动车行驶证：　□有　□无

未接受处理的交通违法记录：□有　□无

使用性质：□公务用车　□家庭用车　□营运用车　□出租车　□其他：__________

五、技术鉴定结果

技术状况缺陷描述：____

____

重要配置及参数信息：________________________________

技术状况鉴定等级：________________　等级描述：________________

六、价值评估

价值估算方法：□现行市价法□重置成本法□其他______________________________

价值估算结果：车辆鉴定评估价值为人民币________元，金额大写：______________

七、特别事项说明[1]

八、鉴定评估报告法律效力

本鉴定评估结果可以作为作价参考依据。本项鉴定评估结论有效期为90天，自鉴定评估基准日至　年　月　日止。

九、声明：

（1）本鉴定评估机构对该鉴定评估报告承担法律责任。

（2）本报告所提供的车辆评估价值为评估基准日的价值。

（3）该鉴定评估报告的使用权归委托方所有，其鉴定评估结论仅供委托方为本项目鉴定评估目的使用和送交二手车鉴定评估主管机关审查使用，不适用于其他目的，否则本鉴定评估机构不承担相应法律责任；因使用本报告不当而产生的任何后果与签署本报告书的鉴定评估人员无关。

（4）本鉴定评估机构承诺，未经委托方许可，不将本报告的内容向他人提供或公开，否则本鉴定评估机构将承担相应法律责任。

附件：

一、二手车鉴定评估委托书

二、二手车技术状况鉴定作业表

三、车辆行驶证、机动车登记证书证复印件

四、被鉴定评估二手车照片（要求外观清晰，车辆号牌号码能够辨认）

二手车鉴定评估师（签字、盖章）　　　　　　复核人[2]（签字、盖章）

年　月　日　　　　　　（二手车鉴定评估机构盖章）

年　月　日

[1] 特别事项是指在已确定鉴定评估结果的前提下，鉴定评估人员认为需要说明在鉴定过程中已发现可能影响鉴定评估结论，但非鉴定评估人员执业水平和能力所能鉴定评定估算的有关事项以及其他问题。

[2] 复核人是指具有高级二手车鉴定评估师资格的人员。

备注：1. 本报告书和作业表一式三份，委托方二份，受托方一份。

2. 鉴定评估基准日即为《二手车鉴定评估委托书》签订的日期。

附录三 二手车技术状况表(示范文本)

车辆基本信息	厂牌型号			号牌号码		
	发动机号			VIN 码		
	初次登记日期	年 月 日		表征里程	万公里	
	品牌名称		□国产 □进口	车身颜色		
	年检证明	□有(至_ 年_ 月) □无		购置税证书	□有 □无	
	车船税证明	□有(至_ 年_ 月) □无		交强险	□有(至_ 年_ 月) □无	
	使用性质	□营运用车 □出租车 □公务用车 □家庭用车 □其他				
	其他法定凭证、证明	□机动车号牌 □机动车行驶证 □机动车登记证书 □第三者强制保险单 □其他				
	车主名称/姓名			企业法人证书代码/身份证号码		
重要配置	燃料标号		排量		缸数	
	发动机功率		排放标准		变速器形式	
	气囊		驱动方式		ABS	□有 □无
	其他重要配置					
是否为事故车	□是 □否	损伤位置及损伤状况				
鉴定结果	分值			技术状况等级		
车辆技术状况鉴定缺陷描述	鉴定科目	鉴定结果(得分)		缺陷描述		
	车身检查					
	发动机检查					
	车内检查					
	起动检查					
	路试检查					
	底盘检查					

二手车鉴定评估师：__________ 鉴定单位：(盖章)__________

鉴定日期：______年______月______日

声明：

本二手车技术状况表所体现的鉴定结果仅为鉴定日期当日被鉴定车辆的技术状况表现与描述，若在当日内被鉴定车辆的市场价值或因交通事故等原因导致车辆的价值发生变化，对车辆鉴定结果产生明显影响时，本技术状况鉴定说明书不作为参考依据。

说明：

本二手车技术状况表由二手车经销企业、拍卖企业、经纪企业使用，作为二手车交易合同的附件。车辆展卖期间，放置在驾驶室前风窗玻璃左下方，供消费者参阅。

附录B　二手车鉴定评估师(四级)理论题库

一、判断题

1. 汽车的损耗有两种形式，即有形损耗和无形损耗。（　）

2. 汽车的有形损耗是指汽车存放和使用过程中，由于物理和化学原因而导致车辆实体发生的价值损耗。（　）

3. 存放闲置的汽车，由于自然力作用产生的腐蚀、老化，或由于管护不善，丧失工作能力而形成的损耗是汽车的无形损耗。（　）

4. 汽车在使用过程中，由于零部件摩擦、振动、腐蚀而产生的损耗，是汽车的有形损耗。（　）

5. 汽车的无形损耗是由于科学技术的进步和发展，导致车辆的损耗与贬值。（　）

6. 汽车的有形损耗和无形损耗都是由于科技的进步和发展，使原有的车辆发生价值损耗。（　）

7. 汽车的使用寿命是指汽车从投入使用到淘汰、报废的整个时间过程。（　）

8. 汽车的自然使用寿命是指在正常使用条件下，从投入使用到由于物理与化学原因而损耗报废的时间。（　）

9. 汽车的使用寿命是指汽车从生产制造开始到报废的整个时间过程。（　）

10. 汽车的正常使用是指汽车按照汽车制造厂家提供的使用手册所规定的技术规范使用。（　）

11. 汽车的正常使用就是指汽车使用中没有发生过碰撞、淹水、起火等意外。（　）

12. 一般来说，汽车的自然使用寿命主要受有形损耗的影响。（　）

13. 汽车的技术使用寿命是指汽车从投入使用，到由于技术落后而被淘汰所经历的时间。（　）

14. 一般来说，汽车的技术使用寿命主要是受无形损耗影响。（　）

15. 汽车的经济使用寿命是指汽车从投入使用，到因维持继续使用的投入过高而不经济，成本较高而退出使用所经历的时间。（　）

16. 二手车上路行驶的手续是指：机动车上路行驶，按照国家有关规定必须办理的相关证件和必须缴纳的税/费。机动车凭这些有效证件及所缴纳税/费的凭证上路行驶。（　）

17. 二手车的价值包括车辆实体本身的有形价值及各项手续构成的无形价值。（　）

18. 国家税务机关监制的全国统一的二手车交易专用发票是唯一有效的二手车来历凭证。（　）

19. 人民法院出具的发生法律效力的判决书、裁定书、调解书可以作为二手车来历凭证。（　）

20. 二手车购买人取得二手车交易发票、机动车行驶证和机动车登记证书，就完成了车辆的所有权转移。（　）

21. 机动车行驶证是由公安车辆管理机关依法对机动车辆注册登记核发的证件，是机动车取得合法行驶资格的法定证件。（　）

22. 二手车交易评估完全采取自愿原则，但属于国有资产的车辆，应当按照国家有关规定进行鉴定评估。（　）

23. 任何二手车交易评估都完全采取自愿原则。（　）

24. 根据我国相关法规，所有在道路上行驶的车辆都必须缴纳机动车交通事故责任强制保险。（　）

25. 按照相关法规，机动车交通事故责任强制保险实行全国统一保险保单条款、全国统一基础保险费率和全国统一责任限额。（　）

26. 按照相关法规，机动车交通事故责任强制保险属于机动车车主自行选择投保的险种。（　）

27. 按照相关法规，没有办理机动车交通事故责任强制险的二手车也可以交易。（　）

28. 汽车只要未达到报废时限，就可以进入二手车交易市场。（　）

29. 处在延期报废时间的车辆，如通过安全排放检测合格，就可以进入二手车市场交易。（ ）
30. 处在抵押登记期内的车辆可以进入二手车市场交易。（ ）
31. 机动车以某一初速度行驶做滑行试验时，滑行距离越长，说明该车传动系的传动功率越高。（ ）
32. 某车发动机用气缸压力表测得结果如果超过原厂规定值，说明其气缸密封性越来越好。（ ）
33. 进气管真空度可以用来诊断汽油机气缸的密封性。（ ）
34. 进气管真空度可以用来诊断柴油机气缸的密封性。（ ）
35. 汽油机汽车排气颜色为黑色，说明混合气过浓或点火时刻过迟，造成燃烧不完全。（ ）
36. 汽油机汽车排气颜色为白色，说明混合气过浓或点火时刻过迟，造成燃烧不完全。（ ）
37. 汽油机汽车排气颜色为蓝色，说明有机油窜入气缸燃烧室内参与燃烧。（ ）
38. 汽油机汽车排气颜色为白色，说明有机油窜入气缸燃烧室内参与燃烧。（ ）
39. 在用发动机功率不得低于额定功率的75%。（ ）
40. 在用发动机功率不得低于额定功率的90%。（ ）
41. 大修后发动机功率不得低于额定功率的90%。（ ）
42. 大修后发动机功率不得低于额定功率的75%。（ ）
43. 车辆的更新重置成本是指购置或构建一辆与被评估车辆完全一样的新车所需的成本。（ ）
44. 漆面光洁度有差别，反光不一样，甚至出现凹凸不平或有明显的橘皮状，说明该处车身有过补灰做漆。（ ）
45. 气缸密封性是表征气缸组件技术状况的重要参数之一。（ ）
46. 气缸密封性仅用于表征汽油机气缸组件的技术状况。（ ）
47. 有关标准规定，在用车发动机的气缸压力不得低于原设计额定压力的75%。（ ）
48. 有关标准规定，在用车发动机的气缸压力不得低于原设计额定压力的80%。（ ）
49. 有关标准规定，在用车发动机的气缸压力不得低于原设计额定压力的85%。（ ）
50. 有关标准规定，在用车发动机的气缸压力不得低于原设计额定压力的90%。（ ）
51. 有关标准规定，在用车发动机的气缸压力不得低于原设计额定压力的95%。（ ）
52. 气缸压力检测结果，各缸压力差，汽油机应不超过各缸平均压力的8%。（ ）
53. 气缸压力检测结果，各缸压力差，汽油机应不超过各缸平均压力的10%。（ ）
54. 气缸压力检测结果，各缸压力差，汽油机应不超过最高压力的8%。（ ）
55. 气缸压力检测结果，各缸压力差，汽油机应不超过最低压力的8%。（ ）
56. 气缸压力检测结果，各缸压力差，柴油机应不超过各缸平均压力的10%。（ ）
57. 汽车鉴定的标准有国家标准、制造厂推荐标准和企业标准三种。（ ）
58. 汽车鉴定检测的基本内容包括两方面：一是安全方面的检测；二是综合性能检测。（ ）
59. 在二手车技术鉴定时，要分清主次，凡对二手车价值构成影响的缺陷，都应认真检查和评判，但对评估价值不构成影响的细微瑕疵，就不要去斤斤计较。（ ）
60. 发动机功率与海拔有密切关系，海拔越高，发动机功率下降越多。（ ）
61. 发动机功率与海拔无关。（ ）
62. 气缸压力检测结果若高于规定值，有可能是气缸垫过薄或燃料室积炭过多。（ ）
63. 气缸压力检测结果若高于规定值，有可能是缸体与缸盖接合平面修理加工过度，燃烧室容积变小。（ ）
64. 检测鉴定汽车的常用诊断参数包括工作过程参数、伴随过程参数和集合尺寸参数。（ ）
65. 车身检测首要目的是看“伤”，即看车主的二手车有没有严重碰撞的痕迹。（ ）
66. 气缸压力检测结果若高于规定值，则有可能是蓄电池电压过高。（ ）
67. 气缸压力检测结果若高于规定值，则有可能是气门封闭不严。（ ）
68. 外观检测一般是通过目测来进行，目测检查通常只能作定性分析。（ ）

69. 气缸压力检测结果若低于规定值，有可能是缸体和缸盖接合平面修理加工过度，燃烧室容积变小。（　）

70. 检测发动机有效功率的方法常分为无负荷测功和有负荷测功两种。（　）

71. 气缸压力检测结果若低于规定值，则有可能是气缸套与活塞环等磨损过度。（　）

72. 气缸压力检测结果若低于规定值，有可能是气门封闭不严。（　）

73. 气缸压力检测结果若低于规定值，有可能是气缸垫密封不严。（　）

74. 曲轴箱窜气量的检测应该在发动机加载处于最大转矩转速的状态下进行。（　）

75. 曲轴箱窜气量的检测应该在发动机怠速的状态下进行。（　）

76.《机动车运行安全条件》规定，车体应周正，左右对称部位高度差不得大于40mm。（　）

77. 评价制动性能的指标主要有制动距离、制动减速度和制动力。（　）

78. 驻车制动力的总和应该不小于该车在测试状态下整车质量的20%。（　）

79. 驻车制动力的总和应该不小于该车在测试状态下整车质量的60%。（　）

80. 二手车鉴定评估师还有一个重要任务就是要鉴定及识别走私车、盗抢车、拼装车、报废车、手续不全的车，严禁这些车辆在二手车市场上交易。（　）

81.《机动车运行安全条件》规定，车体应周正，左右对称部位高度差不得大于60mm。（　）

82. 汽车怠速时，由于节气门开度小，发动机转速很低，残余废弃量相对增加，燃烧温度偏低，且混合气较浓，使得CO和HC排放明显增多。（　）

83. 不分光红外线CO和HC气体分析仪是利用汽车尾气中的CO和HC分别具有能吸收一定波长范围红外线的性质，而且红外线被吸收的程度与废气浓度之间成正比的关系进行分析。（　）

84. 柴油汽车自由加速烟度的检测，一般采用滤纸式烟度计来检测。（　）

85. 柴油车排出的烟色一般分为黑烟、蓝烟和白烟三种。（　）

86. 柴油汽车废气中的黑烟发暗的程度用排气烟度表示，用烟度计进行检测。（　）

87. 碰撞或撞击后，车架大梁弯曲变形、断裂后修复的属于事故车。（　）

88. 散热器及散热器支架被撞伤后修复或更换后不属于事故车。（　）

89. 车身后翼子板碰撞后被切割或更换后不属于事故车。（　）

90. 车辆涉水深度超过车轮半径行驶过后就属于泡水车。（　）

91. 泡水车也叫灭顶车，是指整个车辆全部没入水中才叫灭顶车。（　）

92. 只要在发动机室或乘员室发生过火烧现象的，不管着火大小统统称为过火车辆。（　）

93. 二手车继续使用价值是指二手车作为整车能继续使用而存在的价值。（　）

94. 二手车交换价值是二手车在公平市场条件下能够实现的交易价值。（　）

95. 二手车评估的理论依据是资产评估学。（　）

96. 二手车评估的业务类型分为两类，即交易类和咨询类。（　）

97. 报废价值是指机动车报废后，某些零部件的回收价值。（　）

98. 残余价值是指机动车报废后，可回收金属的价值。（　）

99. 二手车的报废价值就是其残余价值。（　）

100. 二手车评估的依据政策法规主要：《国有资产评估管理办法》《国有资产评估管理办法施行细则》《汽车报废标准》《二手车流通管理办法》《汽车贸易政策》等。（　）

101. 根据不同的评估目的，二手车的价值类型可分为：继续使用价值、交换价值、清算价值、重置成本价值、报废价值和残余价值等多种类型。（　）

102. 二手车继续使用价值的特点是二手车以完整的车辆形式存在、能够以整车的形式继续使用而存在的价值。（　）

103. 二手车清算价值是二手车在强制条件下的变现价值。（　）

104. 二手车评估中，对于同一辆车，继续使用价值和清算价值的价值量不相等。（　）

105. 车辆的账面原值就是二手车鉴定评估的全部取价依据。 ( )

106. 我国政府有关部门颁布的《汽车报废标准》的两个规定指标是：汽车累计行驶的总里程数和汽车规定的使用年限。汽车达到其中一个规定指标，就应该做报废处理。 ( )

107. 重置成本是在现时条件下，重新购置与被评估车辆相同或相近的全新车辆所需的成本。 ( )

108. 二手车评估方法主要有重置成本法、现行市价法、清算价格法。 ( )

109. 重置成本是评估基准日，重新购置与被评估车辆完全相同的全新车辆所需的成本。 ( )

110. 在实际评估中，一般均适用更新重置成本作为重置成本全价，即被认为已考虑了其一次性功能性贬值和经济性贬值。 ( )

111. 实体性贬值是由于科学技术的进步而导致的车辆实体性的价值损耗。 ( )

112. 购车时，按国家规定缴纳的购置附加税属于汽车的无形损耗。 ( )

113. 一般来说，待评估车辆的重置成本是其评估价格的最大可能值。 ( )

114. 重置成本是全新车辆的最低价值。 ( )

115. 泡水车一般是指全泡车，也叫灭顶车，全泡车是指泡水时，水线超过发动机盖，水线达到风窗玻璃下沿。 ( )

116. 无论是自燃还是外燃，只要发动机室或乘员室发生严重火烧，燃烧面积较大，机件损坏严重，就应列为事故车。 ( )

117. 二手车的各种陈旧性贬值一般包括实体性贬值、功能性贬值和经济性贬值。 ( )

118. 在用重置成本法评估时，其评估值应从重置成本中扣减在使用过程中的各种陈旧性贬值。( )

119. 二手车的功能性贬值是由于有形损耗，而最终导致车辆价值贬值。 ( )

120. 二手车的实体性贬值是由于科学技术的进步造成车辆的功能和使用性能相对落后，而引起车辆价值下降。 ( )

121. 经济性贬值是由于外部经济环境发生变化，使车辆本身的使用性能落后，从而造成车辆的贬值。 ( )

122. 无论是国产车还是进口车，一律采用国内现行的二手车市场内二手车的市场价作为被评估车辆的重置成本全价。 ( )

123. 一般来说，凡是属于所有权转让的交易类评估业务，可只按被评估车辆新车的现行市场成交价作为被评估车辆的重置成本全价，其他间接成本就略去不计。 ( )

124. 属于企业产权变动的咨询类评估业务，其重置成本全价也应把间接成本忽略不计。 ( )

125. 综合分析法求成新率是在使用年限法的基础上考虑了多种影响因素来进行调整，从而确定成新率的一种方法。 ( )

126. 用综合分析法求成新率时，一般调整系数的取值均可大于1.0。 ( )

127. 已使用年限的计算，常取从购买新车之日起至评估基准日为止的年数。 ( )

128. 实际评估时，对于重置成本价值不高的老旧车辆，可采用使用年限法估算其成新率。 ( )

129. 实际评估时，对于重置成本很高的车辆，最好采用使用年限法求成新率。 ( )

130. 被评估车辆若已被淘汰或是进口车辆查询不到现实市场价格时，用物价指数来确定重置成本，是一种好方法。 ( )

131. 从理论上来说，成新率这一系数已酌情将营运性功能贬值和经济性贬值考虑进去了。 ( )

132. 凡是经过大修的车辆，无疑是增加了车辆的使用寿命，对成新率的估算值应当增加。 ( )

133. 报废价值是指机动车报废后，可回收的金属价值。 ( )

134. 实际性贬值是由于物理和化学原因导致的车辆实体发生的价值损耗。 ( )

135. 机动车的规定使用年限，不是指现行国家财务制度对固定资产折旧的折旧年限。 ( )

136. 二手车的账面原值是二手车评估中最重要、最直接的评估参数。 ( )

137. 应用市场价格比较法来评估二手车价格时，该市场必须是公平和有效的市场。 ( )

138. 拍卖市场上的二手车价格也是公平市价。 (　　)

139. 市场价格比较法对于市场上只有唯一一辆参照的车辆也是适用的。 (　　)

140. 所谓有效的市场，就是市场提供的所有信息都是真实可靠的，与交易活跃不活跃无关。 (　　)

141. 有效市场的前提条件是提供的信息都是真实可信且参照物在市场上交易是活跃的。 (　　)

142. 一般来说，只要参照车辆与被评估车辆的类别相同，主要参数相同，结构性能相同，只是生产序号不同，只作过局部改进，则可认为与被评估车辆是完全相同的。 (　　)

143. 所谓近期，是指参照物的交易时间与被评估车辆评估基准日相近，一般在半年之内。 (　　)

144. 在用市场价格比较法评估二手车时，参照物的价格可以是报价和预测的价格。 (　　)

145. 二手车交易中，子、母公司之间的关联而产生的交易价格，可以作为参照物的价格。 (　　)

146. 市场价格比较法中车辆实际技术状况这一比较因素是评估时的重要依据之一。 (　　)

147. 市场价格比较法中直接比较法用的参照物的价格就是新车的市场价格。 (　　)

148. 成本比率估价法，只适用于正常使用的车辆，对长期闲置或过度使用的车辆都不适用。 (　　)

149. 应用成本比率估价法评估的车辆应为同类型的车辆，但使用年限可以不同。 (　　)

150. 市场价格比较法在将参照物与被评估对象进行比较调整时，调整是针对参照物的价格进行的。(　　)

151. 收益现值法适用于各种使用性质的车辆的评估。 (　　)

152. 收益现值法的计算，实际上就是对被评估车辆未来预期收益进行折现的过程。 (　　)

153. 所谓折现，就是将未来的收益，按一定的折现率折算到评估基准日的现值。 (　　)

154. 将未来收益进行时间价值的计算，并换算成评估基准日这一时点价值过程为折现，所使用的换算比率称为折现率。 (　　)

155. 用收益现值法评估二手车的价值时，被评估车辆的评估值等于其剩余寿命期内收益的现值之和。 (　　)

156. 年金现值系数可用(P/A, i,n)来表示。 (　　)

157. 在二手车评估时，通常采用税前的利润作为其收益额。 (　　)

158. 预期收益是指车辆使用中带来的当前收益的期望值。 (　　)

159. 确定折现率时，最后选择的折现率应该低于银行存款的利率。 (　　)

160. 在二手车的评估中，收益现值法最不适用于投资运营的车辆。 (　　)

161. 在二手车的评估中，折现率、收益率、回报率、报酬率都是说明二手车在营运中取得收益的收益率水平。 (　　)

162. 折现率或收益率越高，二手车评估值就越高。 (　　)

163. 折现率与银行存款利率是完全一样的。 (　　)

164. 利率是资金的报酬，而折现率则是管理的报酬。 (　　)

165. 折现率应高于无风险利率。 (　　)

166. 目前我国的资产评估通常以银行 5 年期定期存款利率为无风险的安全利率。 (　　)

167. 折现率应体现投资回报率。 (　　)

168. 在二手车评估中，收益现值法适用于投资营运的车辆。 (　　)

169. 二手车的剩余使用寿命是指从评估基准日起到报废的年限。 (　　)

170. 预期收益不是现实收益，所以投资就没有风险。 (　　)

171. 一定数额的收益发生在不同的时间，具有相同的价值。 (　　)

172. 用收益现值法评估二手车时，最后选定的折现率应起码不低于国家债券或银行存款的利率。(　　)

173. 折现率包含无风险利率、风险报酬率和通货膨胀率。 (　　)

174. 用收益现值法评估二手车后，在交易中，人们购买该二手车的目的是车辆获利的能力。 (　　)

175. 折现率应该低于安全率。 (　　)

176. 折现率不能体现投资的回报率。 (　　)

177. 预期收益不是现实收益，所以投资就有风险。（ ）
178. 年金现值系统数可用(A/P,I,n)来表示。（ ）
179. 评估报告是评估师在完成鉴定评估工作以后，向委托方提供鉴定评估工作的总结。（ ）
180. 评估报告是评估师向委托方传达评估调查、分析工作及评估结论的重要文件。（ ）
181. 评估报告中不必对为什么要评估作出说明。（ ）
182. 评估基准日是评估报告中一个不重要的参数。（ ）
183. 评估基准日是评估师在评估鉴定车辆和选取市场价格标准所依据的基准时间。（ ）
184. 评估报告也无需写明评估工作过程中应遵循的各项原则。（ ）
185. 机动车的产权依据应是机动车的驾驶证。（ ）
186. 评估师不得在评估报告中写上采用了一种以上的评估方法。（ ）
187. 评估过程的描述在评估报告中是一项不重要的内容。（ ）
188. 若涉及企、事业单位等国有资产的评估，则一定要有协议书、作业表，并需撰写出评估报告。（ ）
189. 二手车鉴定评估作业表，也是存档备查的重要文件。（ ）
190. 评估报告的内容必须正确无误，评估师必须对报告的正确性负责。（ ）
191. “二手车买卖合同”是保护二手车交易双方合法权益的重要文件。（ ）
192. 车辆状况说明书，即车辆信息表在二手车评估报告中可以不用填写。（ ）
193. 客车按照车辆总长度来分类。（ ）
194. 客车按照车辆总质量来分类。（ ）
195. 轿车按照发动机排量来分类。（ ）
196. 轿车按照车辆长度来分类。（ ）
197. 货车按照车辆总质量来分类。（ ）
198. 货车按照车辆长度来分类。（ ）
199. 客车按照车辆长度来分类。（ ）
200. 拍卖市场与公平市场是两个完全相同的市场。（ ）
201. 越野汽车按照车辆总质量来分类。（ ）
202. 越野汽车按照发动机排量来分类。（ ）
203. 依据有关标准的统一规定，将汽车分为汽车，挂车和汽车列车三大类。（ ）
204. 车辆识别代号(VIN)编码由一组字母和阿拉伯数字组成，共18位，它是识别汽车不可缺少的工具。（ ）
205. 汽车的自身质量，即空载质量，包括所有的机件、备胎、随车工具、备品配件，但不加油和水的质量。（ ）
206. 汽车自身质量利用系数是指汽车装载质量与自身质量之比。（ ）
207. 一般来讲，汽车的最小离地间隙越小，汽车的通过性越好。（ ）
208. 一般来讲，汽车的转弯半径越小，则汽车转弯时所需要的场地就越小。（ ）
209. 按《汽车产品型号编制规则》中规定的国产汽车产品分为轿车、客车、货车、越野汽车、自卸汽车、牵引汽车、专用汽车等7类。（ ）
210. 载货汽车的等级是按它的最大装载质量划分的，可分为微型、轻型、中型和重型四个等级。（ ）
211. 汽车的整备质量包括所有的机件、备胎、随车工具、备品配件并加满油和水的质量。（ ）
212. 解放CA1092型汽车的载质量为9吨。（ ）
213. 所有的轿车均采用前置前驱形式。（ ）
214. 载货汽车通常采用发动机前置、后轮驱动的形式。（ ）
215. 挂车可分为牵引杆挂车、半挂车、中置轴挂车3类。（ ）
216. 所谓识伪检查，主要是指通过对走私或非官方正规渠道进口的汽车和配件进行识别和判断。（ ）

217. 货车的总体布置已基本定型化，通常采用发动机前置后轮驱动形式，且多为4×2的驱动形式。 (　)

218. 车辆识别代码中，每个地区和国家使用的字母和数字代号必须经国际标准化组织认可批准方可使用。 (　)

219. 车辆识别代码应尽量置于汽车前半部分、易于观察到并且能够防止磨损或更换的部位。 (　)

220. 车辆识别代号的字码应字迹清楚，且坚固耐久和不易替换。字码高度应大于等于7mm，特种情况可小于4mm。 (　)

221. 我国规定，整个17位代码的最后6位代码为车辆的生产顺序号，与汽车底盘或车架号相同。故行驶证上的车架号签注的也是17位代码。 (　)

222. 车辆识别代号(VIN)编码主要是为了加强机动车的管理。 (　)

223. 利用VIN数据规定可以鉴别出拼装车、走私车，因为拼装的进口走私车一般是不按VIN规定进行装配的。 (　)

224. 汽车的轮距越大，则横向稳定性就差。 (　)

225. 我国的汽车标牌均固定在发动机室某个醒目的位置。 (　)

226. 按国家汽车产品型号编制规则，TJ7130UA表示为天津汽车工业总公司生产排量为1.3升三厢式电喷普通级轿车。 (　)

227. 汽车的前悬越长，则汽车的接近角就越小，通过性就越差。 (　)

228. 汽车的爬坡能力是指汽车满载时，在良好路面上以最高前进档所能爬上的最大坡度。 (　)

229. 汽车转向轮定位参数包括主销内倾、主销后倾、转向轮外倾和转向轮前束。 (　)

230. 某前置前驱轿车的后轮定位参数包括主销内倾、主销后倾、转向轮外倾和转向轮前束。 (　)

231. 汽车由底盘、车身、发动机和电气设备四部分组成。 (　)

232. 发动机前置前轮驱动的轿车，用FF表示。 (　)

233. 发动机前置后轮驱动的轿车，用FR表示。 (　)

234. 发动机后置后轮驱动的轿车，用FR表示。 (　)

235. 发动机后置前轮驱动的轿车，用RR表示。 (　)

236. 汽车前轮定位参数包括主销内倾、主销后倾、转向轮外倾和转向轮前束。轮后定位参数也是这四项。 (　)

237. 发动机排量为1.6~2.5L的轿车都属于普通级轿车。 (　)

238. 发动机排量为1.1L的奇瑞QQ轿车属于微型轿车。 (　)

239. 多数发动机均包括起动系、燃料供给系、点火系、润滑系、冷却系五大系统。 (　)

240. 汽车制动系统采用的ABS属于主动安全装置。 (　)

241. 差速器的作用是保障汽车的正常转向，属于转向系。 (　)

242. 汽油机排放气体的主要成分为一氧化碳、碳氢化物和氮氧化物。 (　)

243. 汽油机排放气体的主要成分为一氧化碳、炭烟和氮氧化物。 (　)

244. 汽油机排放气体的主要成分为一氧化碳、碳氢化物和硫化物。 (　)

245. 汽车传动系由离合器、变速器、传动轴、主减速器、差速器、半轴和车轮组成。 (　)

246. 汽车传动系由离合器、变速器、传动轴、主减速器、差速器和半轴组成。 (　)

247. 汽车四轮定位的参数，前轮(转向轮)是四项，后轮是两项。 (　)

248. 汽车四轮定位的参数，前轮(转向轮)是四项，后轮也是四项。 (　)

249. 汽车上三轴式变速器多用于FR型的传动系中。 (　)

250. 汽车上二轴式变速器多用于FF型的传动系中。 (　)

251. 汽车上广泛应用的固定轴式齿轮变速器有三轴式、两轴式和组合式变速器三种。 (　)

252. 差速器的作用是根据汽车转弯需要使左、右半轴差速转动，从而防止汽车转弯时车轮产生

滑拖。( )

253. 润滑系的作用除利用润滑油膜减少零件磨损之外，还存在一定的冷却作用。( )

254. 汽车由底盘、车身、发动机和内饰四部分组成。( )

255. 现代汽车上的电器系统具有四大特点，就是双电源、低压直流、并联单线、负极搭铁。( )

256. 汽车行驶系由变速器、车架、车桥、车轮和悬架组成。( )

257. 汽车行驶系由车架、车桥、车轮和悬架组成。( )

258. 汽车上 D 型电控燃油喷射系统比 L 型燃油喷射系统的控制精度要好。( )

259. 装有 ABS 的汽车制动系统，紧急制动时，车轮与地面的运动关系是边滚动边滑动。( )

260. 装有 ABS 的汽车制动系统，紧急制动时和一般制动时 ABS 都起作用。( )

261. 目前国内汽油车电气系统的电压等级均采用 12V。( )

262. 目前国内汽车电气系统的电压等级均采用 12V。( )

263. 目前国内汽车电气系统的电压等级采用 12V 或 24V。( )

264. 目前国内汽车电气系统的电压等级均采用 24V。( )

265. 现代汽车电气系统均采用负极搭铁。( )

266. 现代汽车电气系统均采用正极搭铁。( )

267. 现代汽车上的 L 型燃油喷射系统，是以进气质量为主要控制参数，计量准确，所以控制精度较高。( )

268. FF 汽车传动系由离合器、变速器、传动轴、主减速器、差速器、半轴等组成。( )

269. 车辆识别代码(VIN)编码的第十位表示的是检验代码。( )

270. 车辆识别代码(VIN)编码的第十位表示的是年份代码。( )

271. 在评价汽车经济使用寿命指标中，年限是指使用年限。( )

272. 机动车的收益现值是该车辆投入使用后取值收益的总和。( )

273. 四缸内燃发动机有一种常用的发火顺序为 1—2—3—4。( )

274. 汽车的动力性可用汽车的最高车速、加速能力和耗油量三个指标评定。( )

275. 目前汽车上所用的摩擦式制动器可分为鼓式和盘式两大类。( )

276. 日常的汽车养护可以使汽车处于良好的行驶状态，可以延长汽车使用寿命。( )

277. 汽车经济使用寿命的量标有规定使用年限、行驶里程、使用年限和大修次数。( )

278. 路试检测的主要检测项目是汽车的制动性能、转向性能和行驶轨迹等。( )

279. 静态检查包括对汽车的识伪检查和外观检查。( )

280. 检查车身锈蚀的情况，主要有水槽、散热器、窗框、玻璃等。( )

281.《机动车运行安全技术条件》规定，车辆横向和径向摆动量，小型汽车不大于 5mm。( )

282.《机动车运行安全技术条件》规定，车辆横向和径向摆动量，小型汽车不大于 10mm。( )

283. 路试后，正常的机油温度为 95℃，正常的冷却液温度为 60～80℃。( )

284. 路试后，正常的机油温度为 95℃，正常的冷却液温度为 80～90℃。( )

285. 检查漏油的情况，应在汽车连续行驶距离不少于 10km，停车 5min 后观察。( )

286. 检查漏油的情况，不应在汽车行驶后检查，至少要在车辆停驶 1h 后检查。( )

287. 无负荷测功是指发动机在节气门开度和转速均为变动的状况下，测定其功率的一种方法。( )

288. 有负荷测功要对发动机施加外部负荷，也叫有外载测功。( )

289. 有负荷测功要对发动机施加外部负荷，也叫动态测功。( )

290. 事故车是指发生严重碰撞、泡水、过火后，虽经修复并在使用，但仍存在安全隐患的车辆。( )

291. 同一辆二手车，在同一时间段内，任何地区的评估价值都应是相同的。( )

292. 用综合分析法求二手车成新率时，汽车技术状况的权重为 30%。( )

293. 用综合分析法求二手车成新率时，汽车制造质量的权重为 30%。( )

294. 所谓公平市场，就是指这个市场应该具备公平交易的条件。（　）

295. 成本比率估价法是用二手车的交易价格与重置成本之比来反映二手车的保值程度。（　）

296. 把车辆拆卸，出售其零部件所得收益就是二手车的评估价值。（　）

297. 车辆的复原重置成本，是指购置或构建一辆与被评估车辆完全一样的新车所需的成本。（　）

298. 车辆的更新重置成本是指在功能和效用上与被评估车辆相同或最接近的类似新车的购置或构建成本。（　）

299. 车辆的更新重置成本是指购置或构建一辆与被评估车辆完全一样的新车所需的成本。（　）

300. 漆面光洁度有差别，反光不一样，甚至出现凹凸不平或有明显的橘皮状，则说明该处车身有过补灰做漆。（　）

二、选择题

1. 如果按照汽车制造厂家的使用手册规定的技术规范使用，则该车就属于(　　)。

A. 正常使用　B. 不正常磨损　C. 正常磨损　D. 不正常使用

2. 电控燃油喷射系统的使用，提高了汽车的燃油经济性，降低了汽车的排放污染，化油器汽车的(　)因此缩短，加快退出市场。

A. 自然使用寿命　B. 正常使用寿命　C. 合理使用寿命　D. 技术使用寿命

3. 汽车的经济使用寿命的量标——规定使用年限，是汽车从投入运行到报废的年数，没有考虑(　　)。

A. 使用条件和使用强度　B. 使用状况

C. 运行时间　D. 闲置时间的自然损耗

4. 汽车的经济使用寿命的量标——行驶总里程，是指汽车从投入运行到报废期间累计行驶的里程数，没有反映(　　)。

A. 使用性质　B. 运行时间

C. 使用强度　D. 使用条件和闲置期间的自然损耗

5. 汽车经济使用寿命的量标有(　　)。

A. 规定使用年限、行驶里程、使用年限、使用强度

B. 行驶里程、使用年限、大修次数、使用强度

C. 使用年限、行驶里程、运行时间、大修次数

D. 规定使用年限、行驶里程、使用年限、大修次数

6. 汽车经济使用寿命的标量——使用年限，可用汽车(　　)得出。

A. 规定行驶里程 / 年平均行驶里程数　B. 总的行驶里程数 / 年平均行驶里程数

C. 总的行驶里程数 / 规定行驶里程　D. 年平均行驶里程数 / 规定行驶里程

7. 二手车的技术状态受使用强度的直接影响，一般来说，(　　)使用性质的车，使用强度较大。

A. 单位员工班车　B. 私人生活用车　C. 公务用车　D. 专业货运车辆

8. 根据我国汽车大修的规定，客车大修的送修标准为(　　)，结合发动机达到大修条件的，就可送大修。

A. 以车架为主　B. 以车厢为主　C. 以电气设备为主　D. 以底盘为主

9. 根据我国对汽车大修的规定，货车大修的送修标准为(　　)，结合车架或其他两个总成符合大修条件的，可以送大修。

A. 以车架为主　B. 以发动机为主　C. 以电气设备为主　D. 以底盘为主

10. 按照国家相关安全标准，为保持汽车规定的技术状态，汽车必须在规定的(　　)或规定的(　　)内，按规定的(　　)进行保养、检修。

A. 行驶里程、使用强度、时间　B. 方法、程序、行驶里程

C. 行驶时间、行驶里程、使用年限　D. 行驶里程、行驶时间、方法和程序

11. 依照我国汽车各总成大修的规定，汽油发动机送大修的条件是：气缸磨损，圆柱度达到(　　)。

A. 0.15～0.20mm　B. 0.175～0.25mm　C. 0.20～0.25mm　D. 0.10～0.2mm

12. 依照我国对汽车各总成大修的规定，柴油发动机送大修的条件是：气缸磨损，圆柱度达到(　　)。

A. 0.15mm　B. 0.175mm　C. 0.2mm　D. 0.25mm

13. 依照我国对汽车各总成大修的规定，发动机气缸磨损，虽其圆柱度未达到大修限值，但圆度已达到(　)的必须送大修。

A. 0.05～0.07mm　B. 0.05～0.063mm　C. 0.04～0.06mm　D. 0.04～0.07mm

14. 汽车发动机最大功率与定额功率相比，已降低(　　)以上，或气缸缸压低于额定缸压75%的，必须送大修。

A. 0.25　B. 0.35　C. 0.5　D. 0.4

15. 汽车使用性质不同，同年限的汽车累积行驶里程相差很大。一般来说，同年限的汽车中，专业运输车辆行驶的里程数(　　)。

A. 较小　B. 与其他车辆相等　C. 与其他车辆相近　D. 较大

16. 根据我国政府有关部门颁布的《汽车报废标准》，9座以下(含9座)的私人生活用车，使用年限为(　　)。

A. 10年　B. 15年　C. 12年　D. 8年

17. 出租车规定的使用年限为8年，但北京市规定，排量小于1L的出租车、小公共汽车，使用年限为(　　)。

A. 9年　B. 10年　C. 7年　D. 6年

18. 根据我国政府有关部门颁布的《汽车报废标准》，旅游载客汽车和9座以上的非营运载客汽车，使用年限为(　　)。

A. 9年　B. 12年　C. 7年　D. 10年

19. 根据我国政府有关部门颁布的《汽车报废标准》，载货汽车(不带挂拖)使用年限为(　　)。

A. 9年　B. 12年　C. 7年　D. 10年

20. 根据车辆的不同用途，乘用车的车船税税额为(　　)不等。

A. 100～660元　B. 60～660元　C. 40～660元　D. 50～600元

21. 载货汽车的车船税税额按自重每吨(　　)。

A. 24～120元　B. 40～150元　C. 30～150元　D. 20～120元

22. 达到使用年限的单位员工大型班车，安全排放性能符合国家规定的，延缓报废年限最长为(　　)。

A. 8年　B. 6年　C. 10年　D. 5年

23. 越野型客车累计行驶里程达到(　　)应当报废。

A. 40万km　B. 60万km　C. 50万km　D. 55万km

24. 特大型客车累计行驶里程达到(　　)应当报废。

A. 40万km　B. 50万km　C. 60万km　D. 55万km

25. 轻型客车累计行驶里程达到(　　)应当报废。

A. 45万km　B. 40万km　C. 30万km　D. 50万km

26. 微型客车累计行驶里程达到(　　)应当报废。

A. 45万km　B. 40万km　C. 30万km　D. 50万km

27. 中型客车累计行驶里程达到(　　)应当报废。

A. 45万km　B. 40万km　C. 50万km　D. 35万km

28. 重型货车累计行驶里程达到(　　)应当报废。

A. 45万km　B. 50万km　C. 40万km　D. 35万km

29. 中型越野客车累计行驶里程达到(　　)应报废。

A. 45万km　B. 50万km　C. 40万km　D. 35万km

30. 重型越野型客车累计行驶里程达到(　　)应当报废。

A. 45 万 km　B. 50 万 km　C. 40 万 km　D. 35 万 km

31. 轻型越野型客车累计行驶里程达到(　　)应当报废。

A. 30 万 km　B. 40 万 km　C. 45 万 km　D. 50 万 km

32. 商务用轿车累计行驶里程达到(　　)应当报废。

A. 40 万 km　B. 50 万 km　C. 60 万 km　D. 55 万 km

33. 中型客车累计行驶里程达到(　　)，应当报废。

A. 40 万 km　B. 60 万 km　C. 50 万 km　D. 55 万 km

34. 轻型越野型客车累计行驶里程达到(　　)应当报废。

A. 45 万 km　B. 40 万 km　C. 30 万 km　D. 35 万 km

35. 微型越野型客车累计行驶里程达到(　　)应当报废。

A. 30 万 km　B. 40 万 km　C. 45 万 km　D. 35 万 km

36. 依照相关法规，二手车评估中为确认卖方的身份及车辆的合法性，应根据合法有效的(　　)。

A. 卖方身份证、车辆号牌、机动车登记证书、机动车行驶证

B. 卖方身份证、机动车安全技术检验合格标志、机动车行驶证、机动车登记证书

C. 卖方身份证、车辆号牌、机动车安全技术检验合格标志、机动车行驶证

D. 卖方身份证、车辆号牌、机动车登记证书、机动车安全技术检验合格标志

37. 依照相关法规，二手车评估中为核实二手车卖方的所有权或处置权，应确认(　　)。

A. 机动车行驶证与卖方身份证明一致

B. 机动车行驶证、驾驶证与卖方身份证明一致

C. 机动车登记证书、行驶证与卖方身份证明一致

D. 机动车登记证书与卖方身份证明一致

38. 依照相关法规，二手车评估中发现非法车辆、伪造证明或车牌的，擅自更改发动机号、车架号的，调整里程表的，应当(　　)。

A. 照常评估技术状态　B. 不加过问

C. 及时向执法部门举报，配合调查　D. 不予评估、也不举报

39. 张某受托替同学李某代卖捷达一辆，二手车评估中为确认卖方的身份及车辆的处置权，应根据(　　)。

A. 李某身份证、车辆号牌、机动车登记证　B. 李某身份证、机动车行驶证、车辆号牌

C. 张某身份证、李某身份证、授权委托书　D. 张某身份证、机动车登记证书、机动车行驶证

40. 依照相关法规，(　　)不能开具二手车销售统一发票。

A. 二手车经纪公司　B. 二手车拍卖公司　C. 二手车交易公司　D. 二手车经销公司

41. 将右置转向盘改为左置方向盘的二手车(　　)交易。

A. 可以　B. 通过安全排放检测可以

C. 使用年限满 5 年可以　D. 不可以

42. 利用报废车辆的零部件拼、组装的二手车(　　)交易。

A. 可以　B. 通过安全排放检测可以

C. 使用年限满 2 年可以　D. 不可以

43. 依照相关法规，机动车车主擅自将车身重新喷漆后改变颜色的二手车(　　)交易。

A. 可以　B. 通过安全排放检测可以

C. 依法恢复原来颜色后可以　D. 恢复原来颜色后也不可以

44. 依照国家有关法规，原为营运车辆的，二手车交易后转为非营运车辆，其规定使用年限应(　　)。

A. 按照非营运车辆　B. 可按照营运车辆也可按照非营运车辆

C. 按照营运车辆　D. 运行满 5 年的按照营运车辆

45. 机动车号牌是准予机动车上路行驶的法定标志，其号码要与(　　)上的号牌号码完全一致。

A. 机动车行驶证　　B. 车架号　　C. 发动机编号　　D. 机动车驾驶证

46. 长途客运车辆的使用年限为(　　)。

A. 10 年　　B. 6 年　　C. 8 年　　D. 12 年

47. 旅游客运车辆的使用年限为(　　)。

A. 8 年　　B. 6 年　　C. 10 年　　D. 12 年

48. 营运一年的 1.6L 伊兰特出租车，交易后转为私人生活用车，按照国家有关法规，其规定使用年限尚余(　　)。

A. 10 年　　B. 8 年　　C. 14 年　　D. 7 年

49. 有使用 2 年的 1.8L 帕萨特私人生活用车，交易后转为出租车，按照国家有关法规，其规定使用年限尚余(　　)。

A. 10 年　　B. 7 年　　C. 6 年　　D. 14 年

50. 对依法没收的走私汽车，经批准可办理注册登记，其初次注册登记的年份，一律按照车辆的(　　)。

A. 投入使用年份　　B. 没收年份　　C. 出厂年份　　D. 购买年份

51. 按照相关法规，二手车交易增值税按照(　　)征收税率减半征收。

A. 0.1　　B. 0.02　　C. 0.04　　D. 0.17

52. 车辆购置税的征收税率约为车辆购置价的(　　)。

A. 0.05　　B. 0.33　　C. 0.1　　D. 0.06

53. 根据国家有关法规，由华侨、港澳同胞捐赠的免税进口的汽车，(　　)。

A. 可以转卖　　B. 不准转卖　　C. 可以抵押　　D. 可以打压

54. 汽车的无形损耗是由于(　　)。

A. 缴纳车辆购置税　　B. 缴纳保险税

C. 缴纳公路养路费　　D. 性能提升、价格下降的新车型推出

55. 按照国家有关法规，对外国驻华大使馆、领事馆的自用车辆，免征(　　)。

A. 公路养路费　　B. 公路养路费和车辆购置附加税

C. 较强险保费　　D. 车辆购置税

56. 按照国家有关法规，对联合国所属在华机构的自用车辆，免征(　　)。

A. 公路养路费　　B. 公路养路费和车辆购置附加税

C. 交强险保费　　D. 车辆购置税

57. 按照国家有关法规，对用于农业生产的拖拉机免征(　　)。

A. 公路养路费　　B. 公路养路费和车辆购置附加税

C. 车辆购置税　　D. 交强险保费

58. 王某欲购联合国所属在华机构转让的自用车辆一台，若交易成功，除二手车价款外，王某应缴纳(　　)。

A. 消费税　　B. 教育费附加

C. 城建税　　D. 车辆使用税和车辆购置税

59. 某汽车型号 CA1091，其车辆类别代号和主参数的含义为(　　)。

A. 货车总质量 9 吨　　B. 货车载重量 9 吨　　C. 越野车自重 9 吨　　D. 越野车总质量 9 吨

60. 汽车电源由(　　)组成。

A. 蓄电池和直流发电机　　B. 蓄电池、交流发电机及调节器

C. 蓄电池和点火装置　　D. 交流发电机和起动机

61. 发动机四冲程中产生动力的行程是(　　)行程。

A. 做功　　B. 进气　　C. 压缩　　D. 排气

62. 发动机四冲程中消耗动力最大的行程是(　　)行程。
A. 做功　B. 进气　C. 压缩　D. 排气
63. 体现发动机经济性能指标的是(　　)。
A. 燃油消耗率(g·kW/h)　B. 百公里耗油(L/100km)
C. 耗油量(kg/h)　D. 百公里耗油和耗油量
64. 汽油车简易工况测排放时，ASM5024 工况是指(　　)。
A. 加载 24% 负荷，车速 50km/h　B. 加载 24% 负荷，车速 5km/h
C. 加载 50% 负荷，车速 24km/h　D. 加载 5% 负荷，车速 24km/h
65. 在侧滑试验台上测试汽车前轮侧滑量时，如滑动板向外侧滑动，是因为(　　)。
A. 前轮外倾　B. 前束值过大
C. 前轮外倾与前束之间的作用　D. 前束值过小
66. 座位数小于等于 9 的载客汽车，制动初速度为 50km/h，稳定性要求车辆任何部位不得超过的试车道宽度是(　　)。
A. 3m　B. 2m　C. 2.5m　D. 4m
67. 检测气缸压力时，如果两次检查结果均表明相邻两缸压力都很低，这最大的可能性为(　　)。
A. 这两缸的相邻处气缸垫烧损　B. 这两缸的进、排气门封闭不严
C. 这两缸的压缩比偏小　D. 这两缸的活塞环磨损严重
68. 轿车汽油机的压缩比一般在(　　)范围内。
A. 8~11　B. 17~22　C. 4~7　D. 12~17
69. 一辆轿车的 VIN 代码是 KNJLT06H8S6163266，其年款代码表示的年份是(　　)。
A. 1996 年　B. 1998 年　C. 1995 年　D. 1997 年
70. 一辆轿车的 VIN 代码是 IFALP35H6TF032015，其年款代码表示的年份是(　　)。
A. 1996 年　B. 1998 年　C. 1995 年　D. 1997 年
71. 一辆轿车的 VIN 代码是 4G4AH53L8VJ007421，其年款代码表示的年份是(　　)。
A. 1996 年　B. 1998 年　C. 1995 年　D. 1997 年
72. 一辆轿车的 VIN 代码是 WBWGD51GOWG010210，其年款代码表示的年份是(　　)。
A. 1996 年　B. 1998 年　C. 1995 年　D. 1997 年
73. 一辆轿车的 VIN 代码是 LDCI31D21X0005954，其年款代码表示的年份是(　　)。
A. 1999 年　B. 1997 年　C. 2000 年　D. 1998 年
74. 一辆轿车的 VIN 代码是 JNKRA25D6YW113728，其年款代码表示的年份是(　　)。
A. 1999 年　B. 1997 年　C. 2000 年　D. 1998 年
75. 一辆轿车的 VIN 代码是 4P3CS34T8SE057192，其年款代码表示的年份是(　　)。
A. 1999 年　B. 1997 年　C. 2000 年　D. 1995 年
76. 一辆轿车的 VIN 代码是 JNKPA25D00W113728，其年款代码表示的年份是(　　)。
A. 1999 年　B. 以上都不正确　C. 2000 年　D. 1998 年
77. 同一发动机的两个机构中，曲轴与凸轮轴相比，曲轴的价格(　　)。
A. 与凸轮轴相等　B. 无法比较　C. 比较低　D. 比较高
78. 轿车空载时的制动距离要求为：初速度为 50km/h 时的制动距离(　　)。
A. ≤22m　B. ≤24m　C. ≤19m　D. ≤20m
79. 轿车满载时的制动距离要求为：初速度为 50km/h 时的制动距离(　　)。
A. ≤22m　B. ≤20m　C. ≤24m　D. ≤19m
80. 发动机的动力性指标主要是指(　　)。
A. 调速器　B. 发动机排量　C. 有效功率与有效转矩　D. 转速

81. 汽车的经济性能指标是(　　)。
A. 燃油消耗率(gkm/h)　B. 以上都不正确　C. 耗油量(kg/h)　D. 百公里耗油(L/100km)
82. 根据无负荷测功原理，下面说法正确的是(　　)。
A. 角速度越大，功率越大　B. 加速时间越长，功率越大
C. 转速越高，功率越大　D. 角加速度越大，功率越大
83. 汽车在用发动机的功率不得低于额定功率的(　　)。
A. 0.8　B. 0.75　C. 0.85　D. 0.7
84. 对汽车做动态检测时，不属于路试检测的项目是(　　)。
A. 轮胎磨损程度　B. 滑行情况　C. 加速性能　D. 制动性能
85. 汽车行驶系中，最容易磨损的总成部件是(　　)。
A. 车架　B. 悬架　C. 轮胎　D. 车桥
86. 轿车通常采用(　　)悬架。
A. 独立　B. 非独立　C. 平衡　D. 非平衡
87. 发动机常用(　　)功率作为额定功率。
A. 12h 功率　B. 15min 功率　C. 持续功率　D. 1h 功率
88. 大修后的发动机功率不得低于额定功率的(　　)。
A. 0.9　B. 0.75　C. 0.85　D. 0.8
89. 汽车向左转向和向右转向的转弯直径一般(　　)。
A. 不相等　B. 高速时相等　C. 相等　D. 低速时相等
90. 铝合金车轮最主要的优点是(　　)。
A. 散热性好　B. 价格低　C. 美观　D. 重量轻
91. 在侧滑实验台上测试汽车前轮侧滑量时，如滑动板向内侧滑动，是因为(　　)。
A. 前轮外倾　B. 前轮外倾与前束之间的作用
C. 前束值过小　D. 前束值过大
92. 汽油机正常工作时排出的气体颜色为(　　)。
A. 灰色　B. 无色　C. 蓝色　D. 黑色
93. 柴油机在大负荷运转或突然加速时，最常见的排烟颜色为(　　)。
A. 白色　B. 无色　C. 蓝色　D. 黑色或深黑色
94. 按规定量加好机油，经过使用后，机油油面增高，这说明(　　)。
A. 汽油混入曲轴箱　B. 水混入曲轴箱
C. 油底壳砂砾金属沫沉淀太多　D. 曲轴箱通风不够，压力太大
95. 夏利轿车装用 1.3L 发动机，它属于(　　)。
A. 中级轿车　B. 中高级轿车　C. 微型轿车　D. 普通级轿车
96. 捷达轿车装用 1.6L 发动机，它属于(　　)。
A. 中级轿车　B. 中高级轿车　C. 微型轿车　D. 普通级轿车
97. 桑塔纳轿车装用 1.8L 发动机，它属于(　　)。
A. 中级轿车　B. 中高级轿车　C. 微型轿车　D. 普通级轿车
98. QQ 轿车装用 1.1L 发动机，它属于(　　)。
A. 中级轿车　B. 中高级轿车　C. 微型轿车　D. 普通级轿车
99. QQ 轿车装用 0.8L 发动机，它属于(　　)。
A. 中级轿车　B. 中高级轿车　C. 微型轿车　D. 普通级轿车
100. 4×2 型汽车的驱动轮数为(　　)。
A. 6　B. 2　C. 8　D. 4

101. 汽油机排气颜色为黑色，说明(　　)。

A. 冷却液温度过低　　B. 以上都不正确

C. 有机油窜入气缸燃烧室内参与燃烧　　D. 混合气过浓或点火时刻过迟，造成燃烧不完全

102. 汽油机排气颜色为蓝色，说明(　　)。

A. 混合气过浓或是点火时刻过迟，造成燃烧不完全　　B. 以上都不做正确

C. 有机油窜入气缸燃烧室内参与燃烧　　D. 冷却液温度过低

103. 关于发动机增压的功能，以下描述不正确的是(　　)。

A. 将空气预先压缩后供入气缸，以提高空气密度、增加进气量

B. 燃油经济性会变差

C. 发动机功率改善

D. 进气量增加，可增加循环供油量，从而可增加发动机功率

104. 发动机起动时，向起动机、点火系及其他用电设备供电的是(　　)。

A. 发电机　　B. 蓄电池　　C. 蓄电池和发电机　　D. 发动机

105. GB 7258—2012《机动车运行安全技术条件》中规定：车速表的允许误差范围为(　　)。

A. -5%～+20%　　B. 没有规定　　C. -20%～+5%　　D. -50%～+50%

106. GB 7258—2012《机动车运行安全技术条件》中规定：驻车制动力不小于整车重量的(　　)。

A. -5%　　B. 0.2　　C. 5%　　D. 0.5

107. 我国规定检测柴油机烟度的烟度计采用(　　)。

A. 重量式　　B. 不分光红外线检测　　C. 透光式　　D. 滤纸式

108. 汽油机装用三元催化转化器的目的是(　　)。

A. 降低燃油消耗　　B. 降低 CO、HC、NOx 的排放

C. 提高发动机的动力性　　D. 提高燃料的燃烧性

109. 汽油机 EFI 系统中的基本喷油量由(　　)确定。

A. 进气温度　　B. 发动机转速与进气量　　C. 发动机工作温度　　D. 爆燃信号

110. 汽油机电控燃油喷射系统(缸外多点喷射式)中喷油器是将燃油喷在(　　)。

A. 节气门下方　　B. 进气歧管内　　C. 气缸内　　D. 进气总管内

111. 汽车紧急制动情况下，当车轮的滑移率在(　　)时，制动性能最佳。

A. 1　　B. 20%左右　　C. 0.5　　D. 0.75

112. 车辆上装置 ASR 系统的主要目的是(　　)。

A. 提高制动稳定性　　B. 提高车辆经济性　　C. 提高制动效能　　D. 提高车辆行驶的稳定性

113. 安全气囊属于(　　)装置。

A. 必备　　B. 保险　　C. 主动安全　　D. 被动安全

114. 下列属于汽车被动安全装置的是(　　)。

A. 驱动防滑系统(ASR)　　B. 轮胎压力检测报警装置

C. 动力转向系统　　D. 安全气囊

115. 乘用车是指在其设计和技术特性上主要用于载运乘客及其随身行李(或)临时物品的汽车，包括驾驶人座位在内最多不超过(　　)个。

A. 7　　B. 9　　C. 5　　D. 11

116. 下列不属于乘用车范畴的是(　　)。

A. 旅行车　　B. 敞篷车　　C. 越野客车　　D. 救护车

117. 某轿车发动机排量为 2.0L，则该轿车属于(　　)。

A. 中级轿车　　B. 高级轿车　　C. 普通轿车　　D. 中高级轿车

118. 某轿车发动机排量为 1.2L，则该轿车属于(　　)。

A. 普通轿车　　B. 中高级轿车　　C. 微型轿车　　D. 中级轿车

119. 某货车的核定最大总质量为5t，则该货车属于(　　)。

A. 轻型货车　　B. 重型货车　　C. 微型货车　　D. 中型货车

120. 某货车的核定最大总质量为10t，则该货车属于(　　)。

A. 轻型货车　　B. 中型货车　　C. 微型货车　　D. 重型货车

121. 越野汽车可按驱动轴数分为双轴、三轴和四轴驱动，则6×6为(　　)。

A. 四轴　　B. 不能判断　　C. 双轴　　D. 三轴

122. 客车是指可乘坐(　　)人以上(不含驾驶人)的载客汽车。

A. 9　　B. 21　　C. 11　　D. 17

123. 某客车总长度为8米，则该客车属于(　　)。

A. 小型客车　　B. 中型客车　　C. 微型客车　　D. 大型客车

124. 某客车总长度为5米，则该客车属于(　　)。

A. 中型客车　　B. 大型客车　　C. 微型客车　　D. 小型客车

125. 某自卸车的最大总质量为10t时，则该自卸车为(　　)。

A. 重型　　B. 矿山用　　C. 轻型　　D. 中型

126. 从车辆VIN中我们不可以识别出的信息是(　　)。

A. 发动机排量　　B. 车型年款　　C. 生产国家　　D. 车辆类别

127. 车辆的17位VIN代号编码经过排列组合，结果使车型生产在(　　)年之内不会发生重号现象。

A. 40　　B. 50　　C. 20　　D. 30

128. 我国政府有关部门发布了《车辆识别代号管理规则》规定(　　)之后，适用范围内的所有新生产车必须使用车辆识别代码。

A. 1999年1月1日　　B. 2002年1月1日　　C. 2000年1月1日　　D. 2001年1月1日

129. 按我国规定，不需要具有车辆识别代码的车辆有(　　)。

A. 挂车　　B. 汽车　　C. 拖拉机　　D. 摩托车

130. 我国规定，9人座以下的客车和最大总质量小于或等于3.5t的载货汽车的识别代码应位于(　　)。

A. 仪表板的上方　　B. 汽车铭牌上　　C. 仪表板的下方　　D. 底盘车架上

131. 下列信息中不属于车型标牌记录内容的是(　　)。

A. 车架号　　B. 发动机型号和排量　　C. 车身总长度　　D. 制造厂编号

132. 不是CA1092型汽车表示的特征的是(　　)。

A. 货车　　B. 9米长　　C. 一汽生产　　D. 总质量9t

133. 某车辆产品型号为TJ7130UA，其中7表示(　　)。

A. 轿车　　B. 载货汽车　　C. 越野汽车　　D. 客车

134. 汽车的驱动型式为4×2，表示(　　)。

A. 汽车为6轮汽车，其中2轮为驱动轮　　B. 汽车为6轮汽车，其中4轮为驱动轮

C. 汽车为4轮汽车，2轴驱动　　D. 汽车为4轮汽车，其中2轮为驱动轮

135. 发动机前置、前轮驱动的轿车的特点是(　　)。

A. 传动轴较长，需要通过车身中部，使车厢地板中部有凸起的形状

B. 前、后轴荷分配合理

C. 发动机和传动系连成一体，省去了传动轴

D. 发动机散热不好

136. 以下(　　)不属于发动机前置、后轮驱动客车的优点。

A. 轴距可缩短，车身可缩短　　B. 操作机构简单

C. 发动机散热较好　　D. 驾驶人容易辨别发动机故障

137. 汽车的布置形式中，发动机前置、后轮驱动可表示为(　　)。

A. RR　　B. FR　　C. FF　　D. RF

138. 轿车的布置行驶中，目前广泛流行采用的布置行驶为(　　)。

A. RR　　B. FR　　C. FF　　D. RF

139. 对公路车辆的外廓尺寸的界限，根据我国国标 GB1589—2004 规定：汽车总高度不大于(　　)。

A. 3m　　B. 5m　　C. 2m　　D. 4m

140. 对公路车辆的外廓尺寸的界限，根据 GB1589—2004 规定：汽车总宽度(不包括后视镜)不大于(　　)。

A. 2. 5m　　B. 3. 5m　　C. 2m　　D. 3m

141. 汽车的总质量是指(　　)。

A. 乘客和驾驶人的质量　　B. 以上三个质量之和　　C. 汽车自身质量　　D. 载货质量

142. 下列参数中，影响汽车通过性的尺寸参数主要有(　　)。

A. 轮距　　B. 汽车自重　　C. 轴距　　D. 最小离地间隙

143. 下列指标中，不属于汽车动力性的指标为(　　)。

A. 汽车的加速能力　　B. 汽车的通过能力　　C. 汽车的最高车速　　D. 汽车的爬坡能力

144. 下列指标中，不属于汽车制动性的指标为(　　)。

A. 制动效能　　B. 制动时的方向稳定性　　C. 加速时间　　D. 制动抗热衰退性

145. 柴油车在全负荷和加速度工况时排出的烟为(　　)。

A. 白烟　　B. 不确定　　C. 黑烟　　D. 蓝烟

146. 下面不属于事故车的是(　　)。

A. 泡水车　　B. 大修车

C. 严重碰撞或撞击的车辆　　D. 过火车辆

147. 泡水车是指(　　)。

A. 涉水深度超过超过车轮半径的车辆　　B. 涉水深度超过车轮的车辆

C. 涉水行驶过的车辆　　D. 水深超过发动机盖，达到前风窗玻璃的下沿

148. 我国按照 GB1589—2004 规定：货车总长(包括越野载货车)不大于(　　)。

A. 11 米　　B. 13 米　　C. 10 米　　D. 12 米

149. 二手车鉴定评估的主体是(　　)。

A. 二手车　　B. 评估程序　　C. 评估师　　D. 评估方法和标准

150. 二手车鉴定评估的客体是(　　)。

A. 评估师　　B. 评估程序　　C. 二手车　　D. 评估方法和标准

151. 二手车鉴定评估价以(　　)为基础。

A. 账面原值　　B. 税费附加值　　C. 技术鉴定　　D. 市场价格

152. 二手车评估值不是指车辆的(　　)。

A. 评估基准日的市场价格B. 市场交易价格　　C. 清算价值　　D. 交易价值

153. 二手车继续使用价值的特点是车辆可以(　　)而评估的投资价值。

A. 被拆作零件　　B. 被拆作零件、部件

C. 以整车的形式继续使用　　D. 被拆作部件

154. 二手车评估师遵守(　　)，应该提出回避为亲属朋友鉴定评估相关车辆。

A. 客观性原则　　B. 可行性原则　　C. 独立性原则　　D. 科学性原则

155. 根据相关法规，国家机关、国有企事业单位的二手车评估，应按照国有资产的评估程序进行，分为四个步骤：(　　)。

A. 前期准备、评估操作、后期管理、验证确认　　B. 申请立项、资产清查、评定估算、后期管理

C. 申请立项、资产清查、评定估算、验证确认　　D. 前期准备、评估操作、评定估算、验证确认

156. 汽车未达到(　　)，可以继续使用。

A. 规定的使用年限、达到累计行驶的总里程数的　　B. 修理后符合国家安全技术条件要求的

C. 累计行驶的总里程数和规定的使用年限的　　D. 累计行驶的总里程数、达到规定的使用年限的

157. 通常，二手车评估具有(　　)的特点。

A. 以技术鉴定为基础，以单台为评估对象，使用强度大

B. 要考虑税、费附加值，以技术鉴定为基础，规格型号

C. 以技术鉴定为基础，以单台为评估对象，要考虑税、费附加值

D. 以单台为评估对象，要考虑税，费附加值，使用范围广

158. 二手车评估师应掌握车辆的主要性能指标，包括(　　)。

A. 动力性、经济性、可用性　　B. 试验性、制动性、动力性

C. 动力性、经济性、制动性、操纵稳定性　　D. 行驶性、操纵稳定性、经济性

159. 带拖挂的载货汽车的使用期限为(　　)。

A. 9 年　　B. 6 年　　C. 8 年　　D. 10 年

160. 中型客运汽车的使用期限为(　　)。

A. 9 年　　B. 6 年　　C. 8 年　　D. 10 年

161. 大型客运汽车的使用期限为(　　)。

A. 9 年　　B. 6 年　　C. 8 年　　D. 10 年

162. 机动车更新重置成本是指(　　)所需的成本。

A. 在现时条件下，购置功能基本相同的车辆

B. ABC 都不是

C. 在现时条件下，购置采用新工艺、新标准、新设计的功能基本相同的车辆

D. 在现时条件下，购置与原车采用相同工艺、标准、设计的及功能基本相同的车辆

163. 机动车复原重置成本是指(　　)所需的成本。

A. 在现时条件下，购置排量相同的车辆

B. ABC 都不是

C. 在现时条件下，购置与原车使用工艺、标准、设计的及功能基本相同的车辆

D. 在原来购车时，购置采用新工艺、新标准、新设计的及功能基本相同的车辆

164. 在用市场价格比较法评估二手车时，如果参照车辆与被评估车辆完全相同，则应使用(　　)进行评估。

A. 直接法　　B. 比较法与间接法　　C. 相似比较法　　D. 间接法

165. 在用市场价格比较法评估二手车时，参照车辆与被评估车辆完全相同。参照物的市场价为 6.8 万元，则被评估车辆的评估值是(　　)。

A. 7.0 万元　　B. 6.0 万元　　C. 6.8 万元　　D. 6.5 万元

166. 在用市场价格比较法评估二手车时，参照物的价格应为(　　)。

A. 新车的报价　　B. 预测的车价　　C. 新车的现行市价　　D. 二手车市场的现行市价

167. 采用市场价格比较法评估二手车时，参照物与被评估车辆不完全相同，但相似，则要进行调整的是(　　)。

A. 新车的价格　　B. 参照车辆的价格　　C. 被评估车辆的价格　　D. 市场上的报价

168. 在用市场价格比较法评估二手车时，参照物的价格是(　　)。

A. 新车的价格　　B. 预测的价格

C. 二手车市场交易价格　　D. 市场报价

169. 应用市场价格比较法评估二手车的价格，其必要条件是(　　)。

A. 公平和有效市场 B. 任何市场均可 C. 公平市场 D. 有效市场

170. 公平市场是指(　　)。

A. 信息对称的市场

B. 有销售优惠条件的市场

C. 有充分竞争的市场

D. 有充分竞争、信息对称且为正常货币价格的市场

171. 有效市场的条件是(　　)。

A. 信息是真实可靠且市场是活跃的 B. 有市无价的市场

C. 信息是真实的 D. 市场是活跃的

172. 市场比较法对于市场上只有唯一一辆车辆是(　　)。

A. 一般适用的 B. 80%可用 C. 完全适用的 D. 不适用的

173. 所谓近期，是指参照物的交易时间与被评估车辆评估基准日相近，一般应在(　　)。

A. 五个月之内 B. 三个月之内 C. 半年之内 D. 一年之内

174. 只要参照物车辆与被评估车辆的类别相同，主参数相同，结构性能相同，只是生产顺序号不同，只经过局部改变的车辆，则可认为是(　　)。

A. 完全相同 B. 大部分相同 C. 完全不同 D. 部分相同

175. 参照物的市场价格必须是(　　)。

A. 市场实际报价 B. 卖方要的价格

C. 实际的市场交易价格 D. 市场预测的价格

176. 如果这个市场参照物的价格受到买卖双方特殊关系影响，则(　　)。

A. 就是被评估车辆价格 B. 什么都不是 C. 可作为评估的基础 D. 不能作为评估的基础

177. 拍卖行二手车拍卖数据库中的价格资料，可作为(　　)。

A. 可作为新车的销售价 B. 参照物的参考价格 C. 被评估车辆的价格 D. 可作预售的价格

178. 车辆的实际技术状况，这是评估的(　　)。

A. 间接的依据之一 B. 一般的依据之一 C. 重要的依据之一 D. 次要的依据之一

179. 市场价格比较法中的直接比较法是(　　)。

A. 最为简单、最为直接的一种方法 B. 最为复杂、最为普通的一种方法

C. 最为复杂、最为直接的一种方法 D. 最为简单、最为一般的一种方法

180. 要评估一辆轿车，评估师从二手车市场获得市场参照物与被评估车辆各方面都基本相同，只是在(1)参照物后视镜被损坏需更换，约需200元；(2)被评估车辆改装一套真皮座椅面，价值6500元。参照物的市场价为20.5万元，则被评估车辆的评估值为(　　)。

A. 25万元 B. 21.17万元 C. 25.64万元 D. 19.117万元

181. 要评估一辆55座的大客车，评估师从二手车市场上找到与被评估完全一样的参照物，只是参照物装了一套高级音响，价值8600元参照物的交易价为26.5万元。则被评估车辆价值为(　　)。

A. 25.94万元 B. 25.094万元 C. 25.64万元 D. 25.14万元

182. 若参照物的市场价为$P0$，需要进行调整的参数为K，则用相似比较法来评估二手车的价值P为(　　)。

A. $P=P0\times(1\pm K)$ B. $P=P0/(1\pm K)$ C. $P=P0+(1\pm K)$ D. $P=P0-(1\pm K)$

183. 应用市场价格比较法中的成本比率法评估时，必须要(　　)。

A. 车辆的类别相同 B. 使用年限可以不同

C. 车辆的使用年限相同 D. 车辆的使用年限和类别均应相同

184. 一辆桑塔纳轿车已使用了3.5年，用使用年限法计算其成新率为(　　)。

A. 0.7667 B. 0.2333 C. 0.5652 D. 0.065

185. (　　)方法无法求得二手车成新率。

A. 成本比率法　　B. 部件鉴定法　　C. 使用年限法　　D. 综合分析法

186. 有一辆轿车，已使用8年，一直正常使用，当前的重置成本为18.6万元，其综合成本比率$U=27.33\%$，则该车的评估值为(　　)。

A. 5.08万元　　B. 5.6万元　　C. 5.5万元　　D. 5.0万元

187. 用成本比率法评估二手车，则该车应为(　　)。

A. 过度使用的车辆　　B. 什么车辆都可　　C. 长期闲置的车辆　　D. 正常使用的车辆

188. 一辆带拖挂的载货汽车，已使用了5年，属正常使用，其成本比率为25.65%，重置成本为8.6万元，用成本比率法评估其价值为(　　)。

A. 4.5万元　　B. 4.8万元　　C. 4.377万元　　D. 2.21万元

189. 被评估的捷达车，已使用5年，但在二手车市场找到的作为参照物的相同车辆却已使用6年，试求其价格差异调整系数为(　　)。已知捷达车已使用5年和6年的成本比率$U5=0.423$，$U6=0.383$。

A. 0.1155　　B. 0.109　　C. 0.1044　　D. 0.0985

190. 被评估的捷达车比参照物车辆的使用年限少1年，则其价格差异调整系数为10.44%，参照物车辆的市场价为4.5万元，则被评估车辆的评估值P为(　　)。

A. 4.97万元　　B. 3.98万元　　C. 5.1万元　　D. 5.3万元

191. 市场价格比较法中的比较因素是指(　　)。

A. 影响销售的因素　　B. 影响外观的因素　　C. 影响使用的因素　　D. 影响价格的因素

192. 市场价格比较法的评估程序是(　　)。

A. 收集资料、分析比较、评估价值

B. 收集资料、选定参照物、分析比较、计算评估值

C. 收集资料、选定参照物、计算评估值

D. 收集资料、选定参照物、评估价值

193. 二手车鉴定评估采用哪一种评估方法，取决于(　　)。

A. 被评估的车辆　　B. 鉴定评估的目的　　C. 评估师　　D. 卖主

194. 一辆二手车的重置成本价是指(　　)。

A. 二手车的售卖价格　　B. 二手车的收购价格

C. 现行公开市场上的新车价格　　D. 二手车的拍卖价格

195. 北京市规定排量在1.0L以下的出租车，规定使用年限由原来的8年减少至6年，从而引起车辆的贬值，这种贬值属于(　　)。

A. 功能性贬值　　B. 实体性与功能性贬值　　C. 实体性贬值　　D. 经济性贬值

196. 采用重置成本法评估二手车时，一般使用的是(　　)。

A. 折旧成本　　B. 更新重置成本　　C. 复原重置成本　　D. 税后成本

197. 二手车的评估价值应是(　　)。

A. 从重置成本中扣减在使用过程中的各种陈旧性贬值

B. 从二手车的价格中减去陈旧性贬值

C. 从二手车的售价中扣减各种陈旧性贬值

D. 从二手车的成本中扣减资料陈旧性贬值

198. 电喷车普及后，化油器车发生贬值，这种贬值是(　　)。

A. 功能性贬值　　B. 各种贬值都有　　C. 实体性贬值　　D. 经济性贬值

199. 更新重置成本减去复原重置成本就是(　　)。

A. 营运性功能贬值　　B. 实体性贬值　　C. 一次性功能性贬值　　D. 经济性贬值

200. 有形损耗而导致车辆贬值，是(　　)。

A. 功能性贬值　B. 实体性和功能性贬值　C. 经济性贬值　D. 实体性贬值

201. 一次性功能性贬值是由于技术进步引起劳动生产率提高，再生产同样的车辆，所需(　　)减少，成本降低，从而造成原有车辆贬值。

A. 本厂的劳动时间　B. 车辆运输销售时间　C. 社会劳动时间　D. 装配制造时间

202. 市场需求变化引起的车辆贬值是(　　)。

A. 经济性贬值　B. 功能性和经济性贬值　C. 实体性贬值　D. 功能性贬值

203. 被评估车辆的评估值 P 与重置成本 R 与各种陈旧贬值 D 的关系式为(　　)。

A. $P=R-D$　B. $D=P-R$　C. $P=D-R$　D. $R=P-D$

204. 被评估车辆的评估值 P 与重置成本 R 与实体性贬值 Dp、功能性贬值 D_f 和经济性贬值 De 的关系为(　　)。

A. $P=R-D_p-D_e+D_f$　B. $P=R-D_p+D_e+D_f$　C. $P=R-D_p+D_f-D_e$　D. $P=R-D_p-D_f-D_e$

205. 汽车发动机因(　　)，所采用 15min 功率作为其额定功率。

A. 经常在泥泞路上行驶

B. 经常在等速行驶下行驶

C. 经常要克服上坡阻力和加速

D. 经常在部分负荷下工作，仅在克服上坡阻力和加速等情况下才短时间使用最大转矩及最大功率。

206. 某汽车型号 BJ2020，其车辆类别代号和主要参数的含义是(　　)。

A. 货车载重量 2 吨　B. 越野车总质量 2 吨　C. 越野车自重 2 吨　D. 货车总质量 2 吨

207. 路试后，正常的机油温度为(　　)。

A. 85℃　B. 125℃　C. 65℃　D. 95℃

208. 重置成本是由(　　)构成。

A. 运输成本与使用成本　B. 直接成本与间接成本

C. 出厂成本与销售成本　D. 销售成本与运输成本

209. 直接成本是指(　　)。

A. 市场的预测价格　B. 报价和预测价格　C. 现行市场的报价　D. 现行市场的购买价格

210. 间接成本是指(　　)。

A. 使用环节的税费　B. 销售环节的税费

C. 生产和销售环节的税费　D. 生产和使用环节的税费

211. 属于所有权转让的交易类评估业务，重置成本中就可以不包括(　　)。

A. 直接成本　B. 生产成本　C. 间接成本　D. 直接和间接成本

212. 对于产权转让的咨询类评估业务，重置成本中就应包括(　　)。

A. 销售成本　B. 直接成本与间接成本　C. 生产成本　D. 生产和销售成本

213. 无论是国产车还是进口车，一律采用国内现行市场(　　)作为被评估车辆的重置成本全价。

A. 预测的价格　B. 销售商的报价　C. 二手车的价格　D. 新车的价格

214. 评估时要特别注意价格的时效性，所用资料要看能否反映(　　)的价格水平。

A. 出厂时日　B. 注册时　C. 评估基准日　D. 销售日

215. 评估时，应该使用评估对象(　　)的价格资料。

A. 销售地　B. 所在地　C. 出厂地　D. 库存地

216. 用物价指数法确定重置成本，若购买的原值不知或不准确，则(　　)。

A. 不能用物价指数法　B. 可用系数法　C. 可以用物价指数法　D. 可用间接法

217. 物价指数并不能反映技术先进性，所以，物价指数法只能适用于(　　)。

A. 更新重置成本　B. 复原重置成本　C. 制造成本　D. 使用成本

218. 用(　　)来确定重置成本，对于已淘汰的产品或是进口车辆查询不到现时市场价格时，是一种很好的办法。

A. 现行市价法　B. 清算价格法　C. 重置成本法　D. 物价指数法

219. 机动车实体性贬值在(　　)就开始发生的。

A. 开始使用后　B. 进行二手车交易后　C. 制造完工后　D. 销售以后

220. 点火系中将电源的低电压变为高电压的部件是(　　)。

A. 断电器　B. 分电器　C. 点火线圈　D. 蓄电池

221. 直接法确定重置成本，关键是获得市场价格资料。在同等的条件下，评估人员应选择可能获得的(　　)。

A. 经销商报价　B. 都不是　C. 最高市场售价　D. 最低的市场售价

222. 营运性功能性贬值是由于(　　)引起的。

A. 有形损耗　B. 都不是

C. 科学技术的进步　D. 科学技术进步及有形损耗共同

223. 发动机气缸间的发火顺序不同，配气机构中(　　)的结构形状将随之变化。

A. 摇臂　B. 挺杆　C. 气门　D. 凸轮轴

224. 大修之后汽车发动机的功率不低于额定功率的(　　)。

A. 0.85　B. 0.95　C. 0.8　D. 0.9

225. 私家轿车的报废标准由原来的规定使用年限10年改为15年，从而使车辆(　　)。

A. 价值不变　B. 增值　C. 贬值　D. 无任何影响

226. 用直接观察法来确定车辆的实体性贬值其准确性取决于(　　)。

A. 设计水平　B. 使用经验　C. 实际评估经验　D. 制造水平

227. 在实际评估中，一般用(　　)作为更新重置成本。

A. 市场价　B. 优惠价　C. 拍卖价　D. 清算价

228. 汽车报废标准限定了汽车的行驶里程和使用年限，只要达到(　　)，车辆就要报废。

A. 很高的使用强度和坏的使用条件　B. 极坏的维修保养

C. 规定使用年限和行驶里程两个参数　D. 规定使用年限与行驶里程中的一个参数

229. 出租车规定使用年限为8年，一辆车租车已使用了3年，则此车的成新率为(　　)。

A. 0.65　B. 0.4　C. 0.5　D. 0.385

230. 一辆不带拖挂的载货汽车，已使用了5年，则此车的成新率为(　　)。

A. 0.38　B. 0.4　C. 0.5　D. 0.385

231. 北京市2000年调整排量在1L以下(含1L)的出租车规定使用年限为6年，试计算调整报废标准后，该车引起的经济性贬值是(　　)。

A. 0.25　B. 0.35　C. 0.2　D. 0.3

232. 发动机大修竣工后，发动机的气缸压力应符合原设计规定，各缸压力差应该为(　　)。

A. 汽油机应不超过各缸平均压力的5%，柴油机为15%

B. 汽油机应不超过各缸平均压力的10%，柴油机为15%

C. 汽油机应不超过各缸平均压力的8%，柴油机为10%

D. 汽油机应不超过各缸平均压力的15%，柴油机为5%

233. 车辆使用一段时间后闲置库场半年多，使得车身钣金件有所锈蚀，橡胶老化，从而导致的价值损耗为(　　)。

A. 经济性贬值　B. 功能性与实体性贬值　C. 功能性贬值　D. 实体性贬值

234. 一辆矿业用专用车，已使用4年，用使用年限法计算，该车的成新率为(　　)。

A. 0.45　B. 0.55　C. 0.4　D. 0.5

235. 某一品牌车型，其复原重置成本是12.6万元，而更新重置成本为10.8万元，那么该车型的一次性功能性贬值为(　　)。

A. 2.5 万元　　B. 1.8 万元　　C. 3 万元　　D. 2.0 万元

236. 一辆旅游客车，剩余使用寿命还有 4 年，用寿命比率法计算该车成新率是(　　)。

A. 0.45　　B. 0.35　　C. 0.4　　D. 0.5

238. 私家车国家调整报废标准后，规定使用年限从 10 年增加到 15 年，其贬值率为(　　)。

A. 0.5　　B. 1　　C. −0.5　　D. ±50%

239. 一辆桑塔纳轿车已使用了 3.5 年，用使用年限法计算其成新率为(　　)。

A. 0.7667　　B. 0.2333　　C. 0.5652　　D. 0.065

240. 用(　　)方法无法求得二手车成新率。

A. 成本比率法　　B. 部件鉴定法　　C. 使用年限法　　D. 综合分析法

241. 用综合分析法来确定成新率时，综合调整系数取值可以(　　)。

A. ≥1.0　　B. >2.0　　C. ≤1.0　　D. ≥1.5

242. 用综合分析法来确定成新率时，综合调整系数取值应考虑(　　)五项影响因素。

A. 技术状况、维护保养、制造质量、工作性质、安全条件

B. 技术状况、维护保养、制造质量、实体性贬值、工作条件

C. 技术状况、维护保养、排放水平、工作性质、工作条件

D. 技术状况、维护保养、制造质量、工作性质、工作条件

243. A、B 两台夏利出租车，重置价基本相同。其营运成本差别如下：A 车，每百公里耗油量 6L，每年维修费用 0.5 万元。B 车每百公里耗油量 6.5L，每年维修费用 0.6 万元，按每日营运 200km，每年平均出车 250 元计算，每升油 5 元，所得税率为 10%，B 车还可运行 2 年，则 B 车的营运功能性贬值为(　　)已知$(P/A,10\%,2)=1.7355$。

A. 2733.4 元　　B. 2700.4 元　　C. 2700 元　　D. 2800 元

244. 在二手车鉴定评估中，通常采用较多的评估方法是(　　)。

A. 市场价格比较法　　B. 清算价格法　　C. 重置成本法　　D. 收益现值法

245. 由于新车的推出，会引起同型号原车的(　　)。

A. 功能性贬值　　B. 上述三种贬值　　C. 实体性贬值　　D. 经济性贬值

246. 北京一辆排量为 0.997L 夏利出租车，其报废年限为(　　)。

A. 8 年　　B. 5 年　　C. 10 年　　D. 6 年

247. 北京一辆富康出租车，其报废年限为(　　)。

A. 12 年　　B. 8 年　　C. 15 年　　D. 10 年

248. 在轿车中，使用强度较大的是(　　)。

A. 公务用车　　B. 生活用车　　C. 出租车　　D. 商务用车

249. 在以下(　　)情况，可仅按现行市场新车的购置价格作为被评估车辆的重置成本全价。

A. 拍卖盗抢车　　B. 企业破车　　C. 企业产权变动　　D. 所有权转让

250. 汽车的无形损耗是由于(　　)。

A. 交各种税费　　B. 有性能较好的车型推出

C. 交各种规费　　D. 交保险费

251. 重置成本是(　　)。

A. 在原来的条件下，重新购置机动车所耗费的成本

B. 就是原来购置车辆的价格

C. 在现时条件下，按功能重新购置或构造机动车并使其处于在用状态所耗费的成本

D. 在原来的条件下，按功能重置机动车的成本

252. 有一辆带拖挂的货车，已使用 6 年，则其成新率按使用年限法计算为(　　)。

A. 0.3　　B. 0.35　　C. 0.25　　D. 0.2

253. 一辆BJ1041二手车，评估价为2.3万元。若要折价15%就可当即出售，则该车的价格应为(　　)。

A. 1.955万元　　B. 2.0万元　　C. 2.1万元　　D. 1.855万元

254. 用综合分析法计算二手车的成新率，一般适用于(　　)的评估。

A. 价值很高的车辆　　B. 都不使用　　C. 老旧车辆　　D. 价值中等的车辆

255. 用使用年限法求成新率，一般适用于(　　)的评估。

A. 价值中等的车辆　　B. 价值不高的老旧车辆　　C. 价值很高的车辆　　D. 价值特别高的车辆

256. 用部件鉴定法来求成新率，一般适用于(　　)的评估。

A. 价值中等的车辆　　B. 都不太适合　　C. 价值高的车辆　　D. 价值低的老旧车辆

257. 收益现值就是将被评估车辆在剩余寿命期内的预期收益，按(　　)折现为评估基准日的现值。

A. 一定的折现率　　B. 一定的贬值率　　C. 一定的折旧率　　D. 一定的成新率

258. 收益现值就是将被评估车辆在剩余寿命期内的预期收益，按一定的折新率折现为(　　)。

A. 购车日的现值　　B. 交易日的现值　　C. 评估基准日的现值　　D. 卖车日的现值

259. 采用收益现值法对二手车进行评估所确定的评估值，就是买主为获得该车辆的所有权，所支付的(　　)。

A. 订购金　　B. 违约金　　C. 预付款　　D. 货币总额

260. 收益现值法一般适用于(　　)。

A. 公务用车的评估　　B. 投入运营的车辆评估　　C. 私家车的评估　　D. 商务用车的评估

261. 收益现值法评估值的计算，实际上就是对评估车辆未来预期收益进行(　　)的过程。

A. 折旧　　B. 折价　　C. 折现　　D. 折扣

262. 所谓折现，就是将未来的收益，按照一定的折现率，折现到评估基准日的(　　)。

A. 现值　　B. 残值　　C. 原值　　D. 净值

263. 将未来收益进行时间价值的计算，并换算成评估基准日这一时点的价值过程称为折现，所使用的换算比率就成为(　　)。

A. 折扣率　　B. 优惠率　　C. 折旧率　　D. 折现率

266. 二手车的剩余寿命期 n 是指从评估基准日到(　　)。

A. 卖出时的年限　　B. 到停驶的年限　　C. 报废的年限　　D. 到交易时的年限

267. 有一辆桑塔纳2000出租车，于1998年6月初次注册登记，评估基准日为2004年6月，则该车的剩余使用年限 n 为(　　)。

A. 4年　　B. 2年　　C. 5年　　D. 3年

268. 有一辆长途客运大客车，于1998年7月初次注册登记，评估基准日为2003年7月，则该车的剩余使用年限 n 为(　　)。

A. 4年　　B. 2年　　C. 3年　　D. 5年

269. 收益现值是指(　　)。

A. 以适当的折现率将二手车未来预期收益折现成现值

B. 以适当的利率把二手车现时收益折为将来的收益值

C. 机动车现实能收益的大小

D. 机动车未来预期获利的多少

271. 采用收益现值法评估二手车的价值时，需要确定的三个参数为(　　)。

A. 剩余寿命期、交易额和折现率　　B. 剩余寿命期、预期收益额和折现率

C. 剩余寿命期、预期收益额和折旧率　　D. 剩余寿命期、成新率和折现率

272. 用收益现值法对二手车评估时，其预期收益额(　　)。

A. 是现值收益　　B. 是超现值收益　　C. 不是现值收益　　D. 是过期收益

273. 采用收益现值法评估二手车，在确定预期收益时，必须把握两点：(　　)。

A. 预期收益是现实收益，所以投资无风险

B. 预期收益即使现实收益，也是税前的利润

C. 预期收益不是现实的利益，所以投资有一定的风险

D. 预期收益不是现实收益，所以投资并无风险

274. 用收益现值法评估二手车，确定预期收益的可行性分析中，有一项不可预见的开支费用，一般不可预见费用为其总支出的(　　)。

A. 5% ~7%　　B. 1% ~3%　　C. 7% ~10%　　D. 3% ~5%

275. 财税(2002)29 号文件规定，二手车经营单位销售二手车，按照(　　)的征收率减半征收增值税。

A. 0.1　　B. 0.06　　C. 0.02　　D. 0.04

276. 一定数额的收益，发生在不同的时期，具有(　　)。

A. 相同的价值　　B. 都不是　　C. 不同的价值　　D. 不可确定的价值

277. 在用收益现值法评估二手车的价值中，从折现率本身来看，这是一种特定条件下的(　　)。

A. 收益率、回报率或报酬率　　B. 收益率、回报率或成新率

C. 折旧率、回报率或报酬率　　D. 收益率、折旧率或报酬率

278. 折现率与利率不是完全相同，利率是资金的报酬，而折现率是(　　)。

A. 劳动力的报酬　　B. 管理的报酬　　C. 无风险报酬　　D. 资产的报酬

279. 收益现值法评估二手车时，收益率越高，那么二手车评估值(　　)。

A. 无法确定　　B. 都不是　　C. 越高　　D. 越低

280. 折现率应高于(　　)。

A. 折旧率　　B. 折扣率　　C. 无风险利率　　D. 成新率

281. 运用收益法评估车辆时，其折现率的选择应该(　　)。

A. 与银行存款利率无一定关系　　B. 为银行存款利率

C. 小于银行存款利率　　D. 大于银行存款利率

282. 从折现率本身来说，它是一种特定条件下的收益率，一般来说，在收益一定的情况下(　　)。

A. 折现率越高，车辆评估值越低　　B. 折现率与评估值无关

C. 折现率越高，车辆评估值越高　　D. 折现率越低，车辆评估值越低

283. 用收益现值法评估一辆二手车，其剩余使用年限为 2 年，经预测这两年预期收益为：第一年 10000 元，第二年 9000 元。若无风险报酬率为 4%，风险报酬率为 6%，则评估值为(　　)。

A. 17356 元　　B. 16529 元　　C. 15703 元　　D. 19000 元

284. 用收益现值法评估一辆二手车，其剩余使用年限为 2 年，经预测这两年预期收益为：第一年 10000 元，第二年为 8000 元，设折现率为 15%，则评估值为(　　)。

A. 1.38 万元　　B. 1.52 万元　　C. 1.24 万元　　D. 1.47 万元

285. 某载货汽车最大总质量为 4t，按“汽车报废标准”，其规定使用年限为(　　)。

A. 8 年　　B. 15 年　　C. 6 年　　D. 10 年

286. 按照公安交通管理机关对机动车辆的管理方法，机动车可分为(　　)。

A. 小型车、大型车两大类

B. 汽车、拖拉机、农用运输机、轮式专用机械、摩托车、电车、挂车七大类

C. 汽车、拖拉机、农用运输机、摩托车四大类

D. 汽车、拖拉机、农用运输机、轮式专用机械、摩托车、电车六大类

287. 用收益现值法评估一辆二手车，其剩余使用年限为 2 年，预测这两年的预测收益为：第一年 12000 元，第二年为 8000 元，若折现率为 7%，则该车评估值为(　　)。

A. 17468 元　　B. 18692 元　　C. 15463 元　　D. 18203 元

288. 评估中的折现率由(　　)构成。
A. 风险报酬率　B. 风险报酬率减无风险报酬率
C. 无风险报酬率　D. 无风险报酬率加风险报酬率

289. 评估中的折现率，若风险报酬率不包含通货膨胀率，则由(　　)构成。
A. 风险报酬率　B. 无风险报酬率加风险报酬率加通货膨胀率
C. 无风险报酬率　D. 无风险报酬率加风险报酬率

290. 目前在二手车用收益现值法评估时，建议无风险报酬率采用我国银行(　　)定期存款利率。
A. 3 年期　B. 2 年期　C. 5 年期　D. 1 年期

291. 二手车鉴定评估的目的，就决定了评估的(　　)。
A. 结论　B. 方法　C. 过程　D. 价值

292. 收益现值法中的折现率 i 的微小变化，会给评估值(　　)。
A. 带来较小的影响　B. 有时有影响　C. 带来较大的影响　D. 没有影响

293. 折现率与银行利率关系是(　　)。
A. 折现率小于等于银行利率　B. 不确定
C. 折现率等于银行利率　D. 折现率大于等于银行利率

294. 用收益现值法评估二手车价值时，被评估车辆的评估值等于其剩余寿命期内的(　　)。
A. 未来收益值之差　B. 未来收益的现值之和　C. 未来收益值之和　D. 未来收益值

295. 用收益现值法评估二手车时，预期收益额是指被评估车辆，在今后的剩余寿命期内，使用过程中，超出自身价值的(　　)。
A. 使用费　B. 耗油费　C. 溢余额　D. 支出成本

296. 轻型载货车是指厂定最大总质量大于 1. 8t，小于等于(　　)的载货车。
A. 5t　B. 7t　C. 4t　D. 6t

297. 微型载货汽车规定使用年限为(　　)。
A. 8 年　B. 15 年　C. 10 年　D. 6 年

298. 微型载货汽车是指厂定最大总质量小于等于(　　)。
A. 3t　B. 1. 8t　C. 4t　D. 2t

299. 对非运营性 9 座以下(含 9 座)的载客汽车，规定使用年限由原来的 10 年调整为 15 年，这对于二手车来说是(　　)。
A. 贬值　B. 不确定　C. 升值　D. 无影响

300. 北京地区对排量小于 1L(含 1L)的出租车、小公共汽车，规定使用年限由原来的 8 年调整为 6 年，对这种二手车来说就意味着(　　)。
A. 贬值　B. 不确定　C. 升值　D. 无影响

301. 国家宏观政策对于二手车评估值产生的影响主要是(　　)。
A. 功能性贬值　B. 各种陈旧性贬值　C. 实体性贬值　D. 经济性贬(升)值

302. 采用收益现值法评估二手车价值时，其主要缺点是(　　)，受较强的主观判断的影响大。
A. 计算公式不准确　B. 计算复杂
C. 机动车剩余使用年限不确定　D. 预期收益预测难度大

303. 采用收益现值法评估二手车的主要优点是(　　)。
A. 有利于二手车的评估
B. 与投资决策相结合，容易被交易双方接受
C. 能客观反映二手车目前市场情况
D. 其评估参数直接从市场获得，能反映市场现实价格

304. 采用收益现值法评估二手车时，难以确定的两个参数是(　　)。

A. 折现率和剩余寿命期 B. 三个参数都很容易
C. 预测的预期收益额和折现率 D. 预期的收益额和剩余寿命期

305. 柴油机的压缩比，一般在( )范围内。
A. 17~20 B. 19~22 C. 14~20 D. 16~22

306. 二手车鉴定评估以( )为基础。
A. 车内鉴定 B. 排放鉴定 C. 外观鉴定 D. 技术鉴定

307. 因为二手车的技术状况和市场价格都随时间变化而变动，所以( )是非常重要的参数。
A. 评估基准日 B. 检验日期 C. 车辆的出厂日期 D. 初次注册登记日

308. 二手车的评估的依据有( )。
A. 立法依据、行为依据、产权依据、取价依据
B. 行为依据、法律法规依据、产权依据、目的依据
C. 立法依据、目的依据、行为依据、产权依据
D. 行为依据、法律法规依据、产权依据、取价依据

309. 二手车产权依据是( )。
A. 车牌号 B. 机动车登记证 C. 行驶证 D. 税费登记证

310. 二手车评估的行为依据是( )。
A. 价比表或评估报告 B. 技术规范使用手册 C. 委托书或协议书 D. 检验报告、状态书

311. 二手车鉴定评估过程主要包括( )等。
A. 接受委托、验证、现场勘察、评定估算、提交报告等
B. 接受委托、验证、双方交谈、评定估算、提交报告等
C. 接受邀请、验证、现场勘察、评定估算、提交报告等
D. 接受委托、现查勘察、评定估算、提交报告等

312. 评估报告的有效期为( )。
A. 8个月 B. 90天 C. 1年 D. 200天

313. 评估报告的有效期自( )算起。
A. 评估基准日 B. 付款之日 C. 提交报告之日 D. 报告批准之日

314. 在评估报告的有效期内，评估结果可作为二手车价格的参考依据，超过有效期，原评估结果( )。
A. 继续有效 B. 无需再评论 C. 无效 D. 仍可作为价格依据

315. 涉及企、事业单位等国有资产的评估，则一定要有( )。
A. 协议书、电传文书、作业表、报告书 B. 协议书、委托书、电子文稿、报告书
C. 邀请函、委托书、作业表、报告书 D. 协议书、委托书、作业表、报告书

316. 二手车鉴定评估作业表应( )。
A. 每车三表 B. 每车一表 C. 每车二表 D. 每车四表

317. 评估报告中的评估原则应遵循( )的原则。
A. 客观性、自立性、公正性、科学性、一般性 B. 透明性、独立性、公正性、科学性、专业性
C. 客观性、独立性、公正性、科学性、专业性 D. 客观性、自立性、公正性、科学性、专业性

318. 评估报告评定依据中的技术鉴定资料主要有( )。
A. 物价指数、股票利率 B. 参数表、技术书册
C. 市场价格、银行利率 D. 检测报告、状态报告书

319. 评估报告的评估依据内的参数资料主要有( )。
A. 市场价格、股票利率 B. 厂家有关的参数表、使用说明书、技术规范
C. 安全标准、排放标准 D. 检测报告、状态报告书

320. 评估报告评定依据中的技术标准资料主要是指( )。

A. 安全标准和排放标准　B. 制动效能检测报告　C. 行驶里程检测报告　D. 技术手册

321. 评估报告中的取价依据主要有(　　)。

A. 安全及排放标准等　B. 状态报告书等

C. 市场价格、物价指数等　D. 参数表、技术规范等

322. 鉴定评估报告书的使用权归(　　)所有。

A. 委托方　B. 评估机构　C. 委托方　D. 评估师

323. 二手车的评估的理论依据是(　　)。

A. 国有资产评估管理办法　B. 汽车报废标准

C. 二手车流通管理办法　D. 资产评估学

324. 二手车买卖合同共有(　　)个方面的内容。

A. 六　B. 八　C. 五　D. 七

325. 二手车买卖合同发生争议，(　　)不属于正确的解决方式。

A. 仲裁　B. 单方处理　C. 协商　D. 诉讼

326. (　　)不属于二手车买卖合同附件二中车辆相关凭证。

A. 机动车行驶证　B. 驾驶证　C. 机动车登记证书　D. 车辆保险单

327. 二手车买卖合同，因本合同发生争议，有当事人协商或调解解决；协商或调解不成，按下列方式解决(　　)。

A. 由二手车市场解决　B. 提交仲裁委员会或依法向人民法院起诉

C. 由第三方参与协商解决　D. 由政府机关部门出面解决

328. 汽车的有形损耗有一定的规律，大致可分为以下三个阶段(　　)。

A. 维护保养阶段、正常修理阶段、换件修理阶段　B. 一次检测、二次检测、三次检测

C. 初期磨合阶段、正常磨损阶段、急剧磨损阶段　D. 初期检验阶段、中期检验阶段、后期检验阶段

329. 影响汽车经济使用寿命的因素有(　　)。

A. 汽车的大修次数、使用强度、使用条件、国家能源和环保政策

B. 汽车的无形损耗、使用强度、使用条件、大修次数

C. 汽车的规定使用年限、使用强度、使用条件、国家能源和环保政策

D. 汽车的损耗、使用强度、使用条件、国家能源和环保政策

330. 道路条件对汽车的使用寿命影响较大，汽车行驶条件最好的道路是(　　)。

A. 二级公路　B. 高速公路　C. 一级公路　D. 三级公路

331. 我国严禁二手车进口，但从海外回国的人才，按规定可免费携带(　　)入境。

A. 二辆私家车　B. 四辆私家车　C. 一辆私家车　D. 三辆私家车

332. 二手车交易后，原为运营车辆，交易后改为私家车，其规定使用年限按(　　)执行。

A. 私家车规定的使用年限　B. 另行规定一个使用年限

C. 营运车辆的规定使用年限　D. 按折中方案

333. 2006 年颁发的《中华人民共和国车船税暂行条例》规定，这项税按(　　)。

A. 月征收　B. 天征收　C. 年征收　D. 季征收

334. 二手车评估时，应查验车辆行驶证副页的检验栏目中，是否盖有检验专用章，填注的(　　)。

A. 日期是否在有效期内　B. 文字是否正确　C. 签字是否有效　D. 数字是否清晰

335. 在二手车评估时，查验税费缴讫凭证，主要是指车辆在(　　)征收的税、费凭证。

A. 销售环节　B. 维修环节　C. 生产环节　D. 使用环节

336. 二手车交易后，原为私家车，交易后改为车租车，其规定使用年限改为(　　)。

A. 8 年　B. 6 年　C. 10 年　D. 15 年

337. 净现值分析法的计算公式为净收益现值总额 = (　　)。

A. 支出的现值总额－收入的现值总额　　B. 收入的现值×支出的现值总额
C. 收入的现值总额－支出的现值总额　　D. 收入的现值＋支出的现值总额

338. 汽车的接近角与离去角的数值对汽车的(　　)的影响。

A. 动力车　　B. 通过性　　C. 燃油经济性　　D. 操控稳定性

339. 二手车评估时，应考虑该品牌新车的消耗油量，新车耗油量高，那二手车耗油量也相对增高，耗油量高者，评估价值应(　　)。

A. 低些　　B. 不确定　　C. 高些　　D. 相同

340. 国家环保政策对机动车评估的影响主要体现在以下两个方面(　　)。

A. 缩减了大修次数，增加了小修次数　　B. 缩减了耗油量，增加了进气量
C. 缩减了机动车的使用寿命，增加了使用成本　　D. 减少了检测次数，增加了检测难度

341. 汽车虽然属于机器设备一类的固定资产，但汽车有其自身特点是(　　)。

A. 技术含量高，单价高，政策性不强，使用范围小
B. 技术含量高，单价低，政策性强，使用范围广
C. 技术水平一般，单价高，政策性强，使用范围广
D. 技术含量较高，单价高，政策性强，使用范围广

342. 某汽车型号 BK6120，其车辆类别代号码和主参数的含义为(　　)。

A. 货车载重量 12t　　B. 客车总长为 12m　　C. 越野车自重 12t　　D. 货车中总质量 12t

343. 汽车发动机的曲柄连杆机构组成中不包括(　　)。

A. 气缸套　　B. 连杆　　C. 活塞　　D. 飞轮

344. 与柴油机相比，汽油机的压缩比(　　)。

A. 小　　B. 不确定　　C. 大　　D. 相等

345. 汽车在检测场用制动试验台检测制动力的要求是：在空载状况下制动力总和与整车质量的百分比是(　　)。

A. ≥50%　　B. ≥40%　　C. ≥60%　　D. ≥30%

346. 按现行市场购置价格作为被评估车辆的重置全价的经济行为是(　　)。

A. 企业产权变动　　B. 拍卖贪污受贿车辆　　C. 所有权转让　　D. 企业破产

347. 在测滑试验台上，测滑汽车前轮测滑量时，如滑动板向外侧滑动，则是因为(　　)。

A. 前束值过小　　B. 前轮外倾与前束之间作用
C. 前束值过大　　D. 前轮外倾

348. 在二手车市场上，由于车辆颜色不受欢迎，使车辆的评估值降低，这种贬值是(　　)。

A. 经济性贬值　　B. 都不是　　C. 实体性贬值　　D. 功能性贬值

349. 发动机的配气机构不包括(　　)。

A. 进气门　　B. 正时齿轮　　C. 凸轮轴　　D. 火花塞

350. 路试后，正常的机油温度为(　　)。

A. 85℃　　B. 125℃　　C. 65℃　　D. 95℃

351. 发动机的动力性指标主要是指(　　)。

A. 调速率　　B. 发动机排量　　C. 转速　　D. 有效功率与有效转矩

352. 发动机排量的定义是(　　)。

A. 各缸燃烧室容积之和　　B. 各缸燃烧室容积和工作容积之和
C. 各缸总容积之和　　D. 各缸工作容积之和

353. 车辆现行市价是指(　　)。

A. 车辆在公平市场上售卖的价格　　B. 车辆的收购价格
C. 现在市场上新车价格　　D. 车辆拍卖价格

354. 汽车完全装备好的质量，即包括润滑油、燃料、随车工具、备胎等所有装置的质量称为(　　)。

A. 最大的装载质量　B. 最大的轴载质量　C. 最大总质量　D. 整车装备质量

355. 根据 VIN 编码规则，2005 年所对应的年份码是(　　)。

A. 3　B. 5　C. A　D. 0

356. 以下(　　)情况是允许过户的。

A. 已达到报废年限的机动车

B. 法院等部门查封、财产抵押及“被盗抢”机动车

C. 逾期未参加定期检验的机动车

D. 机关事业单位所有的机动车

357. 以下(　　)对二手车评估特点的描述是错误的。

A. 评估以单台为评估对象　B. 评估可以有很大的随意性

C. 二手车评估以技术鉴定为基础　D. 要考虑附加值

358. 某款 23 座的非营运客车，现在市场上新车的价格是 20 万元，该车已使用了两年，用使用年限法评估，车价大约为(　　)万元。

A. 18　B. 8　C. 20　D. 13

359. 以下(　　)不属于二手车交易过程中发生的费用。

A. 车辆检测费　B. 车辆购置税　C. 车辆评估费　D. 经营手续费

360. 以下(　　)不属于二手车评估的主要任务。

A. 确定二手车的报废价值　B. 识别非法车辆

C. 确定二手车，交易的成交额　D. 抵押贷款时，为抵押物作价

361. 以下(　　)是柴油机特有的排放物。

A. 大量的颗粒物　B. 氮氧化物　C. 一氧化碳　D. 碳氢化合物

362. 重置成本法中被评估车辆的贬值不包括(　　)。

A. 功能性贬值　B. 经济性贬值　C. 实体性贬值　D. 实用性贬值

363. 发动机机体的两个机构为(　　)。

A. 供给机构、润滑机构　B. 曲柄连杆机构、润滑机构

C. 曲柄连杆机构、配气机构　D. 冷却机构、点火机构

364. 机动车报废后，可回收的金属的价值为(　　)。

A. 回收价值　B. 报废价值　C. 残余价值　D. 部件价值

365. 机动车报废后，某些零部件的回收价值为(　　)。

A. 回收价值　B. 报废价值　C. 残余价值　D. 部件价值

366. 用综合分析法求二手车成新率时，技术状况所占权重为(　　)。

A. 0.25　B. 0.15　C. 0.3　D. 0.2

367. 用综合分析法求二手车成新率时，维护保养所占权重为(　　)。

A. 0.25　B. 0.15　C. 0.3　D. 0.2

368. 用综合分析法求二手车成新率时，制造质量所占权重为(　　)。

A. 0.25　B. 0.15　C. 0.3　D. 0.2

369. 用综合分析法求二手车成新率时，工作性质所占权重为(　　)。

A. 0.25　B. 0.1　C. 0.3　D. 0.2

370. 用综合分析法求二手车成新率时，工作条件所占权重为(　　)。

A. 0.25　B. 0.1　C. 0.3　D. 0.2

371. 以下说法不正确的是(　　)。

A. 折现率应体现投资回报率　B. 折现率应与收益口径相匹配

C. 折现率应高于无风险利率　D. 折现率不能体现资产收益风险

372. 旅行车属于(　　)。

A. 乘用车　B. 货车　C. 客车　D. 商用车

373. 微型轿车的排量为(　　)。

A. $1L<V\leqslant1.6L$　B. $2.5L<V\leqslant4L$　C. $\leqslant1.0L$　D. $1.6L<V\leqslant2.5L$

374. 普通轿车的排量为(　　)。

A. $1L<V\leqslant1.6L$　B. $2.5L<V\leqslant4L$　C. $\leqslant1.0L$　D. $1.6L<V\leqslant2.5L$

375. 中级轿车的排量为(　　)。

A. $1L<V\leqslant1.6L$　B. $2.5L<V\leqslant4L$　C. $\leqslant1.0L$　D. $1.6L<V\leqslant2.5L$

376. 中高级轿车的排量为(　　)。

A. $1L<V\leqslant1.6L$　B. $2.5L<V\leqslant4L$　C. $\leqslant1.0L$　D. $1.6L<V\leqslant2.5L$

377. 高级轿车的排量为(　　)。

A. $1L<V\leqslant1.6L$　B. $V>4L$　C. $\leqslant1.0L$　D. $1.6L<V\leqslant2.5L$

378. 以下(　　)不可做为汽车来历凭证。

A. 二手车专用发票　B. 法院出具的财产转移判决书

C. 新车销售发票　D. 车辆购置税凭证

379.《机动车运行安全技术条件》规定，车轮横向和径向摆动量，小型车不大于(　　)。

A. 3mm　B. 7mm　C. 1mm　D. 5mm

380.《机动车运行安全技术条件》规定，车轮横向和径向摆动量，大型车不大于(　　)。

A. 5mm　B. 10mm　C. 2mm　D. 8mm

381. 以下(　　)可以判定车辆有过严重碰撞。

A. 前保险杠弯曲变形　B. 更换过后视镜　C. 车架大梁弯曲变形　D. 前翼子板补过漆

382. 某车辆使用的轮胎型号为185/60R14，其中“14”是指(　　)。

A. 钢辋直径　B. 轮胎温度　C. 胎宽　D. 轮胎速度

383. 在汽车技术寿命、自然使用寿命、经济使用寿命中，(　　)涉及用车成本。

A. 技术使用寿命　B. 都不是　C. 经济使用寿命　D. 自然使用寿命

384. 内燃发动机在吸、压、爆(做功)、排四个过程的工作循环中，主动过程为(　　)。

A. 吸气、压缩、排气　B. 爆发(做功)　C. 吸气　D. 压缩

385. 某普通型桑塔纳小轿车停驶待修，需进行维修换件恢复车辆技术状况。在下述维修费用中，一般来说，费用最高的是(　　)。

A. 整车油漆　B. 更换离合器摩擦片　C. 更换活塞环　D. 更换后制动蹄片

386. 汽车经济使用寿命的主要指标有(　　)。

A. 年限、行驶里程、使用年限和大修次数　B. 重大事故次数

C. 使用时间、行驶里程、总用油量　D. 发动机功率、百公里耗油量

387. 国家考虑整个国民经济的发展和能源节约等因素，制定出符合我国实际情况的使用期限是指汽车的(　　)。

A. 经济使用寿命　B. 经济使用寿命加合理使用寿命

C. 技术使用寿命　D. 自然使用寿命

388. 旧机动车在非正常市场上的限制拍卖价格遵守的是(　　)。

A. 现行市价标准　B. 清算价格标准　C. 重置成本标准　D. 收益现值标准

389. 某鉴定评估师接受法院的委托对一辆公务用车进行鉴定估价，当他发现该车辆是他原工作单位的车辆时，他回避了这次鉴定估价工作。我们说，这位鉴定估价师遵守的工作原则是(　　)。

A. 科学性原则　B. 可行性原则　C. 客观性原则　D. 独立性原则

390. 在旧机动车交易中，核实被评估车辆产权的证件是(　　)。

A. 机动车行驶证　　B. 购置附加税凭证　　C. 机动车登记证　　D. 公路养路费缴讫证

三、简答题

1. 什么是汽车的有形损耗和无形损耗？
2. 按国家有关法规，在二手车交易中，哪些是属于严禁进入流通领域、不得进行交易的车辆？
3. 在对二手车进行技术状况鉴定的过程中，应对车辆底部主要检查哪些项目？
4. 在对二手车进行技术状况鉴定的过程中，应对车厢内部及附属装置检查哪些项目？
5. 在对二手进行技术状况鉴定的过程中，车身检查包括哪些项目？
6. 在对二手进行技术状况的鉴定过程中，发动机检查包括哪些项目？
7. 在对二手车进行技术状况鉴定的过程中，识伪检查包括哪些项目？
8. 在对二手进行技术状况鉴定的过程中，如何进行发动机无负荷工况检查？
9. 在对二手进行技术状况鉴定的过程中，路试检查包括哪些项目？
10. 在对二手车进行技术状况鉴定的过程中，路试后应检查哪些项目？
11. 底盘测功的目的是什么？
12. 简述二手车评估的目的与任务。
13. 重置成本法的含意是什么？各种陈旧性贬值包括哪些内容？
14. 用直接法来确定重置成本时，关键是获得市场价格资料。在获得市场价格资料时，应注意几个什么问题？
15. 计算成新率的方法有几种？其适应范围如何？
16. 采用市场价格比较法评估二手车时，参照物的市场销售价来源有哪几种？
17. 收益现值法的定义是什么？其适用范围如何？
18. 折现率由哪几部分构成？
19. 确定折现率有哪四个方面的原则？
20. 评估报告的基本要求是什么？
21. 轿车的布置形式有哪些？并说明其优缺点。
22. 简述汽车的主要性能指标。
23. 汽车内燃机的功能及总体结构组成是什么？
24. 曲柄连杆机构的功用及组成是什么？
25. 润滑系的基本功用和组成是什么？
26. 汽车底盘的功用和组成是什么？
27. 汽车机械传动系的功用和组成是什么？
28. 汽车行驶系的功用和组成是什么？
29. 前轮定位参数有哪些？每项定位参数主要作用是什么？
30. 汽车防抱死制动装置的作用和组成是什么？

四、计算题

1. 张峰同志于1999年11月花23万元购置一辆奥迪轿车作为家庭用车，于2006年10月在本地二手车交易市场交易，评估人员检查后确认该车初次登记日期为1999年12月，基本作为市内交通用，累计行驶12.9万km，维护保养情况一般，路试车况不理想。2006年该车的市场新车价为21.8万元。请用综合分析法计算成新率，并给出该车的评估值。

2. 王某2002年1月花23.5万元购置一辆帕萨特轿车作为私家用车，于2007年10月在本地旧机动车市场交易，该车初次登记日期为2002年2月，累计行驶9.0万km，使用条件较好，维护保养较好，动态检查情况一般，2007年该车的市场新车价格为20.8万元，用加权平均的方法确定成新率并估算该车价格。

3. 某机关1999年10月购置并上牌南京依维柯17座客车，该车属改进型普通漆车型，参照依维柯金属漆选配价格和全新金属漆，17座客车市场销售价格为183800元，而金属漆较普通漆高出3000元，只考虑购置附加税10%，且该车综合调整系数取为0.7，评估该车在2006年6月的价格。

4. 一辆捷达出租车，初次登记日期为2000年4月，2005年10月欲将此出租车对外转让，现已知该款全新捷达车的市场销售价为7.8万元。该车常年工作在市区或市郊，工作强度高，但工作条件较好。经检查维护保养较低，但整车技术状况一般。考虑车辆购置税为10%，其他税费不计。使用综合分析法求成新率并评估该车价值。

5. 1999年2月一私人购得一辆全顺11座客车，并上牌，该车属改进型金属漆车型，经市场调查得知全新普通漆全顺11座客车市场销售价格为12.8万元，而金属漆比普通漆高出6000元，该车综合调整系数取为0.75，评估该车在2006年2月的市场价格。

6. 某学校2003年2月购得全顺17座客车一辆，于同年3月上牌使用，该车属普通漆车型，经市场调查得知全新金属漆全顺17座客车市场销售价格为163600元，而金属漆车型较普通漆车型高出5000元，综合调整系数取为0.75，试评估该车在2007年2月的市场价值。

7. 某汽车租赁公司的一辆桑塔纳2000出租车，初次登记日期为2000年4月，2005年4月欲将此出租车对外转让，已知该款全新车辆的市场销售价为119800元。该车常年工作在市区或市郊，工作繁忙，但工作条件较好。经检查维护保养较差，技术状况很一般。试用重置成本法评估该车价格，并用综合分析法求其成新率。

8. 有一辆上海通用别克GL8私用轿车，初次登记日期为2002年3月，于2007年3月到交易市场评估，经检查该车已经行驶16万km，该车档次较高，车辆外观较完整，车辆侧面有几条划痕，右前翼子板更换过，后保险杠也有轻微碰撞痕迹，前风窗玻璃有轻微破损修复痕迹，传动带有老化痕迹，底盘两侧加强钢梁下方有轻微损伤，其他基本正常。该款新车类似配置的最低包牌价为30万元。试用综合分析法求该车价格。

9. 李某有一辆自用的东风悦达起亚千里马1.6GL轿车对外转让，该车初次登记日期为2003年6月，评估日为2007年5月，经检查该车已经行驶7.5万km，北京地区已停止销售该款新车，经查该款新车最低包牌价为7.98万元。经查该车外观较完整，属金属漆车型，但动力提升较迟钝，保养情况良好，整车技术状况较好。试用综合分析法求该车价格。

10. 有一辆广本雅阁家用2.4 - iVTEC轿车，初次登记日期为2005年9月，该车新车包牌价为24.98万元，经检查该车左后侧有轻微修复痕迹，前、后保险杠有喷漆痕迹，底盘中有多处轻微划伤，排气管中后段生锈，空调制冷需补充制冷剂，动力良好，其他基本正常。试用综合分析法求该车2007年9月的价值。

11. 有一辆现代酷派2.0轿车，为2005年款家用轿车，初次登记日期为2005年11月，于2007年10月到市场评估，市场该款新车型包牌价为20万元。经检查该车左前侧有轻微刮蹭，右侧后视镜也有刮蹭，常规液体需补充，维护不令人满意，换档过程比较迟钝，技术状况尚好。试用综合分析法求该车的价值。

12. 公务用车北京切诺基6420E，初次登记日期为2001年7月，行驶里程16万km，该款车已停产，类似配置的2500系列车，最低包牌价为12万元。经检查该车有碰撞修复痕迹，四个边角有明显的碰撞修复痕迹，但基本功能尚正常，发动机有轻微渗油，转向球头生锈，发动机工作噪声略大。试用综合分析法评估出2007年7月该车的价值。

13. 旅游公司欲出卖一辆旅游客车(19座以上)，该车系北京—天津线路长途旅游客车，公司欲将车与线路经营权一同对外转让，线路经营权年限与车辆的报废年限相同。已知该车于2002年10月注册登记并投入营运，投资回报率为15%，预期每年收入均为20万元，年营运成本均为6万元，适用所得税率为30%，试评估该车(含线路营运权)于2006年10月的价值【已知(P/A,15%,4) = 2.85498，(P/A,20%,4) = 2.58873，(*P/A*,15%,6) = 3.78488，(*P/A*,20%,6) = 3.32551】

14. 一辆正常使用的载货汽车，该车评估时已使用6年，进市场调查和预测，该车每年可带来预期收入8万元，而汽车投入营运成本每年为3.4万元，企业所得税为33%，折现率为12%，试评估该车的价值。【已知(*P/A*,12%,4) = 3.0373】

15. 一货车(不带拖车)，该车评估时已使用7年。进行市场调查和预测，该车每年可给企业带来预期收入6.5万元，而汽车投入营运成本每年为3万元，企业所得税为33%，平均投资回报率10%，试评估该车的价值。

16. 企业一辆带拖挂的货车，该车评估时已使用6年，经市场调查和预测，该车每年还可以给企业带来预期收入5万元。汽车投入运营成本每年为2.2万元，企业所得税率为33%，同行业的投资回报率为10%，试评估该车得价值。

17. 某人欲购买一辆捷达二手轿车，准备从事出租经营。经调查分析该车每年可带来预期收入15万元，营运成本每年为10万元，个人所得税为30%。该二手车已使用4年，每年报酬为14%，试评估该车的价值。【已知(P/A,14%,4)=2.9173】

18. 被评估车辆甲每百公里耗油23L，平均每年维修费用为2.9万元。以目前新出厂的同型号车辆乙为参照物，乙车每百公里油耗为21L，平均年维修费为1.9万元，如果甲、乙两车其他方面的营运成本大致相同，甲车尚可使用4年，每年平均出车日为320天，每天运行200km，所得税为33%，适用折现率为10%，试计算评估车辆甲的营运性功能损耗。【油价5.1元/L,已知(P/A,10%,4)=3.1966】

19. A、B两台8t货车，A车每百公里耗油24L，平均每年维修费用为3.4万元，B车每百公里油耗为21L，平均年维修费为2.2万元，若每天运行150km，每年平均出车日为200天，企业所得税为33%，适用折现率为12%，A车还能继续营运5年。求A车的功能性贬值。【(P/A,12%,5)=3.6048】

20. 某一被评估车辆甲，其出厂时燃油经济性指标为百公里耗油28L，平均每年维修费用为3万元，以目前新出厂的同型号车辆乙为参照物，乙车出厂时燃油经济性指标为百公里油耗为23L，平均年维修费为2万元，如果甲、乙两车其他方面的营运成本大致相同，被评估车尚可使用5年，每年平均出车日为300天，每天运行150km，所得税为33%，适用折现率为8%，试计算被评估车辆甲的营运性功能损耗。【油价5元/L,已知(P/A,8%,5)=3.9927】

21. 企业拟将一辆全顺11座旅行客车转让，某工商户欲将此车购置用于载客营运。按国家规定，该车剩余使用年限为3年。经市场调查及预测，3年内该车各年预期收入为：第一年9000元，第二年8000元，第三年6000元，折现率为10%。试评该车的价值。

23. 一辆矿山专用车，该车已使用5年。经市场调查和预测，该车未来每年可带来预期收入7.6万元，而年投入运营成本为3万元，所得税率为30%，折现率按9%计算。试评估该车的价值。【已知(P/A,9%,3)=2.5313】

24. 现有一辆索纳塔出租车转让，该车评估时已使用3年。经市场调查和进行可行性分析后，该车购置后投入运营，每年可带来预期收益16.4万元，而运营成本每年约为10.6万元，所得税率按30%计算，投资回报率为10%。试评估该出租车的价值。【已知(P/A,10%,5)=3.7908，(P/A,9%,5)=3.8897】

25. 现有一辆宇通大型豪华客车，在北京—天津之间进行长途客运，该车按国家汽车报废标准还可以用4年，现车主欲将其转让，经进行可行性分析认为，该车每年可有81万元的收益，而运营成本约为50万元，按35%的税率纳税，折现率为15%。试评估该车的价值。【已知(P/A,15%,4)=2.8550】

附录 C 二手车鉴定评估师四级操作技能试卷

评分表

现场查勘（30分）	查勘记录表（20分）	评估计算表（20分）	评估报告（30分）	总分（100分）

考评员____________________

考生姓名：____________________

准考证号：____________________

实作车型：____________________

实作车牌号码：________________

考 卷 目 录

二手车现场估价查勘表

二手车鉴定估价评估作业表

二手车鉴定评估报告书

机动车现场估价查勘表

编号：重××评字　　号

车主						
车牌						
手续检查	合同	拓号	行驶证	购置本	登记证	车船税
车型确认	证载车型			行驶里程	发动机号	车架号
	实际车型					
初登日期						
配置、技术参数						
	权重(10%)	检车记录			评估技术指标	
发动机					技术状况 f_1	
					维修保养 f_2	
底盘					制造质量 f_3	
					工作性质 f_4	
车身					工作条件 f_5	
					其他修正 f	
电器设备						
作业人员		作业时间	年　月　日		作业地点	
经办人		联系电话			证件号	

主管：　　　　　　　　　　　　复核：

二手车鉴定估价评估作业表

<table>
<tr><td>资产占有方</td><td colspan="3"></td><td>车牌号</td><td></td></tr>
<tr><td>车辆名称型号</td><td colspan="3"></td><td>VIN 码</td><td></td></tr>
<tr><td>车身颜色</td><td></td><td>发动机号</td><td></td><td>车架号</td><td></td></tr>
<tr><td>初始登日</td><td colspan="5"></td></tr>
<tr><td>分析计算</td><td colspan="5"></td></tr>
<tr><td>综合评价</td><td colspan="5"></td></tr>
<tr><td>撰写人员</td><td colspan="2"></td><td>评估时间</td><td colspan="2"></td></tr>
</table>

重庆××机动车评估有限公司

二手车鉴定评估报告书

×××评报字(2014)第00×× 号

一、绪言

＿＿＿＿＿机动车评估有限公司接受＿＿＿＿＿＿＿＿＿＿的委托，根据国家有关资产评估的规定，本着客观、独立、公正、科学的原则，按照公认的资产评估方法，对渝(车辆)进行了鉴定评估。本机构鉴定评估人员按照必要的程序，对委托鉴定评估车辆进行了实地查勘与市场调查，并对其在＿＿＿＿年＿＿月所表现的市场价值作出了公允反映。现将车辆评估情况及鉴定评估结果报告如下：

二、委托方与车辆所有方简介

(一) 委托方重庆＿＿＿＿＿＿＿＿＿＿＿责任公司，委托方联系人＿＿＿＿＿＿＿＿＿＿＿＿，联系电话：＿＿＿＿＿＿＿＿＿＿。

(二) 根据机动车行驶证所示，委托车辆车主为重庆＿＿＿＿＿＿＿＿＿＿＿＿。

三、评估目的

根据委托方的要求，本项目评估目的

□交易 □转籍 □拍卖 □置换 □抵押 □担保 □咨询 □司法裁决。

四、评估对象

评估车辆的厂牌型号：＿＿＿＿＿＿＿＿＿＿

车牌号码：＿＿＿＿＿＿＿＿＿＿＿＿＿

发动机号：＿＿＿＿＿＿＿＿＿＿＿＿＿

车辆识别代号(VIN)：＿＿＿＿＿＿＿＿＿＿

车架号：＿＿＿＿＿＿＿＿＿＿＿＿＿＿

初始登记日：＿＿＿＿＿＿＿＿＿＿＿＿

五、鉴定评估基准日：＿＿＿＿＿＿＿＿＿＿

六、评估原则

严格遵循“客观性、独立性、公正性、科学性”原则。

七、评估依据

(一) 行为依据：旧机动车评估委托书。

(二) 法律、法规依据。

1. 原国家国有资产管理局《关于转发{资产评估操作规范意见(试行)) 的通知》(国资办发[1996]23 号)。

2. 国家经贸委等部门《汽车报废标准》(国经贸经[1997]456 号)、《关于调整轻型载货汽车及其补充规定》(国经贸经[1998]407 号)、《关于调整汽车报废标准若干规定的通知》(国经贸资源[2000]1202 号)、《农用运输车报废标准》(国经贸资源[2001]234 号)等。

3. 国标 GB 7258—2012 机动车运行安全技术条件。

4. QCn29008 系列汽车产品质量检验。

5. 其他相关的法律、法规等。

(三) 产权依据：委托鉴定评估车辆的机动车行驶证书。

八、评估方法

□重置成本法 □现行市价法 □收益现值法 □清算价格法

九、评估过程

按照接受委托、验证、现场查勘、评定估算、提交报告的程序进行。

1. 车辆技术装备(配置)：

2. 车辆技术状况(综合评价)：

3. 评估计算：

① 重置价格：

② 成新率：

③ 综合调整系数：

④ 计估值计算：

十、评估结论

车辆评估价格￥______________________

大写人民币：________________________

十一、特别事项说明

十二、评估报告法律效力

(一) 本项评估结论有效期为90天，自评估基准日至　　年　月　日止。

(二) 当评估目的在有效期内实现时，本评估结果可以作为作价参考依据。超过90天，需重新评估。另外在评估有效期内，若被评估车辆的市场价格或因交通事故等原因导致车辆的价值发生变化，对车辆评估结果产生明显影响时，委托方也需重新委托评估机构重新评估。

(三) 鉴定评估报告书的使用权归委托方所有，其评估结论仅供委托方为本项目评估目的使用和送交旧机动车鉴定评估主管机关审查使用，不适用于其他目的；因使用本报告书不当而产生的任何后果与签署本报告书的鉴定估价师无关；未经委托方许可，本鉴定评估机构承诺不将本报告书的内容向他人提供或公开。

(四) 本次评估未见行驶证及购置本原件，本报告书的资料由委托方提供，其真实性由委托方负责。因资料失实造成评估意见有误的，本鉴定评估机构和评估人员不承担相应责任。

(五) 本报告壹式肆份，评估方执壹份，委托方执叁份，具同等法律效力。

附件：

一、二手车鉴定评估委托书

二、二手车鉴定评估作业表

三、车辆行驶证、购置附加税(费)证复印件

四、鉴定评估师职业资格证书复印件

五、鉴定评估机构营业执照复印件

六、二手车照片(要求外观清晰,车辆号码能够辨认)

评估机构：____________________________

二手车鉴定评估师(签字、盖章)：________________

复核人(签字、盖章)：________________________

年　　月　　日

参考文献

[1] 明光星，历承玉．二手车鉴定评估实用教程[M]．北京：机械工业出版社，2011.
[2] 黄费智．汽车评估与鉴定[M]．北京：机械工业出版社，2012.
[3] 刘仲国．二手车交易与评估[M]．北京：机械工业出版社，2013.
[4] 吴兴敏，陈卫红．二手车鉴定与评估[M]．北京：人民邮电出版社，2011.
[5] 李津津．汽车保险与理赔[M]．北京：北京交通大学出版社，2011.
[6] 姜正根．二手车鉴定评估与交易[M]．北京：中国劳动社会保障出版社，2011.
[7] 常兴华，修丽娜，尹力卉．汽车评估与鉴定[M]．北京：北京理工大学出版社，2012.
[8] 金加龙．汽车评估与鉴定[M]．杭州：浙江大学出版社，2011.
[9] 乔文山，艾锋，朱桂英．二手车鉴定与评估[M]．北京：清华大学出版社，2013.
[10] 卢伟，魏平．二手车鉴定与评估[M]．北京：北京大学出版社，2012.